ARTEMİS YA

YAYIN NO: 641

ŞİMDİ DÜĞÜN ZAMANI
BİR GENÇ KIZIN GİZLİ DEFTERİ 6
İpek Ongun

Yayın Yönetmeni: Yusuf Tan
Editör: Alev Zeynep Şimşek
Kapak İllüstrasyonları: Betül Sayın
Grafik: Asmin Ayşe Gündoğdu

62. Basım: Mart 2024
38. Basım: Kasım 2012

Önceki Baskılar
Epsilon Yayınevi: 1-37. Baskılar

ISBN: 978 - 605 - 4560 - 89 - 9
Sertifika No: 43949

ARTEMİS YAYINLARI
Ticarethane Sokak No: 15 Cağaloğlu / İstanbul
Tel: (212) 513 34 20-21 Faks: (212) 512 33 76
e-posta: editor@artemisyayinlari.com – www.artemisyayinlari.com

Baskı ve Cilt: Melisa Matbaacılık
Çiftehavuzlar Yolu Acar Sitesi No: 4 Bayrampaşa / İstanbul
Tel: (212) 674 97 23 Faks: (212) 674 97 29 Sertifika No: 45099

Artemis Yayınları, Alfa Yayın Grubu'nun tescilli markasıdır.

İPEK ONGUN

Şimdi Düğün Zamanı

Bir Genç Kızın Gizli Defteri

6

Çünkü bir tek sevgi var elimizde;
bunca yıldan damtılıp gelen...
Yine bir tek o kalacak, yaşanacak yıllardan geriye...
Bir tek sevgi olacak bunca telaştan arda kalan...
Ötesi yalan....

Can Dündar

Defne ve Mengü'ye,
sevgilerle...

4 Haziran, Cuma

Tek kelimeyle muhteşem bir düğündü!

Her şey ama her şey öylesine güzeldi ki...

Peri masalı gibi... Tüller, mumlar, çiçekler...

İnsanı taa yüreğinden yakalayan karmaşık duygular, gülücükler, gözyaşları...

İşte böyle bir gece yaşadı bizim takım, sevgili defterim.

Ve -en önemlisi- bu bizler için bir başka 'ilk'ti.

Çünkü aramızdan biri evleniyordu!

İlk kez bizim gruptan birinin düğününe katılıyorduk!

Gel de duygulanma...

Hâlâ inanamıyorum! Demek bizler artık evlilik dönemine geldik, dayandık.

Vay be!

Gelelim evlenenlere...

Şu anda meraktan çatladığına eminim.

Öyleyse söyleyeyim.

Evlenen –Burak'tı.

Ağzın açık kaldı, değil mi?

Ben de ağzın açık kalsın diye öyle dedim zaten.

Yani... şaka yaptım!

Şakaydı şaka...

Yoksa Burak kiiim, evlenmek kim...

Dur bakalım daha...

Seni o kadar özlemişim ki, sevgili defterim, seninle baş başa kalınca, kazık kadar kız olmama karşın, çocuklaşıp muzırlık yapmaktan kendimi alamıyorum.

Şakayı bırakıp olaya damardan girelim istersen.

Evlenen –Melis'ti.

Melis'le Kaan...

Yaa... ağzın yine açık kaldı değil mi... Kader azizim kader...

Biz taa işin başından beri onları birbirlerine yakıştırıyorduk. O kadar da söyledik. Ama Melis Hanımefendi hiç oralı olmadı, yetmezmiş gibi gitti Allah'ın İsviçreli çikolatacısıyla evlenmeye kalktı. Neyse ki, o iş direkten döndü de herkes rahat bir nefes aldı. Böylece bugün bu mutlu sonu hep birlikte yaşayabildik. İş dönüp dolaşıp bizim istediğimiz noktaya geldi anlayacağın.

(Şimdi burada ufak bir geriye dönüş yapmam gerekiyor.) Melis bize bomba haberi verdiğinde hepimiz müthiş şaşırdık. Tamam, onları birbirlerine yakıştırıyorduk ama bunun gerçekleşebileceği konusunda elle tutulur bir belirti yoktu ortada. Nitekim Melis bile, "Çocuklar, aslında bu benim için de sürpriz oldu," diyerek söze başlamıştı.

"Kaan eğitimini bitirip Amerika'dan dönünce beni, ailemi filan aradı ama o bunu her zaman yaptığı için doğrusu aklıma bir şey gelmedi. Ne zaman ki kısa dönem askerliğini yaparken beni daha sık aramaya başladı, işte o zaman neler oluyor diye düşünmeye başladım. Olaylar bir yandan hızl ggelişiyor gibiydi, öte yandan henüz kesin bir şey yoktu ortada. İşte bu nedenle, sizlere bir şey söyleyemedim," diyerek adeta bizden özür diledi Melis.

"Tabii canım..."

"Haklısın..." gibi sözcüklerle sevgili arkadaşımızı yüreklendirdik. Öyle ya... Ne yapsın kız yani... Kalkıp her sefer teker teker bizleri arayıp, "Galiba Kaan'ın niyeti var,", "Bugün yine aradı, galiba niyeti ciddi," mi deseydi, hava raporu verir gibi.

"Eee... sonra? Sonra?" diye oturduğu yerde yaylandı Dilek.

"Ben tam, ne oluyoruz? Acaba? Yoksa... filan derken Kaan pat diye evlenme teklif ediverdi."

"Aslanım benim!"

"Bu iş bu kadar!" şeklinde yine koro halinde durumu onayladığımızı belirttik.

"Kaan, benim durakladığımı görünce, Melis, yıllardır birbirimizi tanıyoruz, öyle değil mi, dedi. Gerçekten de öyleydi. Ve devam etti, birbirimizi seviyoruz, artık bunu da biliyoruz; o zaman niye bekleyelim, neyi bekleyelim. Ne bileyim, dedim, pek apar topar olmuyor mu şence? Peki dedi, bir süre daha bekleyince ne değişecek ki... İşte bu çizgide konuştu, konuştu, sonunda ben de peki dedim."

"Oley!"

"Tebrikler!"

"Mutluluklar!"

Arkadaşımıza sarılıp onu öptük. Bu güzel olayı paylaşmanın mutluluğunu yaşıyorduk.

Canım benim, gözleri dolu doluydu, bizlere sarılırken. "Böyle bir günde ağlanır mı?"

"Sen bakma ona! Bunlar mutluluk gözyaşları, mutluluk..."

"Çocuklar, sahiden iyi yaptım, değil mi? Yani o kadar alelacele oldu ki..." diye sordu Melis bir eliyle gözlerinin yaşını silerken.

"Kızım, bundan âlâsı can sağlığı. Adamda her şey var," dedi Dilek parmaklarıyla bir bir sayarak. "Yakışıklı, eğitimli, kültürlü, görgülü, işi var, eh, parası da hiç fena sayılmaz..."

Ve o noktada herkes kahkahadan kırıldı.

"Ayrıca," dedi Esin, "çok düşünenleri de görüyoruz. Bu işler hiç belli olmuyor, yıllarca çıkıyorlar, sonunda evleniyorlar, bir de bakıyorsun, bir yılı doldurmadan boşanmışlar. Onun için takma kafana böyle şeyleri. Siz çok mutlu olacaksınız."

Yine anımsıyorum, Toprak, "Gittiği yere kadar gider, yürümezse uygarca bitirirsin," dedi.

Yoruma bakar mısınız!

Mantıklı bir yaklaşım elbette ama bunu söylemenin ne yeriydi, ne de zamanı... Yani, sağ olsun, şu Toprak bazen öyle laflar ediyor ki, bu söz nereye varır, ucu kime dokunur, hiç ama hiç düşündüğü yok.

İşte böyle, sevgili defter.

Düğüne dönecek olursak, Melis kuğular gibiydi. Esin'in söylediğine göre, gelinlik Fransız dantelindenmiş. Dekoltesi, sımsıkı beli ve zengin eteğiyle romantik bir model seçmişti Melis. Başında duvak yoktu; serbestçe omuzlarına dökülen o güzel saçları, üzeri minicik beyaz çiçeklerle bezeli bir tarakla yandan tutturulmuştu.

Ne duvak, ne taç, ne bir şey...

Sadece o bol beyaz çiçekli tarak vardı saçlarının arasında. Kulağındaki ince uzun küpelerle, göğsündeki broş ise pırıl pırıl parlıyordu.

Kaan, açık gri bir smokinin içine koyu gri yelek giymişti. Bu iki güzel insan, yolun iki yanına dizilmiş beyaz mumların arasından nikâh masasına doğru yürürken herkesle birlikte onları alkışlıyor, bir yandan da gözyaşlarımı tutamıyordum. Öylesine sevgiyle, heyecanla, öylesine mutlulukla ve çok garip ama incecik bir hüzünle kabarıyordu ki içim...

Can arkadaşım, sevgili dostum için çok çok mutluydum; sevdiği biriyle birlikte geleceğe doğru yürüyordu. Artık onun başka bir yaşamı olacak, öncelikleri değişecekti. Evet, biliyorum saçma ama böyle şeyler düşünüyordum o anda.

Ne tuhaf, ne karmaşık duygular...

Daha önce hiç akla gelmemiş düşünceler...

Anneannemle annem bir asker, bir bayrak görmesinler, hemen ağlarlar. Bir nikâh töreni, bir gelin... yine ağlarlar. Ben de hep onlarla alay ederdim ama bak işte Melis'i böyle görünce ne biçim allak bullak oldum.

İçim kabardı içim... Ve gözyaşlarım sel oldu aktı. Göz ucuyla, şöyle çaktırmadan etrafıma bakıp, bizim kızların da benden farklı durumda olmadıklarını görünce bayağı ferahladım. Dilek sürekli burnunu siliyordu. Esin'in vaziyeti daha da vahimdi, neredeyse tüm makyajı akıp gitmişti.

Sıla, "Durmasanıza, hadi atın elinizdeki paraları," dedi de toparlandık. Uğur paralarını, gelinle güvey nikâh masasına oturana dek serptik.

Tabii anında şamata başladı. Kaan'ın arkadaşları da az değillerdi hani...

"Ayağına bas, oğlum."

"Kaan, son pişmanlık fayda etmez."

Bunun üzerine Dilek'le birbirimize baktık ve Sıla'yla Esin'in de katılmasıyla, "En büyük gelin, bizim gelin!" diye karşı tezahüratta bulunduk.

Nikâhı kıyacak olan hanım görevli bizlere şöyle bir göz attı da, kibar bir sessizlik oluşabildi sonunda.

Bundan sonrası, hayatın o çok önemli anlarında olduğu gibi, bir ağır çekimdi sanki.

Nikâh memuresinin sözleri... Melis'in "Evet" deyişi... Kaan'ın "Evet"i... İmzalar... Evlilik cüzdanının kahkahalar arasında Melis'e uzatılışı... Melis'le Kaan'ın ayağa kalkışları... Birbirlerine doğru dönüşleri... Melis'in ışıklar saçarak Kaan'a gülümseyişi... Kaan'ın ona doğru eğilişi... Ve –Melis'i dudaklarından öpüşü...

Alkışlar... Alkışlar...

Bu duygusal sahnenin ardından gelense bir sevinç cümbüşüydü. Aile bireyleri birbirlerine sarılıyor, öpüşüyor, bu özel günü kutluyorlardı.

Melis'le Kaan ilk danslarını nostaljik bir parça eşliğinde yaptılar. Sonra Melis'le babası, sanırım babasının seçtiği, romantik bir valsin temposuna uyarak döne döne dans ettiler. İzlemesi öyle hoştu ki...

Derken Kaan da annesiyle dansa katıldı. Onları birer ikişer aile büyükleri izledi. Melis'in işareti üzerine bizler de dansa kalktık.

Müzik harikaydı! Nostaljik parçaları kıvrak Latin müziği izledi, genci yaşlısı kendini kaptırmış, dans ediyordu. Yemek servisine geçilmese insanların oturacağı yoktu, ortam öylesine keyifli, herkes öylesine neşeliydi.

"Hanımlar, beyler," dedi Suphi. "Gecenin can alıcı haberi, bu düğünde tam üç ayrı büfenin bulunuşudur."

"Herkes kendi ilgi alanını nasıl da belli ediyor," diye fısıldadı Sıla.

"Neymiş abi ya, bu büfeler?"

"Sevgili Burak kardeşim, birincisi ileri cenahtaki İtalyan büfesi oluyor. Onu geçip sola yönelince karşına suşi bar çıkıyor ve yerlerde yastıklar... İsteyen yerde oturur, anlamında."

"Sonra?"

"Sonra sağ tarafa yönelirsen hanım kızlarımızın yüksek beğenisini kazanacağına inandığım, light yiyecekler büfesi..."

"Nasıl yani?"

"Nasılı var mı? Izgara etler, ızgara sebzeler ve türlü salatalar... Kilo almak istemeyen vatandaşlar için..."

"Sen hangi büfeye yöneleceksin koçum?"

"Ben," dedi Suphi ayaklarının üstünde keyifle yaylanarak, "direkt İtalyan diyorum Burakçığım."

"Çok haklısın birader," dedi Burak. "Izgaraları kızlara, Japon yemeği suşiyi de... light erkeklere bırakalım," diye cümleyi tamamladılar bir ağızdan.

Melis'le Kaan dolaşmaya başlamışlardı, konuklarıyla tek tek ilgileniyorlardı.

Esin, "Böyle masa masa dolaşmaları ne kadar sıkıcı, modası geçmiş âdetler bunlar," diye söylendi.

Sıla, "Geçenlerde gittiğim bir düğünde gelinle damat kapıda konuklarını karşılıyorlardı. Böylece daha sonra dolaşmak zorunda kalmadılar," dedi.

Kendimi tutamayıp, "Olur mu öyle şey?" diye Sıla'nın sözünü kestim. "Nerede kaldı gelinin gizemi?"

"Ne gizemi Allah aşkına Serra, gelinliğini giyip gelecek, işte. Bunun nesi gizemli?"

"Esin, hele de senin gibi estetikten anlayan biri böyle konuşmasın bari. Tüm düğünlerde gelin merakla beklenir. Herkes onu görebilmek için birbirinin omzuna tırmanır adeta. Neden? Gelini merak ettikleri için... Nasıl bir gelinlik giymiş? Duvağı nasıl? Kendisi nasıl? Güzel mi? Şık mı? Sen kalkıp onu kapıya dikersen, pek çok insan balon gibi sönecektir."

"Onlar sönecek ama gelin de kendi düğününde onu bunu dolaşacağına rahat rahat eğlenebilecek."

"Kusura bakma ama sana katılamayacağım, Esinciğim. Belki de modası geçmiş fikirleri savunuyorum ama insanlar kalkıp senin için, senin o özel gününü paylaşmak için gelmişler. Yani, sana bir değer vermişler. Peki, bunun karşılığında senin en azından bir hoş geldiniz demen gerekmez mi?"

"Ve böylece hoş geldiniz derken hayatında bir tek kez yaşayacağın o özel geceyi, hanım kızlık yaparak geçirmiş olursun!"

"Hadi Esin, abarttın ama... Ne bütün gecesi... Böylesine büyük ve kalabalık bir düğünde bile, tabii ben o bin kişilik düğünlerden söz etmiyorum, kırk dakika, bilemedin bir saatini alır. Geri kalan zaman senin. Gönlünce dans eder, eğlenirsin ama bu arada da gelenlerin gönlünü almış olursun."

"Yeter ama," dedi Sıla. "Herkesin düğünü kendine, kim ne istiyorsa öyle yapsın. Açık oturuma döndürdünüz burayı..."

"Söyle şunlara bacım," dedi Burak. Bu tartışma onu da sıkmıştı.

"Hadi benim romantik sevgilim, gel de dans edelim," diyerek Oktaycığım beni dansa kaldırdı.

Sevgilimle dans ederken gözüm arkadaşlarıma takıldı.

"Hepsi de ne kadar güzeller bu gece," dedim.

"Ama en güzelleri sensin."

"Sen de çok yakışıklısın."

Yaa, işte biz böyle birbirimizi pek beğeniriz, sevgili kiraz ağacım.

Aslında Melis'in düğününe gerçekten büyük bir hevesle hazırlanmıştık. Artık bizim takımın ilk düğünü olduğu için mi, yoksa kıştan çıkıp güzel bir düğünle yaz mevsimini karşılamanın hevesi miydi bilemeyeceğim ama herkesin müthiş keyifli olduğu kesindi.

Melis'in bir modacı arkadaşı var, acayip güzel şeyler çiziyor. Onun hatırı için hepimize birer tuvalet çizip atölyesinde diktirmeyi önerdi. Böyle bir öneriye, bilmem söylememe gerek var mı, atladık! Resmen atladık!

Dilek, "Ben göz alıcı olmak istiyorum," deyince, ona alev kırmızısı bir tuvalet dikildi. İnce bantlı kırmızı sandaletleriyle Dilek gerçekten de göz alıcıydı.

Toprak bu grubun içinde değildi, zaten düğüne de katılamadı. Aslında gelmek istiyordu ama Diyarbakır'daki projede bir sorun çıkmış, onun yardımı gerekiyormuş.

Sıla ağırbaşlıdır diye ona bej ve kahve tonlarında bir giysi hazırlanmasını beklerken, Hakan (modacının adı oluyor) ona turkuvaz bir kumaş seçmemiş mi... Bu renk de bizim kıza bir yakışmış, bir yakışmış mı sana...

"Sıla," dedik, "bundan böyle seni böyle canlı renkler içinde görmek istiyoruz."

Esin ise moru seçmişti.

Bana gelince, bu Hakan bana bakıp bakıp, "Sen bir romantiksin," demez mi... Sanki alnımda yazıyor. Sevineyim mi, üzüleyim mi, alınayım mı bilemedim. Hayret bir şey!

Böylece bana da saman sarısı diye anılan uçuk sarı bir tuvalet dikildi.

Ya sevgili kiraz ağacı, masamızı bu renklerle gözünün önüne getirebiliyor musun? Gökkuşağı gibiydik... Hele de dans etmeye kalktığımızda neredeyse herkes bizim gruba bakıyordu. Daha sonra Melis'i ortamıza aldık. O da canı istedi mi bir dans eder ki... Döktürür... Döktürür...

Böylece Melis and Dans Grubu şeklinde coştukça coştuk. DJ bizde ışık (!) görmüş olmalı ki, dur durak demeden parçadan parçaya geçiyor, bizi izleyenler etrafımızda bir halka oluşturmuş, tempo tutuyorlardı.

Çok sükse yaptık azizim, çooook...

Derken, dans müziği kesildi ve bir başka melodi dalga dalga yükseldi.

Meğer düğün pastası geliyormuş!

Pek görkemli bir pastaydı. Melis'le Kaan birlikte pastalarını kestiler ve o malum sahne... İlk lokmayı birbirlerine verdiler. Medya diliyle devam etmem gerekirse, genç çift (!) kendilerini alkışlayan konukları kadehlerini kaldırarak selamladı. Bu arada pasta, şampanya servisi başlamıştı.

Tam masamıza yönelmiştik ki Melis'in sesi yükseldi.

"Bir dakika... Bir dakika... Buket atma zamanı arkadaşlar..."

Kaan ekledi, "Lütfen tüm bekâr hanımlar buraya buyursunlar."

Biz de havamızdayız ya, itişe gülüşe Melis'in karşısına sıralandık. Birkaç genç kız daha vardı ama onlar azıcık mahcup, geride duruyorlardı. Oysa biz tam şamata...

Melis bize şöyle bir baktı, sonra arkasını dönüp buketi geriye, Dilek'le benim bulunduğum yere doğru fırlattı. Tam elimi uzatmıştım ki, Dilek bir sıçrayışla buketi kaptı.

"Yakaladım, yakaladım!" diye çocuklar gibi zıp zıp zıplıyordu.

Bana gelince, kimsenin beni görmemiş olmasını umarak hemen elimi aşağı indirdim... ve aynı anda dönüp, buketi kim yakaladı diye bakan Melis'le göz göze geldim.

Esin, "Buket yerini buldu!" diye bağırdı. Gerçekten de, kısa bir süre önce Dilek'le Ulaş nikâh tarihlerini belirlemişlerdi.

Zaman uçup gitmiş, bu güzel düğün sona ermişti. Konuklar birer ikişer gitmeye başladılar. Biz de Melis ve Kaan'la vedalaşmak için sıraya girdik. Melis hepimizi teker teker, Suphi'nin deyişiyle, Fizan'a gidiyormuşçasına öptü. Sıra Oktay'a geldiğinde, "Sevgili eniştemiz, sen de artık biraz kıpırdasan iyi olacak. Nişanlanalı iki yıl oldu, ayıp oluyor yani..." derken bana da gizlice göz kırptı.

Laf aramızda, Oktay fena bozuldu. Melis'e cevap vermedi, öylece yere bakmakla yetindi. Bense bu sessizliği hemen Oktay'ın koluna girip, "Şuna bak, kendi apar topar evlendi diye herkesin aynı şeyi yapmasını bekliyor," diyerek bozdum ve bir kahkaha attım. Neyse ki, bizimkiler de benim bu kahkahalarıma katıldılar da o bir anlık sessizliği hemen dolduruverdik.

Aslını istersen, sevgili defter, Melis bu gece böyle konuşan üçüncü kişiydi. Büfeden yemek alırken, Oktay'ın bir arkadaşına rastladık. Biraz sohbet ettikten sonra, "Siz birbirinize çok yakışıyorsunuz, neden artık evlenmiyorsunuz?" diye bir laf etti.

Sonra Rana, Melis'in yazlıktan arkadaşı, "Bu düğünden sonra sıra sizin. Bekliyoruz, ona göre..." dedi. İyi mi?

Her seferinde de Oktay kem küm ediyor, sıkıntı içinde kıvranıyordu. Bu sözler ona neden bunca ıstırap verdiyse...

Bu iki yorumun üstüne bir de Melis'in takazası gelince, Oktay'ı zor durumdan kurtarayım diye işe el koymak zorunda kaldım. Ama baktım düzeldiği yok, hâlâ yüzü asık, bu kez koluna girdim ve "Sen bakma onlara sevgilim, herkesin hayatı kendine," dedim.

Dönüp yüzüme baktı, sonra içinde tuttuğu soluğu rahatlamışçasına yavaşça bıraktı. Bu arada ben sağa sola gülücükler atıp çene yarıştırıyordum.

İşte sevgili defterim, böyle.

Güzel Melisimizi evlendirdik, tüm mutluluklar onun olsun. Gerçekten muhteşem bir düğündü. Ve ben –mutsuzdum!

10 Haziran, Perşembe

Sıla Ankara'ya dönmeden, biz bize şööyle ballı tatlı düğün dedikodusu yapalım diye öğle yemeğinde buluştuk.

Özellikle biz çalışanların daha kolay ulaştıkları bir semt olduğundan, Nişantaşı'nda karar kılındı. Nişantaşı deyince de doğal olarak "All Sports Cafe" ilk akla gelen yerdi. Ayrıca ben oranın arka bahçesini de pek seviyorum, püfür, püfür...

İlk giden bendim –her zaman olduğu gibi...

Son gelen de Dilek'ti –her zaman olduğu gibi...

"Bizim kumrulardan bir haber var mı?" diye sordum Esin'e.

"Ne bir ses, ne bir nefes."

"Balayındaki mutlu kişilerin oturup sana bana mesaj çekmelerini beklemiyorsun herhalde Serra."

"Tamam canım! Sorduk işte..."

"Süper bir seçim yaptılar ama... Düşünsenize, şu anda Karayipler'deler..."

"Ahh, ah..."

"Siz balayında ne yapacağınıza karar verdiniz mi Dilek?"

"Bizim gibi garibanlar ancak yurtiçi programı yapabilirler."

"Hadi ordan," dedim. "Nasıl da kendine acındırır. Bizde öyle güzel yerler var ki, sözü edilen pek çok yere beş basar. Sahi bir şeyler düşünmediniz mi?"

"Valla konuşuyoruz ama doğru dürüst bir karar almış değiliz."

"Bence Sevan ve Müjde Nişanyan'ın *Türkiye'nin En Güzel Küçük Otelleri* kitabını karıştırmadan karar vermeyin. Öyle ilginç yerler öneriyor ki, insan kendi arasa arasa bulamaz. Ayrıca, fiyatlar başta olmak üzere tüm bilgileri veriyor, böylece bütçene göre seçimini oturduğun yerden yapabiliyorsun."

"Aslında ben internete girip bir araştırayım diyorum."

"Çok iyi! Onu yap ama bu kitabı da bir karıştır."

"Tamam canım! Artık düğüne gelelim, ne dersiniz? Genel kanıyı alabilir miyim efem..." diye oturum yönetenleri taklit etti Dilek. Alem kız!

"Bir kere Esma Sultan Yalısı tek kelimeyle şa-ha-ne bir yer. Bence üstüne yok..." dedi Sıla.

"O manzaraya bak bak doyamıyorsun," diyerek Sıla'yı destekledim.

Esin, "Masaların düzenlenmesi ve genel dekor ince bir zevki sergiliyordu. Abartılı süsler yoktu; morlu beyazlı çiçekler, beyaz mumlar ve masaların üstüne serpiştirilmiş olan o küçük mor taşlar bence tam kararındaydı. Ne fazla, ne eksik..."

"Ayrıca çok da neşeli bir düğündü. Farkında mısınız, herkes dans edip durdu."

"Kabul edin arkadaşlar, bunda bizim payımız büyüktü."

Sıla'nın kaş göz etmesiyle, yanı başımızda elinde kalem kâğıt, sipariş almayı bekleyen garsonu fark edebildik Allah'a şükür...

Yani... Bunu hep yapıyoruz!!!

Neyse, herkes bir telaş mönülere saldırdı.

"Affedersiniz, İspanyol salatasının içinde ne var?"

"Benim tavuk şişin yanına kızarmış patates yerine haşlanmış sebze koyabilir misiniz?"

"Ben bir de soda rica etsem..." şeklinde soruşturma ve dileklerden sonra yemeklerimizi başarıyla ısmarlayabildik, şükürler olsun!

"Nerde kalmıştık," dedi Esin. "Evet, Dilek haklısın, danslarımızla düğüne büyük katkıda bulunduğumuz bir gerçek."

"Müziği de yabana atmayın! Bazen DJ'ler öyle abuk parçalar çalıyorlar ki, herkes gidip oturuyor. Bir oturunca da, bir daha kolay kolay kalkmıyorlar. Hele de düğünlerde..."

"Şu konuşulanlar ışığında toparlamamız gerekirse," dedi Esin, "sevgili arkadaşımız Melis'le Kaan'ın düğününün çok başarılı olduğu konusunda herkes hemfikir. Öyle değil mi arkadaşlar?"

"Öyle," diye bağrıştık. Ve ballı dedikodu seansına böylece noktayı koyduk.

Bir süre sonra Dilek, "Gülüp konuştuğuma bakmayın, aslında canım çok sıkkın, çocuklar," dedi çatalını tabağının içine bırakarak.

"Hayırdır?" dedik ikimiz iki yandan. "Sabahleyin annemle atıştık."

"Her genç kızın başına gelir böyle şeyler," diyerek onu güldürmeye çalıştım.

Beni duymazlıktan gelerek devam etti. "Bu evlenme işi çıktığından beri meğer ben annemi tanımıyormuşum, diye düşünmeye başladım."

Şaşkın bakışlarımız karşısında, söylediklerinin altını çizmek istercesine, "Valla!" dedi ve devam etti. "Melis'in hediye listesi var ya..."

"Evet."

"İşte tartışma ondan çıktı."

"Hiç anlayamadım."

"Anlayamazsın tabii!" Başını iki yana salladı ve başladı anlatmaya.

"Sabah güzel güzel kahvaltımızı ederken, hani laf olsun diye, konuşmak olsun diye, şu hediye listesi ne iyi fikir, hem bizler ne alalım diye ovunup durmuyoruz, hem de Melis kendisinin seçtiği, severek, beğenerek kullanacağı bir tabak ve bardak takımına sahip olacak, demek gafletinde bulundum.

"Vay efendim sen misin bunu söyleyen... Açtı ağzını yumdu gözünü. Böyle uluorta hediye istenir miymiş? Bana şunu alın, bana bunu alın denir miymiş? Bu resmen görgüsüzlükmüş. İşte o noktada artık kendimi tutamadım ve anne, dedim, o zaman senin kızın da görgüsüz, çünkü Ulaş'la ben de bir evlilik listesi hazırlamayı çok ciddi olarak düşünüyoruz. Katiyen olmaz, demez mi..."

"İnanılır gibi değil," dedim, "senin annen gibi bir dünya tatlısı nasıl böyle davranabilir?"

Gerçekten de Dilek'in annesini hepimiz severiz. Bıcır bıcırdır, cana yakındır; arkadaşça bir tavır içinde olagelmiştir bize karşı.

"Ne yazık ki o dünya tatlısı, benim evliliğim söz konusu olunca, bir dünya cadısına dönüşüyor."

"Abarttın sen de..." dedi Esin.

"Keşke abartıyor olsaydım," dedi Dilek içini çekerek. "Kızı evleniyor diye depresyona mı giriyor, nedir..."

"Sonra ne oldu?"

"Neden olmazmış, dedim. Bizim geleneğimizde böyle bir şey yokmuş, bizde her gelen armağan makbulmüş, değerliymiş. Öyle listeler hazırlamak özentiymiş, başka ülke âdetlerini uygulamakmış ki, ölse kızının böyle bir şey yapmasına izin vermezmiş."

"Dilek, senin annen sahiden depresyona girmiş. Nasıl bir tepki bu?"

"Peki," dedi Esin. "Sen annene bu hediye listesi olayını güzel güzel anlattın mı?"

"E, herhalde yani! Anne, dedim, lütfen sakin ol ve beni dinle. İsteyen dilediği armağanı getirir, ben de bunu büyük bir mutlulukla kabul ederim. Elbette her armağan değerlidir, çünkü bizi düşünüp getirmişler. Ama bir de günün koşulları var. İnsanlar avuç dolusu paralar ödeyip bir şeyler alıyorlar ve doğal olarak bunun makbule geçmesini istiyorlar. Oysa hiçbir zaman kullanamayacağım kristal vazolar, oymalı gümüşler, benim zevkime uymayan porselenler kesinlikle makbule geç-mi-yor! Onca para ödenmiş nesneler daha ilk günden dolap beklemeye mahkûm e-di-li-yor, şeklinde bir giriş yaptıktan sonra, öte yandan pratik olup, benim şuna şuna gereksinimim var, dense, insanlar da ona göre alışverişlerini yapıp, aldıkları armağanların kullanılacağını bilerek mutlu olsalar, çok mu fena olur, dedim. Ayrıca, misafirlerimize muhakkak şunu al demiyoruz ki... Belirli bir-iki mağazada bizim adımıza hediyelikler ayrılacak, onlar da ister tek başına, ister birleşerek armağanlarını alacaklar, diye de konuya açıklık getirdim. Daha ne diyeyim?..."

"Pek güzel anlatmışsın."

"Bir işe yaramadıktan sonra... Annem Nuh diyor peygamber demiyor."

Kırk yıl düşünsem Dilek'in annesinin böyle davranacağı aklıma gelmezdi.

"Aman neyse... Sizin keyfinizi de kaçırmayayım. Bir yolunu bulacağız elbette," dedi Dilek ve sonra Esin'e döndü, "düğün gecesi seni biraz durgun gördüm Esin kardeş. Ne iş?"

"Senin de gözünden hiçbir şey kaçmıyor," dedi Esin, mahcup bir gülümsemeyle.

"Arkadaşlar, burada bilmemiz gereken bir durum mu var? Ben Esin'i hiç de durgun görmedim. Aslanlar gibi dans edip duruyordu."

“Dans etmesine ediyordu da, arada bir de bal gibi dalıp dalıp gidiyordu.”

“Esin, neler söylüyor bu Dilek?”

“Sakın beni ayıplamayın ama en yakın dostumu yitirmişim gibi hissediyorum kendimi.” Gözleri dolu doluydu. Haydaaa...

Bugün “beklenmedik olay ve duyguları yaşama” günü olmalıydı zahir...

Benim bildiğim, Esin, Melis için son derece mutluydu ve düğünün kusursuz olması için en çok koşuşturan kişiydi.

“Aslında,” dedim daha çok Esin’i teselli edebilmek için, “nikâh masasına doğru yürürken, Melis’i gelinliğiyle gördüğümde ben de karmaşık duygular içindeydim. Mutlulukla hüznü bir arada yaşıyordum sanki...”

Nitekim benim bu sözlerimden cesaret almışçasına konuşmaya başladı Esin.

“Nasıl anlatsam bilmiyorum ama ‘biz’ sözcüğü Melis’le beni anlatmıyor artık. Onun ‘biz’i Melis’le Kaan oldu,” dedi ve bu sözlerinden utanıyormuşçasına başını öne eğerek devam etti. “Tanrım, ne kadar da bencilmişim meğer. Aslında bunun böyle olması gerek. Kaan onun sevgilisi, hayat arkadaşı, eşi; bundan doğal ne olabilir? Ayrıca, onun için çok da mutluyum. Gerçekten! Onu mutlu görmek benim için çok önemli. Ama...” Sesi yine o ezik, kırılgan fısıltıya dönüşmüştü, duygularını yansıtırcasına. “Artık bana bakarken beni görmüyor sanki. Şu son aylarda bir kez olsun, sen nasılsın, demedi bana.” Gözleri yine dolmuştu.

“Düğün telaşı Esinciğim” dedi Sıla, “bu çok doğal.”

"Biliyorum, biliyorum!" Esin sözlerinin altını çizmek istercesine sesini yükseltmişti. "Ve asla onu kınamıyorum! Eleştirmiyorum! Asla! Olması gereken de bu zaten. Ayrıca, dediğin gibi düğün telaşı, heyecan, aileler, görevler..." Durdu, içini çekti. "Hepsini anlıyorum ve hak veriyorum. Ama çok sevgili dostumu yitirmişim gibi geliyor, böyle hissetmekten kendimi alamıyorum."

"Hadi, hadi, dostunu filan kaybettiğin yok. Bizim arkadaşlıklarımız o kadar çürük mü, ayıp ettin," dedim. Kızlar da bana katılınca Esin'cik eli mahkûm gülümsemek zorunda kaldı ve bu bunalımlı sahneyi de böylece atlattık.

"Eee," dedi Dilek, "senden ne haber?"

"Ne o? Sıra bana mı geldi?" dedim.

"Elbette sana geldi. Sıla'mız kendini tıp ilmine adamış, şu aşamada onun anlatacak bir şeyi yok."

"Benim var sanki..."

"Demek istediğim... yeni gelişmeler yok mu? Geleceğe dönük planlar, programlar?"

"Evet," diye lafa girdi Esin. "Nikâh tarihi örneğin. Balayı programları, vesaire, vesaire..."

"Şunlara bak," dedi canım Sıla. "Nasıl da kızın üstüne gidiyorlar. Vakti zamanı gelince siz meraklı tazeleri bilgilendirir, hiç kuşkunuz olmasın."

"Biliyor musunuz?" dedim. "Aynı soruları dün akşam Oktay'ın annesiyle babası soruyorlardı. Telefonda tabii..."

"Eee?"

"E'si şu ki, biz daha Oktay'la bu konulara girmedik."

"Peki benim sevgili arkadaşım, konuya ne zaman girmeyi düşünüyorsunuz? Biz sizi 21. yüzyıl çıkmadan evli görmek istiyoruz da..."

"Kızın üstüne varmayın."

"Hiç beni korumaya çalışma Sıla, çünkü dörtbir yandan kuşatılmış vaziyetteyim. Daha geçen gün düğünde kaç kişi Dilek gibi konuştu, sonra ailedekiler... Ve işte en son Oktay'ın annesi dün gece beni arıyor ve kızım, nikâh tarihine karar verdiniz mi, diyor. Ben, hayır efendim, henüz vermedik, deyince, iyi ama evladım, daha ne bekliyorsunuz, bu işler uzadıkça sorunlar çıkar, hem herkes de soruyor, biz de zor durumda kalıyoruz, diyor; sanki bu işin tek sorumlusu benmişim gibi. Yani kendimi zor tuttum siz bu konuyu oğlunuzla konuşun, dememek için. Ben ne yapabilirim ki?.."

"Çok şey," dedi Dilek hararetli hararetli.

"Üff Dilek, beni bilirsin..."

Sözümü tamamlamama fırsat vermeden devam etti Dilek.

"Evet, bilirim! Hem de çok iyi bilirim! Daha önce de yine Oktay'la ilgili olarak bu tür sorunlar yaşamıştık," dedikten sonra Sıla'yla Esin'e döndü. "Hanımefendi sorunları dile getirme özürlüsüdür de..."

"Ne yapmamı bekliyorsun?"

"Alırsın nişanlını karşına ve sorarsın! So-rar-sın! Biz ne zaman evleneceğiz, dersin. Nikâh tarihini ne zaman alacağız, dersin. Dersin de dersin..."

"İyi ama bunları o niye dile getirmiyor? Evlenme teklif edeli tam iki yıl oldu ve bunca zaman içinde ne düğün tarihinden, ne ev tutmaktan, ne de balayından söz etti. Bütün bunları benim değil, onun düşünüp önermesi gerekmiyor mu?"

"Peki, bütün bu sürede sen ona hiçbir şey sormadın mı Serra?" dedi yavaşça Esin.

"Sormadım, çünkü şöyle düşündüm; belki önce yeni işinde kendini kabul ettirmek, başarılı olmak istiyor. Belki masrafı düşünüyor, bütçesini denkleştirmeye çalışıyor. Bunlar nazik konular, sorarsam incinebilir diye düşündüm."

"Çok düşüncelisin valla," dedi Dilek, "ama seninki de biraz fazla."

Sonunda dayanamayıp patladım. "Böyle olmasını ben ister miydim sanıyorsun Dilek? Ben de herkes gibi nişanlandıktan sonra, ister bir sene ister iki sene sonra, hemen bir tarih konsun, ben de ona göre hazırlığımı yapayım, nerede durduğumu bileyim isterdim ama yok... Yok işte yok, Oktay bir şey söylemiyor."

"Oysa sana deliler gibi âşık," diye mırıldandı Dilek. "Tuhaf, çok tuhaf..."

"Benim de anlayamadığım bu ya... Davranışlarında hiçbir değişiklik yok, sevgi konusunda yine eskisi gibiyiz. Bazen düşünüyorum da acaba beni seviyor ama evlenmek mi istemiyor?"

"Ohh, iyi be..."

"Beyimize bakar mısınız!"

Birden saatime baktım. "Çocuklar, saatin farkında mısınız?"

"Eyvah! Eyvah!" sesleri yükseldi.

Apar topar hesap ödendi, alelacele öpüşüldü ve herkes gideceği yere yöneldi. Böylece ben de arkadaşlarımın sorgulamalarından kurtuldum. Onların sorularından kaçmıştım ama benim kendi kafamdaki sorular yanıtsız olarak oldukları yerde duruyorlardı.

Anlamıyorum! Hiç anlamıyorum!

Oktay'ın beynine girip, ne düşündüğünü öğrenebilmek için neler vermezdim.

Bana, sor diyorlar. İyi ama benim de bir gururum var. Hem, başta kendi annesiyle babası olmak üzere pek çok kişi bu konuyu dile getirdi. Hani hiç sözü edilmez de, o zaman bari bir dikkatini çekeyim, diye düşünürsün. Oysa durum hiç böyle değil, söyleyen söyleyene...

Garip bir çıkmazdayım anlayacağın.

İlk yıl pek üstünde durmamıştım, bugün bizim kızlara söylediğim gibi, işi dedim, para meselesi dedim ve hep ona hak tanıdım. Ama ne zaman ki ikinci yıla girdik, bu artık bir 'yeni iş sorunu' olmaktan çıktı.

Oktay işinde kendini öyle bir kanıtladı ki, patronu durup durup, iyi ki seni Ankara'dan buraya getirmişim, diyormuş. Bunları bana Oktay'ın kendisi anlattı. İş durumu böyle olunca geriye, acaba sorun parasal mı, sorusu kalıyor. Eğer böyleyse, elimizde ne varsa ortaya koyarız, ailelerimiz yardım eder, isteklerimizde de uçmazsak pekâlâ bir ev açabiliriz, diye düşünmeye başladım. Sadece ben değil, etrafımızdaki pek çok kişi benimle aynı paralelde düşünüyor olmalı ki, "Hadi artık!" türü konuşmalar da giderek artmaya başladı.

Ve geldik beni derinden yaralayan davranışlarına... Diyelim bir yerdeyiz, birileri, bu nişanlılığı daha fazla uzatmayın, gibi bir söz ediyor.

İşte o noktada Oktay susuyor! Ve ben kırılıyorum.

Çok üstüne giderlerse kem küm ediyor! Ben yine kırılıyorum.

Neden konuşmuyor? Neden bir şeyler söylemiyor? Eğer aklı yatmıyorsa, neden bana evlenme teklif etti? Yoksa...

Evlenme teklif ettiğine pişman mı?

Yoksa... Yoksa...

Betül'ü mü düşünüyor?

Aman Tanrım, neler gelebiliyor insanın aklına.

Öte yandan o kadar da sevgi dolu ki...

Her boş vaktini ne yapıp edip birlikte geçirmemizi sağlıyor. Her fırsatta bana kucak dolusu çiçekler taşıyor ve annem ona bayılıyor.

Seviyorum, seviliyorum sevgili defterim ama –bir yandan da gizli bir mutsuzluk yaşıyorum.

Ne tuhaf değil mi?

15 Haziran, Salı

Sabah kahvaltısında annemle epeyce lafladık. Uzun zamandır şöyle karşılıklı oturup konuşamıyorduk, ya onun temposu hızlanıyordu, ya benimki... İkimizin de işleri yoğunsa, o zaman evin içinde daireler çizerek koşuşturuyoruz. O banyodan çıkıyor, ben giriyorum; ben mutfakta bir şeyler atıştırıp fırlıyorum, bu kez o mutfağa giriyor. Arada bir de, çaresiz, çarpışıyoruz. Biri bizi uzaktan izlese, kim bilir ne kadar eğlenir.

"Akşam vakitlice gelmeye çalış Serracığım, biliyorsun dedenlere gideceğiz. Defne'lerle orada buluşacağız."

"Biliyorum telaşlı tavuğum benim, biliyorum," diyerek yanağına bir öpücük kondurdum. "Her şeyden haberim var, dün gece benim süslüyle konuştuk."

"Tevekkeli değil! Kiminle konuşuyor bu böyle uzun uzun diye düşünmüştüm."

Annem öylesine lak lak ettiğimizi sanıyor, oysa Sırma'nın dertlerini dinliyordum ben.

ABD'de İş İdaresi bölümünü bitirip yurda dönünce, İstanbul'da çalışıp, İstanbul'da yaşamak istiyordu Sırma. Murat Enişte ise benim şirketim var, neden burada bir bölümün başına geçmiyorsun; sırf İstanbul'da yaşayacağım diye böyle bir fırsat tepilir mi, diyordu. Nitekim, Sırma'yı öyle bir yere getirdi ki. İstanbul'da kırk yıl kalsa benzeri iş bulamaz. Tabii durum böyle olunca, Sırma bu işten vazgeçemedi. Hatta bana şakayla karışık, "İnsanın ruhunu nasıl da satın alıyorlar," demişti, o sıralarda.

Çalışma koşulları gerçekten harika. Bir kere doğrudan bir bölümün başına getirildi. Orada dilediği projeleri geliştirip, düşündüğü atılımları yapabilecek. Zaten Sırma'yı da en çok bu özgür çalışma ortamı etkiledi.

Böylece bizim kız, İstanbul İstanbul derken İzmir'de kaldı.

Üstüne üstlük yakışıklı Deniz Bey meselesi de ortaya çıkınca, İstanbul aşkı büsbütün depreşti. İşte dün gece biz bunları konuşuyorduk.

"Sırma İstanbul'a geliyor diye pek sevinçli. Eee, tabii ne de olsa onun için İstanbul demek artık Doktor Deniz demek," dedim ve ekledim, "hadi ben gidiyorum."

"Akşama görüşürüz canım," diye seslendi annem arkamdan.

Böylece uçarak kaçarak ofisime vardım ve bir gölge gibi süzülerek yerime geçtim. Azıcık gecikmiştim ama kimse farkına varmamıştı. Ohh, şimdi kendime şööööyle dumanı tüten, misler gibi kokan bir kahve yapar, işime koyulurum diye geçirdim içimden.

İyi de... ortada bir gariplik vardı. Acaba bana mı öyle geliyor diye düşündüm bir an; ama insanlar ikili, üçlü bir araya gelmiş, fısıldaşıyorlardı. Ne olmuştu da böylesine değişik rüzgârlar esiyordu ortalıkta?

Selçuk'a, "Bir şey mi var?" diye fısıldadım.

Omuzlarını silkti. "Henüz bir netlik kazanmadı ama var galiba."

Tam gelen fakslara elimi atmıştım ki, Bayan Bella, "Çocuklar, işe koyulmadan, sizlere söylemek istediğimiz bir şey var," dedi, yanında Şebnem Hanım.

Herkes onlara bakıyordu.

"Şebnem Hanım işi bırakmaya karar verdi."

"Olamaz!" diye feryat etmişim.

Bu tepkimde yalnız değildim, sağdan soldan benzer sesler yükselmişti.

Bu kez Şebnem Hanım konuştu. "Arkadaşlar, buradan ayrılmayı inanın hiç ama hiç istemiyorum. Ve ben de tıpkı sizler gibi düş kırıklığı yaşıyorum," dedi ve bir an durakladı. "Aslında bu konuya hiç girmek istemiyordum ama sizlerle öyle çok şey paylaştık ki, bunu da paylaşmadan edemeyeceğim.

"Her iki oğluma da bir tür davranış bozukluğu tanısı kondu. Bu, bizde pek fazla bilinmeyen bir hastalık, o nedenle çocukların davranışları yanlış algılanıyor. Onlar yaramaz, laf dinlemez, asi çocuklar olarak tanımlanıp cezalandırılıyorlar. Bu ise sorunu daha da derinleştiriyor. Koşullar böyle olunca, ben de çok sevdiğim işimden ayrılıp bir süreliğine çocuklarımla kalarak, onlara yardımcı olmaya karar verdim. Sanırım sizler de bana hak vereceksiniz."

Tam bir sessizlik...

Ve şaşkınlık...

Öyle kötü oldum ki... Şebnem Hanımın masasını süsleyen çocuk fotoğrafları beliriverdi gözümün önünde. Gülen çocuk resimleri...

"Sevgili dostum artık bizlerle olmayacak diye ben de çok üzülüyorum," dedi Bayan Bella. "Hem de pek çok, çünkü biz bu işi birlikte kurduk. Ama Şebnem yürekli kadındır, savaşmasını sever. Hayatındaki bu yeni savaşı da kazanacağına ve en kısa zamanda buraya döneceğine eminim." Bunları söylerken kolunu Şebnem Hanımın beline dolamış, ona kendi sıcaklığıyla güç vermeye çalışıyordu sanki.

"Veee," dedi neşeli olmaya çalışarak, "Şebnem Hanım gidiyor ama bu arada biz de yeni bir eleman kazanıyoruz." Selçuk'la şöyle bir bakıştık, "Hayırdır?" dercesine. "Şebnem Hanımın yeğeni Biricik artık bizimle çalışacak." Selçuk yüzünü buruşturdu. Bayılıyorum şu Selçuk'a... "Gel Biricik! Gel de seni dostlarımızla tanıştırayım." Ve böylece Biricik ortaya çıktı.

Adı Biricik ama hani bazı tipler vardır, yüzünü bir türlü anımsayamazsın, işte Biricik onlardan.

Dümdüz, cılız saçlar... Soluk bir beniz... Küçük gözler... Kaş, göz, saç, boz kahve... Yani, bu kız nasıl olur da bizim cıvıl cıvıl Şebnem Hanımın yeğeni olur, anlayan beri gelsin.

Eğilip, gözlemimin son bölümünü Selçuk'a fısıldadım. Onun tepkisiyse, "Kesinlikle haklısın, kardeş," şeklinde oldu. Ne kadar kötüyüz Tanrım, ne kadar.

Birden kendime çok kızdım. Zavallı bir kız işe başlıyor ve doğru dürüst tanımadan etmeden onu yargılıyorum. Hem de neye dayanarak?

Görünümüne...

Ayıp Serra, çok, hem de çok çok ayıp!

Bu duygular içinde ona ekstradan iyi davranmaya karar verdim, zaten Bayan Bella da konuşmasını bitirmişti.

Yanına gidip, "Aramıza hoş geldin, Biricik," dedim, en tatlı halimle.

Garibim, nasıl sevindi, nasıl sevindi... Resmen yüzü aydınlandı. (Ne kadar aydınlanabilirse tabii...) Bak yine aynı şeyi yapıyorum. Ayıpsın Serra, ayıp!

İncecik parmaklı bir el bana doğru uzandı. "Çok teşekkür ederim."

"Bakıyorum. Biricik'le çabucak kaynaştınız," dedi Bayan Bella, yüzünde mutlu bir gülümseme.

Hop! Hop! Ne kaynaşması! Sadece bir merhaba, dedik, o kadar dedim içimden. Dışımdansa hiçbir şey demedim tabii, çünkü Şebnem Hanım da bana bakıyordu, onun da yüzünde aynı mutlu gülücük...

"Ne kadar iyi, çünkü Biricik bundan böyle seninle çalışacak." De-mez-mi!!!

Olamaaaaaaz, diye haykırmak geldi içimden. Birine acıyıp, ona iyilik etme duygusu içinde olmak bir şey; onunla herrrr gün, herrrr saat, herrrr dakika birlikte olmak bambaşka bir şey.

Tabii ki yüzüme yapışmış o sahte gülücükle durumu idare ettim ve bir yankı gibi, "Ne kadar iyi," diye Şebnem Hanımın sözlerini yineledim.

"Biricik'e yeteneklerinden söz ettim; işte bu nedenle onu senin yetiştirmeni istiyorum." Buyrun bakalım!

Aslında onların bu yaptığı, benim açımdan gurur vericiydi. Örnek gösteriliyordum; Biricik bir aile bireyi olarak benim ellerime teslim ediliyordu. Ama... ama... ama...

Çoğu zaman olduğu gibi, içimdeki o iki zıt insan çatışmaya başlamıştı.

Bir tanesi ter ter tepinirken, öbür kişiliğim, "Yapma Serra," diyordu. "İşe bir de şu açıdan bak. (Kulakların çınlasın anneciğim, hep işe şu açıdan bak, bu açıdan bak derdin de sinir olurdum, oysa şimdi ben aynını yapıyorum.) Evet, ne diyorduk, bu zavallı kızı alıp yetiştirebilirsin.

Onu yoğurup, yeniden yaratabilirsin.

Bunu yapabilirsin!

Bunu başarabilirsin!

Hatta... hatta... onu sevebilirsin!

Düşün, bir insana yardım ediyor, onun elinden tutuyorsun. Onu sıradanlığın bozkırından çekip çıkararak, yüksek tepelere ulaştırıyorsun. Vay be!

Kendimi ne biçim gaza getirirmişim meğer.

İşte sevgili defterim, ofisimizdeki yeni durumlar karşısında bu tür gelgitler yaşadım bugün. Artık bu çabam Biricik için yapılmış bir hayırseverlik örneği miydi, yoksa kendi kendime durumu kabul ettirme gayreti miydi, bilemiyorum. Ama içimdeki gizli ve incecik ses, asıl nedenin ikinci şık olduğunu fısıldıyor bana. Bundan böyle, ister beğeneyim, ister beğenmeyeyim, hayatımda bir de Biricik'im var artık.

Akşam dedemlerdeydik... Canım benim, o da gitgide kötülüyor; oysa o kadar da doktorlara gidiliyor, tahliller yapılıyor. Halsiz, çok halsiz...

Neyse, haydi daha güzel şeylerden söz edelim. Örneğin, Sırma... Sırma Hanım ışıl ışıldı! İstanbul'a geldi ya... Deniz'ini görecek ya... Onun bu mutluluğu beni nasıl sevindiriyor bilemezsin. Bir de şu Sıla'nın kafasına göre birini bulup mutlu olduğunu görsem...

Eminim bir gün o da olacak.

Bizim süslü, pembeler içindeydi. Toz pembe bir kot, üstüne aynı renkten spor bir gömlek, içine de kenarları dantelli beyaz bir tişört giymişti.

"Karamela gibisin süslü," diyerek takıldım ona.

Defne Teyzem neler neler getirmiş. Kocaman bir çilekli pasta, dondurma, su böreği...

Dedeme tiril tiril bir pijama, anneanneme evde giymesi için Şile bezinden, uzun bir ev elbisesi.

"Kız, ne lüzumu vardı bütün bunların," dedi dedem ama pijamasını hemen o gece giyeceğini söylemeyi de ihmal etmedi.

"Havalar ısındı," dedi teyzem. "Onun için sizi serin tutacak bir şeyler getireyim dedim. Malum bizim oralarda bu tür giysilerden geçilmiyor. Sıcakta da bir işe yarıyor ki..."

Annem hepimizden önce gitmiş, anneanneme yardım ediyordu. Zaten dedeme bakmak anneannemi yoruyor, bir de bizler için yorulmasın diye, annem çok dikkat ediyor.

"Anne," dedim, "günün birinde bir kız doğurursam, umarım senin gibi düşünceli bir evlat olur."

Bu sözler üzerine annem bir kahkaha attı, sonra koşa koşa gidip ötekilere yetiştirdi. Bir güldüler, bir güldüler...

Hep birlikte sofrayı kurarken Murat Enişte, "Serra, işler nasıl gidiyor?" şeklindeki klasik sorusunu sordu.

"İyidir."

"Daha yorulmadın mı?" Muzip bir çocuk gibi gülüyordu bu soruyu sorarken. Turizme karar verdiğim zaman bana, "Zor ve yorucu bir meslek seçtin, iki yıla kalmaz pilin biter," diye takılmıştı eniştem. O zamandan bu yana her karşılaşmamızda, "Daha yorulmadın mı?" diye sormadan edemez.

Ben de, "Henüz pilim bitmedi," diye yanıtlarım onu.

"Peki, Oktay'ın işi nasıl gidiyor?"

"O benden çok daha hızlı bir tempoda... Ayrıca yurtdışı turlarını da ona verdiler."

"Ohoo, desene yüzünü gören cennetlik."

Tam o sırada kapı çalınıp Oktay gelmez mi...

"İşte azizim," dedi Murat Enişte, "iyi insan lafının üstüne gelir."

Geciktiği için özür dileyerek, herkesin elini sıktı Oktay. Sonra da benim oturduğum yere yönelip tepeme bir öpücük kondurdu ve geçip yanıma oturdu.

"Biz de tam sizin işlerden bahsediyorduk," dedi eniştem. "Nasıl gidiyor?"

"Geçen yıl terörizm, hele de İstanbul'daki bombalama olayları bizi kötü etkiledi, büyük çapta iptaller oldu ama şu son aylarda işler giderek düzeliyor gibi."

"Buyrun sofraya," diye seslendi annem içeriden.

Bir ara Sırma'ya, "Senin doktor bu gece gelmeyecek mi?" diye fısıldadım.

"Ne yazık ki yemeğe yetişemeyecek ama daha sonra gelecek," dedi ve gözleri pırıldayarak ekledi, "Serra, biraz oturduktan sonra dördümüz bir yerlere gitsek diyordum, ne dersin?"

"Harika, derim."

"Kızlar, ne fısıldaşıyorsunuz öyle..."

"Dede, sizin de gözünüzden hiçbir şey kaçmaz."

Eskiden olsa, dedemin bu tür takılmalarına ne biçim sinir olurduk ama artık bunların şaka olduğunu bilebiliyoruz ve değil sinirlenmek, hoşumuza gidiyor, biz de ona takılıyoruz.

"Ah anneciğim, yine yormuşsun kendini, şu yaprak sarmalarının güzelliğine bakar mısınız?.."

"Karıştırma şimdi Defne, bırak yapsın ki, benim zavallı midem de doğru dürüst yemek yüzü görsün."

"E, ne diyeyim ben sana?" diye söylendi anneannem, dedeme...

"Tabii ya... Zaten oldum olası kilo alıyorsun diye bana ot kök yedirdin durdun. Şimdi de yok şu ilacı alıyorsun, yok bu ilacı alıyorsun diye sade suya tirit yemekler koyuyorsun önüme."

"Serra, arkadaşının düğünü pek güzel olmuş, öyle mi?" diye sordu teyzem.

"Dört dörtlük bir düğündü."

"Benim bir tanıdığım davetliymiş de, o anlattı. Herkes çok şıktı, ayrıca çok da neşeli bir düğündü, kimse yerinde oturmadı, dans etti durdu, dedi."

"Çok doğru! Bir kere bizim Melis oldum olası zevkli kızdır, evinde verdiği davetlerde de ilginç düzenlemeler yapar. Kayınvalidesi de hem zevkli hem de bu tür organizasyonlardan anlayan çok zarif ve hoş bir hanım, böylece ikisi el ele verip gerçekten başarılı bir düğün çıkardılar ortaya."

"Allah mutlu etsin," diye içini çekti teyzem ve hemen ekledi, "darısı kızlarımızın başına..."

Demeseydi şaşardım zaten...

Tam yemeğimizi yarılamıştık ki, kapı çalındı. Veee -beklenen konuk- Dr. Deniz geldi!

Aman efendim, bizim Sırma kapıya yürüyerek gitmedi, kanatlanıp uçtu... uçtu sanki.

Deniz de tıpkı Oktay gibi bir yandan el sıkıyor, bir yandan da özür diliyordu. Anneannem ona da bir tabak getirmek için davranınca, "Lütfen zahmet etmeyin, ben bir şeyler atıştırdım," dedi.

"Öyleyse çilekli pastayla dondurmadan yersin," diye çullandılar zavallının üstüne. Böylece Deniz'e aramızda yer açtık, Sırma'nın yanına sıkıştı.

Şöyle bir masamıza baktım da, ne güzel ailem var diye düşünmekten kendimi alamadım.

Bol sohbet, birbirine takılmalar, kahkahalar, sorular, cevaplar... Her zamanki havamızdaydık anlayacağın, sevgili kiraz ağacı.

Ammaaaa, bu kez büyük bir değişiklik vardı.

Nedir o değişiklik diye sormayacak mısın?

Soracaksın, soracaksın.

O değişiklik, sevgili kiraz ağacı, aile soframıza iki yeni yüzün eklenmiş olmasıydı. Oktay'la Deniz...

Bizleri süzerken dedemin de aynı şeyleri düşündüğüne eminim. Tanrım, aile büyüklerimize uzun ömür ver ki, bu güzel sofra daha uzun yıllar böyle kurulsun, diye dua ettim içimden çabucak.

Yemek sona erdiğinde, her zaman yaptığımız gibi elbirliğiyle sofrayı topladık, bulaşıkları yıkayıp her şeyi yerli yerine koyduk. Sırma gözünü bana dikmiş, hadi söyle de gidelim dercesine bakıyordu.

"İzninizle biz çıkıp biraz dolaşmak istiyoruz," dedim.

"Gidin, gidin," dedi dedem. "Gençken gezebildiğiniz kadar gezin, eğlenebildiğiniz kadar eğlenin."

Dışarı çıkar çıkmaz, "Şu hale bak, on üçümüzdeymişiz gibi hâlâ izin istiyoruz," diye kıkırdadı Sırma.

"Ama arada fark var Sırma, şimdiki izin istemeler nezaket gereği..."

"Eh, bizler de 'kibaaar' kızlar olduğumuza göre..." diyerek dedemi taklit etti Sırma ve hepimiz anında kahkahalara boğulduk.

Deniz neye güldüğümüzü sorunca, Sırma, "Bizler küçücük şirin birer kız çocuğuyken, dedem bizi kucağına oturtur, elimizi avcunun içine alır ve Sırma ya da Serra nasıl bir kız diye sorardı. Ardından beş parmağımızı teker teker tutup sallayarak başlardı saymaya. Akıllııı, kibaaaar, çalışkaaaan, güzeeeel, şııık..."

"Ve, siz de öyle oldunuz," dedi cici doktorumuz.

"Oley!" nidaları arasında onun bu pek yerinde gözlemini alkışladık.

"Nereye gidiyoruz?" diye sordu Sırma pür heves.

"Bilmem," dedim Oktay'a bakarak. "İsterseniz Ortaköy'e doğru bir uzanalım."

"Amaaan, hep Ortaköy, hep Ortaköy... Kalkmış taaa İzmir'lerden gelmişim, önere önere artık ezbere bildiğim yeri mi öneriyorsun bana?" Sırma alt dudağını çocukluğunda yaptığı gibi sarkıtıp, Deniz'in koluna girdi. "Haklı değil miyim ama?"

"Haklısın canım, haklısın."

"Bak duydunuz, Deniz beni haklı buldu. Hadi bakalım, şimdi bu iki esaslı turizmciden daha ilginç öneriler bekliyorum." Gözlerini kısıp, gizemli bir şeylerden söz ediyormuşçasına alçak bir ses tonuyla ekledi. "Şöyle ilginç yerler... Daha önce hiç gitmediğimiz yerler..."

Buyrun bakalım! O saatten sonra bir de küçükhanıma yer beğendirmek zorunda kalmıştık.

Oktay, "Hayal Kahvesi olabilir," dedi.

"Bayıldım! Bu isme bayıldım."

"Evet ama," dedim, "o, karşı tarafta..."

"N'olmuş karşıdaysa... Herkes nasıl gidiyorsa biz de öyle gideriz."

Deniz sesini çıkarmadan dinliyordu ama zavallının yorgun olduğu belliydi. Kim bilir, belki de nöbetten gelmişti, ya da nöbete gidecekti ama Sırma Hanımın aklına böyle şeyler gelmez ki...

"Ya, Aşşk Cafe'ye ne dersin?" dedim, Sırma'yı Anadolu yakasından Avrupa yakasına çekmeye çalışarak.

"Sahi adı Aşşk Cafe mi?"

"Evet canım, hem de iki ş'li olarak..."

"Bilmem ki... İkisi de ilginç..."

Bu kez yaşanan, kararsızlıktı.

"Deniz üstünde mi bu yerler?"

"Evet," dedi Oktay. "İkisi de tam denizin üstünde."

"Hay Allah, acaba hangisine gitsek?"

"Aman Sırma, altı üstü gidip bir, bilemedin iki saat oturacağız," dedim kendimi tutamayarak.

Düşündü, düşündü, sonunda, "Hayal Kahvesi!" diye bağırdı. Eyvahlar...

Sırma Hanım şu an tatilde, ya bizler...

Üçümüz de yarın işe gideceğiz. Şöyle yakın bir yer olsaydı da rahat rahat oturup sonra trafikle boğuşmadan evlerimize dönseydik, fena mı olurdu. Neyse, bu karar üzerine yolcu taşıyan motorların durduğu yere geldik, biraz bekledikten sonra motor doldu ve hareket ettik.

Bizimki susup otursa ya... Bu sefer de "Çocuklar, zifiri karanlıkta ilerliyoruz, sakın bir başka motorla çarpışıp karanlık sulara gömülmeyelim," diye fısıldadı, kuşku dolu gözlerle ilerlere bakarak.

"Sen nasıl deniz kenti kızısın öyle," dedim. "İzmir'de de teknelerle, vapurlarla gidip gelmiyor musunuz?"

"Ama bu başka! Hem bir kere gece, her taraf karanlık; hem her türlü araç elini kolunu sallaya sallaya gidip geliyor."

"Korkma canım," dedi Deniz kolunu Sırma'nın omzuna atarak. "Yurdum insanı ne der böyle durumlarda bilmez misin?"

"Ne der?"

"Takma kafana abi, bişi olmaz."

Deniz'in bu sözleri üzerine hepimiz gülmeye başladık. Gülüyorduk ama tam bir kara mizah örneğiydi bu düşünce biçimi. O anda, 'Bişi olmaz diye diye bugünlere geldik,' diyen Murat Enişte geliverdi aklıma.

Neyse, Hayal Kahvesi'nin ışıkları görününce yolculuğumuzun sona erdiğini anladık.

Rıhtımdaki fenerlerin ışığı karanlık suları aydınlatıyor, her yükselip alçalışında kabaran dalgaların üstünde ışıklı desenler çiziyordu.

Motorcuların yardımıyla karaya çıktık. 'Hayal Kahvesi', fenerleri ve masaları aydınlatan mumlarıyla gerçekten de bir hayal mekân.

"Muhteşem bir yer burası," dedi Sırma, sonra Oktay'a döndü. "Böyle bir yeri önerdiğin için çok çok teşekkürler Oktaycığım."

Eh, kızımızı mutlu etmiştik ya, önemli olan da buydu zaten diyerek bir masaya geçip oturduk.

Ve –gerçekten de çok güzel bir gece geçirdik. Müzik harikaydı, sohbet yoğundu.

Amaaa, ertesi sabah kalkıp işe gitmek –tek kelimeyle acıklıydı!

27 Haziran, Pazar

Evcilik oynar gibiydik bugün.

Dilek, Sıla, Esin ve ben giyinip süslenip evli barklı arkadaşımız Melis'e 'hayırlı olsun' ziyaretine gittik. İnanabiliyor musun!

Fevkalade düşünceli arkadaşlar olarak, Melis balayından döndükten sonra birkaç gün geçmesini bekledik. Bekledik ki, kız şöyle bir yerleşsin, kendine gelsin. Sonra da, ellerimizde çiçekler, arkadaşımıza resmî ziyaretimizi gerçekleştirdik.

Bu ziyaret sırasında dikkatimi çeken Melis'in tavrıydı. Nasıl anlatsam... Öyle mutluydu ki... Şimdi sevgili kiraz ağacım, sen beni yanlış anlamadan açıklamaya çalışayım. Sevdiği kişiyle birlikte olduğu için elbette mutlu olacak, bunda şaşılacak bir şey yok... yok da... benim anlatmak istediğim, bizi karşılarken, evini gezdirirken, bizler için pişirdiği keki, pastayı ikram ederkenki mutluluğu...

Yani... sanki evlenmiş olmanın getirdiği bir mutluluktu bu. Aslında bunda da şaşılacak bir şey yok ama ben Melis'in böylesine evcimen oluvermesini, ev hanımlığını bunca sevmesini doğrusu pek beklemiyordum. Bizleri nasıl bir keyifle karşıladı, çay servisini yaparken nasıl fırıl fırıl döndü etrafımızda, görmelere değer.

Acaba evlenince ben de böyle mi olacağım?

Böyle mi hissedeceğim?

Evine gelince... Tek kelimeyle süperdi! Büyük bir sitenin içinde, iki katlı evlerden birinin alt katında oturuyorlar. Alt kat olunca da o güzelim bakımlı bahçenin içinde gibisin. Ayrıca, sitenin yüzme havuzu, tenis kortu, jimnastik salonu da var, azizim. Evin içiyse, mecmualardaki evleri anımsatıyordu. Modern ve sade. Beyaz kanepeler, koltuklar; cam masalar, modern desenli halılar, gizli ışıklar, enfes bir müzik seti ve dev ekranlı bir televizyon...

Eh, bir insan daha ne isteyebilir ki...

Ve Melis, yine Melis'liğini göstermiş, bu modern evde romantik bir çay sofrası hazırlayarak hoş bir tezat yaratmıştı. Bahçeye bakan geniş pencerenin önüne yuvarlak bir masa yerleştirmiş, üzerine de yere kadar inen beyaz dantel bir örtü sermişti. Beyaz porselen çay takımı, yuvarlak bir tabakta vişneli pasta, uzun bir servis tabağındaysa dilimlenmiş limonlu kek duruyordu.

"Haydi buyrun," dedi ve hemen ekledi. "Her şey ev yapımıdır, afiyet olsun."

"Havan batsın!"

"Kızım, sen şu güzellik enstitüsünden vazgeçsen de yeme içme işine girsen..."

"Bak onu da yapabilirim," diye göz kırptı Melis. "Ama şimdilik sadece ev hanımlığı yapmaya niyetliyim. En azından düzenimi oturtana kadar..."

"Ne düzeniymiş bu?"

"Kaan'ın alışkanlıkları, benim alışkanlıklarım... Kaçta gelir, kaçta gider... Ne yer, ne içer... Neyi sever, neyi sevmez... Ve ben bu yeni düzende nelere öncelik vereceğim, neyi, nasıl yapacağım gibi şeyler işte..." diyerek açıklamasını yaptı, 'evli barklı' arkadaşımız.

"Beni korkutuyorsun, Melis. Bunca ince eleyip sık dokumaya gelemem ben."

"İlahi Dilek! Sen Serra'yla birlikte tam dört yıl yaşamadın mı?"

"Yaşadım."

"Eee, siz birbirinize uyum sağlamak için bazı konuları, öncelikleri, zamanlamaları düşünmediniz mi?"

"Valla, ne yalan söyleyeyim, ben düşünmedim," deyince kahkahalar patladı.

"Ama," diye devam etti Dilek, "ikimiz için her şeyi düşünen bir Serra vardı. Hesap kitap; iş bölümü programı, komşularla ilişkiler... Ne bileyim, her şeyi ama her şeyi Serra düşündü." Sonra sırtıma okkalı bir şaplak indirip, "Aslan arkadaşım benim," dedi. "Melis şu soruyu sormasa onca yıl sonra senin yaptıklarının böylesine açççık ve seççik biçimde farkında olmayacaktım."

"Serra, nasıl katlandın şu sorumsuza..."

"Canım o kadar da gamsız değildim herhalde ama şunu da itiraf etmeliyim ki, nasıl olsa her şeyi Serra düşünür, Serra yapar, diye ona dayanıyordum."

"Eh, bunu bilmen de bir şeydir," diyen Sıla'yı "Bak gıdıklarım seni," diyerek tehdit etti Dilek.

"Biz harika bir ikiliydik," diye savundum can arkadaşımı. "Birbirimizi tamamlıyorduk, değil mi Dilekçiğim?"

"Evvett," dedi benim deli kız, o meşhur kahkahalarından birini patlatarak. "Ben dağıtıp, sen toplayarak..."

"Hiç de değil! Kendi dağınıklığını hep sen kendin toplardın."

"Sıkıysa toplamayaydım," dedi Dilek gözlerini devirerek. "Bakmayın siz Serra'nın böyle yumuşak başlı göründüğüne... Öyle bir otoriter ki..."

Çay faslı bitince koltuklara yayıldık. Melis sordu, "Dilek, senin düğün hazırlıkları nasıl gidiyor? Şaka maka derken iki ayınız kaldı."

"Üff, hiç hatırlatma Melis."

"Aaa, şuna bakın," diye güldü Melis. "Kızım, evlenecek olan sensin. Omuz silkmeyle olmuyor bu işler. Ev tutuldu mu?"

"Evet."

"Bak işte bu çok iyi! Bugünlerde hem kesene göre hem de beğendiğin bir yer bulmak öyle zor iş ki..."

"Bilmem mi," dedi Dilek. "Dört koldan uğraştık da bulabildik. Ben bilgisayardaki emlakçıları bile taradım."

Sıla sordu, "Yanlış hatırlamıyorsam, düğün ağustosun sonunda olacaktı, değil mi?"

"Evet," dedi Dilek yine oflayıp poflayarak, "28 Ağustos Cumartesi gecesi."

"Üzülme o kadar," dedi Melis. "İlk başlarda her şey karmakarışıktır, işi neresinden tutacağını bilemezsin. Ev, tamirat, tadilat, evin döşenmesi, gelinlik provaları, düğün davetiyeleri ve daha binbir ayrıntı... Bütün bunlar nasıl yola girecek diye geceleri kâbuslar görürdüm."

"Aynen! Aynen!" diye inildedi zavallı Dilek. "Ama her şey son gün yerli yerine oturuveriyor."

"İşte bu hiç de inandırıcı değil."

"İnan bana! Bir bakıyorsun gelinliğin hazır, düğün hazırlıkları tamam. Ev bitmiş, ya da bitmek üzere... Onun için hiç boşu boşuna canını sıkma."

"Benim derdim sadece bunlardan ibaret değil ki..."

"Başka ne derdin var peki?"

Dilek başını önüne eğdi, bir süre suskun kaldı.

"Dilek? Bilmediğimiz bir derdin mi var?" diye ısrar etti Melis.

Ses yok!

"Hadi Dilek," dedim. "Seni üzen neyse söyle de hep birlikte çare arayalım." Yine ses yok!

Bu kez Sıla konuştu. "Sorununu bizimle paylaşmazsan kiminle paylaşacaksın?"

"Sorun, annem."

"Nasıl yani?" diye yardımcı olmaya çalıştı Melis.

"Sürekli problem yaratıyor," dedi Dilek. Sesi titriyordu, sonra, "Aman çocuklar, bakmayın siz bana!" diye güldü. "Bunlar böyle güzel bir günde konuşulacak şeyler değil. Biz buraya mutlu bir olayı kutlamaya geldik, tatsız şeyler konuşmaya değil. Hem sizin keyfinizi de kaçırmak istemem. Hadi başka şeylerden konuşalım."

"Yok öyle şey," dedi Melis. "Ne demek, keyfinizi kaçırmak istemem. Biz arkadaşız, ister evli olalım, ister bekâr... Bugüne kadar nasıl her derdimizi paylaştıysak, bugün de, madem senin bir derdin var, bu paylaşılacak. Anlaşıldı mı Dilek Hanım, haydi bakalım anlat."

"Dedim ya, sürekli problem üretiyor. En son kriz konusu –perdeler... O aptal perdeler yüzünden Ulaş'ın annesiyle atışmış! İnanabiliyor musunuz! Ve, şu anda konuşmuyorlar."

"Hay Allah."

"Peki, neymiş perdelerle ilgili sorun?"

"Efendim, Ulaş'ın annesi gidip birtakım perdelere bakmış, sonra da annemi arayıp, Dilek de onlara bir baksın, demiş. Buraya kadar her şey normal. Ama benim annem, hemen sevindirik gibi işin içine atlayıp, Dilek görmeden önce ben bir göreyim, sonra ona gösteririz, demiş. Ulaş'ın annesi de, siz bilirsiniz, demiş. Böylece, buluşup perdeciye gitmişler. Ulaş'ın annesi uygun gördüğü örnekleri anneme göstermiş. Annem ne yapmış dersiniz?

"Ben bunların hiçbirini beğenmedim, bir de benim perdecime gidelim, buyurmuş. Kadıncağız bozulmuş ama sesini çıkarmamış ve annemin istediği mağazaya gitmişler. Gitmişler ama bu mağaza İstanbul'un en kazık yerlerinden biri... Her şey ithal ve doğal olarak fiyatlar dolar üstünden. Yok ithal kenar süsleri, yok ithal püsküller, yok ithal perde kordonları... Annem bir güneşlik, bir tül ve de güneşliğin altına ışık geçirmesin diye yine ithal özel bir perde türü seçmiş ve de kordonlar, püsküller... Böylece bir tek salon perdesi, neredeyse bizim salona almayı düşündüğümüz tüm eşyaların fiyatına yakın bir meblağ tutmuş."

"Vay, vay, vay..."

"Hem de ne vay, vay, vay," diye anlatmaya devam etti Dilek. "Ulaş'ın annesi anneme, bu kadar pahalı bir perde gençler için biraz fazla değil mi, demek gafletinde bulunmuş. Vay efendim, bu onun biricik kızının mürüvvetiymiş, kızı her şeyin en âlâsına lâyıkmış, bunlar bir kez yapılırmış, onun için parayı kıskanmamak gerekirmiş... Aman ne bileyim işte, bu tür lafları sıralamış da sıralamış."

"Peki, müstakbel kayınvaliden ne yapmış?"

"Tabii ki fena bozulmuş. Biz de çocuğumuza her şeyin en iyisini yapmak isteriz ama ölçü diye bir şey vardır demiş ve böylece iki hanım, mağazayı bir hışım terk edip, ayrı ayrı yönlere doğru çıkıp gitmişler."

"Yani küsüşmüşler mi?"

"Elbette! Bunca laftan sonra kim küsmez ki..."

Esin, "Umarım bu anlamsız tartışmalar Ulaş'la seni etkilemez," dedi.

"Etkilemez olur mu... Annemin kapris yaptığını kabul ediyorum ve bu davranışların hiçbirini onaylamıyorum ama Ulaş da tutup telefonda, n'aber Dilek, bugün annen yine uçmuş, deyince de kanıma dokunuyor. O böyle şeyler söyleyince, ben de, annemin saçmalıklarını biliyorum Ulaş, bu konuyu seninle kaç kez konuştuk, onun için bir de senin karşıma geçip öyle uçmuş muçmuş demene hiç gerek yok, dedim mesela..."

"İşte benim korktuğum da buydu zaten," dedi Esin ve ekledi. "Ne olur Dilek, kendini bu havaya kaptırma."

"Kaptırmamaya çalışıyorum ama herkes benim üstüme geliyor. Annem, babam... Sonra Ulaş'ın annesi beni sık sık ararken artık aramıyor," dedi Dilek gözleri dolarak. "O atışmamızdan sonra Ulaş da aramıyor."

Duruma bakar mısınız?

Olacak iş mi bu!

Bu günlerin Dilek'in en güzel günleri olması gerekmez mi?..

Ama aile vırvırı yüzünden nasıl da üzgün.

"Bak canım," dedi Melis. "Hemen şu telefonu eline alıyorsun ve Ulaş'ı arıyorsun."

"Bırak Allah'ını seversen Melis, hiç havamda değilim."

"Havanı mavanı dinlemem ben. İki adet menopozlu kadın kavga etti diye, kendini ve Ulaş'ı mutsuz etmeye hakkın yok."

"Neden o aramıyor da ben arıyorum?"

"Çünkü erkeklerin bu işlere akılları ermez de ondan, canım!"

"Valla, şu anda kimseyi arayacak halde değilim."

"Dilek!!!"

"Tamam Melis, eve gidince ararım, oldu mu?" Bunun üzerine bizim Melis ne yaptı biliyor musun sevgili defter?

Gayet havalı bir biçimde, oturduğu yerde bacak bacak üstüne attı, sonra telefonu eline alıp bir numara tuşladı. Bu sırada gözlerini Dilek'e dikmişti.

Dördümüz de yoksa düşündüğümüzü mü yapıyor acaba diye şüphe ve şaşkınlık arasında gidip gelerek izliyorduk onu.

"Evvet Ulaşçığım, ben Melis."

Dilek kendi dizine bir yumruk atarak, "Olamaz," diye fısıldadı. Melis tatlı tatlı konuşmaya devam ediyordu, "İyidir, sen nasılsın?"

"Eh işte... Ben de evlilik hayatına alışmaya çalışıyorum. Gülersin, değil mi? Sen de kendini hazırlamaya başlasan iyi olur. Şunun şurasında ne kaldı ki..."

"Bil bakalım kimler var burada. Serra vaaar, Sıla'yla Esin vaaar ve de Dilek var. Sevgili dostlarım bana hayırlı olsun demeye geldiler. Yaa, işte böyle. Hadi canım seni daha fazla tutmayayım, çünkü yanı başımda seninle konuşmak isteyen bir güzel hanım bulunmakta... Haydi, görüşmek üzere..."

Ve yüzünde kocaman bir gülücük, ahizeyi Dilek'e uzattı Melis. Dilek ise oturduğu yerde tepiniyordu. Melis baktı Dilek'in telefonu alacağı yok, kalkıp eline tutuşturdu, aynı anda onu kolundan çekerek mutfağa sürükledi ve ardından kapıyı çekip yanımıza döndü.

"Bu iş bu kadar."

Esin, "Eline sağlık..." dedi.

"Tabii kızım, demir tavında dövülür. Bunları kendi hallerine bırakırsan, ne Ulaş, ne de bizimki arayacak. Böylece pisi pisine aralarına soğukluk girecek."

"Çocuklar," dedim. "Habibe Teyzenin bu davranışlarına siz ne diyorsunuz? Benim aklım hâlâ onun böyle şeyler yapabileceğini almıyor."

"Baksana Dilek neler anlatıyor."

"Dilek'le benim dört yıllık üniversite hayatımızda ailelerimiz arasında en ufak bir sürtüşme olmadı. Öyle de şeker bir kadındır ki... Nasıl oluyor da şimdi böyle bir tavır içine giriyor?"

"Eee, Dilek sana varmıyor ki... Arkadaş başka, damat başka..." dedi Esin gülerek.

Mutfak kapısının açıldığını duyunca susup hepimiz o yöne döndük. Az önce beş karış suratla içeri girmiş olan Dilek'in yüzünde güller açıyordu.

"Oooo, kızımız pek mutlu maşallah," dedi Melis. "Bir de bana kızdın, fena mı etmişim?"

"Çok iyi etmişsin! Zaten Melis neylerse güzel eyler."

Anlaşılan barışmışlardı!

"Anlat, anlat."

"Canım işte," dedi Dilek aldırmaz pozlarda, "o benim hatırımı sordu, ben onun..."

Biz vokal grubu, "ay, ay, ay," dedik aygın ve de baygın seslerle. Melis ise en anaç haliyle, "Sonra, sonra?" deyip duruyordu.

"Canım konuştuk işte."

"Hayır efendim," dedi Melis ellerini çırparak, "ben teker teker anlatmanı istiyorum. Telefonu eline aldın ve-" Bu Melis öldürür insanı.

"Merhaba Dilek, dedi."

"Hah şöyle! Devam..."

"Ben de ona, merhaba, dedim. Nasılsın, dedi. Nasıl olabilirim ki, dedim."

"İşte bu çok güzel. Afferin sana!"

"Neden öyle söylüyorsun Melis?"

Tanrı'ya şükür sağlığı iyi ama o böyle yapayalnız yaşayınca biz de babaannemi merak etmekten kendimizi alamıyoruz. Benim bütün yapabildiğim onu sık sık aramak ve en azından babamla aynı şehirdeler diye kendimi teselli etmek.

"Ne o kız, daldın gittin," diyen dedemin sesiyle kendime geldim. "Karadeniz'de gemilerin mi battı?"

"Bugünlerde çok yoruluyor," diye atıldı annem.

"Bu kadar da kaptırma kendini. Acenteyi sen mi zengin edeceksin?" dedi dedem ve ekledi, "Sanki madalya takacaklar da..."

Haydaaa... durduk yerde bizim Algatur dedemden nasibini almıştı.

"Niye öyle söylüyorsunuz, dede. İşler yoğun, biz de çalışıyoruz, hepsi bu."

Annem arayı bulmak için gülücükler saçarak, "Serracığım, bilmez misin, deden torunlarına kıyamaz," dedi. Kapı çalındı!

Dedem bu kez, "Kim bu münasebetsiz, bu saatte!" diye gürüldedi.

Teyzem kapıya yöneldi ve o 'münasebetsizin' Oktay olduğu meydana çıktı.

Herkes bir ağızdan bağrıştı. "Oooo, damat bey, hoş geldiniz."

"Hadi geç otur, tam vaktinde geldin."

"Kaynanan seviyormuş."

"Derya, sahiden damadını seviyor musun?"

"Durun bakalım durun," dedi dedem ellerini havaya kaldırarak. "Ne o öyle damat mamat lafları..."

Ne oldu bu dedeme böyle! Ne bu huysuzluk!

Annem masanın altından elimi tuttu, dayan, dercesine. Bu arada dedem gümbür gümbür devam ediyordu.

"Oktay daha damat diye anılmayı hak etmedi."

Lütfen dede, sus artık diye bağırmamak için kendimi zor tutuyordum. Gözümün ucuyla Oktay'a baktım, zavallım ne diyeceğini bilemez haldeydi, yüzünde buruk bir gülümseme. Yani aşkolsun dede, Dilek'in ilişkisini annesi berbat etmekle meşgul, sen de benimkini... Neyse ki anneannem, canım benim, her zaman olduğu gibi duruma el koydu.

"Daha neler... Oktay kızımızın nişanlısı, hem de hepimizin çok sevdiği nişanlısı. Elbette damadımız sayılır."

Dedem, söz istercesine parmağını havaya kaldırarak, "Tamam işte," dedi. "Benim de söylemek istediğim tam da buydu. Damat adayı sayılabilir ama henüz damadımız değil."

Bu sözleri huzursuz bir sessizlik izledi. Murat Eniştenin yüzünde eğlendiğini belirten hafif bir gülümseme vardı. Tabii onun tuzu kuru... Böyle bir sahneyi eğlenceli bulabilir. Öte yandan, yan yan Oktay'a bakmakta olan Defne Teyzenin gözlerindeyse kuşku dolu pırıltılar yanıp sönmekteydi.

Yine kapı çalındı!

"Yahu, burası da dingonun ahırına döndü!"

"Cevat!" dedi anneannem bir hışım. Artık onun da sabrı taşmak üzereydi.

"Pekâlâ, sustum! Annenizin ömrü beni terbiye etmekle geçti ama gördüğünüz gibi henüz onun istediği çizgiye gelemedim."

Sırma kapıya doğru koşarken, anneme doğru eğilip, "Anne, nesi var dedemin, ne bu huysuzluklar?.." diye fısıldadım.

"Kendini iyi hissetmediği için böyle sinirli. Hepimizin anlayışlı olması gerek."

Keyifli bir çığlık, bizim fısıltılı konuşmamızı noktaladı. Meğer gelen, yakışıklı doktorumuz Deniz Beymiş. Sırma, Deniz'in koluna girerek onu içeri getirdi.

"Hoş geldin Deniz."

"Geç otur, oğlum."

"İyi akşamlar," diyerek herkesi selamladıktan sonra, "şeyy sizleri rahatsız etmek istemem, eee sadece Sırma'ya bir merhaba demek istemiştim," diye kekeledi garibim Deniz.

"Ne rahatsızlığı evladım," dedi aslan anneannem. "Geç otur. Sırma, çabuk bir tabak getir Deniz'e."

"Çok teşekkür ederim efendim ama ben yemiştim."

"Ama bak darılacağım sana, hep karnını doyurup geliyorsun."

"Kasıtlı değil efendim, hastalar filan derken erken yemek zorunda kalıyoruz bazen."

"Eh, bari bir dondurma yersin, değil mi?"

"Memnuniyetle," dedi Deniz. "Ama lütfen acele etmeyin, siz yemeği bitirdikten sonra hep beraber yeriz."

"Evet," dedi dedem, "daha başka gelecek varsa söyleyin de ona göre ya bekleyelim ya da yemeğimize başlayalım."

"Başka gelecek yok, dedeciğim," diye şakıdı Sırma.

"Afiyet olsun."

Doğrusu az önce yaptıklarından sonra hiç de cilveleşecek durumda değildim dedemle.

Murat Enişte ise çaktırmadan Deniz'i göz hapsine almıştı. Derken sorular başladı. İşiyle ilgili sorular sordu. Yetmedi! Ailesiyle ilgili sorulara geçti.

"Bir sorun olduğunu belirtmek, meseleye damardan girmektir. Dilek tutup sünepe sünepe iyiyim deseydi, hiçbir aşama kaydedemezlerdi. Bilmem anlatabildim mi?"

"Tamam arkadaşlar, dipnot yapmaktan vazgeçin de, öyküyü dinleyelim."

"Peki, o ne dedi bu akılcı sözler üzerine?"

"İnan, çok üzgünüm Dilek, dedi."

Ayağa fırlayan Melis keyifle yine ellerini çırptı, bu arada boncuklu bilezikleri şıngırdayıp duruyordu.

"Bu iş tamamdır arkadaşlar, sonra? Sonra sen ne dedin?"

"Ben de üzgünüm, dedim. Annem annenle öyle konuşmamalıydı; bu tür davranışlarının beni ne kadar üzdüğünü bir bilse... Benim bu sözlerim üzerine Ulaş, aslını istersen ben de hatalıyım, senin üzüldüğünü bile bile o lafları etmemeliydim, dedi. Neyse, dedim, önemli olan konuşabilmemiz. Şu anda bunu yapıyoruz ve birbirimize açık davranıyoruz."

"Bu ablanızın katkılarını da unutmazsınız umarım," diye yine Dilek'in sözünü kesti Melis.

"İşte böylece barıştık."

Nasıl da mutluydu... Az önce dolu dolu olan gözler, şimdi pırıl pırıldı.

Ah bu erkekler! Mutluluğumuzu ne denli etkilediklerini biliyorlar mı acaba?

"Eveeet! Bu mesele mutlu bir biçimde sona erdiğine göre, Sıla'nın öyküsünü dinlemeye hazırız, demektir."

"Hayırdır..."

"Ne iş?"

Sıla ise gülümsüyordu, hepimizle eğlenircesine. Melis, "Geleceğin doktorunun bir beyefendiyle tanışmasını sağlamıştım da, nasıl gitti, onu merak ediyordum," demez mi... Tabii anında kıyamet koptu! Çığlıklar, kahkahalar...

"Melis, sen şimdi de çöpçatanlığa mı soyundun?" "Sıla, çabuk söyle, nasıl biriydi?"

"Bak Melis, burada bir bekâr arkadaşın daha var Esin adında, ona göre..."

"Ne diye anlatmıyorsunuz şunu, hiçbir şeyden haberimiz yok bizim."

"Tabii haberiniz olmaz," dedi Melis, hepimizin sesini bastırmaya çalışarak.

"Çünkü olay çok yeni, hatta gelişmeleri ben de sizlerle birlikte şimdi Sıla'dan dinleyeceğim."

"Ne beklediniz bu saate kadar?"

"Dilek'in sorunu ortaya konunca doğal olarak hepimizin dikkati ona yoğunlaştı. O sorunu güzel bir sonuca bağlayınca, aklıma geldi. İnsaf edin yani..."

"Tabii canım, haklısın."

"Sen bakma bize."

"Hadi anlatın ama..."

Melis heyecanlanıp yine ayağa fırlamıştı. Herhalde bu kız doksan yaşına da gelse, bir şey anlatırken heyecanlanırsa ayağa fırlayacak.

"Önce duruma açıklık getirecek bir şeyler söylemek istiyorum arkadaşlar," dedi ve şamatanın bitmesini bekledikten sonra devam etti. "Sıla kızımızın durumunun giderek vahim bir hal almaya başladığını gözledim, sevgili dostlar. Çünkü Sıla kendini tıbbın derinliklerine kaptırmış, ne birisiyle çıktığı var, ne gezip tozduğu... Olur mu?"

Esin, "Ben de kendimi atölyede resim sanatına adamışım, beni düşünen yok," diye yaptı sululuğunu.

"Hadi ordan," dedi Melis. "Konuşturma beni şimdi."

"Ne varmış?"

"Sen bilirsin, ne olduğunu."

"Çocuklar, bu Melis'in ağzında daha başka baklalar da var. Çabuk söyle, nedir Esin'le ilgili durumlar?"

Herkes bir ağızdan konuşuyor, buna kahkahalar karışıyordu. Melis'in komşuları kim bilir neler düşünmüşler, bu kızın ne biçim arkadaşları var, demişlerdir.

Sıla'nın durumu yine unutulmuş, herkes Esin'in üstüne çullanmıştı.

Esin ise durmadan gülüyor, "Valla bir şey yok," diyordu.

"Bak," dedi Melis, "söylerim ama..."

"Söyleyecek kimse yok ki..."

Melis çapkınca bir göz kırpıp, "Atölyedeki resim hocamıza ne buyrulur?" demez mi...

Haydaa... Yine şamata başladı. Her kafadan bir ses çıkıyordu. Esin kıpkırmızı oldu. "O, benim hocam."

"Bak, bak, nasıl da kızarıyor," diye kızın üstüne gitti Melis. "Nasıl hocalıksa bu..."

"Ne demek nasıl hocalıksa bu?"

"Yok birlikte alınan kahve molaları, yok yemeğe çıkmalar, yok İstanbul gezileri..." dedi Melis sonra elini Esin'e doğru sallayarak, "Ne iş?" diye seslendi.

Esin ise çırpınıyordu. "O gezilerin hepsi resim için gerekli geziler..."

"Pşşst," dedi Melis, eliyle gözünü işaret ederek. "Çok duyduk böyle lafları kızım."

"Yaşı kaç, yaşı kaç?"

"Herhalde olgun ve dolgun olmalı."

"Sakalı var mı? Ressamların sakalı olur da..."

"Saçmalamayın çocuklar," dedi Esin, artık kızmaya başlayarak. "Koca adam o ve de benim hocam. Elbette atölyede birlikte kahve içip sohbet de ediyoruz, resim gereği bazı yerlere de gidiyoruz. Yani Melis sen de..."

"Tamam, tatlım benim," dedi Melis, "Bana kızma." Ama sonra gözlerini süzerek, "Öte yandan bu gezilere her nedense hep seni götürüyor olmasına da bir mim koymuş bulunduğumu belirtmek isterim."

"Melis!"

"Tamam Esinciğim, konu kapanmıştır." Kız bir laf etti, bak başına neler geldi. "Sıla için bir şeyler diyordun," dedi Dilek. Sıla oturduğu yerde huzursuz kıpırdandı. "Aslında anlatacak bir şey yok çocuklar."

"Yok, yoook... Devam Melis."

"Evet, ne diyordum, Sıla arkadaşımızın vahim durumu nedeniyle, onu birisiyle tanıştırayım istedim. Bir yemeğe çıksın, havası değişsin. Çalışmalardan uzak bir hoşluk, bir değişiklik yaşasın istedim, hepsi bu. Yani öyle büyük bir proje değil."

Hadi yine milleti aldı mı bir gülme.

"Büyük proje değilmiş."

"Evet, küçük bir proje..."

"Susun ama, konuşuyoruz şurada."

"Devam et canım, sen bakma onlara."

"Kaan'ın işten tanıdığı ve beğendiği bir arkadaşı var, Sıla'yı onunla tanıştırmayı uygun bulduk ve böylece bu buluşma gerçekleşti. İşte benim bildiklerim bundan ibaret."

Aslında Melis çok haklıydı. Sıla, Ferit'ten sonra kimseyle çıkmadı. Bu tür ilişkilere kapılarını sıkı sıkı kapatmış bir hali var. Varsa yoksa çalışmaları...

"Herkes diyeceğini dediğine göre artık bıraksak da, konunun asıl kahramanı konuşsa..." diyerek herkesi susturdu Dilek.

Sıla hafifçe omzunu silkerek, "Düzgün bir insana benziyor. Pek birbirimizin tipi olmamamıza rağmen güzel bir geceydi," dedi o bildik sakin edasıyla.

"Nerden biliyorsun birbirinizin tipi olmadığınızı?"

"Ne bileyim, satır aralarında zevkler, renkler belli oluyor. Ama rahat bir insan, düşünün ki beni arayıp, dostlarımızın tanışmamızı istediklerini ve bunun onun için bir zevk olacağını söyledi."

"Helal olsun!"

"Ben de peki dedim, yoksa Melis beni asla bağışlamazdı."

"Ha şunu bileydin."

"Böylece, Boğaz'da bir balık lokantasına gittik."

"Nasıldı? Yani nasıl biri?"

"Telefonda bıraktığı izlenime ters düşen hiçbir şey yoktu. Nazikti, güler yüzlüydü. Ayrıca çok da zevkli giyinmişti."

"Buraya kadar her şey güzel."

Sıla, Melis'e bakarak gülümsedi. Öylesine sevecen bir gülümsemeydi ki bu... Bir anne çocuğuna nasıl bakarsa Sıla da sanki aynı duygularla bakıyordu Melis'e. Onun çabasını, kendisini mutlu görme arzusunu anladığını ve bunun değerini bildiğini belirten bir bakıştı.

"Sonra, bana işini anlattı. Çokuluslu bir şirkette çalışıyormuş, sık sık iş gezilerine gidiyormuş, bazen gönderildiği ülkede aylarca kalması gerekiyormuş."

"Yaa," diye mırıldandı Melis, "Bak Kaan bana bunu söylememişti."

"Ben de ona hayallerimi, doktor olmayı ne kadar istediğimi anlattım ve aslında Ankara'da yaşadığımı, tatil için burada olduğumu söyledim."

"Evet ama," dedi hemen Melis, "iki ayrı kentte yaşayan insanlar da pekâlâ bir araya gelebilirler."

Sıla'nın yüzünde yine o tebessüm belirdi, "Melis, hani sen benim sadece güzel bir gece geçirmemi istemiştin?"

"Tabii canım, senin için bir değişiklik olsun istedim."

"İyi ya işte! Çok hoş ve huzurlu bir akşam yemeğiydi. O da, ben de aramızda hiçbir şey olamayacağını anladığımızdan rahatladık, en ufak bir gerginlik olmadan iki yeni dost gibi sohbet ettik, o kadar ki zamanın nasıl geçtiğini anlamadık bile."

"Yaa... Peki nasıl anladınız aranızda hiçbir şey olamayacağını?" Ne kadar saklamaya çalışırsa çalışsın, düş kırıklığı Melis'in yüzünden akıyordu adeta.

"Elektrik yoktu," dedi Sıla. "Senin düşündüğün bir beraberlik için gerekli elektrik oluşmadı aramızda. Aslını istersen, iyi oldu, çünkü öylesine yoğunum ki bir ilişkiyi yürütecek vaktim gerçekten yok. Ona gelince, o da işi gereği sık sık yurtdışına gidiyor, bazen aylarca kalıyormuş. Ama iyi vakit geçirdim, onun da aynı duygular içinde olduğundan eminim. Benim için tam da senin istediğin gibi hoş bir değişiklik oldu."

Sıla'yı dinlerken birden aklıma Özgür geliverdi. Özgür'le ben de buna benzer biçimde tanışmıştık ve ne kadar iyi bir arkadaşlığımız olmuştu. Daha sonraları da sık sık görüşmememize karşın, yıllardır birbirini tanıyan, birbirini anlayan iki dost gibiydik. En zor zamanlarımda bana destek olmuştu. Acaba nerelerdeydi, neler yapıyordu?

İşte sevgili kiraz ağacı, 'evli barklı' arkadaşımızın evinde, çalışan genç kadınlar gibi değil, liseli kızlar gibi gülüşüp şakalaşarak, hatta çocuklaşarak bol şamatalı bir gün yaşadık.

Melis'le Kaan'ın hep böyle mutlu olmalarını bütün kalbimle diliyorum.

9 Temmuz, Cuma

Neler oldu neler!

Kırk yıl düşünsen, bugün neler olduğunu bilemezsin benim sevgili ve biricik kiraz ağacım!

İyisi mi oyalanmadan anlatmaya başlayayım.

Eve girdiğimde bir de baktım annem iki dirhem bir çekirdek, beni bekliyor.

"Hayırdır?"

"Unuttun mu, bu gece dedenlere davetliyiz."

"Olamaz," diyerek kendimi koltuğa bıraktım, çantamı da yere...

Tamamen aklımdan çıkmış!

"Sakın bana unuttuğunu söyleme!"

Yüzümdeki ifadeyi görünce annem söylenmeye başladı. "Aşkolsun Serra! Siz daha bu yaşta bu kadar unutkan olursanız, biz ne yapalım!"

"Ama anne, son bir haftadır işler öyle yoğun ki, nereye yetişeceğimi bilemiyorum. Amerika'dan tam yüz elli kişilik bir IBM grubu geliyor. Onların kalacakları oteller ayarlanacak, rezervasyonlar yapılacak; götürülecekleri restoranlar, eğlence mekânları kararlaştırılacak; her birine verilecek armağanlar seçilecek, broşürler hazırlanacak... Daha sayayım mı?"

"Vah canım benim," diyerek annem hemen saf değiştirdi ve sevgili kızına destek çıktı. "Peki, sana yardım eden yok mu?"

"Yardımcım Biricik var ama o daha çok yeni. Ona bir iş vermek, o işe ayrılacak zamanı ikiye katlamak demek. Önce öğreteceksin, sonra da yaptığını kontrol edeceksin."

"Böyle sıkışık zamanlarda yeni elemanlar işe yaramaz ki..."

"Neyse ki Selçuk var. O da olmasa yapılması gerekenleri mümkün değil yetiştiremem."

"Selçuk kim oluyor?"

"Acentenin oldukça eskilerinden. Ateş gibi bir çocuk, hem çalışkan, hem güler yüzlü. Ayrıca stres altında çok güzel çalışıyor; arada bir de durup durup öyle laflar ediyor ki gülmekten ölüyoruz."

"İdeal iş arkadaşı, desene..."

"Aynen."

"Evet, burada oturmuş laflıyoruz ama insanlar da bizi bekliyorlar."

"Eyvahlar..."

"Ne oldu?"

"Tabii ki Oktay'a haber vermedim."

"Çabuk ara öyleyse."

"Hay Allah, hay Allah!" diye söylene söylene Oktay'ı aradım. Bu arada, cep telefonunu düşünen, tasarlayan ve üretenlere içimden teşekkürler yağdırıyordum. Cep telefonu olmasa ben onu nasıl bulur, nasıl ulaşırdım kendisine?

Bir nefeste durumu anlattım.

"Hiç üzülme," dedi canım Oktay'ım. "Elimdeki işi bitirir bitirmez, doğrudan dedenlere giderim, orada buluşuruz." Ohh, derin bir nefes aldım!

"Serra, perişan gibisin, kendine şöyle bir çekidüzen versen..." dedi annem. Demesi kolay!

Kendimi sıcak bir duş ve tumba yatak şeklinde şartlamışken yüz seksen derecelik bir dönüşle giyinip kuşanıp sokağa çıkmam bekleniyor benden.

İnildeyerek yerimden kalkıp odama yollandım. Kılık kıyafetimi değiştirmeye hiç niyetim yoktu; üzerimdeki etekle bluz bir aile yemeğini pekâlâ idare ederdi. Banyoya geçip biraz allık, biraz rimel ve dudaklarıma parlatıcı sürüp, saçlarımı fırçalayarak hafifçe kabartınca görünümüm adamakıllı değişmişti. Ey makyaj, sen nelere kadirsin! Hızımı alamayıp, ucunda mavi yeşil boncuklar sallanan küpelerimi de taktım, son kez aynaya baktım. Artık hazırdım!

Bir koşu annemin karşısına geçip malum soruyu sordum.

"Nasılım?"

"Çok güzelsin."

"Hadi öyleyse gidelim."

Oraya vardığımızda Defne Teyzemler çoktan gelmiş, sohbeti koyulaştırmışlardı bile. Dedemin sağlığı giderek bozulduğundan, sık sık İstanbul'a geliyorlar artık. Onların her gelişinde de, anneannem aileyi mutlaka bir araya topluyor.

Sarılma ve öpüşme seansından sonra, teyzem mavi gözleri ışıl ışıl, "N'aber küçük iş kadını?" deyip yanağımdan bir makas aldı.

"Asıl iş kadını orada," diye Sırma'yı işaret ettim.

"Ne demezsin!"

Anneannem koşuşturup duruyordu yine. Gelenleri karşılıyor, mutfağı kontrol ediyor, bu arada da dedemin isteklerine yetişmeye çalışıyordu.

Ona çok üzülüyorum. Bizlere ayrı rol yapıyor, neşeli ve güçlü görünmeye çalışıyor; dedeme ayrı rol yapıyor, merak edecek bir şey yok, mesajını vermeye çalışıyor. Kim bilir geceleri yatağına yattığında neler düşünüyor? Zaten vesveseli bir kadındır, bir de durum böylesine belirsiz olunca aklına neler geliyordur, hangi kuşkularla boğuşuyordur kim bilir?

Bu hüzünlü düşünceler yetmezmiş gibi, her dedemlere gelişimde mutlaka babaannem aklıma gelir. Ama bu oldum olası böyle! Acaba şu anda ne yapıyor, diye düşünmekten alamam kendimi.

O da, sağ olsun, cins kadın! Geçen hafta babamla konuştuğumda uzun uzun babaannemden yakındı.

"Yasemin onunla ilgileniyor ve yalnız yaşamasını doğru bulmuyor," diye anlatmaya başladı. "Bizim oturduğumuz apartmana ya da çok yakınımızda bir yere taşınmasını istiyor, böylece ona göz kulak olabiliriz diye düşünüyor ve anneme böyle bir teklif getiriyor. Ama annem bu özverili teklif karşısında ne yapıyor? Ne güzel, gelinim benimle ilgileniyor demiyor da, ben halimden de, evimden de memnunum diyerek telefonu çat diye Yasemin'in yüzüne kapatıyor."

Babam bunları anlatırken gülmemek için kendimi zor tuttum. Çünkü, o farkında değil ama babaannem Yasemin'i 'yuva yıkan kadın' olarak kodlamış kafasında bir kere. Artık bundan böyle, öldür Allah o yargı değişmez; nerede kalmış onun dibindeki bir eve yerleşmek...

Tamam, Yasemin'le babamın yakınında oturmasın ama bari eve bir yardımcı alsın. Hayır, onu da istemiyor. "Elim ayağım tutuyor çok şükür. Evimin içinde yabancı biri ayağımın altında dolaşmaktan başka ne işe yarayacak ki?.." diyor. Dedim ya, cins...

Sonunda teyzem, "Yeter ama Murat," dedi. "Ne sorgulaması bu böyle."

"Deniz'i tanımak istemem o kadar kötü bir şey mi?" Bu akşam ne oldu bizim ailenin erkeklerine Tanrı aşkına! Önce dedem, sonra eniştem. Hayret bişey valla...

"Elbette kötü bir şey değil ama biz onu yeterince tanıyoruz. Sırma bize bol bol Deniz'den söz etmişti."

"Biliyorum Defneciğim ama ben de şu rahat ortamın onu biraz daha tanımak için iyi bir fırsat olduğunu düşünmüştüm."

E, pes yani!

"O zaman, bunu daha sonra yapsan da, herkes huzur içinde yemeğini yese..."

"Haklısın canım!" dedikten sonra, Murat Enişte, Oktay'la Deniz'e baktı, "Gördünüz mü gençler, işte mutlu evliliğin sırrı budur. Eşinizin bir dediğini ikiletmeyeceksiniz. Mutluluğun yolu kılıbıklıktan geçer."

"Artık kılıbık demiyorlar baba," dedi Sırma.

"Ne diyorlar peki?"

"Light erkek diyorlar."

"Ne? Ne?" diye sordu dedem.

Sırma, dedemin daha iyi duyan kulağına eğildi. "Light erkek dedeciğim, light erkek."

"Amaan, kılıbıklığın da suyunu çıkardılar. Nedir o öyle light peynir, light süt der gibi..."

"Canım şaka olsun diye söylüyorlar."

Dedem homurdandı. "Ne biçim şakaysa..."

İşte böyle yarı huysuzluk, yarı şen şakrak bir havada, anlamsız şeylerin konuşulduğu yemek sona erdi... Şükürler olsun.

Anneannem ve kızları mutfakta çene çalarak iş yaparlarken, Murat Enişte zavallı Deniz'i yine esir almıştı.

Bu noktadan sonra artık ne diyebilirim ki...

Sırma da yanlarından ayrılmıyordu tabii.

Haklı kız!

Onlar konuşuyor, Sırma bir onun, bir diğerinin yüzüne bakarak dinliyordu. Anlayacağın kiraz ağacım, herkes kendi havasındaydı.

Dedem etrafa şöyle bir göz attıktan sonra Oktay'la bana el etti. Açık konuşmak gerekirse, ikimiz de pek hevesli değildik yanına gitmeye.

Ama elimiz mahkûm, gittik tabii.

Uzanıp Oktay'ın elini tuttu, öbür eliyle de benimkini...

"Gel bakalım buraya damad-ı şehriyari. Söyle bakalım damad-ı şehriyari ne demek?"

Oktay bilemedi tabii. Dedem ise keyifli keyifli gülüyordu. Son zamanlarda en büyük eğlencesi, pençelerinin arasına bir genç düşürüp, onu eski sözcüklerle ilgili sınamak.

"Damad-ı şehriyari. Hanım Sultan'la evlenen kişiye denirmiş. Şimdi öğrendin mi?"

"Evet efendim."

Baydın ama dede...

Devam etti dedem, "İyi o zaman, annenle babanla konuşurken bunu kullanıver, bakalım ne yapacaklar."

Hey yarabbim! Şu muhabbete bakar mısınız?..

Ben dedemin elinden nasıl kurtuluruz diye çareler üretmeye çalışırken o birden ciddileşti.

"Söyle bakalım Oktay, bu kızın parmağına nikâh halkasını ne zaman takacaksın?"

Aman Tanrım, neler duyuyordum!

Zaten ailemin birinci vazifesi –beni utandırmak...

"Dede," dedim, lütfen... lütfen sus anlamında.

"Dur Serra," dedi bana, sonra yine Oktay'a döndü. "Cevabını duyamadım yavrum."

Öyle zor durumdaydı ki Oktay... Olduğu yerde kıvrandı adeta. "Henüz aramızda konuşmadık," diyebildi sonunda.

"Peki, sizi tutan nedir?"

Oktay yine kıpırdandı.

"Anlaşıldı! Senden doyurucu bir cevap alamayacağım. Sen konuşmadığına göre ben konuşacağım."

"Dede!!!"

"Serra, lütfen bırak önce ben konuşayım; siz de söyleyeceklerimi bir dinleyin bakalım."

Allah'tan ses tonu yumuşaktı, bakışları da sevgi doluydu. Derdiniz ne, yardımcı olmak istiyorum, dercesine bakıyordu. Yoksa söyledikleri yenir yutulur gibi değildi.

"Bak Oktay," dedi. "Şans ikinizin de yüzüne gülmüş. Sizi birbirinizin karşısına çıkarmış ve siz akıllılık yapıp bu şansı yakalamışsınız. Çünkü, nişanınızda da söylediğim gibi, böyle bir şans insanın karşısına ya bir kez çıkar hayatta, ya da hiç çıkmaz. Çıkınca bunu görebilmek ve kaçırmamak gerek. Siz bunu gördünüz ve nişanlandınız. Ama –bir türlü gerisini getiremiyorsunuz. İşte ben de bunu anlamakta güçlük çekiyorum. İki yıl oldu," dedi parmaklarıyla iki işareti yaparak. "Tam iki yıl! Peki Oktay, sorabilir miyim, ne bekliyorsunuz?"

"Ama Serra'nın bir şikâyeti yok ki..."

İşte o zaman dedem gözlerini açarak Oktay'a öyle bir baktı ki... "Şikâyeti yok mu? Sen öyle mi zannediyorsun?"

"Dede, lütfen!" dedim. Ne kadar utanç verici bir durum.

"Bak evladım," dedi dedem yine Oktay'a bakarak. "İş bu konulara gelince kadın hakları, madın hakları boş laftır. Her kadın, sevildiğini, istendiğini bilmek ve duymak ister. Evlilik teklifi gibi, nikâh tarihini koymak gibi, evlilik hazırlıklarına başlamak gibi konularda, ne kadar modern olursa olsun, her şeyin erkek tarafından söylenmesini, ele alınmasını bekler. Tersi, kadının gururunu incitir."

Gözlerim yanıyordu, ağlamamak için kendimi zor tutuyordum. Dedem sanki ruhuma ayna tutmuştu. Ayna tutmakla kalmamış, son zamanlarda yaşadığım mutsuzluğun nedenlerini ortaya koyuvermişti. Gizli bir mutsuzluk yaşıyor ama nedenini tam olarak bilemiyor, acaba olayları abartıyor muyum diye kendimi sorguluyordum. Ama işte şimdi dedem sorunu olanca açıklığıyla ortaya koyuvermişti.

"Kolay kolay hiçbir kadın hadi evlenelim diyemez. Binde bir diyen varsa, o, ya alacağı cevaptan çok emindir ya da çekip gitmeye hazırdır," diyerek devam etti dedem. "Onun için bu yeni moda laflar aklınızı karıştırmasın. Eşitliğe her zaman varım... Hem de her alanda ama bunlar duygusal konular. Burada da eşitlik diyerek romantizmi öldürürseniz, terazinin topuzu kaçar. Dahası, işin tadı tuzu da kaçar. Her şey kararında... Duygusal ve romantik alanda eşitlik olmaz. O demeyecek, sen diyeceksin!"

"Ama," diye kekeledi Oktay, "ben Serra'ya evlenme teklif ettim."

"Evet yavrucuğum, bunu biliyorum. Sizin yüzüklerinizi de ben taktım, unuttun mu? Ama hani bunun gerisi? Nişanlanalı iki yıl geçti. Evlenme teklif edildi ama hani bunun uygulaması?"

"Serra ne zaman isterse..."

"Serra," dedi dedem. "Söyle bakalım."

"Dede, ben kimseyi zora koşmak istemem," diyerek elimi dedemin elinden bir hışım çektim.

Şuraya bakar mısınız! Sanki pazarlık yapılıyor. Biri zorlu satıcı, öteki nazlı alıcı...

Eksik olsun!

Birden, ne oluyoruz filan diyemeden, kendimi Oktay'ın kollarında buldum. "Lütfen bir tarih söyle Serra, lütfen," diye fısıldadı kulağıma, gözleri yoğun duygularını yansıtıyordu.

Onun bu hali, tüm korkularına karşın gerçekten benimle evlenmek istediğinin açık kanıtıydı. Dönüp dedeme baktım.

"Söyle kız," dedi dedem, başını haydi dercesine sallayarak. "İlkbaharda olsun, şöyle mayıs gibi..."

"Tamam," dedi dedem. "Mayısta olsun! Tam da gül zamanı..." Oktay, gözlerimin içine bakarak gülümsüyordu. Dedem ellerini çırptı. "Ey ahali, duyduk duymadık demeyin." Herkes susup dedeme baktı.

"Serra'yla Oktay düğün tarihine karar verdiler. Önümüzdeki mayısta evleniyorlar." Ve ekledi, "Mayıs gülleri açtığında..." Oooo, kıyamet koptu!

İlk kutlayanlar teyzemle eniştemdi. Sırma, inanamıyorum, diye bağırıp duruyordu. Sırma hiçbir zaman büyüyemeyecek, kiraz ağacı!

Anneannem ağlamamak için kendini zor tutuyordu. Annem ise şaşkındı!

Sonunda, "Ayol, hiç haberim olmadı," dedi.

Dedem, "Haberin olamazdı, çünkü bu kararı Oktay az önce aldı, Serra da kabul etti," diye güldü.

"Bravo," dedi Murat Enişte. "Ben hiçbir işi sürüncemede bırakmayı sevmem. Bir şeye karar verdin mi yapacaksın."

"O zaman," diye bir ses yükseldi. "Ben de Sırma'yla evlenmek için izninizi istiyorum."

Hadi yine çığlıklar koptu.

"Daha kızımı öpüp tebrik edemedim bile..." diyordu annem. "Artık dayanamayacağım," dedi anneannem ve ağlamaya başladı.

"Böyle evlenme teklifini de ilk kez duyuyorum, hem de herkesin ortasında..."

"Ve ben bu teklifi kabul ediyorum," diyerek Deniz'in boynuna atıldı Sırma.

"Kız, insan kendini biraz ağırdan satar."

"Durun bakalım, ben öyle hop diye kız vermem."

"Aman sen de... Ben seninle hop diye evlenmiştim ama..." Herkesin telaşlandığını gören eniştem, "Canım şurada şaka da mı yapmayacağız?" dedi ve ekledi, "Deniz, seninki gerçekten de hızlı bir karar oldu."

"Ama efendim, az önce siz değil miydiniz, bir insan bir işe karar verirse yapmalı, diyen. Ben de bu sözler üzerine en büyük arzumu dile getiriverdim," dedi Deniz, Sırma'ya bakarak.

Artık sakinleşmiş olan Sırma, bu kez yavaşça Deniz'in elini tuttu ve, "Benim arzum da seninle bir ömür boyu birlikte olmak," dedi.

Bu güzel sözlerden etkilenmemek mümkün değildi.

Derken dedemin sesi duyuldu. "Hanım, hani o değerli şarabımız vardı ya, hani sen önemli günlerde açarız diyordun, hemen onu açalım. Bundan önemli bir gün olabilir mi?... Ufukta çifte düğün var, çifte düğün..."

Yaa, kiraz ağacım benim, dedemlere gelirken böyle şeyler olacağını söyleselerdi, siz delirmişsiniz, derdim. Hatta öyle yorgundum ki, oflaya poflaya hazırlanıp zorla gelebilmiştim.

Sen şu işe bak!

Sonuç olarak, bizim düğünümüzün mayıs ayında, güller açtığında (ne kadar romantik) yapılmasına; Sırma'yla Deniz'in kesin düğün tarihlerinin ise, Deniz'in ailesiyle konuşulduktan sonra belirlenmesine karar verildi.

Deniz, durumu ailesine telefonla bildirdi; Deniz'den sonra sırayla Sırma, teyzemle, eniştem onun anne ve babasıyla konuştular.

Onlar konuşurken gidip dedemin yanına oturdum. Dedem bana göz kırpıp, "İyi etmedim mi?" demez mi...

"Öldüm öldüm dirildim ama..."

"Fena mı oldu kız! Bak meğer onun azıcık yüreklendirilmeye ihtiyacı varmış. Ah, bu muhallebi çocukları..."

"Öyle demeyin ama dede, biz her şeyi ince ince düşünüyoruz. İşimiz olmalı, diyoruz, şu kadar kazanmalıyım ki rahat yaşayabileyim, diyoruz. Çocuk için hazır mıyız, diye soruyoruz."

"İyi de siz böyle düşünürken hayat da akıp gidiyor," diyerek bir kahkaha attı dedem ama ardından ciddileşti. "Aslında ince ince düşünmek çok iyi bir şey ama her şeyin de fazlası fazla. Bunu da aklından çıkarma. Yani, sorunları düşünüp çareler ararken korkudan donup kalmamalısın. Yapman gerekeni yapmalısın! Hayatta sorunlar hep olacaktır, o nedenle sorunsuz olsun diye hayatını askıya almamalısın," dedi ve parmağını salladı, "bu kulağına küpe olsun! Yapman gerekeni yapmalısın."

Derken anneannem, elinde tepsi, kapıda belirdi, Murat Enişte şarap kadehlerini doldurmuştu. Sırma'yla birlikte kadehleri dağıttık.

Dedem bizi yanına çağırıp iki yanında durmamızı istedi. Sonra da Oktay'la Deniz'e işaret etti ve kadehini kaldırdı.

"Şu anda benden mutlusu olamaz. İki yanımda iki torunum var ve onların yanlarında da müstakbel eşleri... Şimdi onlara bakıyorum da, seneler ne çabuk geçiyor. Daha dün gibi Serra'nın, Sırma'nın doğum haberini aldığımız günler... Hem de bu evde... Telefonlar, tebrikler, sonra Ankara'dan, İzmir'den gelmeye başlayan bebek fotoğrafları... Ve yıllar içinde o fotoğraflarda büyüyen iki kız çocuğu. Emeklerken, gülerken, ağlarken... Doğum gününde pastasının mumlarını üflerken, yuvada arkadaşlarıyla oynarken... Okula ilk başladıkları gün çekilmiş, örgülü saçlı resimler... derken mezuniyet fotoğrafları... Anneanneniz evi hep sizin fotoğraflarınızla donattı. Mutfakta, salonda, yatak odasında hep sizin fotoğraflarınız var, onlarla konuşur durur. Ve artık, Allah izin verirse, gelinlikli resimlerinizi de sergileyeceğiz. Yine bu evde..."

Bu içten konuşma herkesi duygulandırmıştı.

"Size mutluluk temenni ediyorum! Aşkınızın yılların içinden süzülerek, güçlü ve sevgi dolu sağlam bir arkadaşlığa dönüşmesini diliyorum," dedi ve kadehini kaldırdı.

Ah dedeciğim, umarım her şey senin dediğin gibi olur.

Umarım hepimiz çok mutlu oluruz.

İşte böyle sevgili kiraz ağacı. Haberlerim dediğim kadar varmış, değil mi?

Sırma da, ben de ciddi ciddi evlilik yolundayız. İnanılır gibi değil! İnanılır gibi değil!

13 Temmuz, Salı

Bugünkü öğle yemeği bir kutlamaydı!

Dün Dilek'e telefon edip son durumları bildirdiğimde, telefonun öbür ucunda sanki bir volkan patladı.

"Şükürler olsun! Bunu derhal kutlamalıyız! Ben kızları toplarım, sen merak etme."

"Dur kızım," dedim. "Amma da heyecan yaptın."

"Nasıl yapmam! Nasıl yapmam! Ben bu anı tam iki yıldır bekliyordum," dedi ve ardından sorgulamaya başladı. "Nasıl oldu, kim kime ne dedi?.."

"Buluşunca anlatırım, şu anda beni bekleyen yığınla iş var."

Ve –fazla değil, bir saat sonra Dilek telefondaydı.

"Her şey ayarlanmıştır. Yarın saat 12:00'de Beymen'in kafesinde buluşuyoruz."

"Oooo, bakıyorum medyatik takılıyorsun."

Dilek o meşhur kahkahalarından birini attı. "Görmek ve görülmek isteyenlerin mekânını bir de biz görelim istedim. To see and be seen meselesi..."

"Ay, ay, ay... Sevsinler!"

"Tabii şekerim, bizim neyimiz eksik."

Bu Dilek adam olmaz! Ama ondan eğlencelisi de kolay kolay bulunmaz.

"Sırma'yı da getirmek istiyorum, Dilek."

"Çok iyi! The more the merrier yani..."

"Ne o, Türkçe konuşmakta güçlük çekiyor gibisin."

"Tabii, senin de önüne çevirmen için tuğla gibi bir kitap koysalar, sen de İngilizce sayıklamaya başlarsın," dedi ve ekledi. "Melis'le Esin geliyorlar, Sıla ne yazık ki Ankara'da.

Toprak'ı da aradım, hem de kaç kez ama telefonu cevap vermiyor."

"Melis'le Esin'in son durumdan haberleri var mı?"

"Hayır! Özellikle söylemedim, sadece size bir sürprizimiz var, dedim."

"Melis kızmıştır buna."

"Hem de nasıl! Meraklı taze ya, o vakte kadar ben nasıl bekleyeceğim diye beni sıkıştırdı durdu. Ama ben de sıkı bastım, ağzımdan tek kelime alamadı."

"Yaşşa sen!"

"O zaman, yarın görüşürüz."

"Tamam, canım."

Bu böyle!

Gelelim bu sabaha. Tam evden çıkarken annem, "Serra, dedenin tahlillerini alıp doktoruna bırakabilirsen çok makbule geçer, çünkü hiç hesapta olmayan önemli bir toplantıya katılmam gerekiyor," dedi.

"Laboratuvar, her zaman gittiğimiz mi?"

"Evet."

"O zaman sorun değil, çünkü biz de öğle yemeği için oralarda buluşacağız; işten biraz erken çıkar, tahlil sonuçlarını alıp doktoruna bırakırım, oradan da bizim kızlara yetişirim."

"Sağ ol canım! Çok teşekkürler..."

"Ne demek! O senin babansa, benim de dedem."

Böylece işe gider gitmez hemen Amerika'dan gelecek olan IBM'cilerin dosyasına yumuldum. Zaten aşağı yukarı her şey hazırdı. Nasıl hazır olmasın ki, bütün bir cumartesi pazar çalışmıştım. Bu da turizmin cilvesi, azizim. Herkes eğlenir ya da dinlenirken, sen çalışıyorsun.

Bayan Bella'nın sabahleyin ofis dışında işleri vardı. Dosyayı akşamüstü vermek üzere masamın üstüne yerleştirdim ve saat on bire doğru dedemin raporlarını almak üzere çıktım. Saat on ikide, yani tam vaktinde, Nişantaşı Beymen'deydim.

Benim kızlar çoktan gelmiş, tam takım oturuyorlardı.

"Selam," dedim ve hemen sordum. "Ne haber? Şöyle medyatik birilerini görebildiniz mi?"

"Sırma var ya..." dedi Melis.

Haydiii, gülüşmeler alıp başını gitti.

Sırma benim arkadaşlarımın arasında en çok Melis'i sever. Aslında ikisinin bayağı ortak noktaları var.

"Haydi ama," dedi Melis, "nedir bu sürpriz? Şiştim valla şiştim. Senin bu Dilek de, Serra gelmeden söyleyemem dedi durdu."

"Aslanım Dilek, dost dediğin böyle olur."

"Önce yemeklerimizi ısmarlayalım da, her yerde olduğu gibi, garsonları iki saat bekletip rezil olmayalım."

"Yemeklerimizi derken, salatamızı demek istiyorsun herhalde, Esin."

Yine gülüşmeler...

Böylece gerçekten de salatalarımızı ısmarlayarak kafe çalışanlarını azaptan kurtardık.

Artık biz bizeydik. Melis'le Esin'in sabırsızlıkları gözlerinden okunuyordu.

"Arkadaşlar," dedim. "Sırma evleniyor."

"Tebrikler! Tebrikler!"

"Damat bey kimdir? Kimlerdendir?"

Tabii bu şamatanın düzeyi, bulunduğumuz yer göz önüne alınarak, alçak tutuluyordu. Burada benim Yeniköy'deki kahvedeymişiz gibi bağrışamazdık herhalde.

Sırma'ya dönüp, "Haydi bakalım anlat hikâyeni," dedim ve Sırma fevkalade mutlu bir vaziyette taa Deniz'le nasıl tanıştığından başlayıp, geçen gece aldığı evlenme teklifine kadar ballandıra ballandıra anlattı.

Bizim kızlar hem Sırma'ya hem de öyküsüne bayıldılar, bayıldılar. Hele bekâr erkek bulabilmek için hastanelere gitmenin iyi bir fikir olduğunu belirttiğinde kahkahalar kahkahaları kovaladı.

"Sırma, sen İstanbul'a yerleşsene."

"Bu gidişle yerleşecek zaten," dedim.

Sırma, öyküsünü bitirip, "Ama bu, sürprizin sadece bir bölümü, diğer bölümü de Serra anlatsın," deyince dikkatler bu kez bana yöneldi.

"Evet," dedi Melis, "dinliyoruz... haydi ama..."

"Biz de," dedim, "düğün tarihine karar verdik." Melis kollarını havaya kaldırarak, "Şükürler olsun sana Tanrım!" dedi.

"Benim tepkimin aynısı," dedi Dilek.

"Şunlara bakın! Ne o şükürler, mükürler..."

"Ya ne dememizi bekliyordunuz, Esin Hanım?"

"Kısa bir tebrik ederim ya da mutluluklar dilerim yeterliydi."

"Aman, bu da..." diye söylendi Melis, "Herhalde biz de mutlu olduk ki, mutluluklar diliyoruz."

Melis'e destek çıktı Dilek. "Şaka da mı yapmayacağız! Hem Serra bizim ne demek istediğimizi gayet iyi biliyor. İkisini de çok sevdiğimiz için bir an önce evlensinler istiyoruz ve bu duygularımızı dile getiriyoruz."

"Tamam," dedi Esin elini sus dercesine Dilek'e uzatarak. "Anlaşıldı, ne demek istediğiniz gayet iyi anlaşıldı."

Sırma atıldı. "Mayıs ayında, güller açınca evlenecekler."

"Harika!" dedi Melis. "Bir bahar düğünü yaparız artık Serramıza. Elinde güller, saçında goncalar..."

"Ohh, Melis yine aldı başını gidiyor."

Melis, "Tebrikler Serracığım, gerçekten tebrikler," diyerek uzanıp yanağımdan öptü.

"Sıla duyunca çok sevinecek."

"Eee, Sırma, sen de artık İstanbullu oluyorsun."

"Sırma," dedim. "İster misin Murat Enişte Deniz'e İzmir'de bir hastanede iş ayarlasın."

"Sus, sus!" dedi Sırma. "Ayrıca sakın babamın yanında böyle laflar edip aklına getirme."

"İlahi, nasıl da korktu."

"Siz benim babamı bilmezsiniz. Bir şeyi aklına koymayagörsün..."

"Ah, çocuklar," diye içini çekti Melis, Sırma'yla bana bakarak. "Çok güzel haberlerdi bunlar. Bizlerle paylaştığınız için teşekkürler..."

Zaman uçup gidiyor, hele de öğlen tatilinde. "Güzel bayanlar," dedim. "Size doyum olmuyor ama benim gitmem gerek."

"Tamam canım," dedi Melis. "Biz de biraz vitrin bakmak istiyorduk zaten. Sırma, sen de gelmek ister misin?" Sırma böyle bir teklifi kaçırır mı?..

"Çok iyi olur! Ben de çarşıya çıkmak istiyordum zaten."

"Ne zaman İzmir'e dönüyorsun?"

"Yarın," dedi Sırma, yüzünde hüzünlü çocuk ifadesi... Tabii bizimkiler yine kahkahalara boğuldular.

İşte böylesine keyifli bir kutlamadan sonra ofisime geldim. Masama geçip bir iki telefon görüşmesi yaptım ve...

"Aman yarabbi!" oldum.

Masamın üstünde bıraktığım dosya yoktu!

Bir anda her yanımı ter bastı. Hemen çekmeceleri çekip çekip bakmaya başladım, acaba oralarda bir yere koyup da gittim mi diye...

Yok! Yok!

Çekmecelerin hiçbirinde yoktu. İyi ama nerede olabilirdi bu dosya? Haydi başladım aramaya... Masanın üstünden, dosya dolaplarının içine kadar her yeri teker teker aradım.

Yok! Yok!

O an delirebilirdim! Tüm rezervasyonlar, tüm bilgiler... Kaç günlük emek... Emekten de öte –bilgi...

Ne yapalım, kaybettim, yeniden hazırlarım, diyemeyeceğim bir durum söz konusuydu. Onca bilgiyi şu kısacık zamanda yeniden toparlamak kolay mı?..

Derken gözüm Biricik'e ilişti. Yine o uzun şallım şullum eteklerle pek sevdiği boz bulanık renklere bürünmüştü. Ayrıca bu kız öyle bir giyiniyor ki, ne bacaklarını ne kollarını görüyorsun. Oradan oraya yuvarlanan bir kumaş yığını sanki...

Yardımcım ya, bir de ona sorayım diye düşünüp, "Biricik!" diye seslendim.

Başını kaldırıp, kirpiksiz gözleriyle bana baktı.

"Masamın üstünde bir dosya vardı, onu bir yerlerde gördün mü acaba?"

"Evet," dedi soluk bir sesle.

"Peki, nerede o dosya?"

"Bayan Bella'ya verdim."

"Ne?"

"Bayan Bella'ya verdim."

O kadar abes bir durumdu ki, bir an ne diyeceğimi bilemedim.

"Benim dosyamı, yani bana ait olan bir dosyayı sen neden bana haber vermeden Bayan Bella'ya veriyorsun, anlayamadım. Sana böyle bir talimat verdiğimi hatırlamıyorum." O kedi sarısı gözlerde bir an için garip bir ışık çaktı, sonra gözler yine aynı donukluğuna döndü.

"Bayan Bella dosyayı sordu; sen ise sabahleyin yoktun. Bunun üzerine işler aksamasın diye dosyayı ben verdim."

"Bir kere sabahleyin ben buradaydım, sadece bir saat erken çıktım. İkincisi, dosyayla ilgili bir durum olduğunda beni cep telefonumdan arayıp bulabilirdin. Belki o dosya hazır değildi."

"Hazırdı," dedi gayet sakin.

"Nereden biliyorsun?"

"Sen çıktıktan sonra gelen faksı yerleştirirken bir göz attım, her şey yerli yerindeydi. Bunun üzerine Bayan Bella'ya vermekte bir sakınca görmedim."

Kedi sarısı gözler tepkimi ölçmek istercesine bana odaklanmıştı. Şu söylediklerinde yanlış bir şey yoktu.

"Teşekkür ederim, Biricik," dedim.

Ama yine de... bir şeyler beni huzursuz ediyordu. Parmağımı üstüne basamadığım bir şeyler...

Evet, onu ben yetiştiriyordum. Evet, onun girişimci olmasını istiyordum. İşte, bugün bunu gerçekleştirmiş, ben yokken gerekeni yapmıştı. Öyleyse neden rahatsızdım?

Gün boyu bu tedirginliği yaşadım. Akşamüstü başka bir iş için Bayan Bella'nın yanına gittiğimde, "Kutlarım seni Serra," dedi.

"Neden Bayan Bella?"

"Biricik'i öyle bir yetiştirmişsin ki, bütün bir sabah senin işleri çekip çevirmiş, gelen faksları cevaplayıp dosyaya yerleştirmiş. Bu da yetmezmiş gibi sunuma hazır vaziyette getirip bana teslim etti. Aferin sana, dediğimde de yanıtı, Serra Hanımı aratmamaya çalışıyorum efendim, oldu." Bayan Bella bir kahkaha atarak ekledi. "Dikkat et Serra, bu kız müthiş bir şey."

Neden midem bulanır gibi olmuştu?

Neden ağzımın içi acıydı?

Bütün bu konuşmalarda bir terslik yoktu, elle tutulur bir şey de yoktu ama içimdeki ses kötü bir şeyler oluştuğu konusunda beni uyarıyordu sanki.

Hem Bayan Bella'nın konuşmasına bakılırsa, bizim Biricik, benim bütün bir sabah ofiste bulunmadığım izlenimini vermenin yanı sıra, gelen bir faksı telleyip pullayıp onu dosyanın neredeyse tamamını kendisinin hazırladığına inandırmayı başarmıştı.

Bu, içimdeki sesin söyledikleriydi.

Bir de işin dıştan görünen yanı vardı. O da, ben yokken gelen faksı alıp, görevi gereği, gereken yere yerleştirmiş, sonra da götürüp patronuna teslim etmişti ki, eh, bunda da eleştirilecek bir şey yoktu.

Bayan Bella'ya ne bu düşüncelerimi, ne de kuşkularımı anlatabilirdim. Çünkü o zaman kendi yetiştirdiği elemanını kıskanan kişi durumuna düşerdim. Bayan Bella'nın yanından çıktığımda, kedi sarısı gözlerin dikkatle beni izlediğini fark ettim. Sanki içerde neler olup bittiğini merak eder gibi bir hali vardı. Nerden sardılar bu kızı başıma?

Ben böylesi kara düşünceler içindeyken gözüm Selçuk'a iliști. Bir arkadaşı gelmişti, laflıyorlardı. Arkadaşının yanında da kaniş cinsi bir köpek vardı. Öyle sevimliydi ki, dayanamayıp yanlarına gittim.

"Ne uslu bir kuçu bu böyle."

Selçuk âlem çocuk ya, "Ama böyle de köpek olmaz ki," dedi. "İnsan arada bir 'hav' der." Gel de gülme!

"İlahi Selçuk! Ne laflar bulursun sen de..."

"Tabii ya, şuna baksana, nasıl da ağır takılıyor."

Bende bir gülme bir gülme... Zavallı kaniş ise boncuk gibi gözleriyle bir bana bir Selçuk'a bakıyordu. Ağır takılıyormuş! İnsan bir hav dermiş!

Bayılıyorum şu Selçuk'a. İşyerimizin neşesi o. Herkes yavaş yavaş toparlanıyordu.

Selçuk, "Akmerkez'de fazla para harcamayın, e mi kızlar..." diye takıldı. Çoğumuz oraya uğradığından hep bize laf çakıştırır. Ve... ekledi. "Bu sözler sana, Biricik."

"Ben," dedi soluk yüzlü yardımcım, "Akmerkez'e gitmem!"

Tavır koyuyordu! Gitmezmiş!

Gitmezsen gitme! Kime ne...

"Tamam, tamam, kızma," diye dalgasını geçti Selçuk, korkmuş gibi yaparak.

Nedense, bu kız fakirmiş izlenimini vermek istiyor. Oysa hiç de öyle değil, çünkü ailesi ortada. Eski püskü şeyler giyiyor, bakımsız ve özensiz dolanıyor ortalarda. Ve güzel şeylere tavır koyuyor.

Daha ilk günden Biricik'le ilgili bazı şeyler beni rahatsız ediyordu ama pek üstünde durmamıştım, bugünkü olayı yaşayana dek. Artık her sözünü, her davranışını başka bir ışıkta görüyorum.

Bu bana Betül ve Alev'le yaşadıklarımı hatırlattı. Onları da uzun bir süre tanıyamamıştım. Gerçek kişiliklerinin farkına varınca, her sözleri, her davranışları diken gibi batar olmuştu. Tatlı, nazik, sevecen olarak görünen davranışlarının ardındaki yapaylığı ve ikiyüzlülüğü görmeye başlayınca, giderek ikisine de tahammül edemez hale gelmiştim.

Umarım Biricik'le böyle olmaz.

İşte sevgili kiraz ağacı, bazen tekdüze haftalar haftaları kovalıyor, bazen de birkaç gün içinde neler neler olabiliyor.

23 Temmuz, Cuma

Büyük başarı!

Çok ama çok mutluyum!

İnsan işinde başarılı olup, bir de bunun karşılığını alınca ne kadar seviniyor.

Sevgili defterim, seninle baş başa olduğumuza göre rahat rahat kendimi övebilirim.

Efendim, IBM'ciler için hazırladığım program öylesine beğenilmiş ki, hâlâ tebrik mail'leri geliyor. Hem de... dikkat buyrunuz, benim adım belirtilerek...

Genelde bu tür teşekkürler acenteye bildik bir format çerçevesinde iletilir. Bu kez de, elbette ki acenteye teşekkür edildi ama bunun dışında pek çok kişisel mail aldık. Ve bu mail'lerde... bir kez daha dikkat buyrunuz, benim adım özellikle belirtilerek, teşekkür ediliyordu.

Nasıl? Bomba gibi bir haber değil mi?

Bayan Bella bile, "Kutlarım Serra, bu senin başarın," dedi.

Evet, şimdi de neler yaptığımı anlatayım.

Bir kere, şükürler olsun, organizasyon baştan sona pürüzsüz yürüdü ki, bu başlı başına bir başarı. Ama öyle çalıştım ki...

Önce bir dolu yardımcı eleman ve şoför bulundu, işe alındı, onlara ne yapacakları anlatıldı. Bütün bunlar benim sorumluluğum altındaydı. Ondan sonra da, bu kişileri sürekli izleyip, işlerin yapılıp yapılmadığını kontrol etmek, yine benim görevimdi.

Şu son bir hafta, iki cep telefonu iki kulağımda, bir biriyle, bir diğeriyle sürekli talimat vererek yaşadım dersem, inan abartmış olmam. Gün oldu, iki saat uykuyla idare etmek zorunda kaldım. Gece yarılarına kadar çalışıyor sonra eve gelip bir iki saat uyuyup, bir duş alıp tekrar işbaşı yapıyordum. Ama sonuç iyi oldu ya, tüm yorgunluklar uçup gitti.

En baştan başlamak gerekirse, önce onlara, buradan bir anı olsun diye, güzel armağanlar hazırladım. Tabii ki böyle durumlarda hep yapılageldiği gibi Kapalıçarşı'nın yolunu tuttum. Bayılıyorum oraya, bin kez gitsem bıkmam. Neyse, hani o goblen gibi kumaştan yapılmış çanta ve valizler var ya, işte onlardan, hafta sonu boyu dedikleri, kısa geziler için kullanılan boyda çanta ısmarladım her konuk için. Adamlar yüz elli adet çanta siparişini duyunca bana bir itibar, bir itibar... Çaylar, kahveler, bol muhabbet.

Tabii ki o çantaları boşverecek değildim; herhalde yani... Böylece onların içine koymak amacıyla, kenarı oyalı yemeniler, tespihler, şallar, küçük porselen tabakçıklar, biblolar aldım. Sonra bunların yanına, minik kutularda çifte kavrulmuş lokum ve akide şekerlerini eklemeyi de ihmal etmedim.

Veee –tüm bu armağan dolu çantalar, hoş geldiniz anlamında, konukların odalarına, onlar gelmeden yerleştirildi.

İstanbul'a ilk adım! İlk izlenim!

Nasıl? İyi düşünmemiş miyim, sevgili defter?

Veee –hem çantalar hem de içindekiler müthiş sükse yaptı! O kadar ki, ilk akşam yemeğine kimi boynuna bir yemeni bağlamış, kimi elinde tespih, kimi de şalına sarınmış olarak geldi.

Açılış kokteyline gelince –öyle bir yerde yaptım ki...

Ne otel lobisinde, ne de dandik bir balo salonunda...

Yerebatan Sarayı'nda!

Yaa azizim, işte biz yaptık mı böyle açılış kokteyli yaparız. (İyi ki bu defteri kimse okumuyor.)

Sarnıcın içi, o dev direkler, Medusa'nın başı hep ışıklandırılmış ama öyle cart ışıklandırma değil. Kimi yerde gölgeler uzuyor, kimi yer loş, kimi yer daha bir aydınlık. İşin estetiğini kollayarak yapılmış bir ışıklandırma anlayacağın. Buna bir de uzaklardan geliyormuşçasına duyulan klasik müziği ekleyince öylesine gizemli bir ortam oluşmuş ki, içeri adımını attığın an çarpılıyorsun!

Abartmıyorum, çarpılıyorsun!

Tabii bizim IBM'ciler ba-yıl-dı-lar!

Durup durup, bu ne muhteşem bir yer, diye sarnıcımıza övgüler yağdırdılar. Yerebatan Sarayı'na daha önce gitmiş olan ben bile böylesine etkilendikten sonra, onların bu tepkisine hiç şaşırmadım doğrusu.

Kokteylden sonra Boğaz'da balık lokantasına gidildi. Tabii Boğaz'a da ayrıca bayıldılar.

Ertesi gün onlar için yoğun bir kültür gezisi düzenlemiştim. Malum, Sultanahmet Camii, Ayasofya, Topkapı Sarayı, Kapalıçarşı ve en sonunda Dolmabahçe Sarayı...

Akşama doğru, güneş batarken ve de camilerin, köprülerin ışıkları yanmaya başlayıp İstanbul'un o muhteşem silueti belirmeye başlarken tekneyle Boğaz gezisi, daha sonra da yine teknede müzikli akşam yemeği...

Bu, işin ön yüzü... Bir de işin arka yüzü var ki o da bizim yaşadıklarımız oluyor. Onlar yer içer eğlenirken, bizim ekip gidilecek yere, diyelim balık lokantasına önceden gidiyor, ayrılmış olan masalar hazırlanmış mı, düzgün mü diye bakıyor ve geri dönüp bu kez transferler tamam mı diye servis arabalarını kontrol ediyorduk. Gide gele bir hâl oldu bütün ekip.

Üçüncü gün grubu alıp Kapadokya'ya götürdük. Oraya götürmemizin asıl amacı, peribacalarını ve yeraltı şehirlerini görmelerinin yanı sıra, balon turu yaptırmaktı. Göreme'de onları kayaların içine oyularak yapılmış kaya otellere yerleştirdik. Çok etkilendiler tabii. Nitekim peribacalarını görüp bir de yeraltı şehirlerine inince iyice hayran oldular bu bölgeye.

Bana gelince, Kapadokya'nın kalbimdeki yeri bambaşkadır. Üniversitenin ilk yılında, Oktay'la yeni tanıştığımız dönemde, grupla oraya gitmiştik. Hayret! Ne kadar uzak geliyor o günler... Aslında şaka maka derken tam altı yıl olmuş! İnanılır gibi değil azizim, yıllar uçup gidiyor.

İşte böylece ilk günü çevreyi gezerek geçirdiler. Akşamüstü şarap mahzenlerine götürdük onları. Yerel şarapların tadına baktılar ve daha sonra da restoranlara dağıldılar.

Ertesi sabah şafakla birlikte herkes ayaktaydı. Balonla uçmak isteyenleri balonlara yerleştirdikten sonra biz de cipe atlayıp, kahvaltı sofralarının hazırlanacağı yemyeşil boş alanlara yollandık. Onlar balonla bir saate yakın Kapadokya ve civarında uçtular, sonra da nazlı nazlı süzülerek bizim hazırlık yaptığımız yere indiler.

Bembeyaz tentelerin altında bir şampanyalı kahvaltı hazırlamıştık konuklarımıza. Çeşit çeşit peynirler, zeytinler, yöre kadınlarının yaptığı reçeller, börekler, çörekler...

Konuklarımız öyle keyifliydiler ki... Çocuklar gibi kahkahalar atıyor, birbirleriyle ve bizimle şakalaşıyorlardı. Onları böyle memnun görmek ise bize yorgunlukları aşma gücü veriyordu.

Kahvaltıdan sonra yine kayaların içine oyulmuş kiliseleri, kaya mezarlarını gezdiler. Asırların ötesinden bugüne ulaşabilmiş bu yapılar her göreni derinden etkiliyor.

Kapadokya'daki iki günden sonra İstanbul'a döndük. Son gün alışveriş günü ilan edilmişti. Hepsi, Kapalıçarşı, dediler. Böylece, oraya varınca kimi halıcılara, kimi kuyumculara, kimi de dericilere dağıldı. Küçük bir grup ise civardaki müzelere gitmek istediklerini belirtti. Hemen yanlarına birini verdim. Onlar da bu arada Arkeoloji Müzesi'ni, İbrahim Paşa Konağı'nı ve Aya İrini Kilisesi'ni görmüş oldular.

Son gecemiz iyice şenlikliydi, çünkü grubu Kumkapı'ya götürdük. Göbek havasına uyup göbek atanlar, öylesine kalkıp dans edenler, gülüp eğlenenler...

Ertesi sabah onları yolcu ederken, tüm ekip oradaydık. Bunun böyle olmasını ısrarla ben istedim. Kendi deneyimlerime dayanarak söylüyorum bunu. Seni bir tantanayla karşılıyorlar, fevkalade ağırlıyorlar, dönüş günü geldiğindeyse kimse yok ortada. Sanki artık bizim seninle işimiz bitti dercesine yolcu ediyorlar. Gezilerde de, iş seyahatlerinde de bu böyle oluyor.

Bunu Bayan Bella'ya böylece anlattıktan sonra, "Günlerdir deliler gibi çalışıyoruz ve başarılı olduğumuza da inanıyorum," dedim. "Konuklarımız güzel vakit geçirmiş, eğlenmişler, bu geziden memnun kalmışlar. Bunu güzel bir paket olarak düşünürsek, ben diyorum ki, biraz daha çaba gösterip, paketin üstüne aynı güzellikte bir fiyonk atalım, yani onları hep birlikte yolcu edelim. Bu başarılı çalışma ona layık biçimde son bulsun."

"Çok haklısın," dedi Bayan Bella. "Yalnız tüm ekip derken seninle ve konuklarla doğrudan temas halinde olanları kastediyorsun herhalde."

"Elbette," dedim ve gülüştük. Düşünsene, mesela ben onları uğurlamaya giderken tüm şoförleri, lokanta çalışanlarını, otopark bekçilerini de alırmışım yanıma.

Aslını istersen çok da şirin olurdu ama onların işleri güçleri var, böyle bir teklifte bulunsam kim bilir ne gülerlerdi bana. Allah için hepsi de çok yardımcı oldular. Efendi adamlar!

Hele minibüsçülerin başı gibi biri var, beni uzaktan görünce, "Ooo Serra kızımız geliyor," diye öyle bir karşılayışı var ki...

Böylece konuklarımızı tam kadro yolcu ettik.

Tabii çok hoşlarına gitti. Bana da aynı şey yapılsa, benim de hoşuma gider.

Nitekim, bazı mail'lerde bu da belirtilmiş.

İşte azizim, kimsenin gözünden bir şey kaçmıyor. Kaytarınca da insanlar anlıyor, iyi şeyler yapınca da...

Evvet, artık güzel bir uykuyu hak ettim sanırım. Öyle değil mi benim biricik sevgili defterim?

1 Ağustos, Pazar

O kadar heyecanlıyım ki, uyku tutturamadım! Madem uyuyamıyorum, bari gidip kiraz ağacımla söyleşeyim, dedim.

Efendim, Oktay'la nikâh zamanını mayıs ayı olarak belirlediğimiz gece, annesiyle babasını arayıp haber vermiş, uzun uzun konuşmuştuk. Derken geçen hafta Oktay'ın annesi beni aradı ve bu hafta sonu İstanbul'a gelmek istediklerini, bu tarihin bizim için uygun olup olmadığını sordu.

Nilüfer Hanımı onca yıldır tanıyorum, yine de her arayışında çoook heyecanlanıyorum. Bunu Dilek'e söylediğimde, "Tabii kızım, kolay mı," diye dalgasını geçmişti. "Kaynanan arıyor, kaynanan..."

Nitekim telefonda sesini duyunca yine elim ayağıma dolaştı. "İsterseniz," dedim sakin olmaya çalışarak, "ben annemle bir konuşup sizi arayayım."

"Çok iyi olur Serracığım. Bir de, eğer uygunsa, Cemal'le birlikte dedene bir geçmiş olsun ziyaretinde bulunmak istiyoruz. Ama bak, sen bana doğru söyle, yorgunsa, halsizse, hiç rahatsız etmeyelim. O zaman telefonla hatırını sorarız, olur biter."

İşte böyle de nazik kadındır müstakbel kayınvalidem.

Neyse, annemi ve dedemleri aradım, kimsenin önceden verilmiş bir sözü yokmuş, durum 'fevkalade müsait' miş, hararetle bekliyorlarmış dünürlerini...

Boru mu bu!

Oğlan anası arıyor, oğlan!

Böylece dün sabah annemle birlikte gidip onları havaalanından biz aldık, çünkü Oktay'ın işleri yoğundu yine. Ve doğru dedemlere gittik. Anneannem çok güzel bir sofra hazırlamıştı.

Nilüfer Hanım, dedeme ince, gümüş bir halkanın içine yerleştirilmiş nazar boncuğu getirmiş.

"Teşekkür ederim, çok naziksiniz," dedi dedem. Duygulanmıştı. "Nazar boncukluk neyimiz kaldıysa..."

Nilüfer Hanım sadece dedemi değil, hepimizi düşünmüş. Anneanneme bir kutu çikolata, anneme gümüş ayraç, bana da kar beyazı bir kazak!

"Kız," dedi dedem. "Senin hediyen hepimizinkini solladı."

"Eh, o kadar olsun artık," dedi Nilüfer Hanım. "Ne de olsa o bizim de kızımız sayılır artık."

Cemal Bey ise, yüzünde bir gülümseme, bütün bu konuşmaları sessizce dinliyordu.

Yendi, içildi, sıra kahvelere geldi. Nilüfer Hanım, Cemal Beye şöyle bir göz attıktan sonra, "Oktay hâlâ gelmedi," dedi azıcık huzursuz. "Oysa biz çocuklarla onların planları hakkında konuşalım istiyorduk."

Dedem gümbür gümbür, "Konuşalım," deyince herkes güldü.

"Ne gülüyorsunuz," dedi dedem. "Bakın, Oktay'ın annesiyle babası kalkmış taa Ankara'dan gelmişler. Neden? Şu çocukların işlerini bir konuşalım, ne olacak, ne bitecek, diye ama damad-ı şehriyari ortalarda yok. Hoş, o olsaydı, Serra Hanımı bulamazdık. İş, iş... Bir iştir tutturmuşlar..."

Dayanamadım artık. "Dedeciğim, bugün Oktay'ın kaç kişilik grubu karşılayıp, yerlerine yerleştirmesi gerektiğini biliyor musun?"

"Ooo," dedi dedem, gözlerini iri iri açarak. "Oktay'ın meğer ne kuvvetli bir avukatı varmış!" Hadi, yine gülüşmeler...

"Öyleyse beyefendi biz konuşalım, burada konuşulanları da Serra, Oktay'a aktarır," dedi Cemal Bey.

"Çok doğru," diye başını salladı dedem. "Çünkü bunları bekleye bekleye ben bir hal oldum."

Yani, dede!

Yine başlama... lütfen...

Anneannemle annem bir şeyler söyleyerek lafı değiştirip dedemi saf dışı ettiler de, daha fazla çam devirmesini, en azından bir süre için önlediler.

Cemal Bey keyifli bir kahkaha attı. "Sizinle tamamen aynı fikirdeyim. Oğluma, daha ne bekliyorsunuz, demekten inanın yoruldum."

Bak sen!

İşte bunu bilmiyordum!

Oktay bana bundan hiç söz etmemişti.

"Neyse," diye lafa girdi Nilüfer Hanım. "Çocuklar mayıs ayında karar kılmışlar ki bu, düğün için çok güzel bir mevsim."

Cemal Bey, dedeme baktı, "Beyefendi, Oktay bana son durumu haber verdiğinde, oğlum niye mayıs, mayısa daha tam dokuz ay var, şunu daha erkene alamaz mıydınız, dedim."

Dedem başını iki yana sallayarak, "Mayıs ayı bu küçükhanımın marifeti," dedi. "Neymiş, gül zamanıymış..."

"Dede," dedim. "Sen de o gün pekâlâ, ne güzel, güller açarken, dedin."

"Ne diyebilirdim ki..." dedi dedem ellerini iki yana açarak. "Hele şükür bir karara vardılar diye öyle sevindim ki, nutkum tutuldu, başka bir şey söyleyemedim."

Nilüfer Hanım, "Aşkolsun ama sizlere, bu çocuklara bu kadar da yüklenilmez ki..." dedikten sonra bana döndü, "Hiç üzülme Serracığım, bence çok güzel bir zamanı seçmişsiniz. Oktay henüz gelmedi ama biz konuşmaya başlayalım. Cemal'in dediği gibi, Serra ona gerekli bilgileri verir."

Nilüfer Hanımı gerçekten seviyorum, Cemal Beyi de. Yani bir zorlama yok, aman onlar Oktay'ın annesiyle babası, onlara iyi davranmam gerek, diye bir duyguyla hareket etmiyorum. Onları seviyorum, nokta. Oktay'ın annesiyle babası olmasalardı da severdim. Çok tatlı insanlar...

"Düğünü nerede yapmamızı önerirsiniz?" diye sordu Nilüfer Hanım, dedeme bakarak. Ve ekledi. "Hem sizin, hem bizim Ankara'da da, İstanbul'da da dost ve akrabalarımız var, o nedenle biz karar veremedik, size danışalım istedik."

"Çok düşüncelisiniz Nilüfer Hanım, eğer sizin için bir mahsuru yoksa düğünün İstanbul'da olması beni sevindirir, böylece torunumun mürüvvetini görmüş olurum. Ama Ankara'da olursa gelemem, çünkü sağlığım buna müsait değil."

"Tabii efendim," dedi Nilüfer Hanım. "O zaman İstanbul'da yapalım."

"Anlayışınız için çok teşekkür ederiz," dedi annem.

Elbette hepimizin en büyük isteği dedemin de benim düğünümde bulunmasıydı ve Nilüfer Hanımın duyarlılığı bunu sağlayacaktı. Gel de kadını sevme...

"Şimdi, ben diyorum ki, bir iki ay sonra ben yine geleyim ve Derya Hanımla birlikte düğünü yapabileceğimiz yerleri dolaşalım. Çünkü siz daha iyi bilirsiniz ama düğünler için aylar öncesinden yer ayırtılıyor, o nedenle gecikirsek korkarım istediğimiz gibi bir yer bulamayabiliriz."

"Haklısınız," dedi annem. "Bir arkadaşım, yazın yapılacak düğün için mayıs ayında bakmıştı da düşündükleri yerlerin hepsi, hem de yaz boyu doluydu."

"Tabii bir de ev meselesi var," diye lafa karıştı Cemal Bey. "Hemen ev tutulacak değil ama yavaş yavaş araştırma yapılırsa iyi olur diye düşünüyorum. Bu konuda iş daha çok Oktay ve Serra'ya düşüyor, çünkü içinde yaşayacak olan onlar. Hangi semti düşünürler, nasıl bir evde yaşamak isterler. Ara ara çıkıp dolaşmaları, evlere bakmaları gerek. Şu aşamada fikir edinmek daha sonraki aylar için çok yararlı olacaktır."

Aman Tanrım, bu konuşmaları dinledikçe, şaka maka ben evleniyorum oldum!

Ne bileyim, Oktay'la bu konuları konuşmuyoruz ki... Evet, nişanlıyız ama... İşte o kadar... gibi...

Annem, "Ev bakma konusunda ben de yardımcı olurum," dedi.

İşte bu çizgide konuştular, durdular. Bana gelince, sanki başkası evleniyordu da, onun hakkında konuşuyorlardı.

"Serra! Tarih için ne diyorsun?"

"Bilmem ki..."

"Canım," dedi anneannem, "belki de Oktay'a danışmak ister."

"Evet," dedim.

Anneannem birden Oktay'a çok acıdı. "Bu onun da düğünü... Çocuğa hiçbir şey soran yok."

Gülüştüler.

Cemal Bey, "O zaman o da burada bulunsaydı," deyince, anneannem saf saf savunmasını sürdürdü. "Çocuk tatil günü bile çalışıyor." Kapı çalındı.

"Bu, Oktay'dır," diye fırladım yerimden.

"İyi insan lafının üstüne gelir, geçende de böyle olmuştu."

"Tamam hanım, tamam," dedi dedem gülerek. "Ne kadar da kollarmışsın küçük damadını. Biz olsak demediğin kalmazdı."

Gelen, gerçekten de Oktay'dı. Yüzü pek solgundu garibimin.

"Kusura bakmayın, sizi almaya gelemedim," diyerek annesiyle babasına sarılıp öptü onları. Sonra anneme döndü. "Çok teşekkür ederim, benim yapmam gerekeni yaptınız."

Oktay oturur oturmaz, ona konuştuklarımızı aktardık. Artık o yorgunlukla ne kadarını anladı, ne kadarı aklında kaldı, Allah bilir.

Akşam annemin davetlisi olarak manzarasıyla ünlü bir restorandaydık. Dedem de gayret göstererek geldi, böylece hep birlikte olabildik. Güzel geçti; onlar hoş sohbet insanlar, eh, annemin de çenesi iyidir. Hele dedem eski hikâyelerini anlatmaya başlayınca dinlemeye doyum olmaz.

Bugün onları bıraktık, oğullarıyla baş başa olsunlar. Çünkü Oktay İstanbul'a geleli, birbirlerini doğru dürüst göremiyorlar. Oktay, işleri gereği Ankara'ya gidemiyor; onlar gelseler, Oktay bütün gün işte olduğundan, hatta bazı akşamlar da çalıştığından yine gönüllerince görüşemiyorlar. Durum böyle olunca, ne diye gelelim diyorlar haklı olarak.

Ben bile, aynı şehirde olmamıza karşın, dedemlere onun istediği sıklıkta gidemiyorum. Onun için de her sefer muhabbetimizin açılış cümlesi, yüzünü gören cennetlik, oluyor.

Oysa biz de ailelerimizle daha sık bir arada olmak istiyoruz. Ama çalışıyoruz... Bunun toplantısı oluyor, uzayan iş saatleri oluyor, planladığın saatten çok daha sonra eve varabiliyorsun. Bir de trafik var... Öyle bir vaktini alıyor ki insanın... Günün sonunda da yorgunluktan bitmiş oluyorsun. Biraz sevgilimi göreyim, biraz arkadaşımı göreyim dedin mi, işte günler doldu gitti. Büyükler evde oturduklarından bizim durumumuzu anlamıyorlar ama onlara da hak veriyorum, daha sık görüşmeye çalışmalıyız.

Akşam yemeğinde yine hep birlikteydik, bu kez bizim evimizde. Zaten annemle birlikte gün boyu yemek pişirip, evimizi süslemiştik. Bu yemek de güzel geçti, keyifler yerindeydi. Cemal Beyle dedem kafa kafaya verip, sohbeti derinleştirdiler. Nilüfer Hanım ise iyice işin ayrıntılarına girdi.

Ben nasıl bir gelinlik istermişim; nasıl bir düğün severmişim, küçük mü, büyük mü; süslemeler, davetiyeler hakkında ne düşünüyormuşum... Ya nikâh şekerleri, onlar bence nasıl olmalıymış. Nilüfer Hanım bunları sordukça, konu üzerinde hiç ama hiç kafa yormamış olduğumun farkına vardım!

Oysa genç kızların hayalleri vardır, değil mi? Çok duymuşumdur; işte ben küçüklüğümden beri gelinliğimin şöyle olmasını hayal ettim, derler. Ya da, ben beş yaşımdan beri düğünümün, atıyorum, deniz kenarında, kumların üstünde olmasını, herkesin de yalınayak katılmasını düşlemişimdir, derler.

Bana gelince –tık yok!

Hayret bir şey!

"Düşünecek ne çok şey var, değil mi Serracığım?" dedi Nilüfer Hanım. "Ama merak etme, önünde epeyce bir zaman var, rahat rahat düşünür, araştırırsın. Haa, yüzükleriniz için bakmayı da unutmayın."

Gecenin sonuna doğru şöyle bir baktım da, bayağı kaynaşmış bir aile görüntüsüydü karşımda duran. Bilirsin sevgili kiraz ağacım, ailemi böyle uzaktan izlemeyi severim. Onlara bakmak içimi ısıtır. Bu, çocukluğumdan beri böyledir.

Cemal Beyle dedem sohbetlerini sürdürüyorlardı, Oktay da bir iskemle çekmiş, onları dinliyordu. Annem, anneannem, Nilüfer Hanım ise hâlâ masa başındaydılar. Öyle hararetli hararetli konuşuyorlardı ki, ben cici bir ev kızı şeklinde kahvelerini yapıp getirdiğimde ancak noktayı koyabildiler.

Birden Nilüfer Hanım, "Oktay," diye seslendi.

"Efendim?"

"Düğün tarihini bu gece belirleyelim. Serra'ya sordum ama o önce seninle konuşmak istedi."

"Bilmem ki..."

"Hadi bir tarih söyleyin, Mayıs başı olsun." Bir koşu mutfaktaki takvimi getirdim, "7 Mayıs, Cumartesi..." diye saymaya başladım; sözümü tamamlayamadan Oktay atıldı. "7 Mayıs bence çok güzel. Sen ne dersin Serra?"

"Benim için de güzel."

"Tamam," dedi Nilüfer Hanım. "Hiçbir şey yapmadıysak düğün tarihini kararlaştırdık. Artık neyi, ne zaman yapacağımızı bu tarihe göre ayarlayacağız. 7 Mayıs! Çok güzel bir tarih."

Dedem, "Nilüfer Hanım, siz buraya daha sık gelsenize..." dedi.

Oktay, yüzünde mahcup bir gülümseme, "Ben yedi rakamını Serra ayın yedisinde doğduğu için seviyorum," demez mi...

"Ooo..."

"Bravo valla..."

"Çok güzel bir düşünce..."

İşte sevgili kiraz ağacı, düğün tarihimiz de bu gece böylece belirlenmiş oldu.

7 Mayıs, Cumartesi!

Yani, 7 Mayıs Cumartesi gecesi ben gelinlik giyip, Oktay'ın kolunda mı yürüyeceğim? İnanmıyorum! Bu düşüncelerle gel de uyu.

Ama seninle konuştum ya, heyecanımı büyük ölçüde çiğnedim, hazmettim, kiraz ağacı.

Şimdi yatıp uyuyacağım ve rüyamda neler göreceğim, neler... Tüller, duvaklar, buketler, çiçekler, mumlar...

13 Ağustos, Cuma

Dert bitmez ki...

Eve gelmiş, duşumu almış, koltuğuma yayılmıştım ki, kapının çalındığını duydum. Annem evde olduğu için hiç oralı olmadım. Ama ses tanıdıktı sanki ve heyecanlı heyecanlı bir şeyler anlatıyordu. İlgilenmeye hiç niyetim olmamasına karşın bayağı merak etmiştim. Oda kapımı aralayıp bakınca ne göreyim –bizim Dilek!

Meğer gelen ve konuşan Dilek'miş. O zaman üzerimde bornoz olmasına aldırmadan salona daldım, "Bakın kimler gelmiş," diyerek.

Sesimi duyan Dilek bana dönünce, olduğum yerde kalakaldım. Çünkü benim neşeli, ele avuca sığmaz Dilek'imin yüzü yaşlar içindeydi.

"N'oldu sana?" diye ona doğru atıldım... "Ah, Serra..." diye inildedi Dilek. Bense, "Ne oldu sana?" dedim, ikinci kez. Çok korkmuştum!

Korkmuştum, çünkü Dilek kolay kolay ağlamaz, hele de bozguna hiç uğramaz. O nedenle, kesin çok kötü bir şey oldu, diye düşünüyordum o anda. Yanına yaklaşmamla boynuma sarılıp bu kez hıçkırarak ağlamaya başlamaz mı... Annem bizi baş başa bırakarak yavaşça odadan çıktı.

Benim canım Dilekçiğim ağladı, ağladı, ben de onu kollarımda salladım, saçlarını okşadım ve sabırla bu fırtınanın dinmesini bekledim. Nitekim bir süre sonra sakinleşti ve kollarını boynumdan çekti. Yan yana oturduk.

"Canım benim," dedim. "Söyle bana, neler oluyor?"

"Düğünümüz iptal edildi," dedi ve yeniden ağlamaya başladı.

"Ne?"

"Evet, iptal edildi," dedi hıçkırıklar arasında. Haydaaa...

"Sen neler söylüyorsun Dilek? Her şey hazır; düğün için yer ayırtılmış, davetiyeler basılmak üzere, eviniz ise döşenmiş bile..."

"Evet, öyle ama..."

"Aması ne?"

"Annemle Ulaş'ın annesi feci atıştılar ve ipler koptu."

"İlahi Dilek, boşuna ödümü patlattın. Onlar hep atışıyorlar ama sonuçta işler tatlıya bağlanıyor. Bakma sen onlara..."

"Bu kez öyle değil ama..." diyerek Dilek yine hıçkırıklara boğuldu.

Güleyim mi, ağlayayım mı bilemiyordum.

Elbette arkadaşım üzülüyor diye ben de üzülüyordum, o benim can dostum. Öte yandan annelerin böylesine birbirlerine girmeleri ise çok komiğime gidiyor. Filmlerde gördüğümüz İtalyan aileler gibiler. Hani onlar da incir çekirdeğini doldurmayacak nedenlerle birbirlerine girerler ya, işte bunlar da aynen öyle. Hele Dilek'in annesi Habibe Teyze...

Bir tutturdu perdeler diye, bir tutturdu koltuk takımı şu mağazadan alınacak diye, bir tutturdu kızıma bu kadarlık takı takılacak diye. Son dırıltı, gelinlik yüzünden çıkmıştı. Çıkmasaydı şaşardım zaten.

Yani, Allah Dilek'e sabırlar versin!

Zavallı kız, sürekli annesiyle Ulaş'ın ailesi arasında kalıyor. Ama daha önceki olayların hiçbirinde böylesine üzgün değildi.

"Dilekçiğim, lütfen anlatır mısın, bu kez ne oldu?"

"Kabahat hep annemde..."

Buna hiç şaşırmadım... diyemedim tabii.

"Düğün için iki tarafın da yüz ellişer kişi çağırması kararlaştırılmıştı."

"Sonra..."

"Sonra, annem tutmuş, iki yüz elli kişilik bir liste hazırlamış."

"Eyvahlar..."

"Tabii Ulaş'ın annesi böyle bir oldubittiyle karşılaşınca anneme bir güzel çıkışmış. Bizimki ise hem suçlu hem güçlü..."

"Nasıl yani?"

"Vay efendim, insan bunu daha düzgün bir şekilde söyleyebilirmiş!"

Dilek'in bu sözleri üzerine beni alsın mı bir gülme... Gül Allah gül... Bir süre sonra Dilek de başladı gülmeye... Sinirler bozuk ya, karşılıklı geçmiş gülüyor da gülüyoruz.

"Dilek," dedim, gözlerimin yaşını silerek, "sakın darılma ama bizim Habibe Teyze bazen ne kadar da absürd olabiliyor."

"Bazen mi dedin? Ne kadar da naziksin."

"Peki, sonra ne olmuş?"

"Ulaş'ın annesi düğünü belli bir çerçeve içinde tutmaya karar verdiklerini ve bundan vazgeçmeyeceklerini söylemiş. Bunun üzerine benim annem de, ama bu davet edeceklerim benim dostlarım, akrabalarım, onlarsız ben kızımı nasıl evlendiririm, demiş. Ulaş'ın annesi ise, bizim de bulunmalarını istediğimiz pek çok dostumuz, akrabamız var ama düğünü yapacağımız yerin bir kapasitesi var, onun üstünde davetli olursa, otobüs gibi tıkış tıkış olur ve işin tadı kaçar, demiş."

Soluğumu tutmuş, bu atışmayı görürcesine Dilek'i dinliyordum.

"Annem, ben o kişilere onları davet edeceğimi söyledim, sözümden geri dönemem, demiş. Ulaş'ın annesi de, kusura bakmayın ama size en başından kaç kişi çağırabileceğimizi bildirmiştik, o nedenle bu sayının dışına çıkmanız kabul edilemez, demiş."

"Ne kötü bir durum."

"Hem de ne biçim."

"Peki, Habibe Teyze ne demiş bu sözler üzerine?"

"Benim sevdiklerim kızımın düğününe katılmazlarsa, ben de o düğüne adımımı atmam, demiş."

"Ne?"

Dilek anlatmaya devam etti. "Bu sözler üzerine Ulaş'ın annesi, nasıl isterseniz, demiş, buz gibi bir ses tonuyla."

"Peki Dilek, ne demek oluyor şimdi bu? Yani şimdi annen senin düğününe katılmayacak mı? Hem baban ne diyor bütün bu olup bitenlere?"

"Benim babam," dedi Dilek buruk bir gülümsemeyle, "annem ne derse onu yapar. O herkese esip gürleyen adam, annem söz konusu olduğunda sanki bütün mantık ve düşünce yeteneğini yitirir. Bizim evde her zaman annem ne derse o olur. Hep annem haklıdır, her şeyin en doğrusunu o bilir."

"Bu devirde böyle adam!"

"Gerçekten annemi öyle gördüğünden mi, yoksa onun dırdırından yıldığı için mi her şeyine evet diyor, işte orasını henüz çözebilmiş değilim."

"Hayretlerim şaştı!"

"O nedenle babam annemi haklı bulup ona arka çıktı ve karısının bulunmayacağı bir düğüne elbette kendisinin de katılamayacağını bildirdi."

"İnanmıyorum! Peki, seninle konuyu hiç konuşmadı mı?"

"Ne konuşması Serra... O, annemle konuştu ve olay bitti. Düğün benim düğünümmüş, ben ne düşünürmüşüm, ne istermişim, sormadı bile."

"Sonra?"

"Sonrası düğün iptal edildi! Kız tarafının katılmadığı bir düğünü düşünebiliyor musun?"

"Peki, Ulaş ne yaptı?"

"Hiiiç..."

"Ne demek –hiç."

"Hiçbir şey yapmadı, demek."

"Seni aramadı mı? Bunu karşılıklı konuşmadınız mı?"

Dilek, "Hayır! Ne aradı, ne bir şey," dedikten sonra başını kaldırıp gözlerimin içine baktı. "Ben ne düşünüyorum biliyor musun?"

"Ne?"

"Ulaş artık bıktı!"

"İyi ama senin bir suçun yok ki..."

"Benim suçum olmayabilir ama aile benim ailem ve bu düğün işi onları, özellikle de Ulaş'ı çok yordu. Bitirdi! Tüketti!

"Bunlar benim en güzel günlerim olmalıydı, değil mi? Ne gezer... Hiç abartmıyorum Serra, şu evlilik lafı çıkalı, hele hele düğün tarihi konalı, bir cehennem azabı yaşıyorum adeta. Ve, ne acıklıdır ki bu cehennemi yaratan da benim kendi annem. Karışma desem bu sefer dönüp benimle tartışmaya başlıyor. İş daha da ileriye varırsa bu kez, ben senin için her şeyin en iyisini istiyorum, benim kızım her şeyin en güzeline lâyık, bir annenin bunu istemesinden daha doğal ne olabilir diye başlıyor ağlamaya... Babamsa bana yardımcı olamaması yetmiyormuş gibi, bak anneni üzüyorsun diye dönüp beni azarlıyor. Onun için, tıpkı Ulaş gibi ben de bıktım artık. Düğünün de tadı kaçtı, evliliğin de... Hiçbir şey istemiyorum artık, hiçbir şey."

"Saçmalama Dilek, annen bunları yapıyor diye Ulaş'la senin birlikteliğin niye bozulsun ki?.."

"Bozuldu bile! Hem ben artık sadece ve sadece huzur istiyorum. İnsanların olmadığı bir dağ başına gidip, kafamı dinlemek istiyorum."

Dilek'i böylesine umutsuz, böylesine bezgin ve yılgın görünce birden içimde annesine karşı müthiş bir öfke kabardı. Zavallı kızı bunca mutsuz etmeye ne hakkı vardı. İşin kötüsü, kızı için en iyisini yaptığını sanıyordu.

Bir düğün ne için yapılır, Allah aşkına?

Gençlerin sevenleri bir araya gelip bu mutlu günü onlarla paylaşsınlar diye... Oysa olay öylesine abartılıyor, öylesine saptırılıyor ki, mutluluk vereceğine mutsuzluk yaratıyor.

Bir yarışa dönüştürülüyor, tıpkı okulların giriş sınavları için bazı ailelerin çocuklarını yarış atına çevirmeleri gibi... Kendileri için değil, başkaları için yapmaya çalışıyorlar her şeyi. Koşullarını anlamsızca zorluyorlar. Hani Mualla Öğretmenin bize öğrettiği bir söz vardı. Mutluluğu başkalarının gözlerinde aramayın, derdi.

İşte burada da yapılan o.

İlle de şu olsun, ille de bu olsun; falanın düğününde vardı, bizde de olsun; filanın büfesinde doksan dokuz çeşit vardı, bizde de olmazsa sonra âlem ne der... İşte bu tür saçma sapan yarışların sonucunda Dilek'le Ulaş gibi birbirini seven gençler mutsuz oluyorlar.

"Hayır, Dilek," dedim. "İnsanlar saçmalıyor diye Ulaş'tan vazgeçemezsin. Güçlü olmalısın ve Ulaş'la birbirinize duyduğunuz o güzel sevgiyi korumalısın."

"Hiç gücüm kalmadı."

"Hadi, hadi saçmalama. Hem bak ne diyeceğim. Bu gece burada kal, azıcık laflarız, sonra da yataklarımıza girer uyuruz."

"Yok Serra, zaten seni yeterince üzdüm."

"Dünyada olmaz! Seni bırakmıyorum. Zaten gecenin şu saati olmuş, eve bir telefon et, merak etmesinler. Sonra da eski günlerdeki gibi pijamaları çekip çene çalarız. Sabahleyin de bir güzel uyur, dinlenirsin. Sen sakinleşince, oturup ne yapacağımıza karar veririz. Tamam mı? Hadi artık başka şeylerden söz edelim."

Bu satırları o uyuduktan sonra yazıyorum. Yüzüne bakarken içim acıyor, resmen içim acıyor. Onca yıldır birbirini seven iki insan, bir kapris uğruna, birbirini kaybedecek gibi görünüyor.

Ah, Habibe Teyze, ah!

18 Ağustos, Çarşamba

Oktay'la Rumelihisarı'nda konsere gidecektik. Ben de Dilek'i aradım, bizimle gelsin, biraz oyalansın, diye.

"Sağ ol ama hiç havamda değilim," diyerek kestirip attı.

"Kızım, ben de havan değişsin diye bu teklifi yapıyorum zaten. Bak, sana da bilet alacağım, mızımak yok."

"Serra, n'olursun beni rahat bırak."

"Hayır efendim, giyinip kuşanıp bizimle geliyorsun."

"Lütfen Serra... Çok teşekkür ederim ama bugünlerde sadece inime kapanmak ve insanlardan uzak durmak istiyorum."

"Peki, ben sana gelsem..."

"Bak o olur."

"İyi o zaman, bugün iş çıkışı gelirim, biraz laflarız."

Böylece akşamüstü, Biricik denen o solucanın yeni dolaplar çevirmesini göze alarak erken çıktım ve Dilek'in sevdiği bilumum fıstıklı ve fındıklı çikolatalarla silahlanıp sevgili arkadaşımın evinin yolunu tuttum. Çikolatanın mutluluk verdiğini bir yerde okumuştum.

Halimize bakar mısınız, nelerden medet umar olduk!

Kapıyı Habibe Teyze açtı. Karşısında beni görünce bir sarılsın, bir ağlama tuttursun...

"Yapmayın Habibe Teyze," diyerek onu teskin etmeye çalıştım. "Siz böyle yaparsanız Dilek daha çok üzülür."

Gözyaşlarını silerek başını salladı. "Haklısın yavrum, haklısın Serracığım ama Dilek'i böyle görmek beni o kadar üzüyor ki..."

Madem o kadar üzülecektin, ne demeye ortalığı bu kadar karıştırdın, demek geçti içimden.

"Ama sen söyle Serracığım, öyle fabrikaya işçi alır gibi kız mı alınırmış. Ona lâyık gördükleri eşyaları, takıları görsen sen de bana hak verirdin. Dayanamadım, isyan ettim. Bu, resmen hakaretti!"

"Ama Habibe Teyze, Dilek böyle şeyleri önemsemez ki..."

"Biliyorum, biliyorum! Aldırmaz, gözü gönlü tok kızdır, Dilek. Ama o öyle diye karşı tarafın bundan yararlanması da çok ayıp. Bu kadar mı kıyımsızlık olur... Ben işin parasında pulunda değilim. İnan bana, Serra! Ama böylesine değer vermezmişçesine davranışları hazmedemezdim. Dilek hesabına yapamazdım bunu. Yoksa bana ne... Evlenecek olan da o, yaşayacak olan da... Ama insan sevdiğine değer verir. Ve değer verdiğini de gösterir."

Durdu, bir nefes aldı ve sözünü keseceğimden korkmuşçasına bir acele devam etti. "Bak mesela İhsan Amcan... Beni istediğinde gencecik bir memurdu. Ailesi de mütevazı kişilerdi ama o borçla harçla bana şu elmas yüzüğü aldı," diyerek elindeki gül yüzüğü gösterdi. "Neden? Bana değer verdiğini göstermek için... Ama ben de bir ömür boyu ondan bir çöp istemedim, o başka. Sonra kayınvalidem... Nurlar içinde yatsın, sırf evimizi dilediğim gibi döşeyebileyim diye beşibiryerdesini bile bozdurdu. Niye? Bana değer verdiği için... Ne bileyim, biz böyle gördük! Bunu söyleyince de herkesle kötü oldum. Anlayış göstereceklerine küstüler, yetmezmiş gibi Dilek de benimle konuşmuyor," dedi ve tekrar ağlamaya başladı.

"Yapmayın Habibe Teyze, üzülmeyin bu kadar. Eminim bir şekilde işler düzelecektir."

"Ah inşallah yavrum, inşallah," dedi mendiliyle burnunu silerek. "Haydi sen geç içeriye de, şu zavallı yavrumu azıcık teselli et."

"Kim var orada? Anne, kiminle fısıldaşıyorsun?" diye seslenen Dilek'in sesi evin içinde yankılanınca, biz iki suçlu gibi hemen birbirimizden ayrıldık.

Habibe Teyze, Dilek'in kapalı kapısına doğru seslenmekle yetindi. "Serra geldi."

Dilek'in odasına doğru yürürken, İhsan Amcaya hak verdim. Hem de yerden göğe kadar... Şu iki dakikada nerdeyse Ulaş'ın ailesine düşman kesilecektim. Habibe Teyze ayaküstü beni böylesine gaza getirebiliyorsa, aynı evde, aynı havayı soluyan babasının hiç ama hiç şansı yoktu, mirim.

İçeri girer girmez, "Ne o?" dedi Dilek. "Sana da mı beyin yıkama seansı uyguladı?"

"İlahi Dilek, kadıncağızla azıcık konuştuk."

"Neler anlattı yine?"

"Sana haksızlık edildiğini düşünüyor."

"Amaaan..." dedi Dilek başını öbür yana çevirerek.

"Ama," dedim, "çok inanarak anlattı. Sence bu düşüncelerinde gerçek payı olabilir mi?"

"Sana neler anlattığını tahmin edebiliyorum ama asıl gerçek şu ki, Ulaş'ın ailesi kendi mali güçleri oranında bir şeyler yapmak istediler ve onların düşündükleri benim annemin hayalleriyle örtüşmedi."

"Annen öyle paragöz bir kadın değil ama Dilek. Niye işler bu hale geldi, bir türlü anlayamıyorum."

"Haklısın, paragöz değildir. Özverilidir, bizler için yapmayacağı yoktur. Ama sorun şu ki; babam bir memur ve onlar bir ömür çok dikkatli yaşamak zorunda kaldılar. Bizleri okutabilmek için pek çok şeyden vazgeçtiler. Kendimi bildim bileli bizim evde para hesabı yapılır, aile bütçesi denkleştirilmeye çalışılır. İşte annem bu tür sıkıntılar çektiği için kızının rahat bir hayatı olsun istiyor. En büyük dileği bu. Babama gelince, belki de anneme daha rahat bir hayat verememenin ezikliği içinde hiçbir konuda ona karşı çıkmadı, onun her dediğini yaptı. Özetle, annem Ulaş'ın ailesinden umduğunu bulamayınca, benim onunla evlenmemi her aşamada engellemeye çalıştı. Babam da her zaman yaptığı gibi sessiz kaldı."

"Belki de," dedim, "ne yaptığının farkında değil, bilinçaltı onu yönlendiriyor."

"Olabilir! Büyük olasılıkla durum senin dediğin gibi, çünkü kendi yaptıklarını hiç görmüyor ve kabul etmiyor." Sustu! Daha doğrusu karşılıklı susup oturduk.

Bir şeyler bulup söylemem gerekiyordu. Onu rahatlatacak, teselli edecek birtakım sözler... bilgece sözler... Ama –yok... Tek kelime çıkmıyordu ağzımdan. Sonunda, konuşan yine Dilek oldu.

"Ya Ulaş'a ne demeli! Evet, annem zaman zaman son derece sıkıcı bir kadın olabiliyor ama Ulaş'ın da hemen havaya girip beni yüzüstü bırakması mı gerekirdi? Büyükler atıştıysa, biz bir şeyler yapamaz mıydık?"

Dilek öfkelenmekte çok haklıydı.

"Hâlâ aramadı mı?"

"Hayır efendim, aramadı."

"Peki, sen?"

"Peki, ben ne?"

"Sen onu aramadın mı?"

"İyi be!" diye yerinden zıpladı adeta. Sonra, "Aileler tartıştılar, tamam! Ama o gelip de sen ne düşünüyorsun diye sormadı bile. Zahmet edip de sorsaydı, ben de annemle değil, onun annesiyle aynı fikirde olduğumu söyleyecektim," diye öfkeli öfkeli söylendi.

"Ay, içime baygınlıklar geldi."

"Sana ne oluyor?"

"Ne oluyoru var mı Dilek, yanlışlıklar komedyası oynanıyor burada. O ondan alınıyor, bu bundan alınıyor, kimse kimseyle açık açık konuşmuyor. Ve ortaya bir yığın anlamsız ilişkiler yumağı çıkıyor. Hem ortalığı karıştıran senin annen olduğuna göre belki de Ulaş senden bir telefon bekliyor. Ha, ne dersin? O da senden bir haber bekliyor olamaz mı?"

"Aman ne bileyim ben! Kafam karmakarışık!"

İşte böylece Dilek'i teselli edeceğime, benim de içim kararmış olarak evime döndüm.

Sevgili arkadaşıma çok üzülüyorum çok.

Düşün sevgili kiraz ağacı, bütün bunlar olmasaydı Dilek'le Ulaş on gün sonra evleniyorlardı. Düğün tarihleri 28 Ağustos Cumartesi, bugün ayın 18'i... Gelinliği bile dikilmiş, evde asılı bekliyor.

Üff... üff...

20 Ağustos, Cuma

Gece yansı telefon sesiyle fırladım yataktan!

Yüreğim ağzımda, bir koşu kopardım salona.

Sakın dedem için arıyor olmasınlar! Ne olursun Tanrım, dedem için arıyor olmasınlar.

Yoksa Dilek için mi? Son gördüğümde perişandı. Kötü bir şey olmasın, Allahım.

Oraya buraya çarpa çarpa telefona ulaştım ve ahizeyi kaptığım gibi, "Efendim?" diyebildim.

"Serracığım, umarım seni uyandırmadım," diyen bizim süslünün sesi şakıdı öbür uçta.

Eh Sırma, ne diyeyim ben sana...

Yere çöktüm, resmen yere çöküp oturdum.

"Ne o, sesin soluğun çıkmıyor."

Kıza bak! Sanki gecenin birinde değil de, öğle vakti birde arıyor.

"Saatin kaç olduğunu biliyor musun?"

Bir kıkırdama.

"Biliyorum." İyice kızmıştım artık. "Ödümü patlattın!"

"Aman senin ödün de ne çabuk patlıyor, altı üstü bir gece telefonu..."

"Gece yarısı telefonlarını hiç ama hiç sevmem Sırma Hanım..."

"Nedenmiş?"

"Çünkü hep kötü haber verirler de ondan..."

Hırsımdan ağlamak üzereydim! Biz orada korkudan ölmüşüz, hanımın umrunda değil.

"Sen de gitgide paranoyak olmaya başladın, kusura bakma ama..."

"İyi! Çok teşekkür ederim. Şimdi ne söyleyeceksen söyle de, bu anlamsız konuşmaya bir son verip yatağıma döneyim."

"Seni bu kadar üzdüysem hemen kapatalım, yarın gün ışığındaaa, sen kendini daha iyi hissettiğindeee konuşuruz."

Bak şimdi! Şak diye telefonu onun yüzüne kapatmak vardı ama bu kez de merak etmeye başlamıştım. Öyle ya, bu kız önemli bir şey olmasa, gecenin bir vakti, hatta sabaha karşı beni arar mıydı?

Ayrıca, ses tonundan çıkarabildiğim kadarıyla da haber kötü değildi...

"Hadi, hadi," dedim, düşüncelerimi belli etmemeye çalışarak, "ne söyleyeceksen söyle."

Yine bir kıkırdama. "Merak ettin, değil miii? Seni, seni..."

"Üff, Sırma! Söyle ne söyleyeceksen!"

"Pekâlâ! Tüm huysuzluklarına karşın, sevgili kuzinim olduğun için seni affediyorum."

Baydın yani, dememek için kendimi zor tuttum. "Beeen, sözleniyorum!"

"Ne demek oluyor bu?'

"Sen hâlâ uyanamadın anlaşılan. Yüzüne soğuk sular mı çarpsak, ne yapsak..."

Şakıyordu bizimki, şakıyordu.

"Deniz'in babası, babamı aradı."

"Deme!"

"Hah işte, şimdi jetonun düştü!"

Evet, az önce yaşadığım bunca inişli çıkışlı duygudan sonra artık gerçekten uyanmıştım.

"Senin jetonun düştü denmez ona, sonunda olayı doğru dürüst anlatmayı başarabildim, denir. Ne o öyle, damdan düşer gibi sözleniyorum, mözleniyorum..."

"Azarlamalarınız bitti mi?"

"Bitti!"

"Devam edebilir miyim?"

"Edebilirsiniz."

"Deniz'in babası babamı aramış ve hayırlı bir iş için İzmir'e gelmek istiyoruz diye konuyu açtıktan sonra, çocuklar aralarında anlaşmışlar, anladığım kadarıyla geçenlerde bir aile toplantısında da Deniz bu düşüncesini sizlere belirtmiş, demiş!"

"İş gerçekten ciddi desene süslü!"

"Hem de nasıl! Hem de nasıl!"

"Sonra?"

"Sonrası, tarih belirlenmiş. Gelecek hafta sonu, ağır buğur beni istemeye geliyorlar. Ve tabii bu durumda, ben de ailemin tam kadro bulunmasını istiyorum. Bilmem anlatabildim mi Serra Hanım?"

"Açççık ve seççik olarak anlattınız canım."

"Geleceksin, değil mi?"

Çocukluğunun sesiydi bu soruyu soran. Bana güvenen, benden destek bekleyen o tonlamayı hemen tanımıştım.

"Böyle bir şeyi hayatta kaçırmam."

"Aslanımsın!"

"Annemin haberi var mı?"

"Sanmıyorum! Onlar gece aradılar, tabii ki annem anında paniğe kapıldı. Ne ikram ederim, ne giyerim, ne giyersin... filan derken baktık saat ilerlemiş. Eh, annemle babam düşünceli bir karı koca olduklarından bu saatte rahatsız etmeyelim, yarın ararız, dediler. Ama ben onlar kadar nazik olmadığımdan seni aradım."

"Çok da iyi ettin! Ah Sırma, keşke şu anda bir arada olsaydık... Heyecandan uykum başıma sıçradı."

"Aynen!"

"Birlikte olsaydık sabaha kadar konuşur, konuşurduk."

"Aynen!"

Kapının yavaşça aralandığını fark ettim. Annem uykulu gözlerle bana bakıyordu.

"Serra," diye fısıldadı sanki evde birileri uyuyormuş gibi. "Kiminle konuşuyorsun gecenin bu saatinde?"

"Sırma! Yaşasın, annem de uyanmış! Büyük haberi ona da verebiliriz artık!" diye bağırınca annem fısıltıyı kesip, "Neler oluyor?" diye sordu merak içinde.

"Sırma'ya söz kesilecekmiş! Hem de gelecek hafta sonu... İstersen telefonu sana vereyim, olanı biteni kendi anlatsın," diyerek ahizeyi anneme uzattım, Sırma'ya da, "Şu anda canlı yayındasınız efendim," demeyi ihmal etmedim.

Böylece bir fasıl da annemin soruları ve sevinç çığlıkları sürdü.

"Peki, annen orada mı Sırma, onunla da konuşmak isterdim.

"Ne? Yattılar mı? Ne gamsız şeyler bunlar böyle... Neyse, yarın konuşuruz artık. Tekrar kutluyorum canım."

Ve tabii bunca sevinçli haberden sonra yatağımda döne döne sabahı ettim.

Neler düşündüm neler...

Şu hayat gerçekten ilginç...

Dilek'le Ulaş'ın düğünü ayın 28 inde, cumartesi gecesi yapılacaktı! Ve bizler aylardır tam kadro o düğünde bulunmayı planlıyorduk.

Oysa –ne oldu?

Düğün iptal edildi! Ve onun yerine ben şimdi yine ayın 28'inde, bir cumartesi gecesi, yani tam tamına aynı gün, Sırma'nın sözlenmesi için İzmir'de bulunacağım.

Neye niyet, neye kısmet!

Ve ne garip rastlantılar! Dilek'in mutsuzluğu –Sırma'nın mutluluğu...

Evet, şu anda mutluluğu düşünme zamanı...

Dilek'i düşünüp Sırma için duyacağım güzel duygulara ket vurmak istemiyorum. Sırma için gerçekten çok seviniyorum. Sırma'ya gülmek yakışıyor, o çok iyi ve tatlı bir insan. Güzelliklere lâyık o. Umarım Deniz'le çok çok mutlu olurlar.

Şimdi Sırma'nın mutluluğunu paylaşma zamanı...

Önceliği ona verip, Sırma'nın bu önemli gününü hep birlikte doyasıya yaşama zamanı...

23 Ağustos, Pazartesi

Bu Dilek inanılmaz bir kız!

Öyle bir ikinci insan tanımıyorum ben...

Anlatmaya başlasam iyi olur sevgili kiraz ağacı, çünkü bu müthiş bir öykü.

Bugün pazartesi ya, deliler gibi telefonlar çalıyor, giden gelen gırla. Öğleni bulunca, ortalık biraz sakinleşti, ben de yiyecek bir şeyler ısmarlamak için tam elimi telefona uzatmıştım ki, telefon benden önce davranıp çalmaya başlamaz mı...

Arayan Dilek'ti.

"Yemeğe bir sözün var mı?" diye sordu heyecanlı bir sesle.

"Hayır, hatta sen aradığında bir şeyler ısmarlamak üzereydim."

"İşte bu harika! Ben şu anda sana çok yakın bir yerdeyim. Mutlaka buluşmalıyız, sana anlatacaklarım var," dedi ve ekledi. "Çok önemli."

"Dilek, beni meraklandırdın şimdi."

"Telefonda olmaz! Mavi Cafe'de buluşalım mı?"

"On beş dakika içinde oradayım."

Mavi Cafe'ye vardığımda Dilek dimdik oturmuş, yolumu gözlüyordu. Hemen el salladı, ben de çabucak geçip yanına oturdum.

"Nasıl geldim, bir ben bilirim bir Allah," dedim nefes nefese. Dilek bu kez garsona işaret etti ve aynı hızla salatalarımızı (başka ne olabilir ki!) ısmarladık.

"Hadi anlat." Meraktan ölüyordum.

"Ne yaptığımı kırk yıl düşünsen tahmin edemezsin." Dilek'in gözleri pırıl pırıldı. Oysa son zamanlarda o ışık sönmüş, yerini boş ve bezgin bakışlara bırakmıştı. Karşımda yeniden benim tanıdığım, bildiğim Dilek vardı.

"Senin işlerine akıl sır ermediği için gerçekten de bu kez ne yapmış olabileceğini tahmin edemiyorum."

Dilek geriye yaslandı; gülümseyerek bana bakıyordu. "Kendi sorunumu yine kendim çözdüm."

"Sanırım bu, Dilekçiğim, öykünün son cümlesiydi. Konuyu baştan alarak anlatmanı yeğlerim, canım! Bizler o kadar zeki değiliz ne de olsa..."

Bu kez dirseklerini masaya dayayıp bana doğru uzandı ve alçak sesle anlatmaya başladı. "Ulaş'ı bir türlü unutamıyordum."

Dayanamayıp lafını kestim. "Nasıl unutabilirsin ki, siz birbirini gerçekten seven iki insansınız."

"Geceleri rüyamda Ulaş, gündüz aklımda Ulaş. Öte yandan, aileler işi öylesine tırmandırmışlardı ki, ne ben ilk adımı atabiliyordum, ne de o...

"Bu arada düşündükçe düşündükçe annemin yaptıkları giderek daha bir koymaya başladı bana. Sağıma soluma bakıyorum, evlenen arkadaşlarıma bakıyorum, insanlar efendi efendi görüşüyor, konuşuyor ve düğün törenlerini bir şekilde gerçekleştiriyorlar. Kimi düğün masrafını ikiye bölüyor, iki aile eşit katkıda bulunuyor. Kiminde kız tarafının durumu daha iyi oluyor, onlar yapıyorlar. Ya da erkek tarafı her şeyi üstleniyor; o zaman da kız tarafı çenesini tutup hiçbir şeye karışmıyor, teşekkür edip oturuyor. Ve –olay bitiyor!

"Peki, neden bizim iş arapsaçına döndü dersin? Tamamen annemin kaprisleri yüzünden. Ulaş'ın ailesi bir bütçe yapmış ve bu işe girişmiş. Artık onu da, bunu da istemek neyin nesi oluyor? Hem onları incitti, hem de benim mutluluğumu hiçe saydı."

Hiç sesimi çıkarmadan dinliyordum. Dilek yerden göğe kadar haklıydı ama söz konusu kişi onun annesi olunca, ben de onunla birlikte veryansın edemiyordum.

"İşte durum zihnimde böylesine berraklaşınca, peki şimdi ben ne yapabilirim diye düşünmeye başladım," dedi ve aynı anda birbirimize bakıp, "Doğanay Hoca, kulakların çınlasın," dedik bir ağızdan.

"Sonunda işi kökünden çözmeye karar verdim."

"Nasıl yani?"

"Ulaş'ın annesine gidip, duygularımı, düşüncelerimi ona açık açık anlatmaya karar verdim."

"Dilek!" diye feryat ettim. "Bunu nasıl yapacaksın? Bari önce Ulaş'la konuşsaydın."

"Yaptım bile..."

"Ne? Ulaş'ın annesiyle konuştun mu? Hayret bir şeysin! Peki ne zaman yaptın bu işi?"

"Bu sabah!"

"Dilek, sen gerçekten inanılmazsın."

"Gerekçemi dinlersen, bana hak vereceksin. Şimdi ben gidip Ulaş'la konuşsam, bunun onu strese sokmaktan başka ne yararı olacaktı ki... Oysa sorunun özüne yani annesine gidip kadın kadına, mertçe konuşursam belki de bir yere varabilirim, diye düşündüm. Sorunu çözemesem de, en azından ben elimden geleni yaptım, köşemde öylece oturup mutluluğumun elimden kayıp gitmesine seyirci kalmadım diyebilecektim kendime. Yani, bunu bir yerde kendi iç huzurum için yaptım."

"Haklısın arkadaşım, haklısın," dedim. "Çok da doğru düşünüyorsun. Peki bunu nasıl gerçekleştirdin?"

Dilek, gözler pırıl pırıl, anlatmaya devam etti.

"Telefon ettim!"

"Yaa..."

"Evet, telefon ettim! Ama bunu nasıl yaptığımı sen bir de bana sor. Ellerim tir tir titriyordu. Ya beni terslerse, ya telefonu suratıma kapatırsa, diye diye çevirdim numarayı.

Haa, ayrıca annemin bu konuşmayı duymaması gerekiyordu. Yani, bir de o vardı düşünülecek. Neyse numarayı çevirdim ve Ulaş'ın annesi karşımdaydı. Bu kadar çabuk onu bulacağımı, nedense, sanmıyordum."

"Neyse, neyse; geç bu ayrıntıları..."

"Lütfen Serra, sana hiçbir şeyi kaçırmadan anlatmak istiyorum."

"Pekâlâ."

"Ben Dilek, dedim. Sesi o bildik sevecen sesti ama biraz durgun gibiydi. Günaydın Dilekçiğim, nasılsın, dedi. Ve –benim dilim tutulmaz mı... Oysa ne girizgâhlar, ne konuşmalar hazırlamıştım. Hatta, sakın bana gülme ama, konuşurken takılmayayım diye, notlar bile almıştım.

"Baktı benden ses yok, bana bir şey mi söylemek istiyordun, dedi. Evet efendim, diyebildim, sizinle konuşmak istiyordum. O zaman neden bize gelmiyorsun; hem bir fincan kahve içer hem de seninle karşılıklı konuşuruz, ne dersin, deyince, harika olur, dedim ve telefonu kapattığım gibi fırlayıp evlerine gittim."

"Bütün bunlar bu sabah oluyor, öyle mi?

"Bunlar ve daha neler, neler..." dedi Dilek keyifli. "Ulaş'ın annesi beni karşısına oturttu, elime de bir fincan kahve tutuşturup, anlat bakalım, dedi."

"Eyvah, eyvah!"

"Ben de aynen senin gibi eyvah, ben ne halt ettim de buralara geldim, lafa nereden gireceğim, ne söyleyeceğim, keşke susup evimde otursaydım diye düşünürken... birden beynimdeki tıkaçlar nereden geldiği bilinmez bir enerjinin onları itmesiyle fırlayıp gittiler sanki. Böylece konuşmaya başladım ama ne konuşma... Anlattım, anlattım... Annemi anlattım, babamı anlattım, düş kırıklıklarımı anlattım. Anlayacağın Serracığım, içimi açtım ona."

"Peki, o ne yaptı?"

"Öyle sakin bir kadın ki, bir huzur adası mübarek. Anlattıklarımı sonuna kadar dikkatle dinledi."

"Bir şey demedi mi?"

"Diyorum ya, hiç lafımı kesmeden, beni eleştirmeden tam tersine beni yüreklendirerek dinledi. Ben susunca yine bir şey demedi. Bir süre öylece karşılıklı oturduk. Düşünüyordu.

"Sonunda, senin hayattan beklentin nedir, Dilek, diye sordu gözlerimin içine bakarak.

"Mutlu olmak istiyorum. Ve –benim için mutluluk Ulaş'la birlikte olmaktır, diyerek cevapladım onu.

"Bunu duyduğuma sevindim, dedi, çünkü benim zavallı oğlumun da günlerdir ağzını bıçak açmıyor. Ulaş'ın annesinin bu sözleri üzerine, aman ne iyi, diye yerimden zıplamamak için kendimi zor tuttum, inan."

"İşte o zaman bir çuval inciri berbat ederdin. Peki, sonra ne oldu?"

"Yine bir süre düşündü ve bak Dilek, dedi, işleri yoluna koymak için seninle el ele vermek zorundayız. Sen önce bir Ulaş'la konuş, bana anlattıklarını ona da anlat. Senin neler yaşadığını, neler hissettiğini, nelerden geçtiğini bilmeli. Konuşup, anlaşmazlıkları giderin, ondan sonra, gerekirse, seninle ben yine bir araya gelip ne yapacağımıza karar veririz, dedi."

"Müthiş bir kadın bu."

"Gerçekten öyle! Üstelik hakarete uğrayanın da o olduğu düşünülürse..."

"Ama sen de tüm açık kalpliliğinle yaşadıklarını, hem de taraf tutmadan anlatabildin. Bunu yapabilecek kaç babayiğit var."

"Ohh!" dedi Dilek, "Şimdi hiç olmazsa arkamda bir destek var. Ulaş'ın annesi..."

"Habibe Teyze bu sözleri duysa kim bilir ne kadar üzülür."

Dilek içini çekti. "Hem üzülür, hem kıskanır. O benim annem ve onu çok seviyorum ama daha iyisini yapayım derken hayatımı mahvediyor. Buna izin veremem, çünkü bu da bana haksızlık oluyor, bir yerde. Hem kendim için doğru olanı yapmaya hem de annemi incitmemeye çalışmak öyle zor ki Serra."

"Haklısın canım. Peki, bundan sonra ne yapacağına karar verebildin mi?"

"Evvet! Ulaş'a mesaj çektim bile."

"Amma da hızlıymışsın."

"Vakit nakittir, dedim ve mesaj çektim, buluşup konuşalım, diye."

"Sonra?"

"Sonra, eniştenizden aynen cevap geldi. Nerede, saat kaçta şeklinde."

"Ne zaman buluşuyorsunuz?"

"Saat beş gibi..."

"O zaman konuşma sonuçlarını bana derhal ama derhal bildireceksin."

"Emriniz olur! İlk fırsatta ya ararım ya da size bir uğrarım, artık duruma bağlı."

Böylece mutlu bir vaziyette Dilek'ten ayrılıp ofise döndüm.

Ya, kafamı bu kıza, yani Biricik'e takmayayım diyorum ama olmuyor. Örneğin, bugün yine birkaç kez benim telefonlarıma atladı. Haydi diyelim yardımcı olmaya çalışıyor, ben uzaktayım, o da yakında diye telefonu açtı. Buraya kadar iyi! İyi de, sonra bana verse ya... Hayır! Bana gelen telefonu bana vermiyor, tutup kendi kafasına göre cevaplar veriyor. Sonunda dayanamadım.

"Biricik," dedim. "Bana gelen telefonları bana versen çok sevineceğim."

"Senin işin oluyor, yardımcı olayım diye ben baktım."

"Tamam, baktığın için teşekkür ederim ama onlar benimle konuşmak istiyorlar, açıp sonra bana vermen gerek. Hem konuyu bilmeden bilgi vermeye çalışman da çok yanlış."

"Onlara yanlış bilgi vermiyorum ki..." Kedi sarısı gözlerde yine o garip ışık yanıp söndü.

"Bak," dedim sabırlı olmaya gayret ederek, "benimle tartışma! Arayan kişi beni istiyorsa, onun dosyası bende demektir, ya da daha önce çalışmışlığımız var anlamına gelir, dolayısıyla en doğru bilgiyi benden alacaktır. Zaten adımı vermesinin anlamı da budur. Onun için lütfen, yarım yamalak bilgiler vererek bana yardım etmeye kalkma, çünkü bu yardım olmuyor. Sen beni arayanları bana bağla, yeter."

Solgun dudakları iyice çizgiye dönüştü. Cılız saçlarını savurarak, "Tamam," dedi, "madem öyle istiyorsun."

Bu gayretkeşliğine sinir oluyorum. Çünkü içten değil! Yardımcı olma pozlarıyla, Bayan Bella'ya, bakın ben ne çok çalışıyorum, mesajını gönderiyor aklı sıra. Özellikle de, benim şu veya bu nedenle ofiste bulunmadığım zamanlarda yarattığı hava şöyle:

Serra işi asıp gitmiş ama bu çalışkan kız, onun arkasını topluyor. Zaten Serra'nın işini o kadar güzel kavramış ki, Serra'ya ne gerek var. İşte bu imaları, bu anlam kaydırmalarını cümlelerin içine öylesine ustalıkla yerleştiriyor ki, yılların deneyimli Bayan Bella'sı bile yutuyor. Bakalım bu işin sonu nereye varacak?

Yeter Biricik'ten söz ettiğim. Güzel defterimi onu yazmak için kullanamam.

Biz gelelim ballı konulara...

Akşam saat dokuz buçuk sıralarında Dilek geldi. Tabii kızcağız konuşmak, heyecanını paylaşmak istiyordu; ailesinin bütün bu olup bitenlerden haberi olmadığından, en yakını olarak bana anlatmak ihtiyacındaydı. Annem, Dilek'le rahat rahat konuşalım diye odasına çekilecek oldu ama biz onun da bizimle kalmasını istedik.

"Engin tecrübelerinden yararlanmak istiyoruz, anacığım," dedim ve ona bir çırpıda Dilek'in bu sabah yaptıklarını özetleyip, sevgili arkadaşıma döndüm. "Evet, seni dinliyoruz."

"Derya Teyze, bugün yaşadığım stresi unutmam mümkün değil. Önce Ulaş'ın annesi, sonra da Ulaş'la konuşmak hiç de kolay değildi."

"Eminim bu konuşmaları yapmak çok güçtü ama en doğrusunu yapmışsın. Açık açık konuşmak her zaman en iyi çözüm. Ne gelirse konuşamamaktan geliyor. Biri alınıyor, susuyor; öteki onun neden alındığını bilmediğinden, bu bana tavır koyuyor diye surat asıyor. İşte böylece küçücük bir olay bile kartopu gibi yuvarlanarak büyüyor."

"Çok haklısınız."

"Evet Dilek, haydi anlat bakalım."

"Ulaş'la buluştuk. İlk sözü, annemle uzun uzun konuşmuşsunuz, oldu. Yüzü gülüyordu."

"Demek annesi neler konuştuğunuzu anlattı ve onu bir şekilde hazırladı."

"Artık bilemem ama havası olumluydu. Neyse, ona da annemin davranışlarını onaylamadığımı ve bizim bunların dışında kalmamız gerektiğini anlattım. O da bana, annenle ilgili konuşurken daha dikkatli olmalıydım, dedi. İşte bu çizgide epeyce konuştuk, sanırım aramızda açıklığa kavuşmamış konu kalmadı. Ve –eski günlerimize döndük, Serra. Meğer o günlerimizi ne kadar özlemişim. Onca sıkıntıdan sonra bugünlere ulaşabileceğimizi hiç sanmıyordum, umudumu yitirmiştim," dedi Dilek ve fısıldadı. "Şükürler olsun."

Sonra gülerek "Müthiş kararlar aldık," dedi, gözleri pırıl pırıl. "Hadi anlat!"

"Bir kere artık düğün müğün istemiyoruz."

"Yapma be Dilek! Şöyle küçük, toplantı şeklinde bir şey olsun bari."

"Yok, yok," dedi Dilek. "Başımıza ne geldiyse bu düğün yüzünden geldi, onun için lafını bile duymak istemiyoruz, ikimiz de."

"Peki, annenin haberi var mı bu karardan?"

"Henüz yok! Ama bu gece olacak, o nedenle 8.1 şiddetinde bir depreme hazırlıklı olmam gerekiyor."

"Ya Ulaş'ın ailesi?"

"Onların da yok. Onların depremi hangi şiddette olur, bilemem."

"Peki, siz nerede evleneceksiniz? Yani, bu durumda nikâhınız ya evde ya da evlendirme dairesinde kıyılacak, öyle değil mi?"

"Ne orada ne burada nikâhlanacağız."

"Eee? Yoksa sen de Toprak gibi özgür mü takılacaksın?"

"Yooo, ben güvence severim, onun için nikahımız kıyılacak ama burada değil, İtalya'nın Venedik kentinde."

"Atıyorsun!"

"Valla ve de billa."

"Peki, bu nereden çıktı?"

"Ulaş'la nikâhı, aynen senin az önce sorduğun gibi evde mi olsun filan diye konuşurken birden Ulaş bana döndü, Dilek, senin en sevdiğin, daha doğrusu en romantik bulduğun kent hangisi, dedi. Hemen cevabı yapıştırdım: İstanbul!

"Yok, dedi, yurtdışında bir kent seç deseydim hangisini seçerdin? Şöyle bir düşündüm veee bence İstanbul dışında en romantik kent Venedik olmalı, dedim.

"Öyleyse nikâhımız Venedik'te kıyılsın. Buradan, her şey ve herkesten uzaklaşalım, Venedik'te evlenelim, bir hafta balayı yapıp dönelim, ne dersin, dedi. Ben de, Allah derim, dedim."

"Ne kadar romantik! Aferin Ulaş'a..."

"Çok güzel düşünmüş," diyerek annem de bana katıldı. Ve ekledi, "Düğünden vazgeçmekle çok iyi yapıyorsunuz."

"Neler duyuyorum, Derya Hanım. Benim bildiğim, anneler kızlarının gelinlik giymesini isterler."

"Elbette isterler! Bir annenin en büyük rüyasıdır kızını telli duvaklı görmek... Ve düğünden maksat da bu mutlu olayı sevdiklerinle paylaşmaktır. Ama bu masum istek bazen öyle abartılıyor ki, o rüya kâbusa dönüşüyor. İşte ben de diyorum ki, olay kâbusa dönüşmüşse bundan vazgeçmekte yarar var."

"Peki Dilek, ne zaman gidiyorsunuz?"

"Önce ailelere söylenecek."

"Ve depreme hazırlıklı olunacak."

"Serra," dedi annem, "arkadaşına ne de güzel moral veriyorsun."

"Sen ona bakma Derya Teyze," dedi Dilek ve devam etti. "Depremden sonra muamelelere başlayacağız, daha doğrusu yurtdışında nikâh nasıl oluyor, onu araştıracağız. Vize işlemleri biter bitmez atlayıp gideceğiz."

"Eh, ne yapalım," diye boynumu büktüm, "Biz de fotoğraflarla idare ederiz artık."

"Canım benim! Sadece ve sadece senin için ne fotolar çektireceğim, gör bak."

"Bu güzel haberi kutlamak gerek," diyerek annem buzlukta her zaman bulundurduğu karamelli dondurmayı getirdi. Koca kâselere tepeleme doldurmuş, yanında da dövülmüş fındıkla, çikolatalı sos getirmemiş mi sana... Tam kutlamalık...

"Kusura bakmayın çocuklar, evde dondurmadan başka bir şey yoktu."

"Derya Teyze, bundan daha güzel bir ikram düşünemiyorum."

"Ben de yüzde yüz Dilek'e katılıyorum," dedim, dondurmama yumulmadan önce.

Dilek gittikten sonra biz de doğru odalarımıza yollandık, çünkü saat on ikiyi bulmuştu.

Dayak yemiş gibiyim!

Kendimi öyle yorgun hissediyorum ki...

Düşün sevgili defterim, Dilek'i sadece izler ve dinlerken böyle hışırım çıkarsa; bunca yaşadıklarından sonra o kim bilir bu gece nasıl uyuyacak. Kırk gün kırk gece uyusa hakkıdır.

Evet, önlerinde aşılması gereken zorluklar var. Ailelere düşüncelerini açmak ve onları ikna etmek gibi...

Ama artık beraberler!

Önemli olan da bu değil mi?..

28 Ağustos, Cumartesi

Sırma'nın o meşhur gece yarısı telefonundan bu yana günler geçip gitti ve biz şimdi annemle birlikte İzmir'de, teyzemlerdeyiz.

Ne hafta sonuydu ama...

Sözün özüne gelmek gerekirse:

Kızımızı istediler, biz de verdik gitti, azizim.

Böylece, bizim süslü de sözlüler kervanına katıldı.

Tuhaf değil mi, ne Melis'in evlendiğine, ne benim nişanlı olduğuma, ne de Sırma'nın sözlendiğine inanabiliyorum. Sanki bizler hâlâ Sıla, Esin, Toprak ve grubumuzun erkekleri gibi boşta gezer durumlardayız da birileri şaka yapıyor.

Neyse, gelelim bu hafta sonu yaşananlara...

Canım dedeciğim, sağlığı elvermediği için, anneannem de onu bırakamadığı için gelemediler.

"Bol bol fotoğraf çekin," buyurdu dedem.

"Hiç merak etmeyin dede, öyle bir çekeceğim ki, her şeyi görmüş gibi olacaksınız."

Oktay'ı arayıp, nişanlım sıfatıyla aileden sayıldığı (!) için davetli olduğunu söyledim.

"Deden de beni aileden sayıyor mu?" diye yaptı muzurluğunu. Ben kızınca da güldü. "Hiç merak etme, elbette geleceğim. Hiç seni oraya savunmasız gönderir miyim..."

"Benim savunulmaya ihtiyacım mı var?"

"Hem de ne biçim..."

"Nedenmiş o?"

"Düşün biraz..."

"Aman Oktay."

"Pekâlâ, söyleyeyim o zaman. Eski aşkın, daha doğrusu ilk aşkın, çocukluk aşkın, Cüneyt'in bulunduğu yerde seni nasıl tek başına bırakabilirim?"

"İlahi Oktay," diyerek gülmeye başladım.

"Çok ciddiyim Serra."

"Ve de çok şakacısın."

"Şaka yapmıyorum."

"Saçmalama Oktay."

"Ne o? Korktun bakıyorum."

"Hayır efendim, hiç de korkmadım! Ama bu şakanın daha fazla uzamasını da anlamsız buluyorum."

"Nedenmiş? Fena mı, gülüyoruz işte."

"Nedeni şu ki Oktay Bey, Cüneyt şu anda sevdiğim bir arkadaşım Tümay'la nişanlı ve de pek mutlular. Onun için ister şaka, ister ciddi, konu kapanmıştır."

Karşıdan keskin bir ıslık sesi duyuldu.

"Vay Serra, nasıl da tavır koyuyorsun, korkulur senden," dedi ve ekledi hemen. "Mesaj alınmıştır."

Ve tabii bütün bu lafları eden Oktay Bey, birkaç gün sonra arayıp, bizimle İzmir'e gelemeyeceğini de bildirmez mi...

"Serra, Hindistan gezisi için kimseyi bulamıyoruz. Patron, sen gideceksin, diyor," dedikten sonra şöyle bir durdu ve ekledi, "Ya, hayret bişey..."

Belli ki bu son dakika gelişmesi, dahası bir oldubittiyle karşılaşmak onu fazlasıyla rahatsız etmişti.

"Peki, bir tane bile olsun rehber yok mu?"

"Rehber var da, grup büyük, o nedenle organizasyon için sorumlu biri gerekiyor. Şu anda da benden başkası yokmuş grubu götürebilecek. Onun için piyango bana vurdu."

"Hay Allah..."

"Ya, bazen çok sıkılıyorum Serra... Program değişikliğini en azından birkaç gün önceden bilebilsen, kendini iyi kötü ayarlayabiliyorsun. Ama böyle küt diye, yarın gidiyorsun, demiyorlar mı, kafam bozuluyor."

"Hadi, hadi sıkma canını. Bizim mesleğin cilveleri bunlar. Hem bak Hindistan'ı görmüş olacaksın, fena mı..."

"Üff... insan kendi hayatını yaşayamıyor bu meslekte..."

"Ve tabii nişanlısını da büyük tehlikelere karşı koruyamıyor."

"Taşı gediğine koydun, Serra! O gün bana nasıl da kızmıştın..."

"Eee, Allah'ın sopası uzun..." dedim ve ekledim. "Madem yolcusun, bu akşam buluşup birlikte yemek yiyelim mi?"

"Yiyelim! Böylelikle, ben de sana olası tehlikelere karşı uyarıcı konuşmalarımı yapabilirim," dedi. Yavaş yavaş da olsa keyfi yerine gelmeye başlamıştı. Daha doğrusu, beklenmedik görev fikrini hazmetmeye başlamıştı.

Bu işler böyledir! Önce bağırır, çağırır, tepinirsin, sonra da yavaş yavaş fikre alışırsın. O kadar ki, bazen bu zorunlu durumlar hoşuna bile gidebilir.

Sonuçta, annemle ikimiz, işimizden birer gün izin alarak, perşembe akşam uçağıyla İzmir'e vardık. Biz kız tarafıyız ya, kendimizce erken gidiyorduk ki işe yarayalım, faydalı olalım. Oysa bir de baktık ki, ohooo, teyzem her şeyi çoktan hazırlamış, yapılacak tek iş kalmamış.

Murat Enişteye gelince, aslında yüzü gülüyordu ama bir yandan da, "Kız vermek zor azizim," diye söylenip duruyordu.

Ben bu insanları anlamıyorum! Sırma'yla Deniz, şehirlerarası romantik aşklarını sürdürürken ve de bizlere büyükler tarafından sürekli öğütlenen 'birbirini tanıma' sürecini yaşarlarken, eniştem dünyayı özellikle de teyzeme dar etmişti.

"Söyle kızına..." şeklinde başlayıp,

"Oh, oh, maşallah..."

"Bak söylüyorum..."

"İyi valla..."

"Demedi demeyin..." şeklinde tehditle karışık kara haberci unsurları taşıyan konuşmalarla teyzemi perişan etmişti. Şimdiyse istediği olmuş, iş resmiyet kazanmıştı. Artık mutlu olması gerekir, değil mi? Ne gezer... Bu kez de, "Kız vermek zor, azizim," diye iç geçiriyordu, her sorana.

Teyzem ise tepeden tırnağa bir panik abidesiydi! Ev belki beş kez şartlanmıştı, Deniz'in ailesiyle konuştuklarından bu yana. Örneğin, bir o yana koşturuyor, tam o sırada aklına bir şey geliyor, onu bırakıp bu yana koşturuyor, sonra, o yarım bıraktığı aklına geliyor... ve işte bu böyle sürüp gidiyordu.

Panik derecesini anla diye yazıyorum, sevgili defterim, eve adımımızı attığımız an, odamıza çıkmamıza izin vermeden, bizleri çekiştire çekiştire yatak odasına götürüp, giyeceklerini gösterdi.

Siyah tayyör, ince beyaz bluz...

"Nasıl?" diye sordu, askıdaki giysisini üzerine doğru tutarak ve ekledi, "Evin içinde onları ağırlar ve dolanırken ceketsiz olacağım tabii ki... Daha sonra yemeğe çıkacağız ya, işte o zaman ceketimi giyeceğim."

"Çok güzel," dedi annem. "İddiasız ama zarif bir kıyafet."

"İyi," diye derin bir nefes aldı teyzem, onaylanmanın verdiği rahatlıkla.

"Peki, Sırma ne giyecek?"

"Şekerim, bu yılın modası bir felaket! Her şey siyah, simsiyah..."

"Bence böyle bir durumda uçuk pembe, somon, uçuk mavi gibi mutluluk mesajları veren renkler giymeli ama nereye gittiysek siyah, hep siyah..."

"Aman anne," dedi Sırma. "Hayatı zorlaştırmak için elinden geleni yapıyorsun. Şimdi de renk kuralları... Böyle bir durumda şu renk giyilir, şöyle bir durumda bu renk giyilir, diye..."

"Söylesene abla," dedi Defne Teyzem, "mesela şimdi düğünlerde bile siyah giyiyorlar, oysa düğünde siyah da giyilmez beyaz da..."

"Nedenmiş anneciğim benim?"

"Çünkü beyaz, düğün gecesi gelinin rengidir, bir tek onun beyazlar içinde olması gerekir. Siyah ise matem rengidir, böyle mutlu bir ortamda giyilmez."

"İlahi teyzeciğim," derken kendimi tutamayıp kıkırdadım.

Annem teyzeme destek çıktı. "Evet çocuklar, annemizin bize öğrettiği kurallar böyleydi ve bizim gençliğimizde bunlara uymaya özen gösterilirdi. Ama şimdi, pek çok konuda olduğu gibi bu konuda da insanlar daha bir özgür davranıyorlar."

Teyzem hemen atıldı. "İşte o nedenle benim kızım da özgür davrandı, gitti siyah bir giysi seçti!"

"Görebilir miyim?" dedim, artık bu saçma tartışmaların sona ermesi için.

Sırma'nın giysisi, 'küçük siyah elbise' diye anılan türdendi. Sapsadeydi. Tek süsü, eteğinin bir ucunda siyah örgü dantelle yaratılmış hoşluktu, hepsi bu.

"Bence çok şık bir giysi," diyerek giyim kuşam muhabbetine noktayı koydum.

Teyzem artık bizi bıraksa da odamıza çıkıp elimizi yüzümüzü yıkasak ya... Ne gezer... Bu kez yemek odasına sürüdü bizi. Yemek masasına, üzerine minik çiçekler işlenmiş beyaz ipek organza bir örtü sermiş, anneannemin teyzemle annem arasında bölüştürdüğü kristal kadehleri de gümüş tepsinin içine dizmişti. Porselen ve gümüş tabaklar ise servise hazır, masanın üstündeydi.

"Akşamüstü gelecekler," dedi teyzem. "Sırma kahve ikramını yapıp, konuşmalar bittikten sonra birer kadeh şarapla kutlamayı yaparız. Tabii ki içkinin yanında ufak sandviçler, kanepeler filan ikram edeceğiz. Ne dersin Derya, yeterli mi?"

"Elbette Defne! Daha sonra yemeğe gidilmeyecek mi?"

"Tabii!"

"Öyleyse, yemek öncesi bu kadar ikram yeter."

"Ah," diye içini çekti teyzem. "Çok heyecanlıyım."

"Ne oluyorsun! Bak her şeyi ne güzel hazırlamışsın." İşte Sırma'ların evindeki durum buydu. Hani heyecan dorukta derler ya, aynen öyle...

Veee –cumartesi günü gelip çattı!

Hepimiz, kuaförden gelmiş, giyinmiş, süslenmiş, püslenmiş... bekliyoruz.

Defne Teyze, "Bak Murat," dedi, "sakın senin o şakalardan yapayım deme."

"Ne demek oluyor şimdi bu?" diye eniştem hemen alındı.

"Canım, senin şaka yaptığını, ne demek istediğini biz biliyoruz ama onlar daha bize yabancı. Ne seni tanıyorlar ne de şakalarına alışıklar. Yanlış anlayabilirler. Ayrıca bu nazik bir durum, onun için lütfen azami dikkat..."

Murat Eniştem, dedemi taklit etti. "Söyleyin bakalım gençler, 'azami dikkat' ne demek?"

"Çok dikkat et, demek..."

"Seni, seni," dedi Murat Enişte parmağını bana sallayarak. "Kafa kullanarak buldun anlamını. En yüksek düzeyde, demek."

Teyzem ise bütün bu laflara gözlerini devirdi, şimdi sırası mı dercesine. Kim daha heyecanlıydı dersen, sevgili defter, doğrusunu söylemek gerekirse, bilemeyeceğim. Hepimiz ama hepimiz öyle gergindik ki, bir kibrit çaksan her şey havaya uçabilirdi.

Ve –kapının zili çaldı!

"Kader kapıyı çalıyor," dedim Sırma'ya ama bırak bu lafa gülmeyi, beni duymadı bile.

Önce Deniz'in annesi girdi içeri. O da siyahlar içindeydi. Güzel ve havalı bir kadındı. Bir süre gözümü alamadım ondan. Ardından boylu boslu üç genç adam, iki genç kadın ve Deniz'in babası olduğunu tahmin ettiğim beyaz saçlı, yakışıklı bir bey salona doğru ilerledi.

Deniz'in annesine bakınca (öyle ince ki...) boylu boslu üç genç adamın annesi olduğuna inanmak gerçekten güç. Hoş bir aile anlayacağın.

Murat Enişte, yüzünde gülücükler, herkesin elini sıkarak buyur etti. Defne Teyzem ise belli etmemeye çalışıyordu ama kim nereye oturacak, onun telaşındaydı.

Sevgili defter, sana minik bir aile sırrı: Onlar gelmeden biz evde kim nereye oturmalı şeklinde bir prova yaptık! Öyle ya, Deniz'in babası ve annesi ve de bizimkiler stratejik biçimde oturtulmalılar ki konuşmalar yüz yüze yapılabilsin. Bu prova sonucunda gençlerin salonun öbür ucuna doğru oturtulmaları kararlaştırıldı.

Teyzem ise, hiç bunlar yapılmamışçasına, gayet havalı, dünürlerini oturttu. Ay, ölecektim gülmekten... Bu düşüncem yüzüme yansımış olmalı ki, annemin sert bakışlarıyla hemen toparlandım.

Deniz'in ailesinin ve bizlerin dışında bir tek çift daha vardı, o kadar. Sırma'nın çok sevdiği, Defne Teyzemin de can arkadaşı Emel Teyze ve eşi Ender Amca. Emel Teyze gri brokar ceketinin içinde pek şık, pek hoştu.

Biraz hoşbeşten sonra bizim Sırma kahve ikramı yaptı. Bir minik sır daha... Kahveleri teyzemlerin emektarı Kiraz Hanım pişirdi, bizimki de salına salına ikramını yaptı.

Nitekim Sırma ikramını yaparken, bir ara gözü bana takıldı. O an gözlerimiz konuştu sanki... Seni gidi üçkâğıtçı, dedim gözlerimle, Sırma ise gülmemek için başını öbür yana çevirdi. Koca kadınlar olduk, bazı anlarda hâlâ çocukluğumuza dönüyoruz. Ve, aslını istersen, sevgili defter, çok da eğlenceli oluyor.

Ve o beklenen an geldi. Ta-ta-ta-taaaa...

Deniz'in babası konuşmaya başlamıştı. Herkes susmuş, onu dinliyordu. Çok da güzel konuştu. Önce espriler yapıp havayı yumuşattı, o gerginliği eritti, sonra da evlilikle, mutlulukla ilgili güzel şeyler söyleyerek, bu sözleri Sırma kızımızı, oğulları Deniz'e isteyerek bağladı.

Bunun üzerine gözler Murat Enişteye döndü. O da, Sırma'yla Deniz'i övücü sözler söyledikten sonra içimde güzel duygular var, sizlerle sadece dünür değil, dost olacağımıza inanıyorum, diyerek sözlerine son verdi.

Konuşmalar bittiğine göre şimdi ne olacak diye herkes birbirine bakarken, Deniz'in annesi kalkıp Sırma'nın yanına gitti ve onun parmağına bir yüzük taktı. Ortası incili, kenarları pırlantalı bir yüzüktü bu. Pek de zarifti. Sırma gece boyu belli etmemeye çalışarak yüzüğüne bakıp durdu; çok beğenmişti anlaşılan.

Yüzük güzeldi de, bence daha da güzeli, Deniz'in annesinin kendi yüzüğü oluşuydu. Anılar ve yaşanmışlık taşıyan takılar benim için her zaman çok daha anlamlı.

Seremoni böylece sona erince, herkes bir rahatladı, bir rahatladı. Hemen ikram başladı, Murat Enişte kadehleri dolduruyor, Sırma'yla ben de kalp biçimindeki sandviçlerle, kanepeleri dolaştırıyorduk. Sözlülerin şerefine ve mutluluğuna kadeh kaldırıldı. İyi dilekler, tebrikler iletildi.

Bir ara Sırma'yla yan yana düştük, "Kızım," dedim, "nerden buldun bu muhteşem aileyi?"

"Unuttun mu, beraber bulduk onu."

"Nasıl unutabilirim ki..." dedim ve dedem için gittiğimiz hastanede Doktor Deniz'le tanışmamız gözümün önüne geliverdi. Nasıl da havalıydı, boynunda steteskopu, beyaz gömleğinin eteklerini uçuştura uçuştura koridorda hızlı adımlarla yürürken...

Biz üzüntülü, ağlamaklı bir halde hastanenin kafesinde otururken, Sırma'ya, yeni bir hayran edindin, dediğimde merakla dönüp bakmıştı da, daha sonra Deniz bizim masaya gelince, onun hakkında konuştuklarımızı duydu mu acaba diye nasıl da üç buçuk atmıştık.

Hey gidi günler hey... Tarih oluyoruz azizim, tarih...

Neyse, biz dönelim güzel gecemize... Murat Enişte, Kordon'da pek popüler olan bir restoranda yer ayırtmış. Ve teyzem de yapmıştı yapacağını.

Ne mi yapmıştı? Küçük dokunuşlarla masamızı özel kılmıştı.

Nasıl mı? Evdeki antika gümüşleri getirmiş, birinin içine toz pembe çiçeklerle yeşil yapraklardan oluşan bir düzenleme yaptırmış, bunu masanın ortasına koymuştu. Yine gümüş işlemeli likör kadehlerinin içlerine mumlar koyarak onları da masanın üstüne serpiştirircesine yerleştirmişti.

Gözlerimi mumların ışığından alamıyor, Tanrım, bu güzel anı hiç unutmayayım, diyordum kendi kendime... Sırma'yla göz göze geldik, sanki o da aynı duyguları yaşıyordu. Bir kez daha konuştu gözlerimiz.

Birden Dilek geldi aklıma! İşler altüst olmasa, hepimiz bu gece Dilek'le Ulaş'ın düğününde olacaktık. Oysa Sırma'nın söz yemeğindeydim. Ne ilginç, değil mi?

Sırma'ya baktım, ne kadar da mutluydu.

Ne olursun Tanrım, hep böyle mutlu olsun.

Şöyle bir düşündüm de –anılar nasıl da birikiyor!

Çocukluğumuzun anıları...

Küsüşmeler, yastık kavgaları, atışmalar...

Genç kızlığımızın anıları...

Aşklarımız, aşk zannettiklerimiz, düşlerimiz, düş kırıklıklarımız...

Ve şimdi...

Önemli kararlar... Atılan adımlar... Kuşkular... Sorgulamalar...

Ve en güzeli tüm bunları birlikte yaşıyor olmamız. Bir aile olarak hem üzüntüleri hem de güzel günleri içten paylaşıyor olmamız. Birlikte yaşanan her olay bir ilmek daha atıyor birlikteliğimize. Ne demişti bize dedem, birbirinize sahip çıkın, sakın kopmayın.

Sırma'nın bu önemli gecesini paylaşırken, biz de aynen bunu uyguluyorduk.

İşte böyle, sevgili defterim.

Yaşanmış günler hanesine bir çentik daha attık bu gece.

12 Eylül, Pazar

Oktay'la yine bir gerginlik yaşadık!

Son zamanlarda daha sık tartışır olduk sanki.

Yoksa bana mı öyle geliyor?

Dün sabah Rumelihisarı'ndaki kahvede kahvaltı için buluşmuştuk. Mis gibi bir sonbahar havası, güneş ışınlarının üzerinde oynaştığı pırıl pırıl bir deniz, ötüşerek daldan dala, oradan da masalara konup kırıntıları atıştıran serçeler...

Kahvedekilerin kimi gıcır gazetelerini almış, tahta iskemlelere yerleşmiş... Kiminin önünde sahanda yumurta, kiminin klasik kahvaltı...

Genç anne babalar da var. Belli ki bebeği arabasına koyup sıkı bir yürüyüş yaptıktan sonra buraya kahvaltıya gelmişler. Bayılıyorum böyle tiplere...

Derken bir genç kız paten kayarak önümüzden geçti, peşinde de ona yetişmeye çalışan köpeği. Sabah egzersizi yapıyorlardı anlaşılan.

İşte böylesi hoş bir ortamda, sevgilimle karşılıklı oturmuş, sahanda yumurtalarımızı yerken, tutup öyle bir laf etti ki, tüm bu güzellikler cırttt diye yırtılırken, beynimdeki tatlı müzik hoyratça susturuldu.

"İşten ayrılmayı düşünüyorum!" Buyrun bakalım!

Sakin olmaya çalışarak, "Ciddi misin?" dedim.

"Evet, hem de çok ciddiyim."

Yüzüne baktım. Gerçekten de ciddiydi, şaka yapmıyordu. Aman Tanrım, bu da nereden çıktı şimdi?

"Sen bu konuyu iyice düşündün mü?" derken beyninin kıvrımlarında neler döndüğünü anlamaya çalışıyordum.

"Niye öyle bakıyorsun bana? Söylediğim o kadar korkunç bir şey mi?"

"Hayır, canım! Tabii ki korkunç değil, ama..."

"Aması ne?"

"Aması şu ki, ortalarda dünya kadar işsiz insan dolanırken, elindeki işi tepmeden önce iyice düşünmek gerek. Bütün söylemeye çalıştığım bundan ibaret."

"İşim artık bana zevk vermiyor. Hep aynı şeyler, hep aynı şeyler..."

Yine sakin olmaya çalıştım, "Oktaycığım, önünde sonunda her iş monotonlaşır."

"Daha şimdiden kendimi bin yaşında hissediyorum. Nedeni de işimin artık bana heyecan vermemesi..."

"Bak Oktay, hayat senin hayatın, işinden memnun değilsen ayrılırsın olur biter. Ben sadece anlık bir öfkeye ya da geçici bir bunalıma kapılıp bunu yapmandan, sonra da pişman olmandan korkarım."

Derin derin iç geçirdi.

"Geçenlerde," dedim, "gazetenin insan kaynakları bölümünde okuduğum bir cümle beni çok etkiledi. Orada şöyle diyordu: İş, iş olduğu için size para ödüyorlar."

"Ne demek yani şimdi bu?"

"Şu demek oluyor ki, iş eğlence değildir. Bazen sıkıcı, bazen tekdüze olabilir; iniş çıkışlar yaşanabilir. Ama hayatımızı kazanmak için çalışmak zorunda olduğumuza göre, bunlara alışmak ve kabullenmek durumundayız."

Oktay gözlerini devirerek, üfff, dedi benim bu sözlerimden fena halde sıkılmış gibi...

İşte o zaman tepemin tası attı!

"Şurada sadece sana yardımcı olmaya çalışıyorum! Eğer seni bu kadar sıktıysam açık söyle de ben de kendimi yormayayım."

"Serra," dedi uzanıp elimi tutarak, "bağışla! Kabalık etmek istemedim ama kafam öyle karışık ki..."

Huyum kurusun! Karşımdaki alttan aldı mı, bende yelkenler hemen suya iner.

"Sana anlatmak istediğim," dedim, ses tonumu yumuşak tutmaya çalışarak "bence sen kendini boşu boşuna üzüyorsun. Güzel bir işin var. Patronun seni beğeniyor, şu anda onun sağ kolusun. Bu kadar kısa sürede bu noktaya gelmek büyük başarı..."

"Aman ne başarı, ne başarı... Tam iki yıl oldu, acentede çalışmaya başlayalı."

"İyi ama pek çok kişi önü açık olmadığından ya da başka nedenlerle yıllarca aynı pozisyonda çalışıyor. Oysa sen tamamen deneyimsiz bir eleman olarak işe başladın ve bugün acente sahibinden sonra gelen kişi durumundasın. Bunu nasıl küçümsersin?"

"Yani sence işinden zevk alıp almamak o kadar da önemli değil, öyle mi?"

Ah Tanrım, bu tür tartışmalar beni o kadar yoruyor ki... Tüm enerjimi emiyor sanki. Başkalarını bilemem ama bana çok çocukça geliyor böylesi düşünceler, davranışlar... İnsan kendi yolunu seçer ve o yolda yürür; beğenmiyorsa da değiştirir, olur biter. Ama böyle kararsız Kasımlar gibi, ne istediğini bir türlü bilemeyen küçük çocuklar gibi yakınıp durmaz.

Derin bir nefes alıp mücadelemi kahramanca sürdürdüm. "Elbette işinden zevk almak önemli ama sen turizmi zaten sevdiğin için seçmedin mi?"

"İyi halt ettim!"

"Oktay!"

"Kusura bakma, Serra."

İçimden, sabret Serra sabret, diyerek bir hamle daha yaptım. "Yani şimdi sen bana turizmi sevmediğini mi söylüyorsun?" Sessizlik...

Bekledim! Bekledim! Hâlâ ses yok!

Bu sessizlikle bir yere varamayacağımıza göre yine ben konuşayım, dedim.

"Oktay, biz bu dalı sevdiğimiz için seçtik ve okuduk. Beni sorarsan, işimi severek yapıyorum ama sıkıldığım, bunaldığım zamanlar olmuyor mu? Elbette oluyor. Yakındığım konular yok mu? Hem de öyle çok ki..."

Sonunda Oktay'ın ilgisini çekebilmiştim.

"Mesela ne?"

"Mesela, maaşımın diğer mesleklerle kıyaslandığında az oluşu... Ama neylersin ki, hizmet sektöründe bu böyle... Mesela, herkesin dinlendiği, eğlendiği günlerde, bayramlarda, tatillerde, hafta sonlarında bizlerin deliler gibi çalışmamız... Mesela, çalışma saatlerinin düzensizliği... Bazen gece yarılarına kadar evimize dönememememiz, bazen sabaha karşı gelen bir uçağı karşılamak için gün ağarmadan kalkıp havaalanına gitmemiz..."

"Ohooo Serra, meğer sen benden dertliymişsin."

"Evet ama bu benim işim. Ve gücüm yettiğince çalışmayı sürdürmeyi düşünüyorum."

"Ya işinden sıkılırsan? O zaman ne yaparsın?"

Bir an düşündüm. Sahi, o zaman ne yapardım acaba?

"Önce bir sıkı düşünürdüm sanırım. Acaba bu geçici bir duygu mu diye... Çünkü senin de iyi bildiğin gibi, örneğin işler yavaşlayınca ofiste öylece oturmak can sıkıcı olabiliyor ve insanın morali bozuluyor. İşte, acaba ben bu tür ya da benzeri bir şey yaşıyor da onun için mi böyle düşünüyorum diye sıkı sıkıya düşünürdüm. Bu sorgulamalar sonucunda kendim için yanlış işte olduğum kanısına varırsam, işte o zaman, ne yapmak istiyorum, konusuna yoğunlaşırdım. Yine sorular sorardım kendime. Ben ne istiyorum? Benim için önemli olan nedir, gibi... Sonra da, bu bilgiler doğrultusunda yeni bir iş aramaya başlardım."

"İyi ama biz turizm okuduk. Gerçi dört yıllık olduğu için iş idaresiyle ilgili dersler de aldık ama sonuçta turizmciyiz."

"İlahi Oktay, herkes ille de okuduğu dalda çalışmıyor ki... Kimi bölümünü bitirdikten sonra, bu bana göre değilmiş, diyor; kimi de kendi dalında iş bulamıyor. Durum böyle olunca, okuduğu bölüme çok da ters düşmeyecek işlere yöneliyor."

Oktay yine derin derin içini çekti.

Bu oflayıp poflamalar da giderek sinirime dokunmaya başladı arkadaşlar, bilginize sunulur.

"Peki," dedim. "Madem işi bırakmaya karar verdin, bırakınca ne yapmayı düşünüyorsun? Bunu düşündün mü?"

"Henüz kesin olarak ne yapacağıma karar vermedim."

E, bravo doğrusu, demek geçti içimden. Çünkü konu yeni değil, epeydir işinden yakınıp duruyordu.

"Tabii gene sen bilirsin ama ne yapacağına karar verene kadar işini bırakma bence. Hatta yeni bir iş bulmadan oradan ayrılma, çünkü çalışırken iş bulmak daha kolay."

Oktay hiçbir şey demedi ama yüzündeki ifade önerimin onu pek de mutlu etmediğini belirtiyordu. Etrafıma bakındım. Genç anne baba da, köpekli kız da yok olmuşlardı. Günün rengi solmuştu sanki.

Anlayamıyorum! Oktay'la birlikte okuduk, birlikte mezun olduk ve çalışmaya başladık. O da turizmi benim kadar seviyordu. Ne oldu da, böyle birdenbire soğudu bu meslekten?

"Peki Oktay," diye ısrar ettim. "Hiçbir fikrin yok mu?" Masanın üstündeki ekmek kırıntılarıyla oynuyordu.

"Şey..."

"Evet Oktay, lütfen ne düşündüğünü söyle bana." Öyle ya, hayatı paylaşacağımıza göre onun kararlarını, düşüncelerini bilmek benim de hakkımdı.

"Bir diyorum ki yeni bir iş kurayım."

"Ne gibi? Turizmle ilgili mi?"

"Örneğin, balon turları düzenleyebilirim."

"Olabilir," dedim. "Neden olmasın!"

"Bir diyorum, her şeye ara vereyim ve başımı alıp yabancı bir ülkeye gidip orada bir süre kaldıktan sonra iş arayayım."

Daha fazla kendimi tutamadım. "Peki, ben ne oluyorum Oktay Bey? Bu planların hiçbirinde yer almadığım kesin."

"Serra, lütfen alınganlık yapma. Sadece yüksek sesle düşünüyorum, ayrıca bu tür kararsızlıkları yaşayan bir tek ben değilim ki..."

"Haklısın," diye içimi çektim. "Sana hak vermemek elde değil, öyle şanssız bir kuşağız ki... Geleceğe güvenle bakamıyoruz, ekonomik kriz elimizi kolumuzu bağlıyor, terörizm moralimizi bozuyor."

Oktay, "Sen böyle konuşmazdın, Serra. Hep benim yüzümden..." dedi ve konuyu değiştirmek istercesine sordu. "Dilek Hanımdan ne haber?"

"Birkaç güne kadar dönüyorlar," dedim. Gerçekten de Dilek'i düşünmek bile yüzümü güldürmüştü. "Venedik'te evlenmeyi düşünmeleri ne hoş değil mi? Biliyor musun, onların gezisini, biletlerini her şeyini biz ayarladık."

"Sahi mi?"

"Evet! Bayan Bella'ya durumu anlatınca, ne gerekiyorsa yap, dedi. Romantik bir öyküye kim dayanabilir ki?.. Hem biliyor musun aklımda ne var?"

"Söylersen bilebileceğim."

"Dilek'le Ulaş gelince, onlar için bizim evde güzel bir davet düzenleyeceğim. Düğününü burada yapamadı ya, ben de bizim arkadaşları toplayıp kutlayalım diyorum."

"Neler de düşünürsün..."

"Zaten bu yaz hep bu tür kutlamalarla geçti. Melis'in düğünü, Sırma'nın sözlenmesi, şimdi de Dilek'in evliliği... Sürekli birileri evleniyor gibi... Bugünlerde konu hep bu."

"Eee, kızım, ne de olsa yaşınız geldi artık. Hatta geldi de geçiyor bile..."

"Bak fena yaparım," diye koluna bir çimdik attım ve ekledim, "aslında biz de yavaş yavaş kendi işlerimize bakmaya başlasak fena olmaz."

"Ne gibi?" demez mi...

"Ev bakmak gibi, eşya bakmak gibi..."

"Ohooo, daha çok var, Serra, bugünden mi ev kiralayacağız?"

"Elbette hemen ev tutmayacağız ama babanın da dediği gibi örneğin hafta sonları bakınsak, fikir edinsek... Yavaş yavaş ne istediğimiz konusunda düşünsek... O zaman vakti gelince sıkışmayız."

Sarılıp öptü beni. "Sen bakma onlara! Babam her konuda acayip acelecidir, şimdiden bakacağız da ne olacak, şu anda ev tutamayacağımıza göre ne diye boşuna koşuşturalım. Düğün vakti yaklaşınca bakar, hallederiz. Sen merak etme, e mi benim akıllı sevgilim," dedi ve bu kez burnumun ucuna bir öpücük kondurdu.

İşte böyle sevgili kiraz ağacı.

Ne yapacağım ben bu Oktay'la?

İleriye dönük kesin adımları zorlana zorlana atmasının yanı sıra, bir de iş sorunu çıktı şimdi. İkimiz de çalıştığımız halde, nasıl evlenir, nasıl geçiniriz diyen adam, bir de işsiz kalırsa, ohooo... Seyreyleyin bunalım sahnelerini.

Hayret ediyorum doğrusu. Ben Oktay'ı daha güçlü bilirdim. Aman canım, belki de bir bunalımdır, gelir geçer.

İyi şeyler düşünelim ki iyi olsun, değil mi kiraz ağacı?

Hem şimdi Dilek'in davetini düşünme zamanı. Şunun şurasında ne kaldı gelmelerine...

25 Eylül, Cumartesi

Dilek için verdiğim davet amacına ulaştı! Çok eğlendik! Deliler gibi güldük!

Ve bol bol Dilek'le Ulaş'ın Venedik'te çekilmiş fotoğraflarına baktık.

Davet için bayağı uğraştım ama değdi. Sevgili arkadaşımız evlenmiş, bunun kutlaması yapılmaz mı hiç.

Önce ver elini Tahtakale... Aman orada neler var neler. Üstelik çok da uygun fiyatlara... Davetimde kullanabileceğim bir dolu süs aldım ve dayanamayıp bunlara dört hasır sepetle, yapma sonbahar yapraklarını ekleyiverdim. Nasıl olsa bir yerde, bir biçimde kullanırım onları ben.

Sonra mutfak faslı! Annem de, sağ olsun, yardımcı oldu ve çeşidi bol bir büfe oluşturduk. Börekler, sarmalar, salatalar, daha neler neler... Pastayı da ben yaptım ama bunun için gece yarılarına kadar çalışmam gerekti.

Bunlar işin zor tarafıydı. Keyifli yanıysa, evi süslemekti. İlk adım, kapıya, beyaz boncuklardan yapılmış kalp biçiminde kocaman bir çelenk asmak oldu. Aynen annemin bana nişanımda yaptığı gibi; bu evde önemli bir olay kutlanıyor mesajını veriyordu kalp biçiminde çelenk.

Masayı beyazlarla düzenledim. Bembeyaz bir örtünün üzerine beyaz tabaklarımızı kullandım. Beyazlı doreli bodur mumların yanı sıra, beyazlı doreli boncukları da servis tabaklarının arasına bol bol serpiştirdim.

Soframı pek beğendiler. Melis'ten bile övgüler aldım ki o kolay kolay beğenmez.

Davetlilere, Dilek'le Ulaş'tan önce gelmelerini tembihlemiştim. Öyle ya, onlar şeref misafiri... Herkesin hazır ve nazır olup, yeni evlileri karşılaması gerek.

Melis'le Kaan, Sıla ile Serhat ilk gelenlerdi. Derken Toprak göründü –yanında sakallı bir tip. Toprak, sakallıyı, "Meslektaşım ve ilkedaşım, Tankut," diye tanıştırdıktan sonra, "Güneydoğu çalışmalarında birlikteyiz," diye ekledi. Tankut gayet rahat bir tavırla hepimizin elini sıktı. Güler yüzlü, sempatik bir çocuktu ama kıyafetine ne demeli... Damalı gömlek, haki pantolon ve bol cepli haki yelek... Mübarek, davete değil de ava gidiyor sanki.

Melis yanıma yanaşıp gözünün ucuyla Tankut'u işaret ederek, "Arkadaş yanlış adrese geldi galiba," diye fısıldadı. Onun gözlerine bakmak gülmek demekti, onun için başka taraflara bakarak, "Belki de Toprak durumu açıklamadı," dedim.

"Buldun!" dedi ve uzaklaştı yanımdan.

Arkadaşlarımız bizi şaşırtmaya devam ediyorlardı! Toprak-Tankut çiftinin arkasından Esin, yanında yaşını başını almış, koskoca bir adamla ufukta göründü.

"Atölyeden hocam, Selçuk Bey," diyerek bize tanıttı kavalyesini.

Hımmm, bizim Melis'in şüphelendiği hoca bu olsa gerek, yoksa Esin ne diye koluna takıp gelsin, diye düşündüm o an. Ama Allah'ı var, yaşına karşın hoş adamdı. İnce uzun bir siluet, hafiften ağarmış saçlar ve simsiyah gözler...

Melis, salonun öbür başından bana bakışlar fırlatıyordu, ben demedim mi dercesine.

Derken Suphi'miz geldi ve yine kapı çaldı. Bu kez gelen Burak'tı. Tamam, onu bekliyorduk, ammaaa yanındaki o cici kızı hiç mi hiç beklemiyorduk! Çünkü, Burak Efendi flörtlerini nedense bizlerden bucak bucak kaçırır ve tüm arkadaş toplantılarına solo katılır.

Kadro tamamdı! Artık gözümüz kapıda, Dilek ve eşini beklemeye başlamıştık. Ve kapı çalındı!

Gidip açtım, tabii ki gelenler Dilek'le Ulaş'tı. Anında alkışlar yükseldi, onlar bu alkış sesleri arasında içeri girdiler. Ama girmeden önce Dilek kapıda asılı duran çelengi şöyle bir okşadı bana bakarak.

Neyse... Bir şamata, bir patırtı yeni evli çifti buyur ettik. Gözü hemen yemek masasına ilişti Dilek'in. "Ah Serra, bu ne güzel düzenleme böyle."

Ardından gelip bana sımsıkı sarıldı, sonrada kulağıma, "Bütün bu yaptıkların için çok çok teşekkür ederim, benim biricik, sevgili arkadaşım," diye fısıldadı.

"Hop, aile var," diyen Suphi'nin sesi bizi güldürdü de ağlayıp millete rezil olmaktan kurtulduk.

Dilek herkesi teker teker sarılıp öpüyor, Ulaş da onu izliyordu. "Ne güzel, bütün arkadaşlar burada," deyip duruyordu Dilek.

Dayanamadım, "Telefon faturasını sana göndereceğim," dedim.

Şaka bir yana, Sıla'yı Ankara'dan, Toprak'ı Diyarbakır'dan, Serhat'ı Mersin'den, bizim oğlanları da İstanbul'da olmalarına karşın inlerinden çıkartıp getirebilmek için az telefon etmedim.

"Bu, Dilek'in yapılamayan düğününün yerine geçecek, onun için arkadaşları olarak hepimizin bulunması gerek," diye bir de güzel duygu sömürüsü yaptım mı sana. Ve ekledim, "İsteyen yanında istediğini getirebilir."

Eh, maşallah bizimkiler de bu sözümü ikiletmeden yanlarına birilerini alıp geldiler. Her biri ayrı bir sürpriz şeklinde...

Melis, "Önce fotoğraflar," diye ellerini çırptı. "Dilek söz vermiştin, bizim için bol bol fotoğraf çektirecektin."

Dilek hemen çantasına davrandı ve bir deste çıkarıp Melis'e uzattı.

"Buyrunuz efendim, hiç sizi fotoğrafsız bırakır mıyım?.." Fotoğraflar elden ele geçirildi, sırayla herkes baktı. Çok hoş fotoğraflardı.

Dilek, gelinliğiyle gondolda, uzanır gibi oturmuş, yanında Ulaş...

Dilek, gelinliğiyle Venedik'in ünlü San Marco Meydanı'nda, kollarını iki yana açmış, dönüyor, gelinliğinin etekleri havalanmış; başının üstünde, ayaklarının ucunda uçuşan güvercinler...

San Marco'nun kendi kadar ünlü güvercinleriyle...

Pek çok fotoğraf vardı, hepsi de güzeldi ama bu son anlattığım tek kelimeyle süperdi!

Esin, "Gelinliğini götürmeyeceğini söylemiştin," dedi.

"Götürmeyecektim ama son dakikada belki de giymek isterim diye yanıma aldım. Sonra da, madem dikildi ve madem buralara kadar taşıdım, giyeyim bari dedim ve gördüğün gibi her yerde gelinliğimle dolaştım. İşi iyice abarttım anlayacağınız." Bir kahkaha atarak, "Turistlere de iyi malzeme oldum, hani," dedi Dilek.

Ulaş, "Şu anda en az otuz kırk evde Dilek'in fotoğrafı bulunmakta," dedi.

Dilek'in yüzünde, mutluluğun getirdiği o özel ışık geziniyordu. Ulaş'la öyle bir uyum içindeydiler ki... İnsan bunu onların birbirlerine bakışlarında, dokunuşlarında, bir diğerinin sözlerini tamamlayışlarında görüyor.

"Büfeye buyrun," dedim. "Yemek zamanı..."

Erkekler coşkuyla masanın başına üşüştüler. Bayılıyorum onların bu haline. Hele saatlerce mutfakta uğraşmışsan, iştahlı ve pişirdiklerinin değerini bilen konuklar gibisi yok.

Öte yandan, "Diyetteyim, ondan yiyemem, bundan yiyemem," deyip tabağına iki sap marul yaprağı alana da ifrit oluyorum. Diyetini de evde yap be kardeşim, değil mi ama..

Neyse, ben mutfakta uğraşırken, Melis yavaşça yanıma yaklaştı ve kulağıma doğru eğilip fısıldadı, "Esin için o gün bizde söylediklerimde pek de haksız sayılmam, değil mi?"

Gözlerinde dedikodu yapmanın keyifli pırıltıları yanıp sönüyordu.

"Nerden de bilirsin böyle şeyleri..."

"Bilmeyecek ne var! Kim tutup da öğrencisini oraya buraya götürür. Anlatsın külahıma... Ama adam da hoş, laf aramızda."

"Evet," dedim. "Hele de gözleri..."

"Kesin," dedi Melis, burnunu kıvırarak, "bunun iki ya da üç çocuğu vardır."

"İşte bu olmadı," dedim Melis'e. "Yani evli mi demek istiyorsun?"

"Ona pek cesaret edemez de, bence evlenip ayrıldı ve çocukları var. Bu yaşa gelmiş adamın çocuğu olmaz olur mu, baksana saçlarına ak düşmüş," dedi Melis, bir yandan da kalan salatalıkları atıştırıyordu.

"Yani bu Esin'in yaptığı da iş değil, bana sorarsan," dedim.

"Kızım, farkında değilsin galiba ama ortalıkta doğru dürüst erkek yok."

"Gençlerin suyu mu çıktı?"

"Bu devirde genç istiyorsan, o işi okurken halledeceksin," dedi Melis ve ellerini bu iş bu kadar dercesine çırptı. Sonra da kendisini ve beni işaret ederek, "Şekilde görüldüğü gibi..." dedi. "Üniversitede de birini yakalayamadın mı, bizim Sıla'ya dönersin."

"Yok artık o kadar da değil, Melis. Dünya kadar insan işyerinde, arkadaş toplantılarında ya da ne bileyim, bambaşka yerlerde..."

"Hastanelerde örneğin," diye sözümü kesti Melis ve aynı anda Sırma'yı düşünüp gülmeye başladık.

Onu kışkırtmak için, "Toprak'ın kavalyesi hakkında ne düşünüyorsun?" dedim ve ekledim, "Örneğin, kıyafetini nasıl buldun?"

"Tam Toprak'a göre... Aslında eğer Toprak bu sakallıyla değil de, kravatlı doğru düzgün biriyle gelseydi, işte o zaman şaşkınlıktan düşüp bayılırdım."

Haydi yine bir fasıl daha kıkırdaştık. Sonra Melis, bir şeyi yeni hatırlamışçasına sıçradı, "Ya Burak Beye ne demeli?"

"Ne yaptı ki?"

"Yanında sevgilisiyle geldi."

"Eeee?"

"Uyan kızım uyan! Sen hiç Burak'ın kız arkadaşlarını bizimle tanıştırdığına şahit oldun mu?"

"Yooo..."

"Öyleyseee... bu iş ciddi demektir."

"Der misin?"

"Tabii ya, bir düşünsene ilk kez birini hem de tüm grubun bulunduğu bir evlilik kutlamasına getiriyor. Bence bu iş ciddi, hem de çok ciddi. Hemen gidip araştırmalıyım," diyerek beni oracıkta bırakıp topuklarını tıkırdatarak salonun yolunu tuttu.

Ah, bu Melis!

Grubun anaç tavuğu...

Herkesin keyfi yerindeydi, tabaklarını doldurmuş, salona dağılmışlardı. Bir yandan atıştırıyor, bir yandan birbirleriyle çene çalıyorlardı. Esin'in profesörü biraz grubun dışında kalıyordu –yaşı gereği... Ne de olsa herkes onun öğrencilerinin yaşındaydı. Ama onun bu durumdan rahatsız olmuş bir hali yoktu. Sakin sakin oturduğu yerde diğerlerini dinliyor, arada bir de Esin'le konuşuyordu. Tankut'a gelince, o da Burak ve Suphi'yle sohbeti koyulaştırmıştı. İyi, dedim içimden, herkes birbiriyle kaynaştı.

Oktay, Sıla ve Serhat hararetli hararetli konuşuyor, sonra da gülüşüyorlardı. Bu arada Melis ne yapıyordu dersin, sevgili defter? Gidip Burak'ın kız arkadaşının yanına oturmuş, cici cici konuşuyordu. Aslında çaktırmadan onun 'ifadesini' alıyor, kendince araştırma yapıyordu.

Nitekim az sonra kirli tabakları mutfağa taşıma bahanesiyle yanıma geldi ve "Tuttum bu kızı," dedi en görümce hallerinde. "Burak fazla sallanmadan bu işi bağlasa iyi eder."

Tam o sırada Dilek geldi, ikimizi bellerimizden kavrayarak, "Ne o, köşeye çekilmiş, neler fısıldaşıyorsunuz bakayım?" diye sordu.

"Melis, Burak'ın kız arkadaşını onayladığını bildiriyordu," deyince Dilek gülmeye başladı.

"Gülme," dedim. "Bu karar, bilimsel bir araştırmaya dayanıyor. Az önce, kızın yanına oturmuş, ifadesini alıyordu."

"Birinci elden bilgi desene..."

"Elbette," dedi Melis. "Oğlumuz söz konusu olunca işi şansa bırakamayız, değil mi?"

"Peki, Tankut'la Selçuk Beyi araştırmayacak mısın?"

Bu kez dudağını büktü. "Tankut'u başkaları araştırsın, hiç tipim değil o sakallı," dedi ve ekledi. "Öte yandan, Selçuk Beyi araştırabilirim, bak ona değer."

Sonra, birden Dilek'e döndü. "Seninle doğru dürüst konuşamadık. Annenlere kararınızı anlatmak zor oldu mu? Ne yaptılar, ne dediler?"

"Aman hiç sorma," dedi Dilek. "O gece, yani kararımızı aldığımız günün gecesi, ailelerimize söyleyelim de olsun bitsin, dedik. Hem onlar nerede durduklarını bilsinler, hem de bizim yapılacak çok işimiz vardı. Vizeler filan... Tabii annem..." derken, Melis atılıp Dilek'in sözünü kesti.

"Özetleme! Doğru dürüst anlat şunu."

"Aman Melis..."

"Hadi, hadi..."

"Pekâlâ! Eve gidince, anne baba lütfen oturun, size söylemek istediğim çok önemli şeyler var, dedim."

"Hah şöyle..." dedi Melis.

"Annem, tabii, çok heyecanlandı. Böylece onlara Ulaş'la barıştığımızı, artık kesinlikle düğün müğün istemediğimizi, nikâhımızın da İtalya'da kıyılacağını, Venedik'te bir hafta kalıp döneceğimizi anlattım."

"Ne dedi annen?"

"Önce bir ağlamaya başladı. Lütfen anne, dedim, zaten yeterince üzüldüm, beni daha fazla üzme. Kararım kesin. Bunun üzerine, bari nikâhın burada kıyılsaydı, dedi."

"Yani..." diye yine kızın lafını kesti Melis. "Darılma ama senin bu annen de adam olmaz."

Dilek sözlerine devam etti. "İşte o anda çok ama çok şaşırdığım bir şey oldu."

Merakla arkadaşımızı dinliyorduk.

"Babam söze karıştı ve anneme dönerek, yeter Habibe, dedi. Bırak kızı, mutlu olsun artık. Yetmedi mi bunca üzüldüğü... Sonra yanıma geldi, bana sarıldı, Ulaş'la ikiniz ne istiyorsanız onu yapın, her türlü kararınız bizim kabulümüzdür yavrum, dedi ve anneme bakarak, öyle değil mi Habibe, diye sordu. Annem de, yarım ağız, madem öyle istiyorlar... diye mırıldandı."

"Taptım babana," diye bağırdı Melis.

"Sus," dedim. "İçerdekiler duyacak."

"Aslını isterseniz çocuklar, ben de o an öyle şaşırdım, öyle şaşırdım ki... Babam her zaman anneme arka çıkar, biliyorsunuz, bunu sizlere daha önce de anlatmıştım. Ama bu kez bana destek verdi, hem de annemin en hassas olduğu konuda."

"Senin haklılığını gördü de ondan," dedim. "Sadece haklılığını değil, ne kadar üzüldüğünü, harap olduğunu gördü. Az kaldı mutluluğun uçup gidiyordu elinden."

"Ama," dedi Melis, bizimkinin sırtına vurarak, "Aslan kızımız her şeyi aklını kullanarak çözümledi. Mızır mızır köşesinde oturacağına, gitti yapması gerekeni yaptı."

"Aynen dedem gibi konuştun, Melis."

"Nasıl yani?"

"Dedem hep yapman gerekeni yapmalısın, der de..."

"Kızım, zaten ne varsa, bizim gibi eski toprakta var."

"Böylece ikisi de sarılıp öptüler beni ama annem öyle bir ağlıyordu ki, bizim evden cenaze çıkmış sanırdın."

"Üzme kendini, alışacaktır. Hatta, o günden bugüne belki de alışmıştır bile. Peki, Ulaş'ınkiler ne yapmışlar?"

"Onlar, biliyorsunuz, her zaman daha yapıcı ve olumluydular. Doğal olarak, oğullarının evliliğini kutlayamamak bir burukluk yaratmış ama madem siz böyle istiyorsunuz, sizi anlıyor ve destekliyoruz, demişler."

"İşte bu kadar!" dedi Melis. "Bayılıyorum aklı başında insanlara... Bu durumda Ulaş fırtınayı senden daha kolay atlatmış gibi görünüyor."

"Hem de nasıl..."

"Vah canım benim! Peki, annenle aranız şimdi nasıl?"

"Nasıl olsun... Venedik'ten döner dönmez aradım ama hâlâ bana karşı soğuk." Üzgündü Dilek.

"Aldırma, seninle konuşuyor ya sen ona bak," dedim. "Zamanla bu soğukluk da geçecek, gör bak."

"Önemli olan Ulaş'la bir araya gelmenizdi," dedi Melis, "gerisi nasıl olsa bir biçimde yola girecektir."

"Umarım," dedi Dilek.

Melis, "Bu kız gelip kafamızı karıştırmadan önce, nerede kalmıştık?" dedi. "Haa, Burak'ın şu işi... Hemen gidip düşüncelerimi söyleyeyim ona."

"İnsanların işine karışma, Melis," diye seslendim arkasından.

O ise dönüp cevabı yapıştırdı. "Sonra bana dua edecek ama!"

İşte sevgili kiraz ağacı, bu gece arkadaşlarımızın mutluluğunu böylece hep birlikte kutladık. Çok sıkıntılardan geçtiler ama sonu iyi oldu ya, önemli olan da bu zaten.

Şöyle bir düşünüyorum da, eskiden acaba kiminle evleneceğim, eşim nasıl biri olacak diye meraktan ölürdük. Hayatımızın sorusuydu bu.

Şimdiyse, arkadaşlar birer ikişer evlenmeye başladılar. Bu kez de mutlu olsunlar diye dua ediyoruz. Zaman değişiyor, bizler değişiyoruz. Düşüncelerimiz, zevklerimiz değişiyor. Ama duamız hep aynı. Tanrım, ne olur hepimiz mutlu olalım!

30 Eylül, Perşembe

Kriz... Kriz... Kriz...

Dörtbir yanımız kriz bugünlerde.

Fakslar geliyor, telefonlar çalıyor, bol bol aksilikler oluyor, oysa biz zamana karşı yarışıyoruz.

Tam bu kargaşanın ortasında bilgisayarlar da yavaşlamaz mı... zaten ne zaman sıkışsak bu bilgisayarlar fire verir. İlk olduğunda bilgisayar şirketini açıp verip veriştirmiştim. Beni sessizce dinleyen görevli, nefes almak için durduğumda, "Haklısınız," deyivermişti ve anlık şaşkınlığımdan yararlanarak şirketini savunmuştu. "Biz de zor durumdayız çünkü hep bizi arıyor, bizi suçluyorlar, oysa sorun altyapıda. Daha doğrusu altyapının yetersiz oluşunda."

Böylece işin aslını öğrendikten sonra dişimi sıkıp beklemeyi öğrendim. Ama bugünün sorunu başkaydı. Bu kez bilgisayarlarımıza virüs girmişti, o nedenle böyle ağır aksak çalışıyorlardı.

Çok bilmiş Biricik Hanım, yanı başımda bitti. "Bilgisayarlarımızda antivirüs programı yok mu?" Kendince hesap soruyordu.

"Elbette var. Ama bu yeni bir virüs ve program herhalde henüz bunu tanıyamamış. İnsanların tanıdıklarının adıyla virüslü e-posta gönderiyorlar, sen de boş bulunup attachment'i açtın mı, o virüse içeri buyrun, demiş oluyorsun."

"Yaa..."

Evet, çok bilmiş hanım, bu böyle, dedim, içimden tabii... "Herhalde ofiste birileri bu tanıdık isimlere aldanıp açtılar," diye açıklamamı bağladım ki, başımdan gitsin.

Ama o hâlâ orada dikilip duruyordu. "Tabii, chat yaparlarsa olacağı budur."

Dönüp şöyle bir baktım ona. "Bu da nereden çıktı şimdi?"

"Siz farkında değilsiniz ama bu ofiste chat yapanlar var."

"Hiç sanmıyorum, Biricik. Şu tempoya bakar mısın! Chat'e vakit ayrılabilir bir tempo mu var burada?"

Gözlerini bu yanıttan hiç de ikna olmamış gibi devirdi. "Peki, sen kendin gördün mü? Yoksa tahmin mi yürütüyorsun?"

"Ben casus değilim, kimseyi o kadar sıkı sıkıya izlemiyorum."

"Ee, öyleyse?"

"Şu kadarını söyleyeyim ki, Selçuk'a dikkat etseniz iyi olur."

Dayanamayıp gülmeye başladım. "Alemsin Biricik, o bizim en başı sıkışık elemanımız. Burada öyle bir şey yapması mümkün değil; evinde chat yapıyorsa bilemem ama bu da onun bileceği iş. Sen herhalde başka bir programla karıştırdın."

Yüzünde, beni ikna edememenin getirdiği mutsuz bir ifade vardı.

Bak sen şu gammaza...

Hiç inanmam!

Selçuk! Onca iş arasında, oturup chat yapacak! Mümkün değil!

Ne yapmaya çalışıyor bu kız Tanrı aşkına?

Beni Bayan Bella'nın, Selçuk'u da benim gözümden düşürmek için mi uğraşıyor yoksa...

Ama bundan daha aptalca bir şey olamaz ki...

İşte o civcivli ve gergin ortamda, bir de Biricik'e gerilmişken, telefonum çaldı. Arayan Esin'di.

"Serra, ben Esin."

"Söyle, Esin." Hiç muhabbet havamda değildim. Onu kırmadan, kısa kes mesajı vermek istiyordum.

Mesajı doğru almış olmalı ki, hemen sadede geldi, "Bu akşam iş çıkışı Melis'e gidiyoruz."

"Hayırdır?"

"Valla, pek de hayır gibi görünmüyor."

"Bak, merak ettim şimdi."

"Sanırım Kaan'la ilgili bir sorun varmış. Bizlere danışmak istiyormuş."

"Garip!" diye mırıldandım kendi kendime, "Çok garip."

"Neyse," dedi Esin, "akşama Melis'te görüşürüz."

"Tamam, canım."

Doğrusunu söylemek gerekirse Esin'e pek de inanmadım. Melis, artık ona ne söylediyse, kendince yorum getirip, abartıyordu, bence. Bu, kesin Melis'in hazırladığı bir sürpriz olmalıydı. Kim bilir neler planladı ki bizi evine topluyor, diye düşündüm.

Böylece Melis'in dünyalar tatlısı aşk yuvasına adımımı atar atmaz, Esin'le Dilek'i orada oturur bulunca, "Söyleyin bakalım, neymiş bu gecenin numarası?" diye şakıdım.

Şakıdım şakımasına ammaaa odada öylesine gergin bir sessizlik vardı ki, ağzımdan çıkan sözcükler havada buz kesip asılı kaldılar sanki.

Esin, tıpkı annem gibi kaşıyla gözüyle susmamı, Dilek ise Melis'i işaret ediyordu gözünün ucuyla...

İşte o zaman dönüp doğru dürüst Melis'e baktım.

Yüzü sapsarıydı.

Makyajsızdı!

Ve üstünde eşofman vardı.

Bu, hiç de alışık olduğum bir görüntü değildi.

"Hasta mısın sen?" dedim telaşlanarak.

"Hayır," dedi ölgün bir sesle, "hadi otur."

Kanepenin üstünde, ayaklarını altına almış, öylece oturuyordu.

Tam, "Kimse bana neler olup bittiğini söylemeyecek mi?" diye feryat etmeye hazırlanırken, Melis konuştu.

"Geldiğiniz için teşekkürler... Kusura bakmayın, sizi böyle apar topar çağırdım ama şu anda dostlarıma çok ihtiyacım var."

Eyvaaah! Bu bir şaka, bir sürpriz değil; bu ciddi bir durum, diye inildedim içimden. Sevgili arkadaşımızı bunca üzen konu neydi acaba? O, her şeye sahip bir 'altın kız'dı. Hiçbir tahminde bulunamıyordum.

Melis devam etti.

"Bir bebek bekliyorum!"

Aynı anda oda sevince boğuldu. "Yaşasın!"

"Kutlarım Melisçiğim."

"İşte bu harika! Bu durumda hepimiz teyze oluyoruz, değil mi arkadaşlar?"

"Hemen Sıla'yı arayalım."

"Durun! Durun!" diye bizi susturdu Melis.

İyi ama bir anne adayı böylesine üzgün ve de süzgün olmaz ki... Nesi var bu kızın, diye düşündüm.

Sonunda Esin'in sabrı taştı. "Kızım, lütfen neler olup bittiğini anlatır mısın? Bizi çağırıyorsun, nedenini söylemiyorsun! Hamileyim diyorsun, seviniyoruz, bizi susturuyorsun."

He valla!

Ağzına sağlık, Esin. Nedir bu havalar...

Ama bu arada bir şey dikkatimi çekti ve beni hayretlere düşürdü. Melis hayatında neler olup bitmişse, anlaşılan daha bunu Esin'le paylaşmamıştı. Oysa onlar ayrılmaz ikiliydiler.

Doğrusu Esin'in yerinde olsam, ben de bozulurdum. Tevekkeli değil Esin, Melis artık bana karşı eskisi gibi değil, demişti.

Melis ayaklarını yere indirdi, iki elini güç almak istercesine oturduğu yere bastırdı, böylece dik durabiliyordu.

Birden gözlerinden yaşlar inmeye başladı.

Esin ona doğru atılacak oldu ama Melis eliyle onu durdurdu. Bir yandan gözyaşlarını siliyor, bir yandan da bize sabırlı olmamızı söylercesine bakıyordu.

Sonunda konuşmaya başladı.

"İki ay üst üste regl olmayınca hamile olabileceğimden şüphelendim."

Nefes almadan dinliyorduk onu.

"Doktoruma gittim, beni muayene ettikten sonra kutlarım sizi, hamilesiniz Melis Hanım, dedi."

Kendimi tutamayıp, "Ne güzel," dedim.

Melis hüzün dolu gözlerini bana çevirdi. "Bu sözleri duyunca, ben de çok mutlu oldum."

Eee, demek Melis bebeği istiyordu, o zaman sorun neydi?

Beynimi okumuşçasına sözlerine devam etti. "Uçarak eve geldim. Bu müthiş haberi Kaan'a çok özel bir biçimde vermeliydim."

"Tipik Melis," diye mırıldandı Dilek.

Melis'in yüzünden yorgun bir tebessüm uçtu.

"Evet, haklısın Dilek. Tipik Melis'liğimle çok hoş bir sofra hazırladım. Hiç üşenmedim, Etiler'deki o yeni pastaneden üzerinde bebek resimleri olan çikolatalardan aldım. Pembeli, mavili, yine bebek motifli peçetelerle masamı süsledim, mumlar koydum. Kendim de bir güzel süslenip Kaan'ı beklemeye başladım."

Bu öykünün sonunu gerçekten kestiremiyordum, arkadaşlar. Hani biri bir şey anlatmaya başlayınca iyi kötü olayın nasıl sonuçlanacağını tahmin edersin, oysa Melis'in durumunda ben hâlâ sıfır noktasındaydım.

"Derken Kaan geldi. Her zamanki gibi beni öptü, sonra gözü sofraya ilişti ve, ooo, dedi, sevgilim döktürmüş yine."

"Peki, bebekli çikolatalara bir şey demedi mi?"

"Sus Dilek, anlatıyor kız işte."

"Kaan çikolataların farkına varmamıştı. Doğru banyoya gitti, duşunu aldı, daha sonra oturup yemeğimizi yemeye başladık. Kaan, bu sofrada dikkatini çeken bir şey yok mu, diye sordum."

"Evet, evet..." dedi Dilek, Melis'in öyküsünü hızlandırmak istercesine.

"Kaan şöyle bir baktı, bilmem dedi, sonra ekledi, çikolatalar koymuşsun."

Meraktan ölmek üzereydik!

"Ya peçeteler, dedim. Evet, diyerek peçeteyi eline alıp inceledi, çok sempatik, dedi. Peki, dedim, sence bunlar ne anlama geliyor? Bilmem, dedi, sonra yüzüme dikkatle baktı. Melis, sen bana bir şey mi söylemeye çalışıyorsun?

"İşte o zaman, evet Kaan, dedim, bugün doktora gittim. Hemen yüzü değişti. Hasta mısın yoksa..."

İçimden, Melis darılma ama bu senin Kaan da iyi taş kafaymış, dedim. Pes yani...

Melis anlatmaya devam ediyordu. "Hayır, dedim. Hasta değilim ama –hamileyim!"

"Ne yaptı? Ne dedi?" diye bir telaş araya girdi Dilek.

"Yüzü allak bullaktı! Ve bana ilk sözü, emin misin, oldu! Evet eminim dedim, bunu bana doktor söyledi. Öyle şaşkın bakıyordu ki, sevincinden şoka girdi sandım. Ne aptalım Tanrım, ne aptal..."

Aman yarabbi, neler söylüyordu bu kız böyle. Nereye varacaktı bu garip öykünün sonu.

"Evet, hayatım," dedim, "bir bebeğimiz olacak. Onun beni kollarına alıp öpmesini beklerken, Kaan kanepeye çöküp başını ellerinin arasına aldı. Öyle şaşırmıştım ki... Kaan, neler oluyor, dedim, sevinmedin mi yoksa?

"Bir süre konuşmadı. Ben orada ne yapacağımı bilmez bir halde öylece put gibi duruyordum. Oturmayı bile akıl edemiyordum."

Yine yaşlar akmaya başlamıştı o güzel gözlerinden... Esin uzanıp arkadaşının elini tuttu.

"Sonunda, Kaan, dedim, konuş benimle. Bunun üzerine başını kaldırıp bana baktı ve Melis, dedi, ben baba olmaya hazır değilim, hem de hiç değilim.

"Öyle müthiş bir darbeydi ki...

"O an hissettiklerimi anlatmam mümkün değil.

"Neler beklerken nelerle karşılaşmıştım.

"Sevgi sözcükleri beklerken, kınanıyordum adeta.

"Peki ama, dedim, neden bunu feci bir olaymış gibi alıyorsun? Anlayamıyorum. Benim bildiğim, insanlar evlenirler, sonra da çocukları olur.

"Benim bu sözlerim üzerine, beni başkaları ilgilendirmez, Melis, dedi. Ben şu genç yaşımda bir çocuğun sorumluluğunu yüklenecek güçte hissetmiyorum kendimi. Ben, gezmek, eğlenmek, özgürce yaşamak istiyorum.

"Demek evlendiğimiz için pişmansın, dedim o zaman.

"Hayır, asla! Melis seni çok seviyorum ve hayatımı seninle yaşamak istiyorum ama daha ilk günden bir bebeğin ağlamalarını dinleyemem, bir çocuğun sorumluluğunu alamam, dedi.

"Bütün bunları öyle kararlı bir biçimde söylüyordu ki...

"Peki, dedim, böyle düşünebilirsin ama ortada bir gerçek var. O da, benim hamile olduğum. Şimdi, bu durumda ne yapmamızı öneriyorsun?

"Yine başını ellerinin arasına aldı ve hiç yüzüme bakmadan, çocuğu aldırırız, olur biter, dedi.

"Düşünün; çocuğu aldırırız, olur biter, diyor.

"Bu sözleri söyleyen benim sevecen, tatlı Kaanım mıydı?"

"Peki, sen ne yaptın bu sözler üzerine?"

"O anda öylesine kulaklarım uğulduyor, kalbim çarpıyordu ki, tam olarak neler söylediğimi bilemiyorum. Anımsayabildiğim kadarıyla; madem çocuk istemiyordun, bunu bana evlenmeden önce söylemeliydinle başlayıp benim de çocuğumu doğurma hakkım olduğuna dek uzanan bir tepkiydi sergilediğim."

"Aslanım benim!"

Yangına körükle gitmekte Dilek'in üstüne yoktur.

"Kaan ne yaptı bu sözler üzerine?"

"Eşyalarını topladı ve gitti."

"Ne?"

"Olamaz!"

"Çıldırmış bu!"

"Evet çocuklar, Kaan beni terk etti," dedi ve bu sözler üzerine hıçkıra hıçkıra ağlamaya başladı.

Aman yarabbi, kırk yıl düşünsem böyle bir şey aklıma gelmezdi. Birbirini seven, birbirine bu denli yakışan iki insanın çocuklarının olması kadar doğal ne olabilir ki?..

Esin fırlayıp, içeriden bir şişe kolonya getirdi, Melis'in bileklerini, alnını ovdu, fenalaşmasın diye.

Zavallım ağladı, ağladı, ağladı!

Sonra bize döndü, "Peki ben ne yapacağım şimdi?" dedi hıçkırıklar arasında.

Hay Allah, ne cevap verilirdi böyle bir soruya.

Düşünüyorduk, hepimiz düşünüyorduk!

"Ne yapacağımı bilemediğim için sizi çağırdım. Hep birlikte düşünelim istedim."

Kanepenin üstünde, korkmuş bir kız çocuğu gibi oturuyordu, kızarmış gözleriyle.

En ateşlimiz Dilek'tir. Söz konusu kişi Kaan'dan başkası olsa, Dilek kesin, "Boşa şunu!" diye tuttururdu ama Kaan'ı hepimiz hem sevip hem beğendiğimizden, kafamızı, 'bu evlilik nasıl kurtarılır'a yoruyorduk.

Dilek, "Acaba Kaan'ın annesine bu durumu anlatsak..."

"Annemi niçin bu işe karıştırıyorsun diye kızar bana," dedi Melis.

"Canım, annesine, git davulla zurnayla oğluna nasihat et, demeyeceğiz herhalde. Nasıl olsa bir süre sonra aranızda bazı şeylerin yolunda gitmediğini anlayacaktır. Onun için şimdiden söyleyelim, o da usulünce Kaan'ın ağzını arasın, ya da bize bir çıkış yolu göstersin. Ne de olsa o, Kaan'ın annesi, oğlunun huyunu suyunu en iyi o bilir. Ayrıca kültürlü ve modern bir kadın, bence böyle bir durumda tutumu yapıcı olacaktır."

"Olabilir," dedi Melis ama yine de pek aklı yatmamış gibiydi.

"Ya da sen kendi annene anlat olanı biteni," dedi Esin. "Senin annen de Kaan'ın annesiyle konuşsun."

"Esin," dedim. "Anaları babaları bu işin içine katarsak, olay daha da karmaşık bir hal almaz mı? Melis'in annesi kızının hakarete uğradığını düşünecek, Kaan'ın annesi de oğlunu savunmaya kalkacak ve belki de düzelebilecek bir iş, pisi pisine bozulacak."

"Tam tersi de olabilir! İki uygar kadın bu sorunu çözebilirler."

"Eğer benim annem gibilerse, üçüncü dünya savaşı bile çıkabilir. Bu da üçüncü şık," dedi deneyimli (!) Dilek. "Ayrıca, hiçbir anne kendi çocuğunun eleştirilmesini istemez. Bunları duymak hiç de hoşuna gitmez. Tersini söylerler ama bal gibi bozulup savunmaya geçerler. O nedenle ben ana babalarla bir çözüm sağlanacağını sanmıyorum."

"Peki, ne öneriyorsunuz o zaman?"

Düşünüyorduk... Düşünüyorduk...

"İçimizden biri gidip Kaan'la konuşsa..." dedim.

"Yok, deve!"

"Neden öyle söylüyorsun, Dilek! Olamaz mı? Bir düşünün..."

"Peki, kim üstlenecek bu şerefli görevi?"

Bir an duraladım.

"Esin, tabii."

"Yoo, dünyada olmaz."

"Nedenmiş?"

"Ya bana, bu bizim özel yaşamımız, sen ne karışıyorsun, derse..."

"Sen de ona, evet bu sizin özel yaşamınız ve bizim de buna karışmaya hiç ama hiç niyetimiz yoktu ama dostlarınız olarak mutluluğunuz için buradayım, dersin veee –lafa girersin."

"Niye sen gidip konuşmuyorsun? Bak durumu ne güzel özetleyiverdin."

"Ama Esin, Melis'in en yakın arkadaşı sensin."

"Melis'in elbette yakın arkadaşıyım ama Kaan'ın değilim."

Üff, yine başladığımız noktaya dönmüştük.

"Çocuklar," dedi Dilek, "benim karnım acıktı ve insan aç olunca kafası çalışmıyor."

Melis davranınca, "Sen otur," dedik bir ağızdan. "Mutfağı biliyoruz, herkes kendine bir şeyler alır. Sen de ne istiyorsan söyle, getirelim."

"Benim canım bir şey istemiyor."

"Olmaaaz," dedi Dilek. "Sen artık bir anne adayısın. İki can taşıyorsun, dolayısıyla yemen gerek."

"Tıpkı babaannem gibi konuştun, Dilek," dedim.

Babaannemin fıkra gibi söylemlerini Melis'e de anlatmış olduğumdan onu güldürmeyi başarmıştım. Mutfağa girdik, bulduğumuz malzemeyle sandviçler yaptık, yanına da bir güzel çay demledik mi sana... Böylece hem Melis'i hem de kendimizi doyurduk.

Gerçekten de insanın karnı doyunca, olaylara bakışı değişiyor. Amaaan, dünyanın sonu değil ya, demeye başlıyorsun. Tabii, itiraf etmeliyim ki bu bizler için geçerliydi.

Melisçik hâlâ çok çok üzgündü.

Sandviçlerimizi yerken, başka konular açtık, oradan buradan konuştuk ve gecenin geç saatlerine ulaştığımızda Melis'i az buçuk da olsa oyalayabilmiş, o kötü halinden bir parçacık olsun sıyırmayı başarmıştık.

Şu işe bak, bundan önce Dilek için toplanmış, gülmüş, eğlenmiştik. Davetin en neşeli, en keyifli kişisi Melis'ti. Bir sonraki bir araya gelmemiz ise bugün. Üzgün ve bitkin bir Melis için... Sonuç olarak şöyle bir karar aldık:

Şimdilik hiçbir girişimde bulunulmayacak. Beklenecek! Kaan, her nereye gittiyse gitsin. Kafasını dinlesin. Nasıl olsa ortaya çıkacak, o zaman da Melis duruma göre konuşacak onunla.

Aileleri işe karıştırırsak, tam bir kargaşa olabilir. Çok riskli.

İçimizden birinin Kaan'la konuşmaya kalkması, ters tepebilir.

Bu değerlendirmeler ışığında, en akıllıcası kimseye bir şey söylemeden beklemek...

İşte biz dörtlerin vardığı sonuç...

Melis'in en çok içine sinen öneri de bu oldu zaten.

Artık bekleyeceğiz bakalım.

9 Ekim, Cumartesi

Bu güzel sonbahar havaları bize yaramıyor, mirim! Oktay'la dolaylı biçimde atıştık!

Dolaylı atışma nasıl oluyor, dersen, ben Melis'in yaşadıklarını anlatırken, o tuttu Kaan'ı savundu. Sanki savunulacak tarafı varmış gibi... Neyse... Sanırım ruhumuzun derinliklerinde ben kendimi Melis'le, o da Kaan'la özdeşleştirmişti ve onlar için tartışıyor görünsek de, bence aslında biz ikimiz atışıyorduk!

Bunu sana kesin kanıtlarla sunamam, sevgili kiraz ağacı. Belki de benim düş gücüm çok çalışıyor ama duyumsadığım buydu. Yüreğimde hissettiğim buydu.

Bak, olanları sana anlatayım da, en azından şu ağır yüreğim birazcık da olsa hafiflesin.

Melis'e gittiğimiz o günden beri onu her gün arıyorum. Kaan'dan haber var mı, kendisi nasıl, bir şeye gereksinimi var mı diye.

Bugün dokuzuncu gün ve Kaan hâlâ ortada yok.

İnanılır gibi değil!

Ne arıyor ne de soruyor.

Bütün bunlar yetmezmiş gibi, zavallı Melis, bir de anne babaları idare ederek, Kaan'ın yokluğunu onlardan saklamaya çalışıyor.

İşte Melis'in cephesinde olaylar böyle seyrederken, Oktay'la bu hafta sonu Park Orman'a gidelim dedik. Bir sıkı yürüyüş yapar, sonra da orada bir şeyler yeriz diye düşündük.

Gerçekten de, sararmış, kızarmış yapraklarıyla tam bir şenlikti orman...

Ve tabii, yürüyüş yaparken oradan buradan konuşmaya başladık. Laf döndü dolaştı, Melis'le Kaan'a geldi.

"Hâlâ inanamıyorum," dedim, "Kaan bunu nasıl yapar? Düşünsene, eşi bebek bekliyor diye adam evi terk ediyor."

Oktay sesini çıkarmadan yürüyordu. "Öyle değil mi?"

Cevap yok!

"Oktay, sen ne düşünüyorsun bu konuda?" diye üsteledim. "Bence," dedi düşünceli düşünceli, "Kaan'ı yargılamadan önce, bir de onunla konuşmak gerek."

"Ne?!"

"Serra, daima iki tarafı da dinleyip öyle karar vermeli."

"Haklısın! Haklısın da... artık burada öbür tarafın anlatacağı ne olabilir ki?"

"Öyle deme! Kim bilir o da ne gibi duygular içindedir."

"Ciddi olamazsın, Oktay."

"Ama sen de önyargılısın, Serra."

"Sen benimle dalga mı geçiyorsun?" dedim, olduğum yerde durup onun yüzüne bakarak. Oktay'ın vardır böyle muzırlıkları... Ama hayır! Dalga filan geçtiği yoktu. Hatta –gayet de ciddiydi! "Haydi durma," dedi, "yürümeye devam..."

"Ben mi önyargılıyım?"

"Şimdi buna bir cevap versem bana kızar, sonra da surat asarsın."

Bak... Bak... Bak... Surat asarmışım...

"Bir kere ben sadece sana kızdığım zaman surat asarım. Onun 136 nedeni de doğru dürüst kavga etmeyi beceremememdir. Sevgili Betülcüğün gibi kavga edebilseydim, surat filan asmama gerek kalmazdı. Ağzıma geleni söyler, ferahlardım. Onun için kalkıp da susmamı başıma kakma. Bari susma hakkım olsun!"

Ona çıkıştığım zamanlarda yaptığı gibi, keskin bir ıslık çaldı ve kendini korumak istercesine ellerini uzatarak, "Bak, daha ağzımı bile açmadım ve sen bana ne biçim kızıyorsun. Şimdi ben sana nasıl fikrimi söyleyeyim?" dedi, sonra da kendini tutamayıp güldü. "Şu Betül'ü de anmasan olmuyor, değil mi?"

"Tamam, tamam," dedim, öfkem uçup gitmişti. "Haydi kızmayacağım, söyle nerede önyargılı davranıyorum?"

"Kaan'la konuşmadan adamı suçluyorsun. Buna yargısız infaz denir."

"İyi ama Oktay, ona soracak ne var ki? Adam hamile karısını bırakıp gidiyor yaa... Daha bunun konuşması, monuşması olur muymuş?"

"Ama neden gitmiş? Onu niye sormuyorsunuz hiçbiriniz?" Bir an duraladım.

"Valla, kusura bakma ama hamile arkadaşım iki gözü iki çeşme ağlarken, benim tutup da, sevgili Kaan, eşinizi yüzüstü bırakıp gitmenizin nedenini öğrenebilir miyim acaba dememi bekleme," dedim ve ona döndüm. "Peki, sence neden gitmiş olabilir? Madem ben yargısız infaz yapıyorum, o zaman sen söyle."

Yürümeye devam etti Oktay.

"Hadi, söylesene..."

"Bak Serra, çocuk nedenini söylemiş işte..."

"Ne demiş?"

"Ben hazır değilim, baba olma sorumluluğunu yüklenemeyeceğim, demiş."

"Aferin ona! Buna ne denir biliyor musun?"

"Ne denir?"

"Özrü kabahatinden büyük, denir."

"Niye öyle söylüyorsun Serra, kendini hazır hissetmiyorsa, hazır değil demektir."

"Peki, aklı nerdeydi? Bütün bunları neden vaktinde düşünmedi?"

"Belki de baskı altında kaldı."

"Ne baskısı? O Melis'e deli gibi âşıktı, kızı ikna edinceye kadar ne biçim peşinde dolandı durdu."

"Melis'e âşık olması, onu sevmesi başka; evlenip çoluk çocuk sahibi olmak başka. Birini sevebilirsin ama bu otomatikman büyük sorumluluklara hazırsın anlamına gelmez," dedi ve devam etti. "Ama toplumun öyle bir baskısı var ki, biriyle bir süre çıktın mı hemen sormaya başlıyorlar, evlilik ne zaman? Hangi yana dönsen, soru bu. Evlilik ne zaman? Çıktığın kız da bu baskının etkisinde kalıyor, o nedenle bir süre sonra onun da bakışlarında aynı soruyu görmeye başlıyorsun. Evlilik ne zaman? Evlilik ne zaman?

"Oysa sen daha hazır değilsin. Daha hayatını rayına oturtmamışsın, daha yeterince gezip tozmamışsın. Yapmak istediklerin var, hayallerin var, gitmek istediğin uzak ülkeler var.

"Sen daha bunları yapmadan, yani gençliğini doyasıya yaşamadan, senden evlenip kutu gibi bir eve girip oturmanı ve bu yetmezmiş gibi o kutu gibi evin içinde bir de bebekle uğraşmanı bekliyorlar. Oysa, bir bebeğin olursa ne olur, biliyor musun?"

"Ne olur?"

"Hayatın biter! Artık gezileri de, gece gezmelerini de, sinemayı, tiyatroyu da unutman gerek. Tatilini bile alamazsın. Zaten alsan da bebekle ya da çocukla gideceğin o tatil tatil olmayacaktır nasıl olsa...

"Ama bütün bunları sevdiğin kıza anlatamazsın, çünkü onun beyni evlenip çoluk çocuğa karışmak üzere şartlandırıldığı için, seni anlayamayacaktır. O seni bu tür düşüncelerin nedeniyle sadece suçlayacaktır."

Neler söylüyordu bu Oktay!

Kendi sesimi duydum.

"Sen de böyle mi düşünüyorsun Oktay?"

Sorum, ikimizi birbirimizden ayırırcasına ortamıza düşen bir yıldırımdı sanki.

Sessizlik... bana uzun, upuzun gelen bir sessizlik.

"Hayır canım, benimle ne ilgisi var. Ben sana Kaan'ın neler hissetmiş olabileceğini anlatmaya çalıştım. Onu suçlamadan, olaya bir de bu açıdan bak diye."

"Yani zavallı Kaan baskı altında evlendi, öyle mi?"

"Canım, baskı altında derken Melis onun kafasına silah dayamadı elbette. Ama bir şekilde bir baskı vardı ki, böyle tepki verdi."

"Çünkü hayallerini yaşaması engellenmişti, öyle mi?"

Oktay beni yanıtlamadı. Bence bu, evet, hayalleri engellendi, anlamına geliyordu.

"Peki, Ulaş'la Deniz de genç adamlar, onlar neden bu baskıyı hissetmiyorlar da Kaan Bey duyumsuyor? Onlar pekâlâ kutu gibi evlere girip çocuk ağlaması dinlemeye hazırlar. Senin dediğin gibi bir baskı olsa, onlar da aynı şeyi hisseder, tepki verirlerdi ama demek ki bu baskı meselesi bir tür... bir tür..."

"Bir tür ne?" Sesi bayağı sinirli çıkıyordu Oktay'ın.

"Bahane..." dedim. "Hâlâ büyümemiş bir çocuğun bahanesi... Yeterince güçlü olmayan bir erkeğin arkasına saklandığı bir paravan."

Öfkeyle bakıyorduk birbirimize...

"İnsanların üstüne bu kadar varılmasa..." dedi.

"Kimsenin kimsenin üstüne vardığı yok. Kaan ölüp bitmedi mi Melis'le evlenmek için?"

"Üff..." dedi. "Anlatamıyorum ki..."

"Ben burada anlaşılmayacak bir durum göremiyorum. İki insan birbirini severse, birlikte olmak ister ve evlenir. Evlenince de çocukları olur. Öyle değil mi? Peki, bunun neresi anlatılamayacak ya da anlaşılamayacak karmaşıklıkta?

"Ayrıca tanıştığının ilk aylarında, daha birbirini doğru dürüst tanımadan senin dediğin türden bir baskı uygulanırsa, evet, haklı olabilir. Ama Melis'le Kaan yıllardır tanışıyorlar, artık bu aşamada hangi baskıdan söz ediliyor, onu anlamakta güçlük çekiyorum."

Öfkelenince Oktay'ın şakağındaki damar atmaya başlar. O anda da işte o damar pır pır edip duruyordu.

Ama ben de öfkeliydim!

Sözlerime devam ettim. "Yok eğer delikanlının gönlü geçmişse, o başka..."

"Adam, Melis'e onu sevdiğini söylemiş, daha ne desin..."

"Kusura bakma ama eğer gerçekten seviyorsa, o zaman demek ki zayıf bir kişiliği var. Sorumluluktan kaçan, güçsüz bir erkek..."

"Neyse..." dedi Oktay bu konudan sıkılmış gibi. "İş olacağına varır, onun için biz ne konuşsak boş."

"Öyle," dedim. "İş olacağına varır."

Böylece güzelim sabah yürüyüşümüz tatsız bir havaya büründü. Ne onda keyif kalmıştı, ne bende...

İşte bunun için dolaylı tartışma diyorum. Sadece ve sadece Melis'le Kaan'ı tartışıyor olsak, bu denli etkilenir miydik bilmem. Bence bu tartışma çok daha derinlere iniyordu.

Zoraki konuşmalarla sürdürülen bir yemekten sonra, beni eve götürmesi için bir bahane uydurdum. Oktay da hiç itiraz etmeden, bu isteğimi yerine getirdi.

Oysa dışarıda ne güzel bir hava vardı. Tam o muhteşem sonbahar günlerinden biriydi. Ama insanın içi iyi olmayınca, ne o güzel hava, ne de sonbaharın eşsiz ışığı bir şey ifade ediyor. Tam tersine, içindeki hüznü artırıyor.

"Sen misin Serra?" diyen annemin sesi yankılandı.

"Evet, benim."

"Bak kim var burada..."

Hiç havamda değilim, diye homurdandım ama tabii ki yüzüme bir gülücük yapıştırıp salona girdim.

Annemle Ülkü Teyze karşılıklı oturmuşlar, belli ki epeydir kaynatıyorlardı.

"Erken döndün bakıyorum," dedi annem neşeli bir sesle. "Haydi kendine bir çay koy da bize katıl. Çok lazımmış gibi Ülkücüğüm o nefis brownie'lerinden yapmış getirmiş," derken göbeğini tokatlayıp duruyordu, sanki vurunca kaybolacakmış gibi...

"Aman sende de ne göbek var ya," dedi Ülkü Teyze. Sonra bana döndü, o sıcacık gülüşüyle baktı. "Ne haber gelin hanım, duyduğuma göre geri sayım başlamış."

O an nedense içimi müthiş bir ağlama duygusu kapladı. Ama hüznümü belli etmemeye çalışarak, "Öyle..." dedim.

"Eee, ufak ufak hazırlıklar başladı mı? Ev bakmalar filan..."

"Daha başlayamadık..."

"Tabii canım," dedi Ülkü Teyze hemen geri vitese takarak. "Daha epeyce vakit var. Mayıstaydı, değil mi?"

"Evet, Ülkü Teyze."

Odamın sessizliğine, onların neşeli gevezeliklerini yeğleyerek, bir süre annem ve Ülkü Teyzeyle oturdum. Yüreğim ağlarken onlarla sohbet ediyor olmak, aklıma özlü sözlerle konuşmayı seven babaannemi getirdi. Hani, kan kusup kızılcık şurubu içtim, derlermiş ya atalarımız; işte ben de aynen öyle hissediyordum kendimi.

Ülkü Teyze gittikten sonra annem, "Ben bu akşam meyveyle idare edeceğim," dedi. "Çayda dünyayı yedim."

"Ben de..."

"Sen büyüyen bir çocuksun, gelin hanım," diyerek bana sarıldı annem.

"Üff, anne..."

Şöyle bir durdu, yüzüme dikkatli dikkatli baktı. "Bana bak," dedi. "Senin canın bir şeye mi sıkılıyor?" O aptal gözlerim batmaya başladı hemen. Hani bir kerecik olsun, sorunumu gözlerim dolmadan söyleyebilsem ya... Aptal gözler!

"Sıkılıyor! Sıkılıyor!" dedi annem. "Anlamıştım zaten. Bizimle gülüyor, konuşuyordun ama aslında bizi idare ediyordun."

"Senin antenlerinden de korkulur yani."

"Bir annenin gözleri dünyanın en güçlü antenleridir, Serracığım. Sen de anne olduğunda bunu anlayacaksın."

"Benim bu gidişle anne manne olacağım yok," dedim, bir öfke...

"Ooo, evlilik öncesi krizleri mi yaşıyoruz yoksa?"

"Bilmem artık!"

"Otur şuraya da doğru dürüst bir konuşalım. Aslını istersen, seninle şöyle doyasıya bir sohbeti özledim, koşuşturmaktan birbirimize vakit ayıramıyoruz ki... Hadi anlat bakalım, neler oluyor..."

Böylece o gün yaşadıklarımı, tartışmamızı anneme anlattım. Bu tartışmanın altında kendimizle özdeşleştirdiğimiz duyguların yattığı kanısında olduğumu da ilave ettim.

"Serra, sen de öfkene kapılıp epeyce kırıcı laflar etmişsin. Neyse, asıl konuya dönersek, bunlar evlilik öncesi sancıları..."

"İyi ama anne, biz evleneceğimizi iki yıldır, tam iki yıldır biliyoruz," dedim, tıpkı dedem gibi parmaklarımla iki işareti yaparak.

"Evet tatlım ama o genel bir karardı. Oysa şimdi bir tarih kondu ve artık ciddi ciddi adımlar atılmaya başladı."

"Yani, kafalara dank etti."

"İlahi Serra! Ben artık işin ciddiyetinin farkına varılıyor, demeyi yeğliyorum. Bu durum, bazen bazı kişilerde panik duygusu yaratıyor.

"Acaba doğru kararı verdim mi?

"Başarabilecek miyim?

"Bu sorumluluğun altından kalkabilecek miyim?

"Hatta, hatta... bir ömür boyu bu insanla yaşamak zorunda kalacağım diye paniğe kapılanlar bile var.

"Onun için nikâh ya da düğün öncesi en stresli zamanlardır."

"Tevekkeli değil, bazı insanlar uzun yıllar çıkıp evlilik lafı edilince, ya da evlenince, ayrılıveriyorlar."

"Hadi, hadi, abartma sen de. Bir parça kuşku, bir parça telaş olması doğal. Her düğünden önce olur böyle şeyler."

"Nasıl anlatsam bilemiyorum ama içimde, çok derinlerde bir huzursuzluk var."

"Ne gibi?" Annem ilk kez kaygıyla bakıyordu bana.

Onun sorusuna soruyla yanıt verdim. "Sence Oktay bu evliliğe hazır mı?"

İşte! Kuşkularımın odak noktasını nihayet yüksek sesle dile getirebilmiştim.

"Aşkolsun Serra. Oktay'a haksızlık etmiyor musun bu soruyla?"

"Ne bileyim, içimdeki ses sürekli konuşup duruyor, beni huzursuz ediyor."

"Peki, seni böyle düşünmeye iten nedenleri söyleyebilir misin?"

"Parmağımı basacağım, açık açık şu şöyle, bu böyle diyebileceğim bir şey yok. Yok ama... yine de..."

"Ne? Söylesene Serra."

"Ne bileyim, her şeyi gevşek tutması... Örneğin, ev bakmaya başlasak diyorum, çok vakit var, diyor."

"Serracığım, bana kızma ama gerçekten vakit var."

"Oktay'ın annesiyle babası öyle demiyor ama..."

"Canım, bazı insanlar her şeyi daha çabuk yapmak isterler, acelecidirler. Bazıları da daha rahattır."

"Peki, Kaan'ı öyle savunmasına ne buyrulur? Yok baskı yapıyorlarmış da, yok kızların beyni yıkanıyormuş da..."

"Canım, herhalde bunu kalkıp sizi düşünerek söylemedi. Onun sözünü ettiği, flört etmeye başladığının neredeyse üçüncü günü, hadi evlenelim havasına giren kızlar ve onların aileleri... Eh, onlardan da epeyce var doğrusunu istersen."

"Peki, iş bırakma niyetlerine ne buyrulur? Yok yeni iş, yok uzak ülkeler... Tıpkı Kaan'ı anlatırken söylediği gibi..."

"Bu bir arayış olabilir, sizin yaşlarınız arayış yaşları... İnsan bu yaşta işini de değiştirebilir, yaşadığı kenti, hatta ülkeyi de... Bütün bunları kafasının içinde evirip çevirebilir, düşünebilir. Oktay bu işyerinde devam etmeden önce çeşitli seçenekleri gözden geçiriyor olamaz mı?"

"Olabilir," dedim cılız bir sesle. "Ama..."

"Ama ne?"

"Bence ne istediğini tam olarak bilmiyor, yani senin dediğin gibi bilinçli bir biçimde arayış içinde olsa, belli bir hedefe yönelik konuşmalar yapardı. Örneğin, ben iyi kötü nerede durduğumu biliyorum. Şu kadar bir süre burada çalışırım, koşullar şöyle olursa böyle yaparım; olmazsa şöyle davranırım diye kaba hatlarıyla neler yapıp neler yapmayacağımı kestirebiliyorum. Bu, evlilik konusunda da böyle. Ben, Oktay'la evlenmek istediğimi biliyorum. Bu sorumluluğu taşımaya hazır olduğumu da biliyorum. Bu kadar net, bu kadar açık. Oysa Oktay'da bu netliği bulamıyorum. İşte, beni tedirgin eden de bu. Hangi söze, hangi davranışa dayanarak bunu söylüyorsun diye sorarsan, buna da cevap veremeyeceğim. Ama bir şeylerin beni rahatsız ettiği kesin."

Annemin yüzünden bir gölge geçti sanki. Sonra, kötü düşünceleri zihninden atmak istercesine başını geriye doğru atarak, "İkinizin arasındaki davranış farkı nereden kaynaklanıyor, biliyor musun?" dedi.

"Ne bileyim."

"Sen neredeyse yirmi beş yaşındasın, Oktay da öyle. Yirmi beş yaşındaki bir kızın olgunluğuyla, delikanlınınki arasında dağlar kadar fark vardır. Yirmi beş yaşındaki bir genç kız, genelde, çok daha olgun ve sorumluluk almaya hazır oluyor. Ama yirmi beş yaşındaki bir delikanlı, çoğunlukla aynı düzeyde olamıyor.

"Neden böyle diye hiç sorma bana, çünkü bilmiyorum. Bildiğim bir şey varsa, kızların erkeklerden çok daha çabuk olgunlaştıkları ve sorumlulukları bilinçli bir biçimde üstlenmeye hazır hale geldikleridir. Bu, herhalde tabiatın, geleceğin annelerine bahşettiği bir ayrıcalık. Sizin aranızdaki davranış farkı, seni rahatsız eden tutum farkı bundan kaynaklanıyor olabilir."

"Ya Ulaş'a ne demeli? O da genç, onlar da Dilek'le aynı yaştalar..."

"Canım, herkes bir olmaz. Ayrıca, ben bu kesin böyle demiyorum. Sıklıkla gördüğümüz bir olgu olduğundan, bunu da gözeterek düşün diyorum."

"Yani ben büyüdüm, o büyüyemedi!"

"Serra!"

"Tabii ya, senin uzun uzun anlattıklarını ben özetleyiverdim. Fena mı?"

"Hadi, hadi," dedi annem. "Melis'in olayı senin sinirlerini bozmuş. Öküz altında buzağı arıyorsun. Oktay çok efendi, düzgün bir çocuk. Birbirinizi seviyorsunuz, biz de aileleriniz olarak buna çok seviniyoruz. Daha ne?.. Böyle kuruntularla bu güzelim günlerini ziyan etme. Otur, gelinliğini düşün. Zaten Oktay'ın annesiyle babası önümüzdeki ay, düğün yerini saptamak için geliyorlar. Ben bile şimdiden dergileri karıştırıyorum, nasıl bir giysi diktireyim diye. Şaka mı, gelinin annesi olarak ortalarda dolanacağım. Güzel kızımın düğününde şık olmalıyım," dedi ve sarılıp öptü beni, canım annem.

Onunla konuşmak beni o kadar ferahlatıyor ki... Oysa eskiden ne çok atışırdık.

Arada bir eski defterlerimi karıştırıyorum da, ne çocukluklar, ne saçmalıklar yapmışım o yaşlarda.

"Serra," dedi annem saatine bakarak, "sabahın bir buçuğu olmuş! Ama seninle ne güzel konuştuk, değil mi?"

"Artık bu bizi bir yıl idare eder."

"O kadar da değil, bir ay desek nasıl olur?"

"Harika!"

"Haydi canım, iyi geceler. Güzel rüyalar gör, e mi?.."

Yaa, işte böyle kiraz ağacı. Annem beni ferahlattı ferahlatmasına da, o öz, o çekirdek hâlâ yerli yerinde duruyor. Ya ben giderek paranoyaklaşıyorum, ya da... Neyse... bu laf burada kalsın artık. İyi geceler, sevgili kiraz ağacım.

10 Ekim, Pazar

Bugün Dilek'in evine davetliydik.

Şu ara deliler gibi peş peşe futbol maçları var ya... Tüm erkekler de buna kilitlenmişler ya...

Bari bu fırsatı değerlendirelim diye Dilek bizi evine çağırdı.

Meğer Sıla da Ankara'dan hafta sonu için atlayıp gelmemiş mi? Hınzır Dilek bunu bize söylemedi. İçeri girip de Sıla'yı baş köşede oturur görünce bir çığlık, bir kıyamet...

Şirin bir bodrum katında oturuyorlar Dilek'le Ulaş. Pencereleri bahçe seviyesinde; dışarı bakınca, ağaçları ve çeşitli yeşil bitkileri görüyorsun, bodrumda olduğunu anlayamıyorsun bile.

"Sizi buralara kadar yordum çocuklar," dedi Dilek, "ama kesemize ve zevkimize göre ancak Anadolu yakasında bir ev bulabildik."

"Giriş çok güzel," dedi Esin.

"Zaten biz de bahçeye ve özellikle de bahçedeki erguvan ağaçlarına vurulduk. Ayrıca," diye heyecanla devam etti Dilek, "şu gördüğünüz sarmaşıklar var ya, onlar da mor salkım. Baharda, erguvanlarla mor salkımların birlikte açtığını bir düşünsenize..."

"O zaman," dedim, "bizi bir de baharda çağıracaksın. Öyle kuru kuru övmekle olmaz."

"Dostlarla paylaşmadıktan sonra güzelliklerin ne anlamı var?"

"Yaşa, Dilek!"

Dilekçiğimin evi kendisini yansıtıyordu. Kilimler, bambu koltuklar, büyük toprak saksılarda bol yapraklı bitkiler... Güler yüzlü bir ev...

Öte yandan, sevgili defterim, Habibe Teyzenin bu evi beğeneceğini hiç sanmam! O kalantor koltuklarla, kristal avizeleri olmayan eve, ev mi der. Kıh, kıh, kıh...

Bu arada ev hediyemizi de görmüş olduk! Dilek güzel bir düğün listesi hazırlamıştı ama sağ olsun Habibe Teyze sayesinde her şey altüst olunca, biz de en yakın arkadaşları olarak, birleşip Dilek'e bir kilim almaya karar verdik. Böylece Dilek Kapalıçarşı'dan büyük boy bir kilim beğendi ve bu bizim ona evlilik armağanımız oldu.

Nitekim içeri girer girmez, salona serdiği kilimi göstererek, "Nasıl?" dedi. Gözlerinin içi gülüyordu. Her biri ayrı renkte karelerden oluşmuş bir kilimdi bu. Renk uyumu gerçekten muhteşemdi. Melis bile, "Ne güzel, ne modern bir kilim bu böyle," dedi. Dilek, iki eliyle bize öpücükler yağdırarak, "Hepinize çok çok teşekkür ediyorum, benim sevgili arkadaşlarım. Kilimimi çok ama çok seviyorum," diyordu.

Arkadaşım için o kadar mutluyum ki...

Tüm olanaklar bir araya getirildi ve o olanaklar içinde bir düzen kuruldu. İkisinin mutluluğu da bu koşulları güzel ve yaşanası kılıyor.

İşte benim anlatmak istediğim de bu zaten. Bir şeyi gerçekten istiyorsan, koşulları zorlayıp yapabilirsin. Yeter ki iste... Ve yapman gerekeni yap!

"Senin de gelebilmene çok sevindim Toprak," dedi Dilek. "Daha bir süre burada olacak mısın?"

"İstanbul'da kısa bir süre kalıp yine Güneydoğu'ya gideceğim."

"Ne var bu Güneydoğu'da bu kadar?" diye sordu Esin.

"O bölge kadınlarının yaşam koşulları kötü, özellikle de bu töre cinayetleri meselesi... İşte biz orada halkı bilinçlendirmek için çalışmalar yapıyoruz. Örneğin, zor durumda olan kadınlara destek vermek için bir kadın sığınma evi açmaya çalışıyoruz."

"Sorun para mı?"

"Sadece para olsa yine iyi. Sığınma evlerinin korunması gerek. Onun için de devletin oraya bir polis ya da jandarma koyması gerek. Ama bunun için kadro yok; kadronun açılmasıysa bir sürü bürokratik işlem gerektiriyor. Öte yandan, o evi koruyamazsan, amaca ulaşamıyorsun. Diyelim kadın, dayak yediği için kaçıp sığınma evine sığındı. Kocası da aldı eline silahı, kapıya dayandı. Kim ne yapabilir? Kocası, kolundan tuttuğu gibi kadını eve götürür üstelik kadıncağız sığınma evine gitti diye bir posta da evde dayak yer."

"Desene zor iş," dedi Esin.

"Evet ama biz yine de uğraşıyoruz. Bu zavallı kadınların hayatlarının değişmesi için birilerinin savaşması gerek."

"Aman dikkat et kendine," dedi Melis. Toprak, Melis'e gülümsedi. "Asıl sen kendine dikkat et."

Esin, "Melis, yeni bir gelişme var mı?" diye sordu.

"Dün kayınvalidem beni görmeye geldi."

"Ne?"

"Eve mi?"

"Evet," dedi Melis, "eve geldi, hem de habersiz."

"Anlat, hemen anlat."

"Öylesine oturuyordum, kapı çalındı, herhalde kapıcıdır, diye açtım, yoksa açmazdım."

"Nedenmiş o?" diye sordu Toprak.

"Beni öyle perişan halde görmesini istemiyordum da ondan. Neyse, buyur ettim tabii. Daha oturmadan, neler neler olmuş da haberimiz yok, diye çıkıştı bana."

"Şuna bak! Dakka bir, gol bir."

"Sus, Dilek!"

"Benim açıklama yapmama fırsat bırakmadan aynı tempoda devam etti. Senin hamile olduğunu el âlemden mi duyacaktım? Ayrıca bunu saklamanızın nedenini de anlayabilmiş değilim, diyerek..."

"Özetle, sana bir güzel fırça çekti."

Melis gülümsedi, yüzünde yorgun bir ifade vardı. Dilek ise elini beline dayamış, "Sen de ona, benimle konuşacağına biraz da oğlunla konuşsana, diyemedin mi?" sözleriyle çıkıştı.

Melis devam etti. "Hem, dedi, Kaan da eve gelmiyormuş. Ne oldu? Kavga mı ettiniz?"

"Yok, diyeydin, arada sırada böyle evi terk eder. Heyecanlı oluyor da..."

"Dilek, lütfen Melis'e laf yetiştirmeyi keser misin?" dedim dayanamayıp.

"Ama kadına bakar mısınız?.. Gelip destek olacağına, geçmiş kızın karşısına hesap soruyor." "Sonra Melis... sonra ne oldu?"

"Kayınvalidem biraz sakinleşince, nereden biliyorsunuz bütün bunları diye sordum, çünkü ben duyulmasın diye çok dikkat ediyordum. Meğer evdeki yardımcım, üstelik de bana üzüldüğü için, kalkıp kendiliğinden kayınvalideme gitmiş. Gelininiz hamile, oğlunuz da evi terk etti diye haber vermiş."

"Kadını görüyor musun?.. Melis'in haline o bile üzülmüş, kendince bir şeyler yapmak istemiş," dedi Esin.

"Sonra? Sonra?"

"Sonra oturduk ve ben ona her şeyi anlattım." "Peki ne dedi?"

"Çocuk için biraz acele etmişsin, dedi."

"Ne? Acele etmişsin mi... Seni Meryem Ana mı sanıyor bu kadın? Peki, sevgili oğlu için hiçbir şey söylemedi mi?"

"Söylemez olur mu! Kaan'a da attı tuttu ama tabii yine de çocuk işinde sanki tek sorumlu benmişim gibi konuştu. İşte, çocuk için erkenmiş, henüz evliliğimizin ilk günlerindeymişiz, önce bir evliliğimizi oturtmamız gerekiyormuş, ancak ondan sonra çocuk düşünülebilirmiş."

"Arkadaşlar, ben size demedim mi, hiçbir anne çocuğunun eleştirilmesini kabullenmez, kendi atıp tutabilir ama ortada bir kusur varsa bu el kızınındır. Bu böyle biline..."

Melis, Dilek'i duymamış gibi devam etti. "Kayınvalidem, ilk işimiz Kaan'ı bulmak, dedi. Bize gelmediğine göre bir otelde kalıyor olmalı. Sonra bana, Melisçiğim, annenlere bu durumu söyledin mi, diye sordu. Söylemedim, deyince, çok iyi etmişsin, birkaç gün daha durumu idare et; bu arada biz benim aptal oğlumu bulmaya çalışalım; bulup da onu eve getirirsek, annenleri de boşu boşuna üzmemiş oluruz, dedi."

"Bak, bak, bak! Kendisine söylenmedi diye esip savuruyor ama Melis'in annesiyle babası sakın bilmesin. Niye? Çünkü oğlunun marifeti ortaya çıkacak. Melis'in annesi üzülmesinmiş... Anlatsın külahıma..."

"Dilek, sen de iyi agresif oldun ha..." dedi Esin. "Belki de kadın iyi niyetle davranıyor, ne biliyorsun..."

"Buldun..."

"Tanıyor musun ki böyle konuşuyorsun?"

"Tanımıyorum ama Melis'in şu kadarcık anlatmasıyla benim anneme müthiş benzediğini görebiliyorum. Ve sevgili arkadaşım, inan bana, bu hiç de iyi bir haber değil."

"Tamam," dedim, "kesin şu anlamsız tartışmayı. Melis, sonuç olarak, nasıl davranacağınıza dair bir karara varabildiniz mi?"

"Şimdilik, onlar Kaan'ı bulmaya çalışacaklar; eğer birkaç gün içinde onu bulamazlarsa, annemlere de durum açıklanacak."

"Bence bunun ortaya çıkması çok iyi oldu! Bütün yük senin üstündeydi; artık sana onlar da yardımcı olacaklar, sorunu elbirliğiyle çözeceksiniz," dedim.

"Umarım, Serra," diye içini çekti Melis.

Ah, Melis ah! O ne güzel düğündü! O ne hoş çiftti! Her şey ama her şey ne kadar mükemmeldi, şimdi duruma bakar mısınız?..

Ortalık darmadağın...

Bizim yerli filmlerle bundan böyle asla ve asla dalga geçmeyeceğim, çünkü gerçek hayatta olanlar daha da fantastik...

"Eee," dedi Esin. "Evlilik nasıl gidiyor Dilek Hanım? Gerçi bunu sormak için biraz erken ama olsun, yine de bir aylık bir eş olarak izlenimlerinizi alabilir miyiz? Sizce evlilik nasıl bir şey?"

Esin bu soruları sorarken peçetesini kıvırıp mikrofonmuş gibi Dilek'e uzatıyordu.

Dilek önce bir güzel güldü, sonra ciddileşerek peçete mikrofona doğru eğilip, "Zor," dedi, "çok zor bir durum."

"Bu saptamanın nedenini öğrenebilir miyiz efendim?"

Dilek bacak bacak üstüne attı, dudaklarını hafifçe büzerek, hayali kaküllerini havalı bir biçimde geriye atıp, "Bakınız," dedi, "benim eşim aslında şekkerrr gibi çocuktur ama hayatın müşterek olduğunu, otuz gün geçmiş olmasına karşın hâlâ algılayamamış vaziyette..."

"Ne gibi efem? Örnekleyebilir misiniz?"

"İkimiz de çalışıyoruz, öyle değil mi? Demek ki, ikimiz de katkıda bulunuyoruz, çünkü hayatın müşterek olduğuna inanıyoruz. Aslında da, bunun böyle olması gerek. Buraya kadar tamam mı? Tamam! Ama ondan sonra, yani eve gelince işler değişiyor, nedense eşikten atlayınca hayat artık müşterek olmayıveriyor. Ben önlüğümü takıp mutfağa giriyorum; akşam yemeğiydi, salataydı, sofraydı hazırlıyorum. O ise güzelce koltuğuna yerleşip ya gazetesine ya da televizyona dalıyor. Bir gün, iki gün derken, insan isyan ediyor efendim. Hani hayat müşterekti? O çalışıyorsa, ben de çalışıyorum. O, eve para getiriyorsa, ben de getiriyorum. Ama eve girince evle ilgili tüm sorumluluklar benim oluveriyor, eksikler benden soruluyor."

"Peki, eşiniz sizin bu duygu ve düşüncelerinizden haberdarlar mı?"

"Değildi ama geçen gün onu iyice bir haberdar ettim efendim."

"Nasıl oldu, anlatabilir misiniz?"

"Bu konuda, ben, duygusal bir fırtına yaşarken gerçekleşti olay. İki gün önceydi. Oturduğu yerden benden bir bardak su isteme gaflet ve dalaletinde bulundu. Üstelik tam da o sırada akşam yemeği için tavuk butlarıyla boğuşuyordum. Yani, gerçekten talihsiz bir zamanlamaydı. Ayrıntılara girmeyeceğim efendim, artık kendisi duygu ve düşüncelerimden haberdardır, demekle yetineceğim."

Derken Dilek, peçete mikrofonu Esin'in elinden aldı ve başladı konuşmaya.

"Son zamanlarda olgun ve dolgun bir beyle görülmüşsünüz. Düzeyli ilişkiniz devam ediyor mu?"

Esin, peçeteyi Dilek'in elinden kapıp onunla Dilek'in koluna vurdu.

"Seni seni!"

"Ama ben senin sorularını yanıtladım."

"No comment!"

"Bu sözlerin eski Türkçesi, sükût ikrardan gelir'dir, Esin Hanım. Madem susuyorsun o zaman var bir şeyler... Anlat şunu, yabancı mı var aramızda?.."

"Hadi ama..."

Toprak, "Yani sizi bir gören olsa otuzuna merdiven dayamış kadınlar mı bunlar, diye şaşıp şaşıp kalır," deyince daha büyük bir kıyamet koptu.

"Sen delirdin mi? Ne otuzu?"

"Daha yirmilerimizin baharındayız."

"Aşkolsun Toprak, valla..."

"Öyleyse rahat bırakın kızı," diye bir de Esin'i kollamaya kalkınca, büsbütün şimşekleri çekti üstüne Toprak.

"İşimize karışma, bir kere."

"Madem o bizim arkadaşımız, her şeyi bilmeye hakkımız var."

"Keyfimizi kaçırma!"

"Tamam, tamam, sustum," dedi Toprak. "Esin kardeş, gördüğün gibi elimden geleni yaptım."

Esin baktı kurtuluş yok, konuştu. "Canım ortada elle tutulur bir şey yok ki..."

"Ama –çıkıyorsunuz."

"Eh, sayılır."

"Nasıl oluyor bu sayılır?"

"Yani, atölyeden çıkarken, planlamadan öylesine bir yere gidiyoruz; ya da birlikte çalışmış oluyoruz, haydi gidip bir yemek yiyelim, diyoruz. Öyle işte..."

"Ama," dedi Melis, "geçenlerde Dilek için verilen davete onunla geldin."

"Geldim, çünkü hep o beni bir yerlere götürüyor. Bu kez de ben onu davet edeyim istedim."

"Hoş biri," dedi Sıla. Esin, gülümsemekle yetindi. "Veee –aranızda bir elektrik var."

"Aman Dilek sen de..." dedi Sıla. "Neler de soruyorsun." Haydi yine gülüşmeler...

İşte böyle çok tatlı bir gündü.

Bir de Melisimiz keyifli olsaydı...

Sıla yarın dönüyor.

Toprak şimdilik burada.

Bugün Oktay'ı aramadım, o da beni aramadı.

Bakalım günler neler getirecek.

15 Ekim, Cuma

Bu hafta ailem tarafından neredeyse aforoz ediliyordum! Nasıl peş peşe telefonlar geldi, nasıl!

Hafta başı babam aradı. Sesin soluğun çıkmıyor, seni merak ettik, dedi. İşlerin yoğun olduğunu anlattım uzun uzun. Tabii ki arkadaşlarımın hayatındaki çalkantılarla benim ruhumdaki fırtınalara değinmedim. Nasıl değinebilirdim ki?..

Konuşmamızın sonuna doğru babam, babaanneni bir arasan iyi edersin, sana alınmış, ne arıyor ne soruyormuşsun, diyerek son darbeyi indirip telefonu kapattı.

Hay Allah!

Şöyle bir düşündüm, kendimi son olaylara kaptırmış, gerçekten de babaannemi haftalardır aramamıştım. Gün pazartesi olunca, öğleni bekledim ve bir yandan getirttiğim tostu kemirirken, bir yandan da babaannemi aradım.

Önce pek soğuktu bana karşı. Kırgın ayaklarında...

"Yapma babaanne," dedim. "Seni ne kadar sevdiğimi biliyorsun."

"Hıh..."

"Ama işler öyle yoğun ki..."

"Tutturmuşsunuz bir iş... İnsan beş dakika ayırıp bir telefon edemez mi?.."

"Haklısın, haklısın ama inan o beş dakikayı bile bulmakta zorluk çekiyorum bazen. Bir yandan işler, bir yandan da..." dedim sesimi alçaltarak, "bir arkadaşım evliliğinde sorun yaşıyor, benim de onunla ilgilenmem gerekiyordu."

Beni affet Melis, dedim içimden, babaanneme kendimi bağışlatabilmek için seni satmaktayım şu an. Konuyla ilgilenildiğini belirleyen bir sessizlik oldu, karşı tarafta. Böylece ben de onun savunmasında açtığım delikten içeri girmeye çabaladım.

"Kızcağızı kocası terk etti."

"Kim bilir ne yaptı da kocası onu bıraktı."

Buyrun bakalım!

"Aşkolsun babaanne! Bir tanısan bayılırsın ona, melek gibi bir kız."

"Hadi, hadi! Şimdikiler kocalarıyla sen de sen, ben de ben laf yarıştırıyorlar, adamlar da tabii onları bırakır."

"İyi ama kız hamile."

Bu konuşmaya bambaşka niyetlerle başlamıştım, oysa iş giderek ciddi boyutta bir tartışmaya dönüşmekteydi. "Acelesi neymiş?" Al bakalım!

"Babaanne, sen benimle zıtlaşmak için mi böyle konuşuyorsun?"

"Ben sana düşündüğümü söylüyorum. İşim yok da seninle zıtlaşacağım."

Serra, dedim kendi kendime, bu telefon bir gönül alma telefonudur. Unutma! Ona göre konuş! Bu tartışmayı sürdürürsen bütün gece uyku tutturamayacak, bunu düşüneceksin. Aklında yeterince düşünecek sorun var, bir de, babaanneme ters davrandım şeklinde bir konuyu bunlara ekleme.

Derin bir nefes alıp, "Babaanne, ne zaman bize geleceksin, seni çok özledik," dedim.

Bak, bu doğruydu!

"Küçükler büyükleri ziyaret eder, el öper, gönül alır." Uf, uf, uf! Kafama taşlar yağıyordu.

"Lütfen babaanne, her fırsatta seni aradığımı ve bunu severek yaptığımı biliyorsun. Ama bazen de günler nasıl geçiyor anlamıyorum, seni kırdımsa beni bağışla. Lütfen..."

"Hadi hadi, uzatma," dedi ama sesi yumuşamıştı.

Buzlar böylelikle yavaştan da olsa erimeye başlayınca, oradan buradan epeyce konuştuk ve barışmış olarak telefonları karşılıklı kapattık.

Ondan sonra ne yaptığımı bir tek sana söylüyorum, sevgili defterim, bir tek sana...

Hemen masa takvimimi karşıma aldım ve her haftanın çarşamba gününe kocaman bir 'B' harfi yazarak işaretledim. Böylece bu çılgın tempoda koşuştururken, nasıl olsa takvime bakmıyor muyum, işte o zaman bu işaret babaannemi aramam gerektiğini hatırlatacak bana. Biraz garip bir yöntem ama toptan unutmaktan iyidir diye düşünüyorum.

Pazartesi gününü böylece atlattıktan sonra, salı günü kim aradı bil bakalım, sevgili defter?

Oktay'ın annesi Nilüfer Hanım!!!

Meğer Oktay'dan da ses çıkmayınca, dur şunları arayayım, demiş. Oktay'ı ne işyerinde bulabilmiş, ne evinde, ayrıca cep telefonu da cevap vermiyormuş.

"O zaman," dedim, "kesin toplantıdadır."

Nazik kadın, bana sitem etmedi ama onları da bir süredir aramamış olduğum böylece ortaya çıktı. Haydi, bir fasıl da ona ikimizin yoğun temposundan söz ettim, ezile büzüle...

Bütün bu telefonlardan sonra nihayet bende jeton düştü ve bir de dedemden zılgıt yemeyeyim diye, bir telaş onların numarasını çevirdim. Çünkü, eminim üçüncü telefon onlardan gelecekti, nerelerdesin, diye.

Nitekim, dedemin ilk sözü, "Kız, yüzünü gören cennetlikti, artık sesini duyan da cennetlik..." oldu.

Hemen o an bir cinlik yaparak, "Dedeciğim, bu akşamüstü bir uğramak istiyordum da, onun için aradım," dedim.

"Ooo, bu ne güzel haber böyle. Tabii canım, gel, bekliyoruz."

Ohh be! Bu kez ben erken davranmıştım!

Böylece, iş çıkışı dedemin sevdiği sakızlı lokumdan alıp, onlara gittim. Daha sonra da annem geldi. Bol bol konuştuk. Ailemle olmak ne kadar da huzur verici... Bir de dedemin sağlığı iyiye gitse... Anneannem, dedemin bu durumunu kabullenmiş gibi, "Buna da şükür," deyip duruyor. Oysa ben eski güçlü, kuvvetli dedemi istiyorum. Onu böyle yorgun görmek beni çok ama pek çok üzüyor.

Benim gümbür gümbür dedemdi, o!

Neyse... Anneannem gibi, buna da şükür diyelim bari.

Çarşambayı böylece başarıyla atlattıktan sonra, perşembe günü yine telefon... Bu kez arayan Melis'ti.

"Haberlerim var! Benimle konuşabilecek misin, yoksa daha sonra mı arayayım?"

"Şu an ortalık sakin, konuşabiliriz."

"Kaan eve döndü!"

"Ne diyorsun!"

"Evet, evet! Dün sabah telefon etti ve seninle konuşmak istiyorum, eve gelebilir miyim, dedi."

"Aman Tanrım, kalbim duracak."

"Sen bir de beni düşün. Neyse, elbette gelebilirsin, dedim."

"Sonra?"

"Sonra, geldi ve oturup uzun uzun konuştuk."

"Neymiş derdi?"

"Efendim, annesi onu kaldığı yerde bulmuş. Bir otelde... Alıp eve getirmiş, ailece ince uzun konuşmuşlar ve sonunda Kaan'ı bir psikoloğa gitmeye razı etmişler."

"İşte bu çok iyi."

"Gerçekten de öyle. Bana psikologla yaptığı konuşmalardan söz etti. Ona, beni ne kadar sevdiğini anlatmış, ne kadar mutlu olduğumuzu... Ama sonra çocuk lafını duyunca, bana ne oldu hâlâ anlayamıyorum, demiş, sanki boğuluyordum. Eve sığamıyor, oradan kaçmak istiyordum. Öte yandan, eşimi çok seviyor, onu özlüyorum. Öyle bir çıkmazdayım ki..."

Melis'in bu sözlerden ne kadar etkilendiği sesinden belli oluyordu.

"Biliyor musun Serra, bunları anlatırken gözlerinden yaşlar iniyordu. Ona sarıldım, sorun her neyse birlikte aşacağız Kaan, dedim. Kendini tutma, ağlamak istiyorsan ağla, diye ekledim.

"Erkekler ağlamaz, dedi, kendisiyle alay edercesine. Ben de, yüreği, sevgisi, duyguları olan erkekler, ağlar, dedim. Bu sözler üzerine, bana sarıldı ve hıçkıra hıçkıra ağlamaya başladı. Nasıl şaşırmıştım Serra, anlatamam sana. Sırtını okşadım, içini döksün, ferahlasın diye, ağla açılırsın, dedim ve annesiymişim gibi onu kucakladım.

"Biraz sakinleşince, sana bunu nasıl yapabildim! Sen karnında benim çocuğumu taşıyordun ve ben seni yapayalnız bırakıp gittim; bunu sana nasıl yapabildim, işte ben buna ağlıyorum, dedi."

Yine durdu Melis! Anlatırken zorlanıyordu. Bunlar da telefonda konuşulacak konular mıydı Allah aşkına... Ama buluşmamızı bekleyemeyecek kadar da heyecanlıydı. Hani, bir haberi bir an önce birileriyle paylaşma isteği dayanılmaz hal alır ya... İşte Melis'in o anda yaşadıkları aynen buydu.

"Sonra psikoloğun söylediklerini özetledi."

"Ne demiş?"

"Bu davranış biçimi, beni sevmesine karşın, sorumluluk almaya hazır olmadığının göstergesiymiş. Hani, evliliğe hazır değil derler ya, anlaşılan Kaan da evliliğe gerçek anlamda hazır değilmiş."

"Hazır değildi de, hangi akla hizmet senin peşine düştü o kadar?"

"Beni seviyor, birlikte yaşamak istiyor ama bununla birlikte gelecek sorumlulukları üstlenmek istemiyor. İşin acıklı yanıysa, kendi durumunun farkında olmayışı... Bu tipler düğün dernek evleniyor, ne zaman ki çocuk söz konusu oluyor, o zaman ayılıyorlarmış."

"Peki, şimdi ne olacak?"

"Eşyalarını eve getirdi. Artık burada yaşamaya başlayacak ve düzenli olarak psikoloğuna gidecek. Doktor daha sonra beni de görmek isteyebilirmiş."

"Neden?"

"Herhalde evde Kaan'a nasıl davranmam gerektiğini söyleyecek ya da Kaan'la ilgili sorular soracak. Ama şimdilik normal yaşantınızı sürdürün, demiş psikolog."

"İşler yoluna girecek gibi görünüyor, Melis."

"Umarım canım, umarım."

"Yoluna girecek," dedim. "Bak daha ilk konuşmada eve gelmiş, sana açılmış. Bunlar büyük adımlar..."

"Evet, aslında ben de öyle düşünüyorum," dedi. "Şeyy... Serra..."

"Efendim..."

"Psikolog, bildik yaşamınızı sürdürün demişti ya, ben diyorum ki... Yani size de uygunsa, bu akşam birlikte bir yere gidip bir şeyler yesek... Öyle ağır buğur yerler değil, belki bir balıkçıya, belki bir pizza yemeğe gidebiliriz."

"Elbette Melis, ben hemen Oktay'ı arayıp durumu ayarlayayım. Umarım bu gece bir işi yoktur. Esin'i de aramamı ister misin?"

Bir an durakladı sanki Melis, sonra, "Haber vermesen daha iyi olur," dedi.

Hayretlerim şaştı!

"Nedense Kaan'la Esin'in arasında, belli etmemeye çalışsalar da olumsuz titreşimler var. Birbirlerinden pek hoşlanmıyorlar gibi... Hele bu son olaylardan sonra Esin'in bir ters sözü, bir sert tavrı her şeyi berbat edebilir. Oysa ben hiçbir şey olmamış gibi devam edelim istiyorum."

"Nasıl istersen... O zaman Oktay'la konuşup seni ararım."

"Serra?"

"Efendim?"

"Çok teşekkür ederim."

Telefonu kapatınca öylece kalakaldım. Meğer Esin'le Kaan'ın arasında sert rüzgârlar esermiş de haberimiz yokmuş. Kim bilir neler oldu...

Şimdi düşününce... Esin, Melis evlendiğinde nasıl üzülmüştü, ben artık ikinci planda kaldım, kendimi dostumu yitirmiş gibi hissediyorum gibi laflar etmişti de, biz onu teselli etmiştik. Demek mesele sadece arkadaşının evlenmiş olması değildi. Nitekim bugün Melis, ister istemez Kaan için Esin'den vazgeçebiliyor. Çünkü hayat arkadaşı, sevgilisi, eşi Kaan... Yani öncelikler meselesi...

Esin'in üzüntüsünü çok iyi anlıyorum ama Melis'i de hiç kınayamıyorum. Bundan böyle hayatının en önemli kişisi, eşi, Kaan. Elbette arkadaşlarımızdan vazgeçecek değiliz. Ne ailemizden ne de arkadaşlarımızdan... Ama öncelik eşte olacak. Hem eşler için, hem de bizim için...

Kıssadan hisse: Gerek kız arkadaşların, gerekse erkek arkadaşların eşlerine asla ve asla tavır konmayacak. Arkadaşımızı kaybetmek istemiyorsak, bayılmasak da eşine fevkalade cici davranılacak. Öyle, Tankut için, bu sakallı hiç de tipim değil, denmeyecek. Selçuk Beyle, olgun ve de dolgun diye dalga geçilmeyecek.

Evet, şekilde görüldüğü gibi, mevzu derin.

Ve ben bu derin mevzulardan kendimi sıyırıp, Oktay'ı aradım.

Bu arada, sevgili defterim, şunu da belirtmek isterim ki, son atışmamızdan bu yana ben onu aramadığım gibi, o da beni aramadı!

Bak, yine efendilik yapıp ben aradım. Yatıp kalkıp Melis'e dua etsin.

Sesimi duyunca pek sevindi. Madem sevinecektin, ne diye aramazsın!

Neyse, ona durumu özetledim. "Bu önemli," dedi, "ofisi ayarlar, mutlaka gelirim. Hatta, istersen gelip seni acenteden alayım, birlikte gidelim."

"İyi olur," dedim ve itiraf etmeliyim ki keyfim yerine gelmiş olarak hemen kendime bir kahve yapıp işimin başına döndüm.

Kahve mis gibi kokuyor, güneş daha bir parlak bakıyordu pencerelerden.

Melis'i arayıp geleceğimizi söyledim. Çok sevindi. Yeni bir pizzacı açılmış, orayı denemeye karar verdik. Onca restoran var ama şu pizzacıların yeri başka. Her anlamda kolay oluşu insanı çekiyor sanırım. Hızlı servis, rahat bir ortam ve lezizzz pizzalar... Daha ne olsun!

Oktay umduğumdan da erken geldi. Onu baş köşeye oturttuk.

Selçuk, "Ooo, eniştemiz gelmiş," diye şamata yaptı ve hemen maç muhabbetine daldılar. Ben de kendime çekidüzen vereyim diye tuvalete geçtim. Çıktığımda bir de ne göreyim, maç muhabbetine bir üçüncü şahıs eklenmemiş mi?..

Bil bakalım kim?

Kırk yıl düşünsen bilemeyeceğin için ben söyleyeyim bari. Bizim entel geçinen, Akmerkez'e burun kıvıran Biricik kızımız! "Biricik," dedim. "Senin futbolla ilgilendiğini bilmiyordum." Yemin ederim, o sarı kedi gözlerinde geçen günkü gibi bir kıvılcım çaktı.

"Sırası gelmedi ki söyleyeyim," dedi ve dönüp özellikle de Oktay'la konuşmasını sürdürdü. Konuşuyordu da, nasıl süzülüyor, nasıl Oktay'a alttan alttan bakıp cilveleniyordu, inanılır gibi değil.

Futbola deli oluyormuş da, milli maçları otellerdeki dev ekranlarda hiç kaçırmadan izliyormuş da, parası olsaymış yurt dışındaki maçları asla ve asla kaçırmazmış da. Bu arada da bol bol Rüştü'lü, Hasan Şaş'lı, Fatih Terim'li, İlhan Mansız'lı futbol analizleri...

Oturdum, öylece onları izledim bir süre. Tam komedi... Oysa bu kızın yaratmak istediği 'imaj'ı yersen, onun futbolu lümpen zevki olarak nitelendirmesini beklersin.

Neyse... "Oktay," dedim, "artık çıksak."

"Tamam canım," dedikten sonra Biricik'in omzuna hafifçe dokundu. "Tanıştığımıza memnun oldum."

O da yine, tıpkı Lady Diana gibi alttan alttan bakarak gülümsedi Oktay'a. "Ben de..."

Futbol merakını kastederek, "Sürprizlerle dolusun Biricik," dedim.

Sarı gözlerdeki o garip ışık tehlike işareti gibi bir kez daha yanıp söndü. "Öyleyimdir."

Vay be! Korkulur bu kızdan...

Yol boyu Oktay'a, Melis'le Kaan'ın son durumlarını anlattım ve hiçbir şey olmamış gibi davranması gerektiği konusunda onu uyardım. Yapmaz ama, aksilik bu ya, tutar, "Oğlum Kaan, var mı böyle karını bırakıp gitmek?.." gibi bir laf ediverir.

Pizzacıların o hareketli, renkli, gürültülü havası bu tür buluşmalar için ideal... Bazen kurşun gibi ağırlaşabilen sessizlikleri sen doldurmak zorunda kalıyorsun, oysa pizzacının neşeli gürültüsü bunu senin için yapıyor. Ayrıca yurdum insanı için, maşallah konu bol... Gazete okuyan kişi bütün bir akşamı konuşarak geçirebilir. İsteyene futbol haber ve yorumları, isteyene türban krizi, dünyanın çeşitli yerlerindeki terör olayları; isteyene bol magazin, kim kiminle 'düzeyli bir ilişki' yaşıyor gibi değerli bilgiler... Seç, seç, al!

Öyle böyle derken iki saat oturmuşuz orada. Vaktin geçtiğini gerçekten anlamadım, demek ki pekâlâ da başarılı bir geceydi. Nitekim ayrılırken gözleriyle teşekkür ediyordu Melis bana.

Oktay'a gelince, şu aralar işi bırakmaktan söz etmiyor; ben de korkumdan hiçbir şey sormuyorum. Elbette işinden (eğer ayrılırsa) ayrılan ne ilk ne de son kişi olacak ama tam olarak ne yapmak istediğini bilmeden, üstelik de bugüne kadar sevdiğini iddia ettiği işini, iyice bir düşünmeden bırakması bana hiç de akılcı gelmiyor. Bir anlamadığım da, hem nasıl geçineceğiz diye dertlere düşüyor; hem de gayet rahat bir biçimde bu yaptıklarının ona zevk vermediğini söyleyebiliyor.

Bu ne perhiz bu ne lahana turşusu demezler mi adama?..

Üff, üf! İnsanın yaşı ilerledikçe dertleri de artıyor.

Tek başınayken, sadece kendi sorunlarınla uğraşıyorsun. Bir çift olunca, iki kişinin sorunlarıyla boğuşmak zorunda kalıyorsun.

Neyse... iyi düşünelim ki iyi olsun!
Hepimiz için...

7 Kasım, Pazar

Beklenmedik bir gelişme!

Ve güm diye kucağımıza düşen yepyeni bir durum! Neyse, baştan başlayalım...

Bu hafta tüm Algatur çalışanlarının nekahet dönemiydi diyebilirim rahatlıkla. 29 Ekim'le ilgili turlar için canımızı dişimize takıp neredeyse tüm ekim ayı boyunca deliler gibi çalıştık. Kolay değil, çeşit çeşit iç ve dış geziler düzenlendi. Son anda fikir değiştirenler mi istersin, açık yer kalmamış turlar için ille de bizi oraya alın diye ısrar edenler mi...

Evet, ayrıntılara girmeyeyim, çünkü zaten kendimi harpten çıkmış gibi hissediyorum, bir de burada uzun uzun yazıp yeniden bunalıma giremem. İşte bütün bunları atlatmış bir mutlu kişi olarak ofisimde otururken telefon çaldı ve hayatım değişti!!

Şaka, şaka! Hayatım filan değişmedi tabii de, arayan Oktay'ın annesiydi.

Nı-nı-nı-nınnnn...

Hemen en cici sesimle cıvıldamaya başladım. Malum, anneler çok önemli!

Hoşbeşten sonra, "Serracığım, az önce annenle de konuştum. Biz bu hafta sonu İstanbul'a gelmek istiyoruz, ailece görüşmek istediğimiz önemli bir konu var. Sizin için de uygun mu diye sormak istedim, malum hem senin hem Oktay'ın programı her zaman uygun olmuyor," dedi.

Yüreğim hop etti! Neydi acaba bu önemli konu?

"29 Ekim'i atlattığımız için biz bugünlerde sakiniz, benim için uygun. Sanırım Oktay için de öyledir."

"Zaten şimdi onu arayacağım. O zaman, hafta sonu görüşmek üzere Serracığım," dedi ve beni derin bir merak içinde bırakarak telefonu kapattı.

Cumartesi günü, çay saatinde dedemlerde toplandık. Hepimiz ne diyecekler diye bekliyorduk. Zaten Nilüfer Hanım da lafı uzatmadan hemen konuya girdi.

"Efendim, hiç beklenmedik bir gelişme oldu."

Yine kalbim çarpmaya başladı!

"Benim çok sevdiğim bir erkek kardeşim var. Bizim Oktay da onun gözbebeğidir. Bir dayıdan öte sever Oktay'ı. İşte onun bir kızı var; evli, Amerika'da yaşıyor ve bu kızımız bir bebek bekliyor."

"Ne güzel," dedi annem.

"Allah tamamına erdirsin," diyerek anneme katıldı anneannem.

"Teşekkür ederim efendim. Şimdi şöyle bir durum var. Ayşim'in, yani kardeşimin kızının doğumu nisan sonuna denk geliyormuş. Bu arada komplikasyonlar olmuş, özellikle de ilk doğum olacağı için dikkat etmeleri gerekiyormuş."

Durdu Nilüfer Hanım, hepimiz onun devam etmesini bekliyorduk. Cemal Beyin huzursuzluğu yüzünden belli oluyordu.

Allah Allah, konu nereye varacaktı acaba?

"Durum böyle olunca, onlar karı koca nisan ve mayıs aylarında kızlarının yanında bulunmak zorundalar, çünkü Ayşim yalnız. Elbette eşi var ama bu durumda ona yardımcı olabilecek kimse yok."

Galiba durumu anlıyor gibiydim ama herkes gibi dinlemeye devam ettim.

"Tabii bütün bunlardan bizim çok sonra haberimiz oldu. Geçenlerde telefon edip düğün tarihini bildirdiğimizde öğrendik olup bitenleri.

"Şimdi, kardeşimin ve eşinin sizden bir ricası var ve bunu iletme görevi bana verildi. Kızımız uzakta ve yalnız olmasa, üstüne üstlük sorunlu bir hamilelik yaşıyor olmasa, asla böyle bir ricada bulunmazdık, diyorlar. Düğün tarihini öne alabilirlerse, hem çok sevdiğimiz yeğenimiz Oktay'ın mürüvvetini görebilecek, hem de kızımıza destek olmaya, Amerika'ya gidebileceğiz, diyorlar."

Bu sözler üzerine odayı bir sessizlik kapladı. Kimse bir şey söylemiyordu.

Nilüfer Hanım, "Tabii en önce gençlere sormak gerek. Ama, siz ailenin en büyüğüsünüz, sizin fikriniz bizim için çok önemli. Umarım, maksadını aşan bir öneri değildir. Ayrıca, biz bunun tamamen dışındayız, sadece bu isteği iletiyor ve kararı sizlere bırakıyoruz," dedi dedeme bakarak.

Dedem gülümsedi. "Elbette karar onların ama benim fikrimi soruyorsanız, bir tek cümleyle cevap vereceğim. Körün istediği bir göz, Allah verdi iki göz."

Bu sözler üzerine herkes gülüştü.

Dedem devam etti. "Ben bu evlilik işlerinde, bir kere karar verildikten sonra ne kadar çabuk gerçekleştirilirse o kadar iyi olacağına inanırım. O nedenle sizin bu önerinizin başımın üstünde yeri var."

Nilüfer Hanımın rahatladığı yüzünden belli oluyordu. Kuşkulu bakışlar, yerini gülümseyen bakışlara bırakmıştı.

Cemal Bey, "Sizinle tamamen aynı fikirdeyim, beyefendi," dedi.

Şuraya bak! Bizden başka herkes fikrini söylüyor.

Annem, "Evet, çocuklar! Siz ne diyorsunuz?" diyerek oradakilere bizim varlığımızı hatırlattı.

Değil mi ya...

"Sen ne diyorsun Serra?"

Sahi ben ne düşünüyordum? Bu değişikliğe sevinsem mi, üzülsem mi kestiremiyordum.

"Ya sen?" diye bu kez Oktay'a yöneldi Nilüfer Hanım, benden ses çıkmayınca.

"Bunca şey nasıl yetişecek?"

"Nasıl yani?"

"Ev bulmak, düğün hazırlıkları, eşyalar..."

"Önümüzde aylar var oğlum."

Oktay, suratı asık, "Anlaşılan düğünümüzün tarihini de belirlediniz ki, aylar olduğunu biliyorsunuz," dedi. Eyvah! Eyvah! İşler kötüye gidiyordu.

"Onlar nisan-mayıs aylarında burada olmayacaklarından, düğünü mart ayına çekmeyi düşünmüştük."

Oktay alaylı alaylı güldü, oh maşallah, dercesine.

"Oğlum," dedi bu kez Cemal Bey, "dayının seni ne kadar sevdiğini bilirsin. Senin düğünün onun için çok önemli."

"Öyleyse gelsin vaktinde..."

"İyi ama Ayşim'in kanamaları olmuş..." Sonra dönüp bize baktı Cemal Bey. "Çok özür dilerim, sizlerin önünde bunca ayrıntıya girmek istemezdim..."

Annem hemen atıldı. "Ne demek! Artık biz bir aileyiz. Her şeyi birlikte rahatça konuşabilmeliyiz."

Cemal Bey tekrar Oktay'a döndü. "Öyle olunca bir süre yatmasını söylemişler, bugünlerde hep istirahat ediyormuş. Durum böyle olunca, oralarda yapayalnız olan bir genç kadının ailesini yanında istemesinden daha doğal ne olabilir."

"Ayşim'e bir şey dediğim yok, baba," dedi Oktay sinirli bir ses tonuyla. "O, anne babasını istemekte haklı, dayımlar da gitmeyi arzu etmekte haklılar. Gitsinler işte..."

"Evet ama dayın senin düğününde de bulunmak istiyor."

Oktay gözlerini devirerek, oturduğu yerde kaykıldı.

"Oğlum," dedi Cemal Bey sakin olmaya çalışarak ama onun da sinirlenmeye başladığı belli oluyordu. "Zaten çok uzak bir tarihe koymuştunuz düğünü. Böylesi bir tarih koymanın bir nedeni de, şayet beklenmedik bir şey çıkarsa, esnek olunabilsin, tarih değiştirilebilsin, diyedir."

"Peki, bütün bu yapılması düşünülen işler marta yetişecek mi?"

"Neden yetişmesin oğlum? Tam dört ay var önümüzde."

"Daha araştıracağız, soruşturacağız..."

"Peki, sen bugüne kadar araştırıp soruşturdun mu?"

"Hayır," diye omuz silkti Oktay.

"Oysa üç ay önce bunu konuşmuştuk."

"Ama o zaman önümüzde aylar vardı."

"İyi işte! Soruşturmaya başla o zaman."

"Serracığım, bu erkekler bize böyle laf bırakmazlar işte," dedi Nilüfer Hanım. "Sen ne diyorsun bu işe?"

"Valla... madem ki..." diye kekelerken, Oktay sözümü kesti.

"Serra'nın ne demesini bekliyordunuz, bunca laftan sonra... Tabii ki, peki diyecek. Ama bunu nezaketinden diyecek..."

"Peki," dedi babası, "daha iyi bir önerin var mı?"

"Dayımlar Amerika'dan ne zaman dönecekler?"

"Ne bileyim! Ayşim mayısta doğuracağına göre belki uzatırlar, iki ay daha kalabilirler, onun durumuna ve sağlığına bağlı bir şey bu. Zaten bu belirsizlik olduğu için sizin düğünü öne almayı düşündük."

"Peki, bizim düğün ağustosta olsa?" Ne! Ne diyordu bu Oktay?

Neredeyse bir dört ay daha ileriye mi atılsın diyordu Tanrı aşkına?

O ana kadar iyi kötü Oktay'ı destekliyordum, daha doğrusu onun tepkisine hak veriyordum. Düğün bizim düğünümüzdü; ne diye birtakım insanlar için, hele de laf aramızda, benim için pek bir şey ifade etmeyen insanlar için, hayatımın en önemli günü bana sorulmadan değiştirilsin?

Hani gül zamanı evlenecektim...

Mayıs gülleri açarken...

Yine o aptal gözlerim yanmaya başlamıştı.

Ama Oktay'la babası atışmaya başlayınca, ben de ister istemez kendimi toparlamak zorunda kaldım. Zaten herkes odadaki bu gergin havadan tedirgindi. Kimse baba oğul arasına girmek istemiyordu. Ve, benim gönlüm elbette Oktay'dan yanaydı.

Ama...

Düğünü ağustosa erteleyelim lafını duyunca... Bu kez havada kaldım arkadaşlar. Hani, gönlümün en dip köşesinde, onun düğün günümüzü kahramanca savunmasını istiyordum.

O günü ben istedim, diye.

Ayın yedisi diye...

Mayıs gülleri açarken diye...

Öte yandan, dayısının durumunu da anlayabiliyordum. Nasıl mı?

Benim dedem de benzer pozisyonda da onun için... Yani, ille de benim mürüvvetimi görmek istiyor ama hasta, Ankara'ya gidemiyor. Dolayısıyla, düğünün İstanbul'da yapılmasını istiyor. O nedenle, bağrıma taş basıp dayıya, kızına ve doğum durumlarına anlayış gösterip mart ayını kabullenebilirdim.

Ayrıca, Oktay azıcık beni sevip okşasaydı; mart ayıyla ilgili hoşlukları birlikte bulup çıkarsaydık, yine birlikte kendimizi bu fikre alıştırma çabası içine girseydik... pekâlâ mart ayını sevebilirdim.

Ama böyle –kaldır, dört ay daha ileriye at!

Şimdi düşünüyorum da, mayıs ayında karar kıldığımızda, herkes neden bu kadar geç demişti de, Oktay o tarihin en ateşli savunucusu olmuştu.

Ben bile, belki de bilinçaltı bir etkilenmeyle böyle geç bir tarih seçtim. Belki de Oktay'ın hemen evlenmek istemediğini bilinçsiz bir biçimde tahmin etmiş ve bunun etkisiyle o tarihi vermiştim. Kim bilir...

İşte şimdi de çözüm olarak; ne düğün tarihinin aynı kalmasını öneriyor, ne de mart ayını kabul ediyordu. Çözüm olarak –ertelemeyi yeğliyordu!

Bütün bunlar o saniyelerde yıldırım gibi zihnimden geçerken, gök gürültüsü gibi bir ses odanın orta yerine düşüverdi. "İşte bu olmaz!" Dedemdi konuşan... Ve Oktay'a öfkeyle bakıyordu. Eyvahlar!

Aileler birbirine düşmek üzere...

Dilek, gel de arkadaşının düştüğü durumu gör. Beni en iyi sen anlarsın.

Nilüfer Hanım hemen atıldı. "Elbette efendim," dedi. Sonra Oktay'a dönüp, "Oğlum, neyin var senin? Anladık, düş kırıklığına uğradın ama yine de önümüzde koskoca bir dört ay var. Gelmişken işlerin bazılarını halletmek istiyorum, gerisini de Serra'yla siz yapacaksınız zaten," dedi ve tekrar bana döndü. "Serracığım, sen ne diyorsun? Sözün hep yarıda kalıyor."

"Siz nasıl isterseniz öyle olsun."

Hiçbir şeye hiçbir heves kalmamıştı ki içimde...

Mayıs güllerim sararıp solmuştu!

Dahası, Oktay düğünümüzü tam on ay ileriye atmayı önerebilmişti!

Hangisine daha çok üzüleceğimi bilemiyordum.

Annem sürekli bana bakıyor, yüzümü okumaya çalışıyordu sanki. Ama tek bir kelime etmedi, bütün bu konuşmalar arasında.

"İnan çok üzgünüm Serracığım, böyle bir değişiklik olsun hiç istemezdim."

Nilüfer Hanımın sesi yankılana yankılana bana ulaşıyordu. Çok uzaklardaymışım gibi...

"Anlayışınız için, ailem adına, teşekkür ederim. Aslında Serra daha da kısa bir süre içinde gelinimiz olacak diye çok seviniyoruz, çünkü onu çok seviyoruz," dedi Nilüfer Hanım uzanıp elimi ellerinin içine alarak.

Bu sözleri içtenlikle söylediğini gözlerinden okuyabiliyordum. Kadıncağız durumu kurtarmak için çabalıyordu. Onu rahatlatmak için gülümsedim.

"Sağ olun," dedim. "Ben de sizi seviyorum."

Bak, bu doğruydu, kiraz ağacı.

Nilüfer Hanım, anneme döndü. "Derya Hanım, biz burada birkaç gün kalıp Ankara'ya döneceğiz. Pazartesi günü sizin için uygunsa, düğünü yapabileceğimiz yerleri bir dolaşsak, bir araştırsak, diyorum. Anlaşırsak, yerimizi ayırtır, böylece önemli bir işi tamamlamış oluruz."

"Memnuniyetle," dedi annem.

"Serracığım, sen de gelebilir misin?"

"Siz annemle bakın; pazartesi bizim en yoğun günümüz..."

"O zaman biz annenle bakalım, uygun bulduklarımıza daha sonra sen gider bakarsın ve beğendiğin yeri ayırtırız. Olur mu canım?"

"Tabii! Çok teşekkürler..."

"Daha konuşulacak gelinlik filan var ama onu biz hanımlar baş başa hallederiz, nasıl olsa," dedi Nülüfer Hanım ve, "sizleri daha fazla rahatsız etmeyelim," diyerek ayağa kalktı.

Böylece Nilüfer Hanımla Cemal Bey, Oktay'ı da alıp gittiler.

Biz kaldık biz bize...

Öylece hiçbir şeyi toparlamadan oturuyorduk. İpleri kopmuş kuklalar gibi...

Kimsenin ne konuşacak, ne de ortalığı toplayacak hali vardı. Ve –dedemin sesi...

"Bu oğlandan ne köy olur, ne kasaba..."

"Cevat!"

"Bırak Allah'ını seversen! Kızın hayatı söz konusu burda..."

Sonra bana döndü, "Bak Serra, bundan sana hayır yok, bunu böylece bilesin! Bu çocuk seninle evlenmek istemiyor, elinden geldiğince işi savsaklıyor."

Anneannem atıldı. "Aman sen de yangına körükle gitme. Ailede önemli bir sağlık sorunu olmuş, tarihi öne almışlar. Ne var bunda? Annesi nasıl çırpınıyordu, görmedin mi?"

"Yahu, benim ne tarih değişmesine, ne annesine, ne de babasına diyecek sözüm var. Efendi, görgülü insanlar... Ama bizim kız anasıyla babasıyla evlenmeyecek ki..."

"Baba, biraz haksızlık etmiyor musun?" dedi annem.

"Yavrum, anlatamıyorum! Ben düğün tarihi değişti diye söylenmiyorum. Tam tersine, öne alındı diye sevindim."

"Öyle ise niye moral bozup duruyorsun?" diye dedeme çıkışmasını sürdürdü anneannem.

"Ben Oktay'ın tavrını beğenmedim. Neydi o sinirlenmeler, o çıkışlar... Sanki bugüne dek üstüne düşeni yapmış da, hesap soruyor babasına. Yok zaman yetmezmiş, yok bilmem ne..."

"Çocuk düğün tarihi değişti diye biraz sinirlendi, hepsi bu."

"Yok canım!" dedi dedem, gözlerini açarak. "Madem değişti diye üzüldü, neden tuttu çıkmaz ayın son çarşambasına ertelemeye kalkıştı. Bırak Allah'a sen..."

"Baba, lütfen..." Annem beni korumaya çalışıyordu.

"Bak Serra," dedi dedem. "Dinle beni, sen akıllı bir kızsın. Onun için seninle açık açık konuşmak istiyorum. Bu çocuğun seninle evlenmeye gönlü yok!"

"Baba!"

Dedem, annemi duymamışçasına ve benim gözlerimden akan yaşları görmüyormuşçasına devam etti. "Uzun uzun arkadaşlık ettiniz. Sonra onu bırakıp geldin. Ancak o zaman aklı başına geldi ve sana evlenme teklif etti. Nişanlandınız. İki yıl geçti, tam iki yıl. Ne bir ses, ne bir nefes...

Bak ailesi bile zorluyormuş onu. Ne zaman ki ben emrivaki yaptım, o zaman düğün tarihi verebildiniz. Şimdi, böyle bir aksilik oluyor. Olabilir! Ailesi ne diyor, düğünü marta çekelim; ama beyimiz ne diyor, ağustosta olsun, diyor. Bana sorarsanız, bu işin tadı kaçtı..."

Sonra eğilip çenemden tuttu, gözlerime baktı. "Peki, senin bir diyeceğin yok mu, şu olanlara bakınca?"

"Onu seviyorum, dedeciğim."

"Öyleyse –mübarek olsun!" diyerek koltuğunda geriye yaslandı dedem. "Ben diyeceğimi dedim, bundan sonrası senin bileceğin iş."

Annem, "Haydi Serra, geç oldu. Eve gidelim artık," der demez ben de yerimden fırladım. Antrede ceketlerimizi giyerken anneannemle dedemin tartışmalarını duymamak mümkün değildi.

"İyi marifet yaptın! Kızcağız perişan oldu."

"Belki şu anda benden nefret ediyor ama gördüklerimi ona şimdi söylemeseydim, yirmi yıl sonra benden nefret edecekti. Tabii, oturup düşünürse..."

Annemle kaçarcasına uzaklaştık oradan.

Öyle yaralı, öyle yaralıydım ki...

Dedemin sözleri beni paramparça etmişti.

Ve bütün bunların sebebi –Oktay'dı.

Eve gelir gelmez kendimi duşa attım. Sıcak, kaynar sular başımdan aşağı aksın, aksın istedim.

Sonra da yorganı başıma çekip yatağımın kuytularına sığındım.

Annem ne kadar anlayışlı... Teselli etmeye kalkmadı bile, öylece kendi halime bıraktı beni. Çünkü yaşadıklarımdan sonra tek istediğim, odamın sessizliğiydi.

24 Kasım, Çarşamba

29 Ekim tatilini atlattık derken, Şeker Bayramı dayandı kapıya. Pek çok insan, aradaki günleri de katarak, bayramı bir sonraki hafta sonu ile birleştirdi ve böylece oldu mu sana dokuz günlük tatil...

Tabii bizim için yine çılgıncasına bir çalışma... Ama bu hızlı tempo bana iyi geldi, sorunlarımı düşünmemi engelledi. Zaten insanın işi, en iyi ilaç. İçin kan ağlasa da giyinip boyanıp insanların karşısına çıkmak zorundasın. Bir süre sonra ister istemez kendini işe kaptırıp üzüntünü unutuyorsun.

Bu arada, oraya koş, buraya koş derken kendi tatil programımız için geciktik ve o saatten sonra istediğimiz yerlerin hepsi dolmuş olduğundan biz iki turizmci kaldık mı ıssız İstanbul'da. Hani, terzi kendi söküğünü dikemez derler ya, aynen öyle.

Dün gece bunları telefonda Sırma'ya anlattığımda bir güldü, bir güldü.

"Peki, siz bir şey yapamadınız mı?"

"Unuttun mu Serracığım, ben İzmir'deyim, o İstanbul'da..."

"İyi de uçak diye bir taşıt var, hani insanları bir yerden alıp çabucak başka yerlere götüren..."

"O kadarını biz de biliyoruz herhalde Serra Hanım ama Deniz'in Dubai'ye gitmesi gerekiyordu."

"Alışveriş için mi?"

Haydi, Sırma'yla bizi aldı mı bir gülme... "Sen gitsen anlarım da... Malum alışveriş senin ilgi alanına giriyor ama Dr. Deniz!!!"

"Valla, bir iş teklifi mi ne varmış, bir gidip bakayım, dedi."

"Bana bak Sırma, sen şu işi bir iyi öğrensen, iyi edersin."

"Nedenmiş o?"

"Bakarsın gerçekleşiverir, biz de seni kara çarşaflara sarıp sarmalayıp paketleyerek oralara göndermek zorunda kalırız."

"Akıllım, bir kere orası modern bir yer, herkes açıkmış. En azından yabancılar... Hem bence bundan bir şey çıkmaz. Mis gibi İstanbul bırakılır da Allah'ın Dubai'sine gidilir mi?"

"Bilmem artık! Baksana adam kalkıp gitmiş."

"Aman Serra! Sus artık! Hem ben neler duydum neler. Hiç haber verdiğin yok maşallah."

"Neler duydun bakalım?"

"Eniştemiz gül mevsimini bekleyemem demiş ve düğün mart ayına alınmış. Hmm, anlayalım yani..."

"Nereden duydun? Aman, benim sorduğum soruya da bak. Bizim ailenin ağzında bakla ıslanmaz ki zaten. Ya anneannem ya annem yetiştirmiştir."

"Ne kızıyorsun kızım! Devlet sırrı mı bu?"

"Elbette devlet sırrı değil ama bıraksınlar da bana ait haberleri ben vereyim."

"Neden bu kadar sinirliyiz, sorabilir miyim?"

"Olaylar bizim dışımızda gelişiyor ve biz eli kolu bağlı izlemekle yetiniyoruz gibi bir his var içimde..."

"Sıkma canını! Her genç kızın başına gelir böyle olaylar."

"Aman Sırma, sen de sululuk etmesen olmaz."

"Gül diye söylüyoruz herhalde! Ayrıca, şaka bir yana, her düğünden önce olur böyle çaresiz değişiklikler. Burada söz konusu bir tek sen değilsin ki, iki adet aile ve bu iki adet ailenin her boy ve ende bireyleri var. Eh, böyle olunca da birinden birinde bir arıza çıkıyor. Seninki de böyle bir şey."

Baktı sesim çıkmıyor, tam gaz devam etti.

"Hem bak mart, tam baharın başlangıcı... Ağaçlar çiçek açmaya başlayacak, senin kiraz ağacı seninle birlikte gelinlik giyecek. Düşünsene... Daha sonra erguvanlar ve mor salkımlar açacak. Kuru dallarda minik minik yeşil yaprakçıklar belirmeye başlayacak."

"Sırma, senden de iyi şair olurmuş hani."

"Ne yazık ki hiç öyle bir yeteneğim yok. Üstelik Murathan Mungan'ın şiirleri dışındakileri de okuyamıyorum, içime baygınlıklar geliyor."

"Bunu uluorta söyleme bari."

"Ne yapalım, ben sadece onun şiirlerini seviyorum..."

Böylece sözü tehlikeli sulardan gündelik konulara çekmeyi başardım. Bir süre daha sohbet ettik ve kapattık telefonları.

Aslında Sırma'dan hiçbir şeyimi saklamam ben ama bir kere bunlar telefonda konuşulacak şeyler değil. İkincisi, konuyu içimde henüz sindiremediğim için ve sindirememememin nedeni Oktay olduğundan ve de bu hâlâ içimi acıttığından konuşmak istemiyordum.

Derdin seni çok derinlerden yaralamışsa bazen onu ağzına almak bile istemiyorsun. Daha az acıtanı daha bir rahat konuşabiliyorsun da, gerçek acı, bir düğüm olup yüreğinin üstüne çöküyor. Ve onun çözülüp dile getirilebilmesi bayağı bir zaman istiyor.

Gelelim önemli haberlere: Bayram öncesi, Oktay'ın annesiyle annem, kararlaştırdıkları gibi buluşup düğünümüzün yapılabileceği yerleri bir bir dolaştılar. Hem teraslı, hem de kapalı yeri olan salonları yeğlemişler, çünkü mart ayı belirsizliklerle dolu bir aydır ya, olur da hava şahane olursa terasta, yok serin olursa içeride ağırlayabiliriz konuklarımızı diye düşünmüşler. Pek de iyi etmişler!

Sonunda iki yerde karar kılmışlar, daha doğrusu gezdikleri yerleri eleyerek ikiye indirmişler. Son karar Oktay'la benim olacakmış. Biz görüp kararımızı verince, yerimiz ayırtılacakmış.

Annem bana bunları anlatırken, bir yandan da çizmelerini çıkartıyordu.

"Üff, öldüm bittim! Ama epey yer gezdik, sizin işleri kolayladık. Bütün yapacağınız, iki yere bakıp karar vermek..."

Sonra ayağına pufidik terliklerini giydi ve geçip karşıma oturdu.

"Bir de... Nilüfer Hanımın burada tanıdığı ünlü bir modacı varmış. Bu hanım sadece gelinlik dikiyormuş. Senin için konuşmuş, adını vermiş ve gelinim gelip modellere bakacak, demiş."

"Jet gibisiniz maşallah."

Annemse, kaptırmış anlatıyordu. "Ona, Nilüfer Hanım, izin verseniz de gelinlikle biz ilgilensek, dedim."

"Ne cevap verdi?"

"Bunu da biz yapmak istiyoruz, diye bayağı ısrar etti."

"Hay Allah, keşke gelinliğimi biz diktirseydik."

"Neden Serra?"

"Ne bileyim, o zaman beğendiğimi, beğenmediğimi daha rahat söyleyebilirdim. Ayrıca bakalım bu hanımla zevkimiz, görüşümüz uyuşacak mı? Uyuşmazsa, ben nasıl burada diktirmek istemiyorum derim."

"Canım, kadının işi bu. Yüzlerce gelinlik dikmiş, elbet senin tarzına uygun olanı da vardır. Sen, ben bunu beğeniyorum, diyeceksin ve olay bitecek."

"Yine de..."

"Seni anlıyorum Serra, rahat olmak istiyorsun. Ama benim teklifime karşı Nilüfer Hanım o kadar hevesli konuştu ki, daha fazla ısrar etmek çiğlik olur diye düşündüm."

"İşte demek istediğim de aynen bu. Ayıp olur, çiğlik olur, derken istediğini yapamıyorsun."

"Burada senin istemediğinin yapılması gibi bir durum yok ki, kızım."

"Ben hazır bir gelinlik almak istiyordum."

"Ne? Hazır gelinlik mi? Ciddi olamazsın Serra."

"Neden öyle söylüyorsun, anne?"

"Senin için özel dikilmişle hazır gelinliği nasıl bir tutarsın."

"O, sizin zamanınızda öyleymiş. Şimdi hazır gelinlik satan yerler var, kimi burada dikiliyor, kimi de dışarıdan getirtilmiş. Seç, seç, al! Giy, bak, yakıştı mı anında gör! Oysa modacı kendi kafasına göre takılıyor ve sonuçta da bazen o gelinlik hiç de umulduğu gibi çıkmıyor. Ama çaren yok, içine sinmeye sinmeye giyip çıkıyorsun ortaya."

Bir solukta anlattıklarımı hayretle dinliyordu annem.

"Demek öyle..." dedi sonunda.

"Tabii! Ben öyle kumar oynar gibi gelinlik seçmek istemiyorum, sonuç ne olacak diye çarpıntı da çekmek istemiyorum. Oysa hazır gelinliklerde, ne güzel, giyip giyip bakıyorsun. Sana yakışıp yakışmadığına anında karar verebiliyorsun. Belki üzerinde ufak tefek ayarlamalar yapıyorlar, hepsi bu. Öyle uzun uzun provalara gidip gelmek de yok. Hele benim şu çalışma tempomu düşünürsen, bunun ne büyük bir nimet olduğunu anlarsın."

"Evet ama Nilüfer Hanıma da evet demiş bulundum."

Sıkıntı içinde susup oturduk, bir süre. Sonra annem, "Bak ne diyeceğim. Seninle bu hanıma gidip bir bakalım. Modelleri bir görelim, eğer içine sinmezse, o zaman ben Nilüfer Hanıma durumu anlatırım, sen de bakmak istediğin yerlere bakarsın," dedi.

"Alınmaz mı?"

"Görebildiğim kadarıyla, Nilüfer Hanım çok anlayışlı bir kadın; bence hiç de alınmayacak, tam tersine, istediğini açık açık söylemene memnun bile olacak."

"Pekâlâ," dedim, azıcık huzursuz.

İnsanlar istediği kadar anlayışlı olsun, yine de huzursuzluklar yaşanıyor.

Bıçak sırtında yürüyorsun sanki.

Kırar mıyım?

Alınır mı?

Ne düşünür acaba?

Üff, ne zormuş bu evlilik hazırlıkları...

Birbiriyle uyuşmayan aileler ne yapıyorlar acaba? Şükürler olsun ki, bizimkiler tam bir uyum içinde.

Böylece Nilüfer Hanım epeyce bir iş çıkarıp kısa sürede tekrar gelmek üzere, Ankara'ya döndü. Gitmeden önce de, "Fazla vakit geçirmeden o yerleri gidip görün de ayırtalım, gecikirsek başkasına verebilirler, olur mu Serracığım?" diyerek işin son faslını bana havale etti.

Ben de onlar gittikten üç dört gün sonra Oktay'ı arayıp annelerimizin gezip dolaşarak, görülecek yerleri ikiye indirdiklerini ve şimdi artık görevin bizde olduğunu söyledim.

"Serra, şimdi tam bayram curcunası yaşanıyor, daha sakin bir zamanda gitsek, olmaz mı?"

"Gidebiliriz tabii de, ben yöneticilerle konuşamasak bile yerleri bir görür, bir fikir ediniriz diye düşünmüştüm."

"Nereleriymiş bu yerler?"

"Biri, karşı taraftaki Moda Kulübü'ymüş. Baban kulübün üyelerindenmiş, hem de yıllardır. Ayrıca içi yenilenmiş, çok güzel olmuş, ferahmış. Terasları da varmış, kapalı yeri de... Bir de Çırağan Oteli'nin karşı sırasında tepede bir otel varmış, teras katının manzarası şahaneymiş. Oranın da hem terası, hem kapalı yeri varmış."

"Ohoo, Serra, desene karşı tarafa da geçmemiz gerekecek." Sinirlenmeye başladığımı hissettim ama, tut kendini Serra, dedim.

"Bizim gibi turizmciler için karşı yakaya geçmenin pek de olağandışı bir olay olduğunu sanmıyorum. Sık sık yapıyoruz zaten bunu."

"Tabii hayatım, haklısın! Haklısın da, şimdi bayram trafiğinde karşı tarafa geçmek ne demek, bir düşünsene. Hem ne diye bir işi iki defada yapalım. Bayramdan sonra gider, bakar, kararımızı veririz, olur biter."

"Pekâlâ."

Başka ne diyebilirdim ki... Adamı bacağından sürükleyecek halim yoktu herhalde. Ayrıca öne sürdüğü nedenler mantıklıydı.

Bayrama böyle bir giriş yaptık. Bizim arkadaşlar ne yapıyorlar diye onları aradım. Melisler de bir yere gitmemişlerdi.

"Bugünlerde tadımız yok," dedi Melis. İçimden, kulübümüze hoş geldin, demek geçti ama bir şey demedim tabii. Anlaşılan sorunlar devam ediyor.

Sonra Dilek'i aradım, onlar da bir program yapmamışlar. "Kızım, biz yeni evliyiz, dünya kadar eksiğimiz var. En yakın yere gitmek bile dünya parası... Onun için uslu uslu oturalım dedik."

"Pek akıllıca..."

"Nasıl da hesabını bilen hanım hanımcık bir kadın oldum, değil mi?.."

"Hanım hanımcık faslını bilemem ama hesabını kitabını bilen bir aslan parçası olduğun kesin."

Anında bir kahkaha yükseldi telefonun öbür ucundan. "Serra, madem hepimiz buralardayız, bir gece with the boys çıkalım. Bir gün de kız kıza... Ha, ne dersin?"

"Çok iyi olur, derim."

"Tamam, öyleyse," şeklinde kararlar aldık.

Ve gerçekten de bir akşam Ulaş'ın bulduğu, yeni açılmış, çok şirin bir kebapçıya gittik.

Ulaş'la Dilek olmasa, gecemiz pek sönük geçecekti. Melis'le Kaan keyifsizdiler. O kadar ki, Dilek bir ara, "Sizin de sohbetinize doyum olmuyor doğrusu," diye takıldı onlara.

Oktay'la bana gelince –orta şekerliydik!

İşte öylesine bir geceydi. Ama yine de iyi oldu, havamız değişti. En azından benim havam değişti.

Bunun dışında, bir günü dedemlerle geçirdik, bir gün Akmerkez'de avare avare dolandık Oktay'la, bir gün de evde uzun uzun uyuyup tembellik yaptım. Bak işte, buna çok ama çok ihtiyacım vardı.

Tabii bir de kız kıza buluştuk. Bu kez bizim evde...

Bir süre benim işler konuşuldu. Tabii Dilek de tıpkı Sırma gibi dalgasını geçti.

"Eniştemiz ne kadar da hızlıymış," diye.

Ben işin aslını anlatmaya çabalarken, o gülüyor, "Anlat, anlat, heyecanlı oluyor," diye eğlenip duruyordu.

Sonra sıra gelinlik konusuna geldi, ben düşüncelerimi anlatırken annem elinde tepsi, "Çaylarınız geldi," diyerek içeri girdi. Tabii anında hepimiz ayağa fırladık.

"Anne, ben getirirdim..."

"Derya Teyze, alayım o tepsiyi..."

"Oturun, oturun," diyerek annem çayları masanın üstüne bırakıp tekrar mutfağa gitti, bu kez de pasta ve tuzlularla döndü. Onun hızına yetişilmiyor ki...

"Efendim," dedim annemi göstererek, "evimizin hanım kızı pek hamarattır da..."

Böylece hep birlikte oturduk ve benim gelinlik konusu yeniden ele alındı.

Annem, "Çocuklar, bu arkadaşınız tutturmuş hazır gelinlik isterim, diye. Siz ne düşünüyorsunuz?" dedi.

Melis atıldı, "Artık çok şık hazır gelinlikler var Derya Teyze. Vakko gibi firmalar çok güzel modeller getiriyorlar. Özellikle de İspanya'dan gelen modeller çok hoş."

"Ben Beyaz Butik'ten almıştım gelinliğimi," dedi Dilek.

"Sahi mi?" dedi annem.

"Evet! Düğün yapılmadığı için göremediniz ama en azından ben çok beğenerek almıştım. Tam istediğim gibiydi..."

"Hmmm," diyerek onları dinliyordu annem.

Esin, "Gelinliklerin yanı sıra, artık hem damatlar için çeşitli smokinler hem de ailenin diğer bireylerine göre tuvaletler yapan firmalar var. Böylece, isteyenler en kısa yoldan tüm gereksinimlerini karşılayabiliyorlar," dedi.

Dilek onayladı. "Zaman sorunu olanlar için bu hazır gelinlikler ve tuvaletler, harika bir çözüm... Ben gittim, giydim giydim baktım ve sonunda, işte bu, dedim. Oldu bitti."

Annemin giderek aklı yatıyor gibiydi.

"İyi o zaman," dedi. "Zaten son kararı verecek olan, Serra."

Bir süre sonra Esin sordu. "Melis, sizler nasılsınız? Kaan psikoloğa gidiyor mu?"

"Gidiyor gitmesine de..." dedi Melis, sonra da derin derin içini çekti.

"Ooo, dertliyiz galiba," diye işi şakaya vurmaya çalıştı Dilek. "Valla bilemiyorum. Bir sorunu çözüyoruz, bir diğeri çıkıyor ortaya..."

"Ne gibi?"

"Dün gece oturmuş, konuşuyorduk. Birden, altı ay Amerika'da, altı ay burada yaşamaya ne dersin, dedi pat diye."

"Haydaa..."

"Bu da nerden çıktı?"

"Ben de aynen öyle söyledim; bu da nerden çıktı Kaan, dedim. Babasının Amerika'da da işleri varmış; biraz orada, biraz burada çalışabilirmiş. İş için gidip gelmeni anlıyorum da, hem orada hem burada yaşamayı düşünmeni anlayamıyorum, dedim."

"Ne dedi, o zaman?"

"Biraz sıkıştırınca, meselenin gerçek nedeni çıktı ortaya."

"Neymiş?"

"Hep aynı yerde oturmak onu sıkıyormuş. Biz gençmişiz, madem orada da yaşama olanağımız varmış, neden bir tek yere çakılıp kalalımmış. Biraz orada, biraz burada yaşamalı, daha doğrusu aklımıza esince atlayıp oraya gidebilmeli, aklımıza esince atlayıp buraya gelebilmeliymişiz..."

"Hiç de fena bir yaşam biçimi değil, bence," diye güldü Dilek. "Düşünsene iki ev, iki anahtar... Elinde de küçükcene bir valiz... İstanbul'dan sıkıldın, ver elini Amerika..."

"Belki bazılarına cazip gelebilir ama bana göre değil, Dilek," dedi Melis ve sözlerini sürdürdü. "Seyahat etmeyi elbette ben de severim. Gezmeyi kim sevmez ki... Ama önce bir limanım olmalı. Yuvam diyebileceğim bir evim, çocuklarımı büyüteceğim bir yuvam olmalı. Sonra dostlarım, ailem... Bütün bu saydıklarım benim hayatımı üstüne oturtacağım temeller... Bu temelleri attıktan sonra Amerika'ya da giderim, Afrika'ya da. Ama göçebe bir hayat –işte ben buna yokum!"

Esin homurdandı. "Bu da durup durup cevherler yumurtluyor. Eve gelmesi bir sorun oldu, o çözüldü, şimdi de aynı yerde yaşayamama sorunu çıktı ortaya."

"İşte ben de onu söylemeye çalışıyordum, az önce."

"Peki, bebek konusunda ne diyor?"

"Hiçbir şey demiyor."

"Nasıl yani?"

"Hiç ağzına almıyor, sanki böyle bir şey yok."

"Yok sayıyor yani," dedi Dilek.

"Evet, tamamen öyle. Bir iki kez sözünü edecek oldum, hemen konuyu değiştirdi, ben de üstelemedim."

Tekrar içini çekti Melis. "İdare etmeye çalışıyorum, elimden geleni yapıyorum. O, benim sevdiğim insan ve çocuğumun babası... Daha hayatımızın başındayız, bunları aşacağımıza inanıyorum."

Sanki kendisine güç vermek istercesine konuşuyordu. Anında kadınca bir dayanışma içine girerek destek verdik arkadaşımıza.

"Aşacaksınız elbette."

"Herkesin ne sorunları var."

"Zamanla her şey yoluna girecektir," gibi sözlerle, ona duymak istediklerini sıraladık. O an, doğruculuk değil, destek olma zamanıydı çünkü...

Arkadaşlarım gittikten sonra annemle birlikte topladık ortalığı.

"Anne," dedim. "Ne düşünüyorsun Melis'in bu durumu hakkında?"

Annem üzgün bir yüz ifadesiyle başını umutsuzca iki yana salladı.

"Ama Kaan psikoloğa gidiyormuş. Demek ki o da çaba gösteriyor."

"Umarım başarırlar. Bunu her ikisi için de bütün kalbimle diliyorum, çünkü ikisi de iyi insanlar ve güzel şeyleri hak ediyorlar. Ayrıca birbirlerini seviyorlar da... Ama böyle zorlamayla, psikolog desteğiyle bu nereye kadar gider. Baksana, ne diyor Melis, bir sorunu çözüyoruz, yenisi çıkıyor. Bu çocuk evliliğin ne olduğunun farkında değildi anlaşılan. O evlenip yine eski yaşamını sürdürerek ve de babasının oğlu olarak, tüm sorumluluklardan arınmış biçimde yaşamaya devam edeceğini sanıyordu. Ne zaman ki ona, artık sen bir baba olacaksın, dendi, işte o zaman ayıldı!"

"Yaaa... Bunlar ayrılırsa ben çok üzülürüm."

Annem devam etti. "Aslında ikisi de kendi açısından haklı. Şöyle ki, Kaan hazır değilmiş meğer, ne yapsın! Melis ise anladığım kadarıyla evliliğin tüm sorumluluklarını yüklenmeye hazır. Artık evli insan çizgisinde yaşamak istiyor. Güven istiyor, adımlarını nereye doğru attığını bilmek istiyor çünkü bir yuva kurulmuş, bunun ardından çocuklar gelecek. Onlar için de hazır bir düzen gerek.

"Kaan'a gelince, az önce dediğim gibi, bir evliliği yüklenecek güçte değilmiş. Seninle bunu daha önce de konuşmuştuk, genelde aynı yaştaki genç kızlar erkeklere kıyasla daha bir olgun oluyorlar. Özellikle de otuzlu yaşlara kadar olan süreçte bu fark bayağı belirgin oluyor. Otuzdan sonra birleşiyorlar sanki.

"Tabii bu, insandan insana değişiyor. Kimisi gencecik yaşta hem okuyup hem çalışıyor, ailesine destek oluyor; kimisi öğrenciyken evlenip üniversiteyi bitiriyor, bu arada çocuk sahibi oluyor. Yani bu sadece yaşla değil, o gencin kişiliğiyle de ilgili bir şey. Kimi daha geç olgunlaşıyor, kimi daha erken. O nedenle, Kaan artık üç yıl sonra mı hazır olur, beş yıl sonra mı, bilinmez.

"Melis bu yükü taşımaya gerçekten hazır mı? Şu anda kocasını seviyor ve ona destek olmak için elinden geleni yapıyor ama nereye kadar... Yıllarca eşine bazen bir psikolog, bazen bir anne, bazen de eş olarak davranmak zorunda kalacak gibi. Bunu kaldırabilecek mi? İşte sorulması gereken sorular bunlar."

"Yani," dedim anneme, "diyorsun ki, Kaan'dan ne köy olur ne kasaba."

"İlahi Serra," diye güldü annem.

Dedemin Oktay'a, bundan ne köy olur ne kasaba, diye ateş püskürdüğü o günden bu yana, bu konuya ikimiz de değinmemiştik. Sanırım annem benim açılmamı bekliyordu.

"Gülme anne, bu ikisinin arasında bir benzerlik görmüyor musun?"

"Kaan'la Oktay'ın mı?"

"Evet."

"Bak şöyle diyeceğim. Bugünün delikanlılarında gördüğüm ortak nokta, evliliğe daha dikkatli yaklaşıyor olmaları. Arkadaşlarımın arasında oğulları olanlar var, onlardan dinliyorum. Şimdinin genç erkekleri evlilik konusunda daha çok düşünüyorlar, bizim zamanımızdakiler gibi hızlı karar almıyorlar. Ama bizim dönemin koşullarıyla bugünün koşulları aynı değil. Bugün her şey hem daha kolay, hem çok daha zor. Onun için gerçekten iyi düşünmek gerek. Oktay da bunu yapıyor.

"İşte bu noktada ben, Oktay'la Kaan'ın durumunun bir diğerine benzemediğini düşünüyorum. Kaan, kendini tartmadan, hatta kendini doğru dürüst tanımadan balıklama bir evliliğin içine daldı ve ancak şimdi, yani o evliliğe girdikten sonra düşünmeye başladı. Oysa Oktay ince uzun düşünüyor, kendini tartıyor."

"Ama bu ne uzun tartmakmış anneciğim. Biz dün tanışmış değiliz ki..."

Ve –yüreğimi kanatırcasına o sözleri çekip çıkardım içimden.

"Belki de dedem haklı..."

"Hadi, hadi! Bakma sen ona! Biliyorsun, son zamanlarda çok sinirli, esip savuruyor her konuda. O gün de öyle oldu. Hem her düğünden önce olur böyle gerginlikler... Sen artık bırak bu lafları da, önümüzdeki günlerde hem seninle şu gelinlik işine bir bakalım, hem de siz Oktay'la düğünün yapılacağı yere bir karar verin. Haa, bir de Nilüfer Hanım senin nikâh yüzüğü bakmanı istiyor. Yine Oktay'la birlikte tabii."

Anlaşılan Nilüfer Hanımın, nişanda parmağımıza geçirdiğimiz azıcık dandik halkalar içine sinmemişti ki, durup durup, yüzük bakın, diyordu.

Çırpınıyordu kadıncağız!

Neyse, bu hafta dediklerinin hepsini toparlayıp ona iyi haberler ileteyim de rahat etsin.

Şimdi bir babaannemi arayacağım, bakalım, o ne yapıyor. Sonra da babamla Yasemin'i...

7 Aralık, Salı

Tam tamına yirmi beş yaşında oldum! Aman Tanrım, inanılır gibi değil! Nedense bu yaş beni çok etkiledi.

Bugüne dek böyle bir âdetim yoktu, her yaşımı, tam tersine, sevinerek kutlardım. Büyüyorum diye...

Daha bir adam yerine konacağım diye. Ama bu yaş... ne bileyim...

Aslında hâlâ gencim. Bunun elbette farkındayım da...

Sanki o 'ilkgençlik' yılları artık bitmiş; o pırıl pırıl yıllar, on sekizler, on dokuzlar, yirmi birler, sonsuza dek yitip gitmiş.

Artık 'genç kızlar' diye anılan gruptan çıkarılmışım da...

'Genç kadınlar' grubuna dahil edilmişim gibi bir duygu.

Bunu Sırma'ya anlattığımda, "Şu andaki yaşımdan yakınmak doğrusu hiç aklıma gelmemişti. Halimden memnunum ama bak otuz yaşımı kutlarken krizlere girebilirim," dedi.

"O neden öyle?"

"Kızım, otuz bayağı bir dönüm noktası. O yaşta, işte gerçekten 'genç kadınlar' kulübüne giriyorsun."

"Ben otuzlara pek aldıracağımı sanmıyorum ama nedense bu yirmi beş beni bayağı etkiledi."

"Neyse... Ben, gençliğinin kıymetini bil öğüdüyle doğum gününü kutluyor, telefonu kapatıyorum," diyerek bu derin ve anlamlı (!) görüşmemize son verdi, Sırma.

Derken tekrar telefon çaldı, arayan Avustralya'dan Bay Sanders'tı. Oradaki, çalıştığımız acentenin sahibi. Bay Sanders'la benim iş ilişkim çok iyidir, o nedenle ne zaman Türkiye'yle ilgili bir proje olsa beni arar ve bana güvendiği için işi bizim acentemize vermeyi yeğler. Eğer iş bizim alanımız dışındaysa, o zaman yine benim önerilerim doğrultusunda hareket eder. Öylesine güvenini kazandığım biri...

İşte bu kişi beni aradı ve cuma günü telefon edip benimle konuşmak istediğini ama telefona çıkan kişinin sürekli, ne söyleyecekseniz bana söyleyin, kendisi ofis dışında, diyerek onu sinirlendirdiğini anlattı.

"Konuşan bir kadın mıydı?" diye sordum.

"Evet," dedi öfkeli öfkeli. "Ben ona senin ne zaman döneceğini soruyorum. O ise bana, neden arıyorsunuz, bana söyleyebilirsiniz, diyor. Ben de, ısrarla seninle konuşmak istediğimi belirtince, bu kez, ne yapılacaksa kendisinin yapabileceğini, çünkü senin yardımcın olduğunu söyledi."

Durum anlaşılmıştı. Arıza çıkaran kişi yine Biricik'ti.

Devam etti müşterim. "Ama ben sizi tanımıyorum ki, dedim bu hanıma. Siz benimle tartışmayı bırakın da, lütfen Serra Hanım ne zaman dönecek onu söyleyin. Galiba biraz da sinirlenerek söyledim bunu. Sonunda, hafta başı ararsam seni bulabileceğimi söyledi. Bu nasıl yardımcı böyle Serra, oraya bir aslan bağlasaydın bari..."

Neyse... Gülüştük, mülüştük ve onun işini hallettik. Telefonu kapattıktan sonra, "Biricik, bir dakika bakar mısın?" diyerek onu yanıma çağırdım.

Konuşmamızı tüm çalışanların duymasına hiç gerek yoktu.

"Cuma günü Bay Sanders beni aramış."

"Evet."

"Ve sen ona benimle ilgili bilgi vermek istememişsin."

"O gün izinliydin."

Deli oluyorum bu kızın her şeyi ters yüz etmesine. "İzinli filan değildim, sen de bunu gayet iyi biliyorsun."

Ne kadar da büyütüyorsun, dercesine, "Aman canım, izinliydin, değildin, ne fark eder?" dedi.

"Çok şey fark eder! İzinliydin, demek, tüm gün ya da daha fazla bir süre için yoktun, anlamına gelir. Oysa ben sadece bir saat erken ayrıldım. Bilmem, aradaki farkı anlatabildim mi?"

Yüzündeki ifadeye bakarsan, sanki ben sürekli dırdır eden, aksi ve huysuz bir yaşlı cadı, o da buna katlanmak zorunda olan bir gencecik, kanatsız melek...

Şeytan diyor, çarp suratına bir tane!

Aslında o erken çıkışın nedeni de beni ayrıca sinir eden bir durumdu. Çünkü, gitmem gereken yer, düğünün yapılması düşünülen, Çırağan'ın oradaki oteldi.

Geçen hafta, o iki yerden de beni aradılar. Nilüfer Hanım onlara benim cep telefonumu vermiş, iyi mi! Neyse... aradılar ve gayet nazik bir biçimde, acaba karar verdiniz mi, şeklinde bir uyarıda bulundular.

Öyle ya! İlk konuşmanın üstünden neredeyse iki hafta geçmiş ve bizden tık yok. Bunun üzerine hemen Oktay Beyi aradım, aradıklarını ve bizim daha fazla gecikmeden karar vermemiz gerektiğini söyleyip malum artık bayram geçti, neredeyse öbür bayram gelecek diye de onu iğnelemekten kendimi alamadım.

Sonunda lütfedip cuma iş çıkışı gidelim, dedi. Vee –son dakikada cep telefonumda bir mesaj: "İşler uzayacak gibi. Sen git bak. Senin beğendiğin, benim beğendiğimdir."

Tabii telefonda alacağı cevaplardan korktuğu için mesaj çekmiş! Sanki anlamadık...

Sonuçta o, işin içinden bir güzel sıyrıldı ve her şey benim üstüme kaldı. Böylece tek başıma Çırağan'ın karşısında olduğu söylenen otele gidip bakmak için işten bir saat erken çıkmak zorunda kaldım.

İşte işin (sevimsiz) aslı bu!

Bu durum yetmezmiş gibi, Bay Sanders'in beni tam da o saatte arayacağı tutuyor ve de sevgili yardımcım Bayan Soluk Kumaş Yığını, doğal olarak bu fırsatı değerlendirmek amacıyla telefona atlıyor.

"Bu telefon işini seninle daha önce de konuşmuştuk! Madem arıyorlar ve benimle konuşmak istiyorlar, ısrarcı olmayacaksın, benim ne zaman geleceğimi söyleyip, sonra da bunu bana bildireceksin. Hepsi bu."

"Yardımcı olmaya çalışıyordum."

"Ama öyle olmamış işte ve Bay Sanders sinirlenmiş, çünkü benimle konuşmak istediğini söyleyip ne zaman döneceğimi sorduğunda senden bir türlü cevap alamamış."

"Azıcık 'şizo' galiba bu senin müşterin..."

"Müşterilerimiz hakkında daha saygılı bir dil kullanmalısın, Biricik."

"Özür dilerim." Sarı kedi gözlerde bu kez hain bir ışık yanıp söndü.

Şimdi iş bu kadarla kalsa gene iyi.

Akşam çıkarken, Bayan Bella'nın yanına uğradığımda, tam da beklediğim gibi, "Müşterinle görüşebildin mi?" diye sordu.

"Bay Sanders'ı mı soruyorsunuz?"

"Evet."

"Konuştum."

"İyi! Çünkü cuma günü seni aramış, bulamayınca Biricik durumu idare etmiş de işin başka yere gitmesini önlemiş." İşte o anda koptum ben arkadaşlar!

"Siz neden söz ediyorsunuz, Bayan Bella," dedim. "Bay Sanders benim kaç yıllık müşterim. Bana güvenir, benimle iş yapmayı yeğler. O nedenle de, Türkiye ile ilgili bir proje düşünüldüğünde önce beni arar.

"Cuma günü de aynı nedenle aramış; ama Biricik'in size aksettirdiğinin tam tersine, o benimle konuşmak istediğini söyledikçe, Biricik sürekli, bana söyleyin, diyerek adamı sinirlendirmiş. Hatta az önce bu konuda onu uyardım. Öyle işin başka yere filan kaçacağı da yoktu. Tam tersine, beni aradı ve konuştuk."

Sinirimden yüzüm ne hal almış olmalı ki, Bayan Bella, "Ben işin bu yönünü bilmiyordum, seni sinirlendirmek istemedim Serra. Sen onun kusuruna bakma, ne de olsa acemi daha," dedi.

"Hayır, Bayan Bella, bu acemilik değil! Müşteriyi sinirlendirmek pahasına benimle görüştürmeme çabasına girmek, sonra da gelip size, dikkat etmeseydim işi kaçırıyorduk, gibi gerçekle ilgisi olmayan şeyler söylemek, acemilik değil. Ben bunu kabul edemem ve artık bundan böyle de Biricik'le çalışmak istemiyorum. Onu başkası yetiştirsin."

"Seni anlıyorum, öfkelenmene de hak veriyorum ama biraz düşün. Arada Şebnem var, ne de olsa..."

"Şebnem Hanımı ne kadar sevdiğimi biliyorsunuz ama gerekirse ona da bu olayı ve daha başka olayları da anlatabilirim. Eminim beni anlayacaktır."

Bayan Bella baktı öfkem burnumda, "Senden rica ediyorum; sen de ben de bir düşünelim. Bu meseleyi sonra yine konuşalım, olur mu Serra?" dedi.

Çaresiz, peki, dedim. Ama kararımdan asla vazgeçmem ve o kızla da asla ça-lış-mam!

Ne bu yaa...

İş mi yapacağız burada, Bizans entrikalarıyla mı uğraşacağız. Bir hışım çantamı alıp çıktım.

Neyse ki akşam, doğum günümün şerefine arkadaşlarla yemeğe çıktık da, o havayı attım üzerimden. "Dövelim o kızı abi," dedi Ulaş.

"O şeref bana ait," dedi Oktay. "Nasıl üzermiş Serra'yı..."

Dilek, "Anlattıklarına bakılırsa, bu kız biraz ruh hastası gibi..." dedi.

"Gibisi fazla..."

"Vah canım benim," dedi Melis, "sen öyle kolay kolay kızmazsın."

"İşte orada dur," dedi Oktay. "Öyle de bir kızar ki..."

"Ne zaman kızmışım sana?"

"Son günlerde şamarlayıp duruyorsun, yalan mı?"

“Ayıpsın Serra, eniştemize reva mı bu? Aldırma sen ona, birader,” dedi Ulaş gülerek.

“Tabii kızarım sana.”

“Ooo, arkadaşlar, olay var,” dedi Dilek. Bu karı koca da bayılıyorlar şamata yapmaya.

“Soruyorum efendim,” dedi Dilek, “Oktay kardeşimize neden kızdınız?”

“Konuşturma, Dilek,” dedi Oktay.

“Hayır, hayır,” diye ısrar etti Dilek. “Basının haber alma özgürlüğünü kısıtlayamazsınız. Serra Hanım, sizi dinliyoruz.”

“No comment.”

“Oh, aldın mı cevabını?” dedi Esin.

“O zaman aynı soruyu size soruyorum Oktay Bey. Serra Hanım size neden kızgın?”

“No comment.”

“Haydi bakalım, bırak insanların peşini.”

“Aman Esin, sen de...”

Oktay’ın sözünü ettiği olay tabii ki düğünün yapılacağı yere gitme konusunda beni atlatmasıydı. Doğal olarak, o bunun atlatma olmadığını savunuyor. Oysa, bayram, dedi salladı. Sonra, yok karşı taraf uzak, dedi, söylendi. Derken, işim çıktı, sen git, dedi. Bir rastlantı, iki rastlantı neyse de; üç kez rastlantı olunca durup bir düşünmek gerek.

Ben de ona kızgınlığımdan cuma akşamı Çırağan’ın oradaki oteli gördükten sonra, cumartesi günü hiç haber vermeden çektim Moda Kulübü’ne tek başıma gittim. Sonra da o beni aradığında, “Kusura bakma, seninle bugün buluşamayacağım, çünkü şu anda karşı taraftayım, Moda Kulübü’ne doğru gidiyorum,” dedim.

"Neden bana haber vermedin."

"Haber vermedim, çünkü nasıl olsa gelmezdin, boşuna rahatsız etmeyeyim, dedim."

Böylece taşı gediğine koydum! "Acelen neydi Serra?" demez mi...

"Hayret bir şeysin Oktay! Adamlar arıyor, kararınız nedir diye soruyorlar. Annen arıyor, baktınız mı diye soruyor. Artık daha bunun acelesi var mı'sı, yok mu'su kalmış mı..."

"Hayır, yani yalnız başına gittin oralara diye söylüyorum..."

"Evet, yalnız gittim! Geri kalan işleri de yalnız başıma yapacak gibi görünüyorum. Onun için sen düğüne yetişmeye bak, yeter," dedim ve telefonu yüzüne kapattım.

Sinir içindeydim, gözlerimden yaşlar boşanıyordu ve ben orada kaybola kaybola Moda Kulübü'nü bulmaya çalışıyordum. Kendimi terk edilmiş hissediyordum. Hava berbattı. Gri! Soğuk! Yağmurlu!

Tam benim ruh halimi yansıtıyordu. İşte Oktay'ın ima ettiği olay buydu.

Hafta sonumu böyle rezil ettikten sonra pazar akşamı, elinde bir demet çiçek, kapımızda belirdi. Ve kendisini affettirmek için tüm şirinliğini kullandı.

Bugünse doğum günüm için beraberdik. Arkadaşlarla olunca, o soğukluk daha bir kolay çözülüyor.

İşte sevgili defterim, böyle olaylar yaşadım son günlerde.

Cuma ve cumartesi günlerini Oktay'a sinir olarak geçirdikten sonra, hafta başında da Biricik'le yaşadıklarım işin tuzu biberi oldu.

Bir atasözü varmış, bir yerde okumuştum.

Tanrı insana taşıyabileceği kadar yük verirmiş.

Ben de diyorum ki, Tanrı herhalde beni çok güçlü sanıyor.

Oysa fena halde yanılıyor.

Fena halde yanılıyor...

13 Aralık, Pazartesi

Bizim Sırma gece vakti aradı mı, korkacaksın! "Sana öyle bir haberim var ki..." dedi telefonun öbür ucundaki heyecanlı ses.

"Hadi gecenin bir vakti arıyorsun, bir şey demiyoruz. Selam sabah da mı yok?"

"Selam! Sabah!"

"Çok komik!"

"Serra, bırak şimdi bunları... Öyle bir haberim var ki, ağlayayım mı, güleyim mi bilemiyorum," dedi ve başladı gülmeye. Ama, arada durup durup, "Valla, sinirimden gülüyorum," demeyi de ihmal etmiyordu.

Bütün bu haller hayra alamet değildi.

"Sırma, neler oluyor lütfen anlatır mısın?"

"Niye gülüyorum biliyor musun?"

"Sen söylemezsen ben nasıl bilebilirim ki..."

"Hani seninle konuşmuştuk ya, Deniz Dubai'ye gidecekti de, sen de demiştin ki..."

Haydi yine gülmeye başladı.

"Anlaşıldı," dedim. "Senin sinirlerin bozulmuş."

"Nasıl bozulmasın!" dedi, yine bir fasıl güldü.

"Hani sen demiştin ki... seni kara çarşaflara sarıp sarmalayıp paketleyerek göndeririz oraya..."

Ama bu gülmeler giderek sinirime dokunmaya başlamıştı, arkadaşlar.

"Öff, Sırma! Topla kendini de doğru dürüst anlat."

"Tamam canım," dedi ve derin bir soluk alıp başladı anlatmaya. "Biliyorsun, Deniz Dubai'ye iş görüşmeye gitmişti."

"Evet, biliyorum, sen söylemiştin."

"Meğer orada büyük bir hastaneden teklif almış ama henüz ortada kesin bir durum olmadığından, bana bu konuda fazla bir açıklama yapmamayı yeğlemiş. Nitekim, bana bir gidip bakacağım, demişti, o kadar. Onun için ben de bunu pek ciddiye almamıştım. Sonuçta gidip gördü hastaneyi ve ba-yıl-mış!"

"Eyvah... mı demem gerekiyor şu anda?"

"Pür heyecan beni aradı ve anlatmaya koyuldu. Aletler mükemmel, en son teknolojiyi kullanıyorlar, dedi. Ameliyathaneler süper... dedi. Anlattı da anlattı. Üstelik Deniz'in tüm şartlarını da kabul etmişler."

"Sanırım, eyvah... demem gerekiyor."

"Şu anda çalıştığı hastanenin yöneticilerine, Dubai'deki hastaneden aldığı tekliften söz etmiş. Onlar bile, mesleğin için bu kaçırılmaz bir fırsat, demişler."

"Yandı gülüm keten helva..."

"Hem de ne biçim! İnan, Deniz bunları anlattığında dondum kaldım."

"Peki şimdi bütün bunların anlamı ne? Durumu bana tercüme edebilir misin?.."

Ses yok!

"Sırma, yoksa ciddi ciddi Dubai'ye mi gideceksiniz?"

"İşte, güleyim mi ağlayayım mı derken bu durumu anlatmak istiyordum."

"İnanmıyorum, Sırma!"

"Ben de hâlâ şaşkınım."

"Peki, ne yapacaksınız?"

"Bunları o kadar sevinç ve hevesle anlattı ki, şaşkınlığımı saklayabilmek için, inan, büyük çaba gösterdim."

"Yani, şimdi şaka maka Dubai'ye mi gideceksiniz?"

"Deniz iki yıllık bir anlaşma yapmak istiyor. Memnun kalırsak, devam ederiz; sevmezsek, iki yıl nasıl olsa geçer, döneriz, olur biter, diyor."

"Ah Sırma, sen uzaklara mı gideceksin?" Neredeyse ağlayacaktım.

Benim süslü Sırmamsız bir hayat düşünülemezdi. Evet, aynı şehirde değildik ama aynı ülkedeydik. Atlayıp atlayıp gelebiliyordu, biz de yazın gidiyorduk. Ama başka bir ülkede yaşaması –işte bu her şeyi değiştirecekti.

Bir an ikimiz de sustuk, telefonun iki ucunda.

Sonra Sırma devam etti. "Deniz, bu durumda hemen evlenmemiz gerek, diyor. Onun en geç şubat ayında işbaşı yapmasını istiyorlarmış."

"Demek o kadar yakın..."

"Yeni bir bölüm oluşturulacakmış, o bölümün başına da Deniz'in gelmesini istiyorlarmış. Bu durumda bir an önce gidip ekibini kurması gerekiyormuş."

"Peki, düğün ne olacak?"

"İşte bizimkiler de saatlerdir bunu konuşuyorlar. Annem çok bozuldu, o kadar ki, Deniz gitsin, iki yıl sonra gelsin, o zaman adam gibi düğününüzü yapar, sizi evlendiririz, bile dedi. Ama babam, olur mu öyle şey diye onu susturdu.

"Koşullara bakınca, düğün yapmamız mümkün değil. En geç ocak ayının ortalarında orada olmalı, bir ev kiralamak, eşyalar alıp yerleşmeliyiz ki, Deniz şubatta çalışmaya başlayabilsin. Eh, Ocak 15 deyince de, şunun şurasında bir ay var demektir. Bir ayda hangi düğünü yapıyorsun. Annem, o zaman nikâhı kıyılır, gider yerleşirler, sonra yazın eşimizle dostumuzla düğünümüzü yaparız, dedi. Buna babamın da aklı yattı. İşte sana vermek istediğim haber, Serracığım."

"Vay Sırma vay! Ne haber ama... Ben de güleyim mi ağlayayım mı, bilemiyorum şu anda. Deniz için gerçekten çok gurur verici bir durum. Bu genç yaşta böylesi bir teklif almak her babayiğidin harcı değil. Onu yürekten kutluyorum. Ama senin uzağa gitmen..."

"Annemler de aynı şeyi söylüyorlar. Bu haber hepimizi şaşkına çevirdi. Hem sevinç var, hem hüzün..."

"Yani şimdi sen şaka maka derken şu bir ay içinde evleniyor musun?"

"Öyle görünüyor."

"İnanılır gibi değil," diye mırıldandım.

Bir türlü telefonu kapatamıyorduk. Zaten mutsuzum şu aralar, bir de Sırma'nın uzaklara gitmesi... Ama ona bu duygularımı belli etmemeli, tam tersine destek olmalıyım, diye düşündüm.

"Vay be süslü," dedim. "Alışveriş cennetine gidiyorsun, sen oraların ne biçim altını üstüne getirirsin."

"Aman sen de," dedi Sırma. "Çok umrumdu alışveriş..."

Keyifsizdi canım benim!

"Kızım, ne diye böyle ağır takılıyorsun. Evlenip alışveriş cennetine gidiyorsun, daha ne?"

"Ama sizlerden..." Sesi... kırıldı sanki. "Uzak olacağım." Belli ki ağlıyordu benim süslüm.

"Sen bizden kurtulacağını mı sanıyorsun? İşin ucu bir bilet; aldık mı biletlerimizi, sıram sıram seni ziyarete geliriz."

"Sahi, gelirsiniz, değil mi Serra?"

"Elbette geliriz, böyle fırsat kaçar mı... Ayrıca dünyanın öbür ucu değil ki... Hoş olsa ne yazar, biz yine de atlar geliriz. Sen nerede, biz orada."

Kıkırdamaya başlamıştı. Devam ettim.

"Ama bence sıraya koymalıyız, öyle hepimiz bir arada olmaz."

"Evet, evet."

"Defne Teyzemler, sonra ben, sonra annem... derkeeen sen atlar gelirsin."

"Evet, evet, ben de gelirim."

"Elbette geleceksin. Ne bu! Askere mi gidiyorsun!" Gülüştük karşılıklı.

"Sen geldin, ben gittim derken bir de bakmışsın bir yıl geçmiş. Tabii bu arada senin düğününü de en şatafatlı biçimde, bizim süslümüze yakışır biçimde yapacağız. Tabii evlenmiş barklanmış kadına düğün yapmak biraz tuhaf olacak ama artık teyzem buna davet mi der ne derse, kitabına uydurur nasıl olsa... Sonra yine bir biz, bir sen derken ikinci yıl da gelip geçer."

Keyfi yerine gelmişti benim canımın.

İşin hoş tarafı, çocukluğumuzdan beri onu teselli ederken, bir süre sonra ben de kendimi iyi hissetmeye başlıyorum. Nitekim bu kez de öyle oldu.

"Artık kapatmalıyım," diye içini çekti Sırma. "Çok geç oldu." Sonra ekledi. "Sen olmasan ben ne yapardım bilmem, Serra."

Tam kapatıyorduk ki, birden, "Bir dakika, bir dakika!" diye seslendi.

"Şimdi ne var?"

"Senin işler ne âlemde? Düğün için bir yere karar verdiniz mi?"

"Evet, uzun tartışmalar sonunda Moda Kulübü'nde yapmaya karar verdik. Öbür otelin teras manzarası çok güzeldi ama yer küçüktü, onun için Moda Kulübü'nün hem denizin üstünde olması, hem de daha ferah olması bakımından sevgili kayınvalidemle fikir birliğine varmış bulunuyoruz."

"Tarih de koydunuz mu?"

"Evet, bu da Moda Kulübü'ne karar verince otomatik olarak ortaya kondu. 5 Mart Cumartesi gecesi olacak düğünümüz..."

"Harika! Serracığım, eminim çok güzel bir düğün olacak."

"Umarım! Elimizden geleni yapacağız artık."

"Ben de Dubai'den atlar gelirim."

"Hele bir gelme!"

"Hadi, bu kez gerçekten kapatıyorum, iyi geceler Serracığım."

"İyi geceler canım."

Yaa, sevgili defter, görüyor musun neler oldu! Hayat insanın karşısına hiç de hesapta olmayan şeyleri nasıl da çıkarıyor.

Okul yıllarımızda, hayat tesadüflerle doludur, sözüyle nasıl da alay eder, nasıl da gülerdik. Şu hale bakar mısın!

Kırk yıl düşünsem, Sırma'nın bir gün evlenip Dubai'ye gideceği aklıma gelmezdi.

Hele de düğünsüz derneksiz evlenmesi –hiç düşünülemezdi!

O, çocukluğundan beri düğün ve gelinlikler hayali kuran bir kızdır. Teyzemle eniştem için de kızlarının telli duvaklı evlenmesi önemlidir, hem de çok önemlidir.

Ve birdenbire –böyle bir durum!

Hepsi için ne büyük bir şok!

Ama söylenecek hiçbir şey yok.

Neyse bari, teyzem iyi düşünmüş, yazın geldiklerinde büyük bir davet verirler, Sırma gelinliğini giyer ve bu da pekâlâ düğün yerine geçer. Böylece, bizim süslü de büyük hayalini yaşamış olur.

Fena halde uykum kaçtı.

Biraz okuyayım bari. Şu aralar Güney Amerika edebiyatına dadandım. Peşpeşe Paulo Coelho, Marquez, Vargas Uosa ve Amado'nun kitaplarını okudu. Şimdi elimde Isabel Allende'nin kitabı var. Latinlerle ne kadar ortak noktalarımız var; duygusallığımız, sorunlarımız ne kadar birbirine benziyor.

Okuyalım bakalım.

Okuyarak sorunlarımızı unutmaya çalışalım, bakalım.

24 Aralık, Cuma

Şu son on gündür canım çıktı! Resmen canım çıktı! Herkes de benim üstüme geliyor. Nilüfer Hanım arıyor, "Ev bakmaya başladınız mı?" Annem bastırıyor, "Haydi artık, gidip şu gelinliklere bir bakalım."

Yine Nilüfer Hanım arıyor, "Serracığım, bir ara şu yüzükler için de bakıverseniz... Nasıl olsa ikinizin de işyeri Nişantaşı'na yakın. Öğle tatilinde bir araya sıkıştırıverin;

bakarsınız hazır yüzük olmaz, ısmarlamanız gerekir. O zaman da vakitli davranmak gerek."

Bayan Bella çağırıyor, "İngiltere'de Turizm Fuarı olacak. Bu yıl seni göndermeyi düşünüyorum. Onun için hemen hazırlanmaya başlasan iyi olur."

İşin acıklı tarafı, Nilüfer Hanımın bu işleri benim salladığımı zannetmesi... Oysa ben koşturuyorum, hem de nasıl ama Oktay bu tempoya uymuyor. Şöyle ki, geçen hafta hep internetteki emlakçı sitelerine girip evlere baktım. Ayrıca öğle tatillerinde de gidebildiğim yerlere gidip araştırdım. Nişantaşı, Şişli bölgesinde, caddede değil de arka sokaklarda bayağı uygun fiyatlara daireler olduğunu öğrendim mesela.

Bu bilgileri Oktay'a aktardığımda; işimin arasına sıkıştırıp telaş tepeleş gezdiğim, üstelik de Oktay Beyi bu işe katmadan bütün bunları yaptığım için bana teşekkür edeceğine, Nişantaşı-Şişli hattında yaşamak istemediğini, daha ferah, daha açıklık olan yerlere bakmamı -dikkat buyrun- bakmamamı önerdi!

Benim bakmamı...

"Peki, Oktaycığım," dedim, "madem benim önerilerimi beğenmiyorsun, neden biraz da sen, kendi zevkine, beklentilerine göre bir araştırma yapmıyorsun?"

"Şu aralar çok işim var, Serra."

"Benim de işim var, Oktay! İngiltere'deki Turizm Fuarı'na gideceğim için hazırlıkları tamamlamam gerek. Ama yine de, yok öğle tatiliydi, yok iş çıkışıydı, zaman yaratıp fikir edinebilmek için bakıyorum. Sen de pekâlâ bu kadarını yapabilirsin."

Baktım, ses yok. "Tamam, tamam," dedim, "görüşürüz!" Başka bir şey söylemesine fırsat vermeden telefonu kapattım.

Az sonra cep telefonuma bir mesaj geldi. "Dünyanın en güzel kızıyla hafta sonu ev bakmak, hiç de fena fikir değil."

Ah Oktay, ah!

Böylece tüm bir yağmurlu cumartesi gününü, onun düşündüğü Tarabya, Sarıyer ve Yeniköy'deki üç evi gezerek geçirdik. Sonuç –koskoca bir sıfır!

Bir kere kiralar akıl almaz boyutlardaydı; işte hepsinin de ortak noktası buydu zaten. Bunun dışında Tarabya'daki ev dökülüyordu, onu adam edip oturulur hale getirmek için bir servet harcamak gerekti.

Yeniköy'deki ev içinse, Boğaz manzaralı deniyordu. Böylece, muhteşem bir Boğaz manzarası hayal ederek, kapıcıdan anahtarı alıp içeri girdiğimizde, doğru pencerelere koşup o sözü edilen manzarayı aramaya koyulduk.

Ara ara yok!

Bütün görünen, yapraklarını dökmüş ağaçların kuru dalları ve diğer evlerin arka planıydı.

"Ben Boğaz manzarası görmüyorum "

"Bak, şuraya bir tabure koyar üstüne çıkarsan, önümüzdeki evin çatı aralığından denizi görebilirsin," dedi Oktay.

Parmaklarımın ucunda yükselip gösterdiği noktadan başımı iyice uzatıp baktığımda, gerçekten de bir damla deniz görünüyordu.

"Eh," dedim. "Yemin etseler başları ağrımaz."

Böylece oradan çıkıp Sarıyer'deki eve gittik. Orası da ayrı âlemdi. Bir kere ev boş değildi, yani oturanlar vardı. Böylece, bu kez de, oranın kapıcısı eşliğinde insanların içine daldık. Aman Tanrım, ne kalabalık aileydi bunlar böyle. Her kapıdan ikişer, üçer kafa uzanıyordu. Yarım yamalak, utanıp sıkılarak odalara, mutfağa baktık ve kaçarcasına çıktık oradan.

Oktay, kapıcıya sordu. "Burada oturanlar ne zaman çıkacaklar?"

"Valla abi, onlar da ev arıyor." Ohooo! Bakar mısınız!

Dışarı çıktığımızda, "Babaannemin bir sözü vardır. Buradaki ev durumuna cuk oturuyor," dedim.

"Neymiş o?"

"Tut kelin perçeminden..."

Oktay bana boş bakınca, "Yani kelin saçı olmaz ya, olmayan saçın kâkülünü nasıl tutacaksın anlamında... Buna paralel olarak bizim bu ev durumunda da, kiracılar evin içindeler ve kendilerine ev bulamamış vaziyetteler; daha ev bakacaklar da, evi boşaltacaklar da, biz de geçip oturacağız."

"Haa, evet," dedi Oktay gülerek.

Biliyor musun sevgili defter, biz kızlar espriyi kavrama konusunda çok daha hızlıyız. O her türlü alet edevata aklı eren erkeklere bazı şeyleri nokta virgül anlatmak gerekiyor.

Neyse... Biz gelelim ev serüvenlerimize.

Cumartesi günü böyle geçti ama benim pazar günü için de planlarım vardı. Yine fikir edinmek üzere, Etiler, Ulus, Levent'te bakabileceğimiz yerlerin adreslerini almıştım.

Ama Oktay Bey isyan etti.

"Ne? Yarın da mı gezeceğiz? Yok abi, benden bu kadar..."

"İyi ama Oktay, bu işlerin yapılması gerek. Ertelemekle bir yere varamayız ki..."

"Bu haftalık yeterince dolaştık, gerisini de gelecek hafta sonu yaparız."

"Ama zaman giderek azalıyor."

"Daha dünya kadar vakit var."

"Ne dünya kadarı? Kala kala iki ay kaldı. Ev seçilecek, belki içine tamirat, tadilat gerekecek."

"Biz de yeni bir eve gireriz."

"Oktay, çocuk gibi konuşma lütfen. Tamirat veya tadilat gerekmese bile, en azından bir badana yapmak lazım. Bu işler de zaman ister. Onun için elimizi ne kadar çabuk tutarsak, o kadar iyi."

"Ne kadar da heyecan yapıyorsun."

"Oktay, sana inanamıyorum! Bir ev bulup içine giremezsek, düğünden sonra ne yapmamızı öneriyorsun? Otelde mi yaşayacağız?"

"En kötü olasılık..."

"Evet?"

"Yani şu veya bu şekilde bu işler yetişmezse..."

"Evet..."

"Sen benim bekâr evime taşınırsın."

"Demek senin zihninin gerisinde bu var. Onun için ağırdan alıyorsun."

"Hayır Serra, hayır! Mecbur kalırsak diyorum."

"İyi ama sen bana, bu bir göz odada bunalıyorum, deyip duruyordun. Sen o bir göz odaya sığamazken, biz iki kişi nasıl sığacağız? Benim giysilerimi, vs. vs.'yi nereye koyacağız? Darılma ama bazen öyle şeyler söylüyorsun ki..."

"Canım ben orada sonsuza dek yaşayalım, demiyorum ki... Şu geçici dönemde, yani o vakte kadar ev bulamazsak, kendimizi strese sokmanın âlemi yok, sokakta kalmayız, anlamında söylüyorum. Sen bana taşınırsın ve istediğimiz gibi bir yer bulunca oraya geçeriz."

Aman yarabbi! Bu, kulağını tersinden göstermek değil de neydi?

"Bütün bu dolambaçlı yollara girene kadar sıkı çalışıp şu işi vaktinde bitirsek daha iyi olmaz mı?"

Sessizlik...

Ve –tam da o atışmanın üstüne Nilüfer Hanım aradı, ev işi ne oldu, diye. Peki, ne dersin bu durumda?

Oğlunuz yoruldu, sıkıldı, mola istiyor mu diyeceksin? Ayrıca Nilüfer Hanımı üzmek de istemiyorum. O, tam benim kafamda... Ne yapılacaksa bir an önce yapılsın, bitsin, istiyor.

"Bugün Oktay'la birkaç yer gezdik ama hiçbiri bize göre değildi, ben yarın da bakacağım," dedim.

"Oktay gelemeyecek mi seninle?"

Gelemeyecek değil, gelmeyecek –demedim, tabii. Yine, Nilüfer Hanımı üzmemek adına... O, Oktay'ın işi var da, onun için gelemiyor, şeklinde almıştı, ben de hiç bozmadım ve "O gelemiyor, ben bakacağım," dedim.

"Zaten bu işler daha çok kadınlara düşüyor, Serracığım. Senin en doğru seçimi yapacağına inanıyorum," dedi ve ekledi, "yüzüklere bakabildiniz mi?"

"Şu aralar yurtdışında katılacağım Turizm Fuarı'nın hazırlıkları içindeyim de, henüz fırsatım olmadı."

"Tabii canım, haklısın! Biz ev kadınları herkesi hep kendimiz gibi düşünüyoruz, oysa sizler çalışıyorsunuz."

"İlk fırsatta gidip bakacağız."

"Annene sevgilerimi, anneannenle dedene saygılarımı ilet lütfen," dedi ve bu konuşma böylece sona erdi.

Ben Oktay'la önce düğün yeri için, sonra da ev için meydan savaşı vermişim; bir de kalkıp yüzük bakalım diyeceğim, öyle mi... En azından bugünlerde hiç mi hiç mümkünatı yok.

Olayların bu cephesi böyle...

Bir de iş cephesi var, doğal olarak.

Geçen hafta çarşamba günüydü. Bayan Bella beni yanına çağırdı. Önce fuar işini konuştuk. Sonra, "Biricik'le durumlar nasıl Serra?" diye sordu.

"Ne gibi?" dedim ama ne demek istediğini biliyordum çünkü Biricik'le ilgili kafamın attığı o günden sonra kızı yok sayan bir tutum içine girdim. Ve, ne zaman bir şey soracak olsa, onu dosdoğru Bayan Bella'ya havale ediyordum.

Anlaşılan Bayan Bella öfkemin geçip Biricik'le eski mutlu günlerimize döneceğimizi umuyordu ama baktı ben tavrımı koymuşum ve bunda ısrarlıyım, beni çağırıp konuşmaya karar verdi.

İyi valla!

Hem al bu kızı yetiştir diye bir çaylağı başıma sarın. Hem de haline bakmadan, ayağımı kaydırma numaralarını görmezlikten gelmemi bekleyin benden.

Yok öyle...

Akrabaysa akraba...

Beni hiiiiç ilgilendirmez!

Alsınlar kompleksli yeğenlerini, kendileri yetiştirsinler.

"Onunla çalışabilecek misin?"

İşte bu kritik bir soruydu. Çünkü, bunu soran patrondu. Yanıtım beğenilmezse, işimi bile kaybedebilirdim.

Gözlerimin içine bakıyordu Bayan Bella.

O an zihnim bir hesap makinesi gibi çalışmaya başladı.

Benim bir hatam, bir kusurum, bir ihmalim var mıydı?

Hayır!

İşimi iyi yapıyor muydum?

Evet! Öyle olmasa sürekli sorumluluk verirler miydi bana.

Biricik için elimden geleni yapmış mıydım?

Onu sevmek dışında... Evet! Ona bir şeyler öğretmek için gerçekten çaba göstermiştim.

Demek ki, meseleyi dürüstçe ortaya koymak gerekirse, hiçbir kusurum yoktu.

Peki, ya Biricik'le devam edersin, ya da gidersin derlerse, ne yapardım? Sonuçta o, ne de olsa bir ortağın, Şebnem Hanımın akrabasıydı.

İşi bu noktaya kadar getirdikten sonra Biricik'le çalışmayı kabul edemezdim. Bu, en azından kendime karşı saygısızlık olurdu.

İşyerinde herkes birbirini sevecek, bayılacak diye bir kural elbette yok. Sevgi şart değil ama saygı şart. Seversin sevmezsin, beğenirsin beğenmezsin ama saygılı olur, o saygı çerçevesinde işini yaparsan en zıt kişilerle bile, dikenlerine karşın, gül gibi geçinip gidersin.

Amaaaa... Böyle saygı sınırlarını aşıp lafları ters yüz edip bir başkasının aleyhine olacak biçimde anlam kaydırmaları yapmalarla, asılsız gammazlıklarla, ayak kaydırma girişimleri ve benzeri küçük manevralarla o insanın alanına girdin mi, işte bu bağışlanmaz. Çünkü bu –saygısızlıktır!

Bütün bu düşünceler sonucunda, ben de Bayan Bella'nın gözlerinin içine bakarak, "Hayır Bayan Bella, bundan böyle Biricik'le çalışabileceğimi sanmıyorum," dedim.

Haydi bakalım, top şimdi ondaydı!

Bu kez ben ona bakıyordum, ne diyecek diye.

Başını salladı, "Pekâlâ Serra," dedi. "Madem öyle..." Durdu, düşündü, tekrar konuşmaya başladı. "Senden bir ricam var. Onu senin istemediğin bilinmesin, Biricik'i ben başka bir bölüme vermiş olayım, ha, ne dersin?"

Belli etmeden derin bir nefes aldım.

"Siz nasıl uygun görürseniz," dedim ve ekledim, "ayrıca bana gösterdiğiniz anlayış için çok teşekkür ederim."

Gülümsedi Bayan Bella, sonra da başını salladı. "İnan, bunu Şebnem'in hatırı için yapıyorum. Ve Serra, laf aramızda, onun amacı da bu kıza yardımcı olmak. Biricik sorunlu bir kız, o kadar ki tedavi görüyor, ailesi elinden geleni yapıyor. Şebnem, başka bir işyerinde başarılı olmayabilir ve bu onu daha da kötü etkiler diye onu buraya almamı istedi benden. Gözümüzün önünde olursa, kâh anlayış göstererek, kâh uyararak ona yardımcı olabiliriz, dedi. Ben de onu kıramadım, ayrıca sorunlu birine el vererek, belki de onu topluma kazandırabiliriz, diye düşündüm."

Vay be!

Demek durum buydu!

Ve demek büyük piyango bana vurmuştu!

Ama anlamıştım ben!

Bu kızda bir tuhaflık var diye düşünüp duruyordum.

Öte yandan, helal olsun Bayan Bella'ya...

Durumu böylesine açık açık anlatabilen kaç patron vardır. Bu açık kalpliliği nedeniyle onu bir kez daha sevdim.

Ve, yeni edindiğim bu bilgiler ışığında, Biricik'e karşı öfkemde, kocaman bir buz dağının milim kıpırdaması şeklinde bir azalma duyumsadığımı da itiraf etmeliyim.

Ama hepsi o kadar...

O kadar...

Nokta!

Böylece Biricik, sessizce muhasebe bölümüne kaydırıldı ve ben de göreceli huzura kavuştum. Göreceli diyorum, çünkü Bayan Bella, Biricik'in biraz da muhasebede çalışıp bilgilenmesi gerektiğini davulla zurnayla duyurmasına karşın, Biricik o kedi sarısı gözleriyle bana kötü bakışlar atmaya devam ediyor.

İşte, iş cephesi de böyle...

Ev cephesindeyse annem bininci kez, "Ne zaman gidiyoruz gelinlik bakmaya?" dediğinde, hiç istemediğim halde ona patladım. "Şimdi gelinliği düşünecek durumda değilim, anne."

"Kızım, sadece iki saatimizi alacak."

"İki dakikam bile yok! Fuara hazırlanıyoruz."

"Hafta sonunda da mı?"

"Elbette! Hafta sonları bu durumlarda can kurtaran... Onca broşür, flamalar, posterler var hazırlanacak."

"İyi ama senin kendi hazırlıkların ne olacak?"

"Aman zaten heves mi kaldı. Gider seçeriz bir dandik gelinlik, olur biter."

"Aaa, o ne biçim konuşma öyle..."

"Sıkıldım artık!"

"Kızım, ne var sıkılacak?"

"Oktay'ın ayak sürümesinden sıkıldım, onun ağırdan almasını annesinden saklamaktan sıkıldım, onunla sürekli tartışmaktan sıkıldım. Tempomuz uymuyor, ille de o tempoyu tutturacağım diye uğraşmaktan sıkıldım... Bütün bu sıkıntıların üstüne insanda gelinlik ya da yüzük bakma keyfi kalır mı? Alırız gecelik kılıklı, askılı, beyaz bir elbise, takarız parmağımıza sıradan bir altın yüzük, olur biter. Ben bu işlerden sıkıldım artık!"

"Seni işin çok yordu! Kaç gecedir eve geç geliyorsun, ayrıca o Biricik midir nedir, o da sana destek olacağına köstek oluyor. Onun için yorgun ve sinirlisin."

"Beni işim yıpratmıyor, anne. Evet, yoruluyorum ama yatıp uyudum mu, ertesi gün top gibi kalkıyorum, çünkü kafam rahat. Biricik'e gelince, onu Bayan Bella'nın da onayıyla, bir güzel şutlamış bulunuyorum. O nedenle işimden yana, çok çalışmanın dışında, derdim yok. Ama öbür meseleler... İşte asıl onlar beni harap ediyor. Belirsizlikler, kararsızlıklar, huzursuzluklar, ite kaka iş yapmalar..."

"Canım benim," diyerek annem bana sarılmak istedi. "Tüm bunlar evlilik öncesi sıkıntıları..."

"Lütfen anne," diye uzaklaştım ondan. "Biraz uzanmak istiyorum, çok yorgunum."

Ve kaçıp odama sığındım, çünkü annemin bana sarılmasına izin verseydim, hüngür hüngür ağlamaya başlayacaktım.

Oysa onu üzmek istemiyorum.

Tıpkı Nilüfer Hanımı üzmek istemediğim gibi...

Ama bu yük giderek ağırlaşıyor. Nereye kadar taşıyabileceğim. Bilemiyorum... Bilemiyorum...

5 Ocak, Çarşamba

Yeni yıla ne hızlı giriş yaptık ama...

Fuar tam yılbaşından önceydi, gittik, gece gündüz çalıştık ve tık nefes bir vaziyette yılbaşı gecesine yetiştik.

Fuara Bayan Bella'yla gittik. Ne haber...

Hava felaket soğuktu. Fuar alanıysa, hamam mübarek! Hem ısıtılmış, hem de o kadar insan bir araya gelince ısı yükseliyor. İçeri girip çıkarken, bir soğuk bir sıcak derken üşüttüm ve de ateşlendim. İyi mi! Ayrıca, ülkemin güzelliklerini her gelip gidene sabahtan akşama, anlata anlata boğazım oldu mu sana kemik... Neyse ki, Bayan Bella'nın bildiği bir ilaç varmış, bana ondan verdi.

Olamaz böyle bir şey! Anında toparladı beni.

Sağlık raporumu şekilde görüldüğü gibi toparladıktan sonra işin 'aksiyon' bölümüne geçebiliriz artık. Bizim bölüm çok sükse yaptı, azizim! Ama biz de iyi hazırlanmıştık. Sabah erkenden gidip posterlerimizi astık. Broşürlerimizi yerleştirdik, ayrıca masaların üstüne Kütahya işi porselen kâselerde, kuru yemişler, çifte kavrulmuş lokumlar ve badem şekerlerini koyduk.

Rahatlıkla, en çok ilgi gören pavyonlardan birinin bizimki olduğunu söyleyebilirim. Dünya kadar broşür dağıttık, elimizde acentenin kartları kalmadı. İtalyanlarla Yunanlılar sanki eski dostmuşuz gibi bizim pavyona gelip kendi kartlarını veriyorlar ve, "Biz Akdenizliyiz, onun için bak herkesten daha sempatiğiz," filan diyerek şakalaşıyorlardı bizimle. Bu arada çerezlerimizden de atıştırıp duruyorlardı.

İlgi büyüktü büyük olmasına da, ah şu terör olmasa... Bizim belimizi büken de zaman zaman olan bu tür olaylar zaten. Oysa, öyle bir dönemde yaşıyoruz ki, terörün ulaşamadığı ülke kalmadı. İşte ABD, işte İspanya, İtalya, hatta Almanya...

Fuar üç gün sürdü. Bayan Bella, iki akşam da beni yemeğe çıkardı; üstelik bir gece orada oturan arkadaşlarıyla buluşacaktı, tabii ben onları rahatsız etmemek için gitmek istemedim.

"Deli misin, seni otel odasında yalnız başına bırakacak değilim herhalde," dedi ve ekledi, "ayrıca, arkadaşlarım çok tatlı insanlar, merak etme, sıkılmayacaksın."

Gerçekten de hoş insanlardı; bol bol güldük, konuştuk.

İkinci gece de Bayan Bella'yla, yine onun bildiği küçük ama şık bir restorana gittik. Piyanoda güzel sesli, güzel bir kadın hem çalıp hem söylüyordu. Müziğin tadına vararak, iki arkadaş gibi sohbet ettik, uzun uzun. Biliyor musun sevgili defter, belli bir yaştan sonra eskiden 'büyükler' diye tırnak içinde adlandırdıklarımızla bayağı yakınlaşıyor insan, ortak noktalar giderek artıyor.

Üçüncü akşamımızdaysa eşyalarımızı toplayıp uçağımıza yetiştik ve ver elini İstanbul...

Bayan Bella'ya, "Bu adamlar da ne kadar ilginç," dedim, fuarcılar için. "Tam da yılbaşı öncesinde fuar olur muymuş."

"Fuarcılık başlı başına bir sektördür, Serra," dedi Bayan Bella. "Bu yerler aylar öncesinden ayırtılıyor, talep çok, onun için canının istediği tarihi alamıyorsun."

Laf aramızda, onca koşuşturmaya karşın, bu üç gün bana öyle iyi geldi ki...

Bildik sorunlardan uzaklaşmak, ohhh... Özgürlük gibi bir duygu...

Derin derin nefes alabiliyormuşum gibi... Ve uçağın tekerlekleri yere değdiği an içim yine kasıldı, yine derin nefes alamaz oldum sanki. Ne tuhaf!

Bunun bir açıklaması olmalı... Gelelim yılbaşına...

Yılbaşı yemeğini dedemlerin evinde yedik. Oktay, dedeme karşı bir parça soğuktu. Eh, dedemin o günkü gürüldemesinden sonra Oktay'a hak vermiyor değilim. Yine de, Allah'ı var, gelmemezlik etmedi.

Ya bir de dedemin onun arkasından söylediklerini bilse...

Şükürler olsun, dedem o meşhur konuşmalarını yapmadı, çok ciciydi. Yemeğimizi bitirince, birbirimizi öptük, iyi yıllar diledik ve arkadaşlarla buluşmak üzere yola düştük.

Daha önce babamları aradım.

Yasemin, "Serracığım, bugünler telaşlı olur, benim yapabileceğim bir şey varsa, lütfen haber ver," dedi.

"Bize bir ev bul, içini güzelce döşe ve anahtarı gönder. Özetle, anahtar teslimi ev istiyorum."

Şuh kahkahalar arasında, "Çok şekersin," dedi durdu Yasemin.

Oysa çok ciddiydim. Keşke böyle bir şey olabilse...

Sonra babaannemi aradım, onunla epeyce bir konuştuk. Ona buralarda neler olup bittiğini anlattım; Sırma'nın Dubai'ye gideceğini, yeni koşullar nedeniyle beklenenden çok daha önce evlenmesi gerektiğini anlattım.

"İyi ya işte," dedi, tam da beklediğim gibi. "Gelinle ölü beklemez, derlerdi büyüklerimiz."

"Sağ ol yani babaanne, yan yana koyduğun şeylere bak."

"Tabii ölü kokar..."

"Üff babaanne, ayrıntıya girme."

"Gelin de beklerse o iş bozulur."

"Evet ama bu gelin düğününü bile yapmadan gidiyor."

"Hıh! El âlemi yedirip içireceksiniz de ne olacak, arkanızdan bir araba laf edecekler."

"İyi! Hiç, düğün yapmayalım o zaman."

"Canım işte, âdet olmuş bir kere. Ama gelirler, yer içerler sonra da her şeye bir kusur bulur giderler. Yalan mı?"

"İyi konuşan da var."

"Ben daha ne gördüm, ne de duydum."

"Neyse! Neyse! İşte Sırma şimdi apar topar bu ay içinde gidecek. Bakalım orada ne yapacak? Umarım çok sıkılmaz."

"Niye sıkılacakmış ki? Hemen üst üste iki çocuk doğursun..."

"Babaanne, inanılmazsın yani..."

"Tuhaf tuhaf konuşmaya başlama yine."

Şuraya bakar mısınız...

"Ben tuhaf mı konuşuyorum?"

"Tabii ya... Nedir o öyle... Televizyondaki yarım pabuçlu kızlar gibi..."

"Anlaşıldı! Biz anlaşamayacağız."

"Ne var anlaşamayacak... Kocası işinde gücünde olmayacak mı? O da peş peşe çocuklarını doğursun, onları meydana çıkarsın, diyorum. Bunun nesi var anlaşılmayacak."

"Babaanneciğim benim çıkmam gerek. Yeni yılını kutluyorum, ellerinden, gözlerinden, o yanacıklarından öpüyorum."

"Hadi ordan..."

"Niye öyle diyorsun?"

"Sahiden beni öpmek istesen buraya gelirdin."

"Ah canım benim, öyle başım sıkışık ki..."

"Zaten senin başının sıkışık olmadığı zamanı göremedik ki..."

"Bak ilk fırsatta bir hafta sonu atlayıp geleceğim. Sırf o yanaklarından öpmek için..."

"Bilmem artık."

"Ama sen de gel! Hem biz burada annemle kadın başımıza yalnızız, gel de bir bak, ne yapıyoruz, ne ediyoruz."

"Bak nasıl da eğleniyor benimle."

"O nasıl söz! Seni güldürmek istedim o kadar."

Değişen bir şey yoktu! Sevişe didişe bildik konuşmalarımızdan birini daha yapmıştık.

Telefonu kapatmadan önce, dayanamadım. "Babaanneciğim, başım şu aralar çok sıkışık. Benim için dua et, n'olursun."

İşte bu telefonlardan sonra dedemlere gittik, oradan da arkadaşlarla buluşmaya...

Sağ olsun, yine her şeyi Ulaş düzenlemişti. Önce onların evinde toplanacaktık ama sonra bunun Dilek'e haksızlık olacağını düşündük; ne kadar yardım edersek edelim, yine de yorulacaktı. Bunun üzerine Ulaş Sultanahmet'teki o sempatik otellerden birinin üst katında yer ayırtmış.

Ben zaten Sultanahmet'e çıldırıyorum!

Oradaki konaklar, müzeler, eski yapılar, her biri yaşayan tarih... Hele de gece bu binalar ışıklandırılınca, bir masal âlemine dönüşüyor Sultanahmet Meydanı...

İşte Ulaş bütün bu güzelliklerin ortasındaki otellerden birinde yer ayırtmış. Orada otururken, uzansan minareleri tutacaksın sanki, o denli yakın, o denli onların arasında oturuyor gibisin.

"Ulaş, seni kutlarım," dedim. "Bundan güzel bir seçim olamazdı."

Sıla'yı bağrış çağrış Ankara'dan getirtmiştik. Toprak yoktu, yer yarılmış, içine girmişti sanki. Esin'in ise profesörüyle programı varmış!!!

Melis, "Al Selçuk Beyi, gel, dedim ona. İsterdim ama gelemem, dedi. Nedenini sorunca ve biraz da ısrar edince..." diye söze başladı.

Dilek, "Sen de bir şeyi öğrenmeyi aklına koydun mu, kim elinden kurtulabilir ki..." diye kızın lafına atladı.

Melis gülerek devam etti. "Dedi ki, Selçuk bu yılbaşını birlikte geçirmemiz için ısrar etti..."

Dilek yine Melis'in sözünü kesti, "Çocuklar, dikkatinizi çekerim! Selçuk Hoca ya da Selçuk Bey olmuş, Selçuk..."

"Haklısın," dedi Melis. "Ben de fark ettim bunu."

"Peki, sonra ne dedi?"

"Bakın işte bu söyleyeceğim çok önemli."

"Hadi ama..."

"Esin, sanırım Selçuk beni çocuklarıyla tanıştıracak, dedi."

"Adamın çocukları da mı varmış?" diye sordu Sıla.

"Ben size demedim mi?" dedi Melis, sonra bana döndü, "Hatırlıyor musun Serra, hani Dilek için verdiğin davette, mutfakta konuşuyorduk da, ben sana, kesin bu adamın iki ya da üç çocuğu vardır, demiştim."

"Evet, gayet iyi anımsıyorum."

"Nasıl bildim ama..."

Melis bir yarışmada başarılı olmuşçasına gururluydu.

"Acaba kaç çocuğu var?" dedi Sıla yavaşça.

"Vah benim Esinim," dedi Melis. "Şimdi bir de üvey annelik mi yapacak? Üstelik üvey annelik ne kadar da nankör bir meslektir. Emek verirsin, çabalarsın, elinden gelen her şeyi yaparsın, sonra bir gün bir azarlarsın, anında her şey, tüm yaptıkların silinir, unutulur. Ve sen çocuk azarlayan üvey anne oluverirsin..." Ulaş uzun bir ıslık çaldı.

"Melis, sen nereden biliyorsun bu kadar şeyi? Yoksa başka bir hayatta üvey anne miydin?" Gülüşmeler, gülüşmeler...

"Hayır, Ulaşçığım, Tanrı'ya şükürler olsun ki, başka hayatta bile böyle bir şey yaşamadım. Ama annemin iki arkadaşı var, ikisinin de durumu aynı. Yıllar yılı emek verdiler, evlat diye bağırlarına bastılar, derslerine bile birlikte çalıştılar. Sonra ne oldu? Eşinin öldüğü gün, sen gerçek annemiz değilsin diyerek miras derdine düştüler, onca yıl evlat diye bağıra basılanlar. Bu hanımlardan bir tanesi, bu davranış karşısında öyle bir şok yaşadı ki, hastaneye kaldırılıp uzun süre tedavi görmesi gerekti. Çok da haklıydı, sen tut yirmi yıl emek ver, sonra da dönüp sana sen üvey anasın, desinler. Kendinizi o kadınların yerine koyun, kalbiniz kırılmaz mı böyle bir davranış karşısında..."

Hiçbirimizden ses çıkmadı.

"İşte onun için Esin'in bu Selçuk'la işi ciddiye dökmesini hiç istemiyorum."

"Ama," dedim, "kadir kıymet bilen üvey evlatlar da var."

"Öyle olsa bile, çok zor iş be Serra," dedi Melis, "ne diye gençliğini karartsın ki..."

Dilek, "Peki, sen Esin'le bu konuyu konuştun mu? Kuşkularını söyledin mi?" dedi.

"İş ne derece ciddi bilemediğim için bugüne dek bir şey söylemedim."

"Şu halinize bakın," dedi Kaan, "neredeyse geldiğimizden beri Esin'den söz ediyorsunuz. O koskoca bir genç kadın, bırakın da kendi hayatını kendi düzenlesin."

"Hayır efendim," dedi Melis, "onu uyarmak arkadaşları olarak bize düşer."

"Ama işin doğrusunu anlamadan konuşmaya kalkma, sonra kızdırırsın onu," dedim Melis'e.

"Onu bir gün eve çağırır, ağzını ararım. Sonra da duruma göre konuşurum."

"Hayret bir şeysiniz valla," dedi Ulaş gülerek.

"Sadece Esin'e mi, ben Burak'a da karışırım," dedi Melis. "Mesela, o gece yanında çok cici bir kız vardı, pek beğendim. Hemen kalkıp Burak'ın yanına gittim ve bu kızı kaçırma, diye tembihledim." Sonra kendi kendine konuşur gibi devam etti, "Onu da bir arayayım da, neler olup bitiyor bir bakayım."

Melis formundaydı. Karnı da artık iyice belirginleşmişti. Hamilelik onca soruna karşın ona yaramış, yüzü ışıklar saçıyordu. Esin'den aldığım haberlere göre, Kaan hâlâ psikoloğa gidiyormuş ve çocuğun lafını hâlâ ağzına almıyormuş. Peki, çocuk doğunca ne yapacak bu adam? Allah Melis'e yardım etsin. Durumu hiç de kolay değil.

"Eee, sevgili doktorumuz, söyle bakalım, bir göz ısıntısı da mı yok?" diye Sıla'ya takıldı Dilek.

Sıla, hayır anlamında başını iki yana salladı.

"O kadar genç doktorun arasında bir göz ısıntısı bile olmaması mümkün mü?"

"Mümkün," dedi Sıla gülerek.

"Tabii, bizim kız kendini öylesine bilime adadı ki, etrafındaki genç doktorları görmüyor bile," dedi Melis. "Biraz başını kaldırıp etrafına baksana kızım."

"Sen onlara bakma bacım," dedi Ulaş. "Özgürlüğünü kıskanıp, kendilerine benzetmeye çalışıyorlar seni..."

Oktay lafa girip, "Sılamızı rahat bırakın artık," dedikten sonra Dilek'e döndü.

"Dilek, sen maaşına zam isteyecektin. Yılbaşından önce konuşacağım, diyordun. Ne oldu?"

"Hiçbir şey olmadı."

"Nasıl yani?"

"Yanisi şu ki, zam yapmıyoruz, dediler."

"Canın sağ olsun!"

"Olsun da, insan haksızlığa isyan ediyor. Ben o zammı hak ediyordum, her şeye ben koşturuyorum. Ayrıca uzun zamandır zam yapmamışlardı, yani işin normali benim istediğim zammı almamdı. Bunun gerçekleşmemesi bir düş kırıklığıysa, bunu söyleme biçimleri daha büyük bir düş kırıklığı oldu benim için."

"Nasıl yani?"

"Bizim müdürün karşısına çıkıp kendi durumumu anlattığımda bana ne dedi biliyor musunuz?"

"Ne dedi?"

"Sana zam yapmadık, çünkü performansın düşüktü!"

"Ne demek oluyor şimdi bu?" diye sordu Sıla.

"Çok klasik," dedim ben. "Modası geçmiş patronların, bir şeyi yapmak istemedikleri zaman kullandıkları bir slogan adeta. Şurada şu hatayı yaptın demiyorlar. Diyemiyorlar çünkü... Onun için de böyle yuvarlak laflar ediyorlar. Öyle değil mi, Dilek?"

"Aynen."

"Hatırlıyor musun Dilek, hani Doğanay Hoca sohbetlerinde bu tür patronlardan söz edilmişti de, bu performans meselesi sanırım o zaman da dile getirilmişti."

"Evet, anımsıyorum."

"Peki Dilek, sen ne dedin?"

"Aynen az önce senin dediğin gibi, nerede ne yaptım da çalışmalarımın yetersiz olduğu kanısına vardınız, dedim."

"Ne dedi?"

"Net bir yanıt alamadım tabii. Lafı dolandırdı, durdu. Ben de bir şey demeden çıktım odadan."

"Ne yapacaksın peki şimdi?"

"Ayrılacağım bu şirketten. Ayıp bunların yaptığı..."

"Haklısın!"

"Ama önce kendime güzel bir iş bulacağım, ondan sonra ayrılacağım."

"Çok akıllıca, Dilekçiğim," dedim yan yan Oktay'a bakarak.

"Tabii kızım, ben aptal mıyım! Özgeçmişimi düşünebildiğim her yere gönderdim bile."

"Afferin!"

"Ve de istediğim işi bulunca, bu 'performansı kötü' kulunuz, anında patrona adios diyecek."

Biz konuşurken müzik hızlanmıştı. Ulaş, "Hadi bakalım, yeter bu kadar gevezelik. Herkes dans pistine..." dedi ve Sıla'yı da aramıza alarak dans edenlere katıldık.

Kalktığımızda saat üçe geliyordu.

Dışarı çıktığımızda Sultanahmet Meydanı, o özel ışıklandırmalarla şiirsel bir görünüm sunuyordu bakmasını bilenlere... Minareler, kubbeler... Ulu ağaçlar... Dar sokaklar... Özetle...

Bir Osmanlı masalıydı Sultanahmet...

14 Ocak, Cuma

Sırma son kez bizde yatıdaydı!

Anlayacağın sevgili defter, ağır buğur evli hanımlar olmadan, tıpkı eski günlerdeki gibi bir yatı faslı yapalım dedik.

Defne Teyzemler bu hafta geldiler ve dedemlerde kalıyorlar. Sırma, Dubai'ye gitmeden, bir gece de benimle kalmak istediğini söyleyince dedem, "Tabii evladım," demiş, "sizin çok konuşacaklarınız vardır."

Böylece Sırma çantasını kaptığı gibi bize geldi. Çocukluğumuzdaki gibi pijamalarımızı giydik, dondurmalarımıza yumulduk.

"Ee, Sırma," dedim. "Şaka maka derken evleniyorsun."

"Ne demezsin! Ama..." dedi ve abartılı biçimde alt dudağını sarkıttı. "Gelinliğimi giyemeyeceğim."

Bu sözler anında alıp beni çocukluğumuza uçurdu. Düğün ve gelinliklerle ilgili fantezilerimiz hep Sırma üstüne kuruluydu. Benim içinse böyle bir şey söz konusu bile olamazdı. Çünkü, düğün, teller ve duvaklar bütünüyle Sırma'nın tekelindeydi.

Sırma için kurduğumuz hayaller, Uyuyan Güzel masalının bir izdüşümüydü sanki. Sırma, muhteşem bir gelinlik giyecek, başına taçlar takacak, ayağına da pırıltılı beyaz ayakkabılar giyecekti. Elindeyse, yerlere kadar uzanan gelin telleriyle bağlanmış beyaz zambaklardan bir buket taşıyacaktı ve onu öpüp uyandıran prensiyle bir ömür boyu mutlu olacaktı.

Anılar dünyasından kendimi çekip, "Uzun etme," dedim Sırma'ya. "O konuda bir şeyler düşünülmüştür herhalde."

"Evet," dedi Sırma. "Düğünümüz bu yaz İzmir'de yapılacak. Babam düzenleyecek her şeyi."

"Peki, buradaki daveti kim veriyor?"

"Onu, Deniz'in babası üstlendi. En yakın dost ve akrabalarla bir akşam yemeği yenecek. Nikâh yemekten önce kıyılacak, ertesi sabah da erkenden Dubai'ye uçacağız. Herkese sıkı sıkı tembih ettim, yolcu etmeye gelmek yok, dedim."

"Neden ama?"

"Hem çok erken bir saat, insanlara eziyet etmenin âlemi yok, hem de vedalar hüzünlü oluyor. Onun için akşamdan vedalaşırız, olur biter."

"Aslında çok haklısın! Demek Murat Enişte İzmir'de kızına düğün yapacak."

"Yaza rahat rahat hazırlanır, düğün yerine geçecek bir davet yaparız, Sırma da gelinliğini giyer, dedi."

"Harika!"

"Ben de çok sevindim buna. Biliyorsun, gelinlik giymek benim en büyük hayalimdi."

"Bilmem mi süslü," dedim ve çocukluğumuzun oyunlarını anımsayıp gülmekten kendimizi alamadık.

"Ama annemin bazı şüpheleri var."

"Ne gibi?"

"Şöyle ki, evlenip altı aydır eşiyle yaşayan bir kadının gelinlik giymesi, ona düğün yapılması yakışık alır mı, diyor. Bunun üzerine babam, davetiyeleri durumu açıklar biçimde yazıp bunun bir düğünden çok, bir davet olduğunu vurgularsak, işin doğrusunu ortaya koymuş oluruz, dedi."

"Mükemmel çözüm."

"Ama annem, madem bu bir davet, o zaman gelinlik giymesi garip olmaz mı, dedi." "Teyzem de yani..."

"Zaten o noktada babamın da sabrı taştı ve öyle de bir giyer ki, dedi. Ardından, bu kadar da kuralcı olmayın; iki genç birbirini sevip evlenmiş ama koşullar izin vermediği için düğünü erteleyip daha sonra yapmaya karar vermişler; artık buna da laf edecek varsa, hiç gelmesin daha iyi, dedi."

"Eniştem fena kızmış."

"Bunları duyunca bir rahatladım ki Serra. Artık yazın gelmesini beklerken hayaller kurabilirim."

"Alemsin, Sırma."

"Ee, yeter artık beni konuştuğumuz. Sen nasılsın bakalım?"

"Nasıl olsun..." diye geçiştirmek istedim ama tabii Sırma cin gibi kız, yutar mı...

"Pek o kadar da iyi değilsin galiba, hadi anlat bana."

"Sırma, bu gece senin evliliğini, Dubai'yi, düğününü konuşmak için buradayız."

"Konuştuk işte! Konuşacak başka bir şey kalmadı ki... Ama sende var gibi."

Ne diyeceğimi bilemeden susuyordum.

"Hadi canım," dedi Sırma yumuşacık bir sesle. "Canını sıkan her neyse söyle de birlikte düşünelim, tartışalım."

O kahrolası gözlerimin yandığını duyumsadım yine.

"Bak kendini üzüyorsun! Konuş, açılırsın."

"Oktay'la konuşmuyoruz."

"Ah, yapma!"

"Evet, konuşmuyoruz."

"Serra sakın kendini üzme, bunlar evlilik öncesi..."

"Biri bir daha bu cümleyi söylerse avaz avaz bağırmaya başlayacağım."

"Tamam, tamam! Tövbe! Bir daha asla böyle demeyeceğim."

"İşler yolunda gitmiyor! Sorunlar yaşıyorum! Ve kimse beni ciddiye almıyor. Hep aynı cümleyi duyuyorum; bunlar evlilik öncesi gerginlikleri ya da sancıları ya da stresi... Seç beğen al."

"Korktum valla senden. Bu ne öfke!"

"İnan bazen aklımı kaçıracağım diye korkuyorum, öylesine gerginim."

"Peki kızım, nedir seni bu kadar sinirlendiren? Hazırlıklar mı? Beğenmediğin, istemediğin olayların içine mi itiliyorsun?"

"Hayır, hayır! Hiçbiri değil!"

"Ne öyleyse?"

"Oktay!"

"Oktay mı?"

"Evet, Oktay."

"Ne yaptı ki?"

"Nasıl anlatsam bilemiyorum ki..."

"Bir dene..."

"Kendime bile anlatamıyorum."

"Peki, ne yaptı?"

"Hiçbir şey yapmadı."

"Bir şey anladımsa arap olayım."

"Şöyle ki, önümüzde yapılması gereken bir sürü iş var. Dolaşılacak, karar verilecek ve ev tutulacak. Tamam mı?"

"Tamam," dedi zavallı Sırma, şaşkın.

"Sonra belki evin içinde tadilat gerekecek, kesin badana yapılacak. O nedenle bu ev işinin bir an önce hallolması gerek. Öyle değil mi?"

"Öyle."

"Öyle ama Oktay bir türlü işlere şöyle dört elle sarılmıyor. Bir kez ev bakmaya gelirse, başka sefer gelmiyor. O gelmeyince de ben nasıl tek başıma karar vereyim; haydi iş sürüncemede kalıyor. Şu anda hâlâ bir ev tutabilmiş değiliz, tutmayı bırak bir kenara, seçenekleri bile oluşturamadık. Gidip bakmazsan, nasıl bu birinci, bu ikinci tercihim diyebilirsin."

"Haklısın." Sırma'nın sesi pek bir cılız çıkmıştı.

"Ayrıca," dedim. "Düğünün yapılacağı yer konusunda da beni çok üzdü. Nilüfer Hanım arar, ne yaptınız, diye. Onu üzmemek için vaziyeti idare et, sonra dön, haydi Oktay diye onu dürtükle..." Durup bir soluk aldım. "Bu arada ben de boş gezenin boş kalfası değilim herhalde. Dünya kadar işim var, yine de vakit yaratıyor, koşturuyorum ama bu yükün tümü benim omuzlarıma binince gerilmeye başlıyorum. Ne bu yaa..."

Sırma ne diyeceğini bilemez halde beni dinliyordu. "En son konu –şu yüzük meselesi..."

"Ne yüzüğü?"

"Aman canım işte... Biz nişanlanırken, çabucak öylesine iki halka alıvermiştik, daha çok dedem için. Yüzüklerinizi ben takacağım, demişti de... Oysa şimdi kayınvalidem doğru dürüst birer yüzük almamızı istiyor. Ve kadın bunu belki elli kez söyledi. Ben de Oktay'a, artık alalım şu yüzükleri, dedim. O ise, sen bir dolaş, ben sonra gelir senin seçtiklerine bakarım, dedi. Ben de bunu ciddiye aldım, bayağı bir dolaştım, çeşitli kuyumculara girdim çıktım, hatta pazarlık bile yaptım. Geçen hafta Oktay'a, tüm bilgileri toparladım, ne zaman gidiyoruz, diye sordum. O da cumartesi sabahı saat on birde kuyumcuda buluşalım, dedi. Uzun uzun kuyumcunun yerini tarif ettim.

"Cumartesi günü geldi, ben tam saat on birde oradaydım. Baktım Oktay gelmemiş, sokakta beklemeyeyim diye içeri girdim. Kuyumcuyla azıcık sohbet ettik, hatta adam yüzükleri çıkardı, bir kez daha göreyim, diye.

"Saat 11:30 olmuştu ve Oktay hâlâ ortada yoktu. Kuyumcuya karşı da mahcup oluyordum. Düşünsene, kız sevindirik gibi erkenden gelmiş, damat beyse ortada yok.

"Trafiğe takılmış olmalı, onu bir arayayım, dedim ve cep'ten aradım Oktay'ı. Telefonu kapalıydı. Bu kez ev numarasını çevirdim; çaldı, çaldı, çaldı. Kapattım tabii.. "

"Hay Allah, Serracığım. Kim bilir ne kadar canın sıkıldı."

"Şeytan diyordu ki, bırak git. Öte yandan, tut kendini, diyordum. Şu buluşmayı bile zar zor ayarladım, şimdi bırakıp gidersem, her şey yine benim başıma kalacak. Ayrıca, bu işi neden bu kez de başaramadığımızı, yaratıcı bir nezaketle Nilüfer Hanıma anlatmak bana kalacaktı. Sonra da yeni bir buluşmayı bilin bakalım kim ayarlayacaktı? Serra kulunuz, elbette. İşte, bütün bu nedenler bir araya gelince, dişimi sıkıp beklemeye devam ettim.

"Kuyumcu bana bir kahve ısmarladı ve onunla karşılıklı bu kez İstanbul trafiğinin ne kadar kötü olduğu, bir yerden bir yere gitmenin insanın nasıl vaktini aldığı gibi çeşitlemelerle vakit geçirmeye çalıştık. Adamcağız resmen beni teselli etmeye uğraşıyordu. Düşünsene, benim için ne kadar utanç verici bir durum.

"Artık saat on ikiye dayanmıştı! Bir kez daha aradım. Cep kapalı! Bu kez öfkeme, endişe de karışmıştı. Acaba kötü bir şey mi oldu, diye düşünmeye başlamıştım. İnan, ellerim titriyordu onu ararken. Ne olmuş olabilirdi?..

"Artık ben gideyim dedim kuyumcuya, gülümsemeye çalışarak.

"El değiştirmek işe yarar bazen, izin verin bir kez de ben arayayım, dedi adamcağız ve Oktay'ın ev numarasını çevirdi.

"Bir süre dinledi, dinledi, telefonun çaldığını ben de duyabiliyordum. Derken bir ses ve kuyumcu, bir dakika beyefendi, dedi, sizinle konuşmak isteyen genç hanıma veriyorum. Sonra ahizeyi bana uzattı.

"Oktay, dedim.

"Uykulu bir ses, Efendim, Serra, diye beni cevapladı."

Sırma, dehşet içinde eliyle ağzını kapatmış, bana bakıyordu. Anlatmaya devam ettim. "Oktay'a, saat kaç biliyor musun, dedim. Hâlâ uyku sersemiydi. Toparlanıp saate baktı sanırım. Sonra, Serra, biz on birde seninle kuyumcuda buluşacaktık, değil mi, demez mi...

"Herhalde yani, dedim. Bu kez de, çok özür dilerim, çok özür dilerim, uyuyakalmışım, demez mi...

"Özrü kabahatinden büyük derler ya, işte aynen böyle bir durum için düşünülmüş bir söz. Trafik tıkanır, anlarım. İş gereği aniden bir yere çağrılır, gitmesi gerekir; anlarım."

Sırma, "O zaman bile bir telefon eder, durumu bildirirsin," dedi.

"Evet!" dedim. Bunları anlatırken yine öfkelenmiş, soluk soluğa kalmıştım. "Ama Oktay'ın mazeretine bakar mısın. Uyuyakalmış!"

Karşılıklı bir süre sessiz kaldık. "Peki," dedi Sırma alçak sesle, "sonra ne oldu?"

"O, hâlâ, Serra hemen giyinip geliyorum, diyordu. Bunun üzerine, saçmalama Oktay, dedim. Hele de bu saatte, cumartesi trafiğinde sen buraya iki saatten önce varamazsın. Onun için kalsın, zaten artık hiç önemi yok, diyerek telefonu kapattım.

"Kuyumcuya da, nişanlım uyuyakaldığı için gelemeyecek, o nedenle ayrılmak zorundayım. Vaktinizi aldığım için özür dilerim, dedim. Bunu duyunca adamın kaşları havaya kalktı; sonra, bu dünyada ne insanlar var, dercesine içini çekerek, hayırlısı, dedi.

"Bu konuşmanın üstüne cep telefonumu kapatıp sinir içinde saatlerce sokaklarda dolaştım, durdum. Hani hiçbir yere sığamazsın ya, işte o duygu. Sinemaya gideyim, dedim. Hayır, içim öyle sıkıntılıydı ki, bir filmi bile çekecek halim yoktu. Vitrin bakayım, dedim. Bakıyordum ama hiçbir şeyi görmüyordum ki... Her şey keyfin yerindeyse güzel."

"Bari bir arkadaşını arayaydın," dedi Sırma.

"İnan, düşündüm ama arkadaşıma ne diyecektim ki... Şimdi sana anlattıklarımı dinledikten sonra, ne var bunda, diyecekler. Evet, unutmamalıydı; evet, diğer işlerle daha fazla ilgilenmesi gerekirdi ama canım bunlar bu kadar da büyütülecek şeyler değil; erkekler böyledir işte, bu gibi işleri hep kadınlar yapar, diyeceklerdi.

"Oysa bence çok daha derinlerde yatan bir şeyler var. Bunu hissediyorum Sırma!

"Anlatamıyorum, somut bir şeyler ortaya koyamıyorum ama bir sorun var, hissediyorum. Büyük bir sorun!"

"Ne diyeceğimi bilemiyorum."

"Sonra dönüp kendimi suçluyorum. Bunlar vesvese, diyorum. Belki de herkes haklı... Düğün öncesi stresi kafanı karıştırıyor ve sen olayları büyütüyorsun. Oktay'ın da herkes gibi ufak tefek kusurları olabilir; sanki sen pek mi mükemmelsin, diyorum kendime.

"Müstakbel kayınvalidenle, kayınpederin ne kadar tatlı insanlar ve seni ne kadar seviyorlar. Oysa insanların büyük çoğunluğu nişanlısının ailesiyle ne büyük sorunlar yaşıyor. Sen çok şanslısın bu açıdan Serra, diyorum."

"İyi ya işte," dedi Sırma umut dolu bir sesle, "bak, demek ki durumunda üzülecek bir şey yok."

"İyi de o zaman neden mutsuzum? Neden huzursuzum? Beni bunca rahatsız eden ne?"

"Biliyor musun, ben ne düşünüyorum?" dedi Sırma.

"Söyle," dedim ve onun ağzından çıkacaklar, kaderimi belirleyecek sözcüklermişçesine beklemeye başladım.

"Bak sakın kızma ama, bence sen bunalımdasın. Ve bu bunalımın nedeni evlilik öncesi stresi..."

"Aman Sırma, bütün söyleyeceğin bu muydu?"

"Serracığım, olaya mantıklı bakmaya çalış. Sen hem işin hem diğer koşuşturmaların nedeniyle yoruluyorsun. Çok yoruluyorsun ve bünyen zayıf düşüyor. Bunun üstüne yaşanan aksilikler, Oktay'la tartışmalar... İçinde bulunduğun ruh haliyle bunları büyütüp daha başka sorunlar varmış gibi görüyorsun. Belki de sen bir tür depresyondasın."

"Bir bu eksikti!"

"Öyle deme ama... Bak elle tutulur bir kusur bulamıyorum, diyorsun. Hissediyorum, diyorsun, ya bu hissettiklerin bunalımın yarattığı duygularsa?"

Bu soruyu yanıtsız bıraktım.

Sırma devam etti. "Onun için, ben diyorum ki, at bu kötü düşünceleri kafandan. Ufak tefek... bak az önce kendin bile bu sözcükleri kullandın; ufak tefek aksiliklere kafanı takma. Şunu düşün, Oktay seni seviyor, sen de onu seviyorsun. Önemli olan da bu değil mi? Ha?"

"Evet," dedim. "Tabii ki önemli olan bu."

"Tamam o zaman. Gerisini o kadar önemseme. Bir de bu arada sinirlerin çok yıpranmış. B vitamini al, sinirler için birebir..."

"Tek, sana bir şey soracağım."

"Sor canım."

"Madem erkekler böyle konuları sevmezler, sallarlar ve bu çok olağan, o zaman neden Ulaş, neden Deniz böyle davranmadılar. Söyle bakalım. Dilek olayında, Ulaş işi ele aldı ve yıldırım hızıyla şu gün evleniyoruz, şu gün İtalya'ya gidiyoruz, dedi. Bu arada birlikte ev baktılar, onu da en kısa sürede bağladılar. Eminim Ulaş da bayılmıyor böyle işlere ve eminim Ulaş da önce uzun uzun düşünüyor, örneğin Dilek hem kesemize, hem zevkimize uygun evi Anadolu yakasında bulabildik, dedi. Demek ki Ulaş bir aile bireyi sorumluluğu içinde, bütçesini düşünmüş, ölçüp biçmiş ve sonunda evini tutmuş.

"Beni yanlış anlama, Sırma. Ben, herhangi bir konuda Oktay anında karar versin ya da yapsın, demiyorum. Elbette düşünecek, ölçüp biçecek ama önce o etkinliğin içine girmeli.

"Konuyu benimsemeli!

"Kavramak!

"Oktay ise ne yapıyor? Konu sanki başkasına ait; onunla hiç ilgisi yokmuş gibi davranıyor.

"Ve o yapılması gerekenler bir gün kendiliğinden çözülüverecekmiş gibi oturduğu yerde bekliyor.

"Bak bunu söylemek bana çok acı veriyor ama, evlenme teklif ediyor, üstünden tam iki yıl geçiyor ve hiçbir hareket yok. Ses yok! Girişim yok! Sonunda dedemin zoruyla düğün tarihine karar veriyoruz.

"Böyle bir davranış seni yaralamaz mıydı? Madem evlenme teklif etmişsin, bir süre sonra karşılıklı oturup konuşup şu tarihte düğünümüzü yapalım, denmez mi?

"Öylece, havada kalarak yaşadım, o iki yılı. Öte yandan, beni seviyor, bunu da biliyorum. Ben de onu seviyorum.

"Ve çok da iyi bir insan.

"Keşke kaba, ya da kötü, ya da çapkın biri olsaydı, keser atardın, olay biterdi.

"Ama hem birbirimizi seviyoruz, hem de iyi ve düzgün bir insan...

"Oysa mutsuzum, huzursuzum... Az önce saydığım nedenlerden dolayı...

"Ne çelişki, değil mi?"

Sırmacık öylece beni dinliyordu. Şaşkındı.

"Seni de üzdüm."

"Doğrusunu söylemek gerekirse, gerçekten üzüldüm, Serra. Ben diyorum ki, bir an önce şu düğün tarihi gelse ve siz evlenseniz, kanımca bu sorunların büyük bir kısmı uçup gidecek. Aslında karar verince, fazla da uzatmamak gerek."

"Sırma, geçen gün babaannem telefonda bana ne dedi biliyor musun?"

"Söyle! Ben bayılırım babaannenin laflarına..."

"Ölüyle gelin bekletilmezmiş."

"Aynen benim durumumdaki gibi... Az önce Ulaş'la Deniz neden böyle davranmadılar gibi bir laf ettin. Zavallı Deniz'in bu kadar çabuk evlenmeye hiç mi hiç niyeti yoktu ama bu iş teklifiyle öyle bir oldubittiye getirildi ki..." dedi Sırma ve gülmeye başladı. Ben de ona katıldım; güldük, güldük.

Ama çocukluğumuzun tasasız, şen kahkahaları değil, bunalım sonrası bir boşalmanın gülmesiydi bu.

"Saat kaç, biliyor musun Sırma?" dedim.

"Biliyorum, dörde geliyor."

"İnsaf yani! Yılbaşı gecesi bile saat üçtü kalktığımızda."

"Ama bu başka Serracığım," dedi Sırma. "Bu seninle ikimizin kocaman ve de ağır buğur iki evli hanım olmadan önceki son yatı beraberliğimiz."

İçime o an bir ince sızı düştü.

Çocukluğumuz sona ermişti.

Şimdi de genç kızlık günlerimiz sona eriyordu.

"Haklısın," dedim. "Bizim için bu gece önemli ama yarın da senin için çok önemli... Onun için bu kadar gecikmemeliydik."

Sırma birden boynuma sarıldı. "Serra, lütfen kendini üzme! Bu sıkıntılar geçecek, inan bana. Bu işin uzaması, senin sinirlerini yıprattı, bence mesele bundan ibaret."

En azından derdimi Sırma'ya dökmüş, hafiflemiştim.

O ise beni dinlemiş, sıkıntılarımı paylaşmıştı.

Yataklarımıza yattığımızda, uzanıp el ele tutuştuk.

Ve öylece uyuyakaldık.

Tıpkı çocukluğumuzda yaptığımız gibi...

16 Ocak, Pazar

Sırma artık evli bir kadın!

Bu satırı kırk kez yazsam da inanamayacağımı biliyorum. En azından şimdilik...

Neyse, gelelim günün olaylarına... Belki yardım etmemiz gerekir diye annemle akşamüstü dedemlerdeydik. Yemeğe de oradan hep birlikte gideriz diye düşünmüştük.

Eve bir girdik ki, ohoo, kriz yaşanıyor!

Defne Teyze, bir telaş, "Odasına kapandı, kapıyı kilitledi! Ne oluyor buna, anlamıyorum," diye söylendi.

"İyi ama," dedi annem, "çok mutluydu, hoplayıp zıplıyordu."

"Şımarıklık... Bal gibi şımarıklık bu yaptığı..."

"Kızım," dedi anneannem, "sordun mu ona, derdi neymiş?"

"Sormaz olur muyum, ilahi anne, sen de bir hoşsun," dedi Defne Teyzem o hırsla. "Cevap bile vermiyor, küçükhanım. Giyinmek için içeriye girdi, sonra ne olduysa, kapıyı kilitledi. O kadar, ne oldu kızım dedim, aç şu kapıyı, dedim. Yok, cevap yok! Delireceğim vallahi..."

"Sakin olun," dedi annem. "Bir de Serra konuşmayı denesin."

"Evet," dedi Defne Teyze, "Serracığım, şunun yanına git de öğren bakalım, derdi neymiş. Hey yarabbim, sen bana sabır ver..."

"Yapma ama Defne..." dedi annem.

"Abla, nasıl telaşlanmam! Şurada nikâhın kıyılmasına ne kaldı. İnsanlar gelecek, dünürler orada, bekliyorlar. Bunun kaprisi yüzünden rezil mi olalım?"

"Sırma," diye seslendim, hafifçe kapıyı tıklatarak, "benim, Serra. Lütfen aç kapıyı..."

"Kimseyle konuşmak istemiyorum."

"Haydaaa..."

Ne oldu buna böyle.

Daha geçen gece akıllı akıllı, öğütler veriyordu bana.

Hepimiz giyinmiş kuşanmıştık, hepimiz hazırdık. Ama Sırma bir türlü ortaya çıkmıyordu. "Cevap vermiyor mu?"

"Hayır, teyze."

"Off, of! Kazık kadar kız oldu, hâlâ çocuk, hâlâ çocuk..."

Murat Enişte saatine baktı, "Gecikirsek dünürlere çok ayıp olacak," dedi, sonra teyzeme döndü, "söyle kızına, aklını başına toplasın ve derhal çıksın o odadan dışarı..."

O an Defne Teyzemin gözlerini görebilmeni gerçekten çok isterdim, sevgili defter. O mavi gözlerde öyle bir şimşek çaktı ki, annem hemen araya girdi.

"Bakın ne diyeceğim. Biz, babamları da alıp yola çıkalım. Serra da, Sırma'yla arkadan gelsin."

"Evet," dedi anneannem. "Serra, Sırma'yı getirir, onlar birbirinin dilinden anlar. Haydi biz çıkalım."

Böylece bizim aile sinir içinde evden çıkıp gitti.

Ben de hemen Sırma'nın kilitlediği kapının önüne geldim ve kulağımı kapıya dayayıp içerisini dinledim.

Çıt yok!

Hafifçe kapıya vurdum. "Sırmacığım, benim, Serra. Herkes gitti, evde bir sen, bir de ben varız. Lütfen, aç şu kapıyı da konuşalım. Haydi, canım benim..."

Yine sessizlik...

Sabırla kapının dibinde bekliyordum.

Derken kilitte dönen anahtarın sesi ve –usulca açılan kapı...

Sırma karşımda duruyordu.

Üstünde sabahlık...

Yüzü allak bullak...

Makyaj yapılmış ama ağlamalar sonucunda o makyaj çamura dönmüş.

Ayağında da havlu terlikler...

"Sırma, herkes gitti! Sen daha hazırlanmamışsın bile..."

Cevap vermedi, yatağın üstüne oturdu ve ağlamaya başladı.

Yavaşça yanına iliştim. "Neyin var? Seni bu kadar üzen nedir?"

Gözyaşlarını bir çocuk gibi elinin tersiyle silerken, hıçkırıklarının arasında konuştu.

"Hiçbir şey istediğim gibi değil!" Ve bu kez yüksek sesle ağlamaya başladı.

Hey güzel Allahım!

Sabırlı olmaya çalışarak, "Yoksa Deniz'le evlenmek istemiyor musun?" diye sordum.

Anında ağlaması durdu, dehşete düşmüşçesine gözlerini açarak, "Hayır, hayır! Tabii ki onunla evlenmek istiyorum," dedi.

"Peki, bu ağlamalar neyin nesi oluyor?"

"Bir kere çok yanlış elbise seçmişim. Hiç de güzel değil! Oysa alırken çok şık gibi gelmişti. Ama buraya gelip de giyince... ve de aynaya bakınca... iğrenç..." dedi ve yine ağlamaya başladı.

İğrenç, derken, eliyle suçlarcasına koltuğa fırlatılmış zavallı giysiyi gösteriyordu.

"Ona uygun makyaj yapayım dedim, bu sefer de tam bir kokoş oldum," diyerek ağlamasını sürdürdü.

Gidip suçlu giysiyi aldım ve şöyle kendi üstümde tutarak aynaya baktım. Uzun, siyah bir elbiseydi ve boynunda da beyaz tüylerden bir atkısı vardı. Aslında gerçekten şık bir gece kıyafetiydi ama gel de bunu o anda krizler geçirmekte olan Sırma'ya anlat.

"Bak canım," dedim. "Bu, zarif ve havalı bir giysi. Özellikle de bu gece için mükemmel seçim. Nesini beğenmiyorsun anlamıyorum. Şimdi senin yüzünü bir güzel yıkayacağız sonra da her zamanki hafif makyajını yapıp çıkacaksın ortaya..."

"Hiçbir şey istediğim gibi, hayal ettiğim gibi değil," dedi yine hıçkırıklara boğularak. "Ben böyle dandik bir yemekle değil, güzel bir düğünle evlenmek istiyordum.

"Ben Allahın Dubai'sine değil, İstanbul'a yerleşmek istiyordum.

"Ben, böyle karafatma gibi bir elbiseyle değil, muhteşem bir gelinlikle evlenmek ve çok çok güzel olmak istiyordum."

Ne diyebilirdim ki... Başladım gülmeye...

Sırma'ysa yan yan bana bakıyordu, yüzünde kalbi kırık bir ifade...

"Ben burada hayatımın dramını yaşıyorum ve sen bana gülüyorsun..."

"Eh, ne diyeyim ben sana Sırma... Millet çoktan toplanmış, seni bekliyor. Nikâh memuru da gelmiştir herhalde... Ve sen, burada hırçın bir kız çocuğu gibi giysimi beğenmedim, Dubai'ye gitmem, gelinliğimi isterim, diye tepiniyorsun.

"Şu manzaraya bakar mısın?..

"Nasıl gülmem...

"Aslında başka bir zaman olsa, sen de gülerdin, hem de yerlere yatarak..."

Hıçkırıkları dinmişti.

Artık içini çeke çeke beni dinliyordu.

"Bak hayatım," dedim. "Sırayla ele alalım. Bir kere o giysi hiç de karafatma gibi değil, tam tersine çok şık. Gerçekten... Sana hak versem o zaman başka bir şey giy, derdim."

"Derdin, değil mi Serra?"

"Valla derdim, billa derdim. Sonra... düzenlenen davete en son söylenecek söz, dandiktir. Etiler civarının en sükseli yerinde verilen bu yemek davetine nasıl dandik dersin sen? Ayrıca, daha dün gece konuşmadık mı?.. Yazın baban İzmir'de senin istediğin gibi bir düğün daveti düzenleyecek. Daha ne?

"Dubai'ye gelince, orada ömür boyu kalmayacaksın ki, belli bir süre için gidiyorsun. Üstelik güzel bir iş teklifini kabul etmiş olarak gidiyorsun. Onca değerli insan iş bulamazken, senin bu koşullarda oturup ağlaman, en azından ayıp..."

Bu kez suçlu bir çocuk gibi başı önünde hafif hafif içini çekerek dinliyordu beni.

"Bak sana ne diyeceğim! Geçen gece sen beni teselli ederken, bütün bu kuşkularımın stresten kaynaklandığını söylemiştin, öyle değil mi?"

Evet, anlamında başını salladı.

"Şimdi ben de sana diyorum ki, senin şu anki tepkin de stres sonucu. Ama nedenin farklı. Senin olayında her şey çok çabuk gelişti; benimkindeyse çoook yavaş oluşuyor. Böylece değişik nedenlerle ikimiz de gerilimdeyiz."

Söylediklerimi düşünebilmesi için sustum bir süre. "Sırmacığım, hadi canım, toparlan da gidelim artık. Deniz'i düşün! Herkes orada ve sen yoksun! Onun için ne kötü bir durum."

"Haklısın," diyerek ayağa kalktı.

Ohh, şükürler olsun, dedim içimden. Yani, bu yaşta bir kızın bu tür nedenlerle nikâh öncesi krizler geçirdiğini bir başkası anlatsa, kesin abartıyor, derdim. Ama neylersin ki, genelde aklı başında olmasına karşın, bazen böyle sapıtıveriyor işte.

Sırma yüzünü yıkamak için odadan çıkınca hemen annemi aradım.

"Sırma'yı ikna ettim, hazırlanıyor. En fazla bir saat içinde orada oluruz."

"İşte bu çok iyi," dedi annem. "Hemen Defne'ye haber vereyim. Siz gelene kadar kokteyli uzatır, konukları oyalarız."

"Nikâh memuru geldi mi?"

"Hayır."

"Çok iyi! Haydi anneciğim, görüşürüz."

Bunun sonrası, Sırma'nın yıldırım gibi makyaj yapması, saçlarını fırçalaması, 'karafatma' giysisini üzerine geçirmesi ve kendimizi bir taksiye atıp restorana varmamızdı.

Gelin hanım, nikâh memuruyla aynı anda içeri girdi. Bundan sonrası da o hızlı temponun devamıydı. Sırma, Deniz'le birlikte konuklarının ellerini sıkarak, hoş geldiniz, geciktiğim için özür dilerim, dedi. Ve nikâh masasına oturdular.

Dedem güçlükle ayakta duruyordu ama torununun nikahıyla ilgili hiçbir ayrıntıyı kaçırmak niyetinde değildi. Sırma'nın, evet'i üzerine bizim ailenin kadınlarının gözyaşları sel oldu aktı. Dedemin bile gözleri yaşarmıştı. Kolay mı, ailenin son kuşağının ilk nikâhını yaşıyorduk.

Tam bu sırada bir el omzumu tuttu; bense makyajımı bozmamaya çalışarak gözlerimi silmekle meşguldüm. Dönüp baktım, kim diye. Oktay'dı. Eğilip tam tepeme bir öpücük kondurdu. Cumartesi günkü konuşmamızdan bu yana ilk kez bir araya geliyorduk.

Ah, bu küsüp barışmalar hiç bana göre değil. Bazıları, küsüp sonra da barışmanın çok tatlı olduğunu söylüyor. Oysa ben küsmeyi hiç sevmiyorum! Bu beni o kadar üzüyor, o denli yıpratıyor ki, barıştığım zaman içim boşalmış gibi hissediyorum kendimi. Bir parçam kopup gitmiş gibi, eksilmişim gibi... Nerede kalmış daha tatlı olması... Tıpkı kavga etmeyi beceremediğim gibi, küsüp barışmanın da altından kalkamıyorum. Bütün bunları bir oyun, bir sevda cilvesi olarak alamıyorum.

Derken Deniz'in, evet, diyen sesi yükseldi, ardından da alkışlar...

Nikâhın sona ermesiyle herkes masalarına dağıldı. Oktay da koluma girmiş, bana tatlı tatlı gülümsüyordu. O, böyle bakınca, ortam da mutluluk ortamı olunca, çaresiz, barıştım onunla. Ve masamıza doğru yürürken ilk kez etrafıma bakabildim.

Bulunduğumuz restoran küçüktü ama güzel döşenmişti. Tam kış havasına yakışır bir dekoru vardı. Girişte kocaman bir şömine, içinde alev alev yanan kütükler, şöminenin iki yanında iki baba koltuk... Tavana uzanan kitaplıklar iki duvarı kaplamıştı. Bir mekâna kitap kadar sıcaklık katan başka nesne var mıdır acaba? Nitekim, bir restoranda değil de, bir evin kütüphanesinde oturuyorduk sanki...

On ikişer kişilik altı yuvarlak masa hazırlanmıştı. Zaten Sırma da, sadece en yakın akraba ve dostlar olacak, altmış yetmiş kişiyi aşmayacak konuklarımızın sayısı, demişti. Bunun bir evlilik yemeği olduğuna dair tek işaret, restoranın üst katına çıkan ahşap merdiven trabzanlarının beyaz saten kurdeleler ve beyaz çiçeklerle süslenmiş olmasıydı.

Zarif bir dokunuş! O kadar...

En hoşuma giden de masa üstü süsleri oldu. Bu bir metropoller koleksiyonuydu. Şöyle ki, her masanın ortasına dünya kentlerinden birinin simgesi konmuştu. Örneğin, bir masada Paris'i simgeleyen Eyfel kulesi, diğerinde

Roma'nın Coliseum'u; yine bir başkasında İstanbul'un Sultanahmet Camii'nin maketleri beyaz çiçeklerin içine yerleştirilip masanın ortasına konmuştu. Bu fikri o kadar beğendim ki, belli etmeden öbür masalara da göz attım hangi metropoller sergilenmiş, diye. Diğer üç masayı New York'un gökdelenleri, Londra'nın ünlü saat kulesi Big Ben ve Venedik'in köprü ve gondolu süslüyordu.

Dekorundan müziğine, yemeğinden masa süsüne, her şey abartısız ve zarifti.

Herkes neşeliydi, genç evlilerin şerefine kadehler kalktı. Ve –tüm güzel şeyler gibi bu gece de sona erdi.

Sırma ve Deniz aile büyükleriyle öpüşüp vedalaştılar. Dedemle vedalaşması ise hepimize dokundu.

"Hadi yavrum," diye Sırma'nın sırtını okşadı dedem. "Allah sizleri mutlu etsin, ne mutlu bana ki bu günleri görebildim."

En sona kalmayı yeğleyerek, Sırma'nın konuklarla vedalaşmasını bekledim. Ve sıra bana geldi. İşte o anda Sırma bana şöyle bir baktı ve boynuma sarılıverdi. Kendimizi tutmaya çalışıyorduk, hem de nasıl... Ama günlerdir bu ayrılığı beklemek sinirlerimizi harap etmişti. Üzülmüyormuşuz gibi rol yapmaktan da sıkılmıştık artık. Bir an öylece kaldık sonra sessizce ayrıldık. Söylenecek her şey söylenmişti. Neler hissettiğimizi çok iyi biliyorduk.

Oktay koluma girdi, annem ve dedemle birlikte dışarı çıktık. Son kez dönüp arkama baktım. İçerinin o yumuşak ışığında Sırma Deniz'le bir şeyler konuşuyordu. Sonra Defne Teyzem bir çanta getirdi, Sırma'ya verdi.

Murat Enişteyle dünürleri ise konuşup gülüşüyorlardı.

Sırma, yeni hayatının temposuna girmişti bile. Benim Uyuyan Güzel'im, yakışıklı prensiyle uzaklara uçuyordu.

Bana da, arkasından el sallayıp ona mutluluklar dilemek kalıyordu.

18 Ocak, Salı

Melis bambaşka bir kadın! Yedi aylık hamile!

Kocaman bir göbeği var! Kocası hâlâ tedavide... Yine güler yüzlü, yine bakımlı. Ve bizleri evinde yine o topladı. Helal olsun, Melis'e!

Efendim, önümüz bayram ya, Melis düşünmüş ki, bazı arkadaşların İstanbul'a gelme olasılıkları yüksek. Bunun üzerine geçmiş telefonun başına ve teker teker bizim arkadaşları aramış. Sıla, Ankara'dan zaten gelecekmiş ama Serhat'ı Mersin'den getirebilmek için epeyce uğraşmış. Çocuk hâlâ ailesinden kaçıyor, şu işe bak.

Esin yine yan çizmeye kalkmış ama Melis bu kez kabadayı tavrı koyarak, "Başlarım senin türlü çeşitli mazeretlerinden... Selçuk'u da alıp geliyorsun, o kadar..." demiş.

Ve de Toprak'ı bulmuş! İşte buna mucize denir çünkü ne zaman arasak Toprak yoktur. En son aradığımızda, bu kez töre cinayetlerini protesto amaçlı bir toplantıya katılmak üzere yine Güneydoğu'ya gitmişti. Toprak'ı çok takdir ediyorum. O ve onun gibiler toplumun iyileşmesini sağlayan, aydınlığa doğru adımlar atılmasına öncülük eden, isimsiz kahramanlar...

Melis bizi, "Bayram yemeğine hoş geldiniz," diye karşıladı.

"Bayram yemeği olduğunu bilmiyordum," dedi Suphi. "Ver elini öpeyim, o zaman."

Melis koca göbeğini okşayarak, "Artık karşınızda yaşını başını almış bir teyzeniz var yavrularım, elbette öpeceksiniz elimi," dedi.

"Harçlığı görmeden el öpmem ben."

"Merak etme, hepinizin harçlıkları hazır."

Melis gerçekten de görkemli bir bayram sofrası hazırlamıştı.

"Nereden de aklına geldi böyle şeyler," dedi Dilek.

"Aslında denk geldi. Şöyle ki, zaten bizim ekibi bir toplayayım istiyordum ama bir türlü insanları bir araya getiremiyordum. Oysa şimdi önümüz bayram; uzaktakiler nasıl olsa aileleri için gelecekler. Fırsat bu fırsat! Hazır herkes buradayken ve bayrama girmeden bu yemeği yaparsam grubu toplayabilirim, diye düşündüm veee –öyle de oldu nitekim," dedi büyük bir keyifle. "Ama bazılarının beni epeyce uğraştırdıklarını da söylemem gerek," diye parmağını Esin'le Toprak'a doğru salladı. "Serhat bile sizin kadar yormadı beni."

Sıla, "Farkında mısınız çocuklar, hepimiz liseden sonra pek çok yerlere girdik, çıktık. Okumak için, çalışmak için... Ama 'grup' deyince hepimizin aklına hemen lisedeki arkadaşlarımız, yani bu grubumuz geliyor. Mezun olalı kaç yıl oldu, birbirimizden kopmadık. Ne güzel, değil mi?.."

"Bugün bile," dedim, "Bak sen Ankara'dan, Serhat Mersin'den, Toprak Güneydoğu'nun herhangi bir yerinden..." Bu söz üzerine gülüşmeler yükseldi.

"Ne yapayım," dedim, "Toprak kızımız belli bir kenti değil, o bölgeyi mekân tuttuğu için böyle konuşmak zorundayım. Evet, ne diyordum, bütün bu arkadaşlar toplanabilelim diye, programlarını esneterek geldiler. Neden?"

Dokunaklı bir yanıt beklerken Suphi'nin sesi yükseldi.

"Melis'in korkusundan..."

"Rezil ettin duygusal konuşmamı..."

"Sahi, liseden mezun olalı kaç yıl oldu arkadaşlar?" diye sordu Toprak.

Dilek hemen parmaklarıyla saymaya başladı. "Dört yıl üniversite, iki yıl da sonrası ve bu yıl, etti yedi yıl... Tastamam yedi yıl olmuş liseden mezun olalı."

Burak, Suphi'ye, "Üç yıl daha geçti mi, on yıllık oluyoruz, n'aber..." dedi.

"Giderek tarih oluyoruz, birader."

"Madem tarih olduk, söyleyin bakalım, bayramda el öpmeye gidince büyükler ne verirlerdi?" diye sordu Melis.

"Harçlık," dedi Suphi hemen.

"Mendil içinde şeker."

"Aferin Serhat," dedi Melis. "Üstelik büyüklerimiz kenarı oyalı mendilleri içinde verirlerdi şekerleri..."

"Ayrıca da harçlık..."

"Sen de takıldın harçlığa..."

Dilek, "Sahiden de bayram sabahı sıraya dizilirdik, anneannemle dedem bize el öptürür, sonra da mendil içinde şeker verirlerdi," dedi yüzünde bir gülümseme...

"Tabii ya," dedi Melis, "ne çabuk unutuyorsunuz."

"Bugünkülere sor bakalım, bu kadarını bile bilmezler," dedi Burak.

"Baba Burak konuştu arkadaşlar," dedi Suphi, onun sırtına vurarak. "Hey yavrum hey..."

Melis bu arada içeri gidip elinde bir sepetle döndü.

"İşte arkadaşlar, sizlere bugünü anımsamanız için birer bayram armağanı..."

Ve sepetin içindeki rengârenk lavanta bohçacıklarını dağıtmaya başladı. Mendil büyüklüğündeki kumaşın kenarları iğne oyasıyla yapılmış, çiçek motifleriyle süslenmişti. Aralarına da cam boncuklar, nazar boncukları ve renkli püsküller eklenmişti. Öyle renkli, öyle şirin, öyle göz alıcıydılar ki...

Herkes hayranlıkla bohçacıkları incelerken bir ses yükseldi.

"Bunu ne yapacağız, abi..."

"Mis gibi koksun diye çamaşırlarının arasına koyacaksın, Suphi Bey."

Suphi, "Sen beni kız arkadaşlarınla karıştırdın galiba, Melis kardeş," deyince kimde hal kalır. Gül Allah gül...

Suphi'nin, çamaşırları mis gibi koksun diye lavanta torbası kullanması fikri o denli komikti ki, herkes kırılıyordu gülmekten.

Melis, "Susun çocuklar, yoksa şuracıkta doğuracağım," diyordu. Sonra Suphi'ye döndü. "Ne diye alınıyorsun, çamaşırlarının arasına koymazsan, dolabına koyarsın. Dolabın mis gibi kokar, fena mı?"

"Yaa, ben kokmak istemiyorum kızım yaa..."

Öyle komikti ki halleri... Suphi'nin telaşına bakınca sanki birileri ona zorla parfüm banyosu yaptıracak sanırsın. Öte yandan Melis, Suphi'ye ille de lavantayı beğendireceğim diye iddialaşıp duruyordu.

"Lavanta kokulu tıraş losyonu bile var, bir kere."

"Hiç duymadım, abi."

"English Lavender! Git de sor, öğren."

"Ne malum..."

"Kendimi bildim bileli babam English Lavender kullanır da ondan biliyorum Suphi Bey. Kaan, söyle şuna..." Melis bir yandan konuklarıyla ilgileniyor, bir yandan da Kaan'ın bu konuşmalara katılmasını sağlamaya çalışıyordu.

İçimdeki ses, bu davetin bile Kaan için yapıldığını söylüyordu. Gerçi Melis her zaman arkadaşlarını ağırlamayı sever ama şu son zamanlarda her yaptığı davet, her buluşmamız Kaan için. Kaan'a evlendin diye eve kapanmadın, mesajı vermek için; bak arkadaşlarımızla ne güzel vakit geçiriyoruz demek için yapılıyor sanki bütün bunlar...

Bu ne özveridir.

Bu ne çaba ve ince düşüncedir.

Umarım Kaan böylesi bir sevginin kıymetini bilir.

"Dilek," dedi Burak, "duyduğuma göre işinden memnun değilmişsin."

"İşimden memnunum da, müdürümden değilim. O kadar çalış, didin, adamın ağzından ilaç için bir güzel söz çıkmaz. Aslında var ya, bu erkekler gerçekten aptal."

Öyle bir uğultu oldu ki, Dilek hemen ellerini havaya kaldırarak, "Arkadaşlar, arkadaşlar," dedi. "Özür dilerim, çok özür dilerim. Güncel deyişle, maksadını aşan bir konuşma yapmış bulunmaktayım. Demek istediğim şuydu, biz kadınlar iki tatlı söz duyduk mu, deliler gibi çalışırız. Onun için akıllı bir müdür ya da patron, biz kadınlara, eline sağlık dedi mi; güzel iş çıkardın ya da sadece teşekkürler dedi mi, biz işimize daha bir başka sarılıyoruz. Ama duygusal açıdan doyurulmazsak küsüyoruz ve verimimiz düşüyor. Buraya kadar tamam mı?"

Biz hatunlar, Dilek'i alkışladık, erkekler ise bunun arkasından ne gelecek dercesine, temkinli bir sessizlik içindeydiler.

"Benim müdürüm ne yaptı? Sırf zam yapmamak için beni harcadı. Performansın kötü, dedi ve kalbimi kırdı, çünkü ben nasıl çalıştığımı ve hangi düzeyde olduğumu çok iyi biliyorum. Oysa o benim hakkımı teslim etse, yani sen iyi bir elemansın ama şu şu nedenlerden dolayı sana zam yapamayacağım dese, inanın, ben orada çalışmaya devam ederdim. Bu da tamam mı?"

"Tamam," dedik biz kızlar.

"O düzeyde bir yönetici olup da, duygusal zekâdan bu kadar yoksun olmayı anlayamıyorum. İster kadın olsun, ister erkek, benim eleştirdiğim böyle bir davranış biçimi. Ve bu bağlamda benim müdürüm erkek olduğu için, ben erkekler aptal, dedim. İşte sevgili arkadaşlarım, maksadını aşan sözlerimin açıklaması... Tekrar ediyorum, eleştirdiğim, o tutum, o davranış biçimiydi."

"Özür kabul edilmiş ve Dilek'e tümüyle hak verilmiştir," dedi beyler.

Dilek, Burak'a, "Geçenlerde bir görüşme yaptım," diyerek anlatmaya devam etti.

"Nasıl gitti?"

"Şirketin sahibiyle görüştüm. Çok hoş bir kadın. Orta yaşlı ama..."

"Kızım, geç bunları."

"Meğer beni bilirmiş ve izlermiş. Seninle çalışmayı çok isterim dedikten sonra koşulları anlattı ve sen bir düşün, yine konuşalım, dedi."

"Çok iyi yaa."

"Pek de iyi değil, ne yazık ki..."

"Neden?" Kaan konuyla ilgilenmeye başlamıştı.

"Çünkü daha önce bu hanımla çalışan bir arkadaşımı aradım ve anlatmaya başladığım an, sakın ha, diye lafımı kesti."

"Neymiş kusuru?"

"İşe girmeden bir sürü şey vaat eder ama hiçbirini yerine getirmez. Getirmediği gibi her işi de senin üstüne yıkar, dedi."

"Tehlikeli görünüyor," dedi Oktay.

"Oysa," dedi Dilek, "öyle güzel şeyler vaat etmişti ki..."

"Neymiş bunlar?"

"Bugünkü durumumun bayağı üstünde bir pozisyon. Tam yetki, projelerde özgürlük..."

"Yeme de yanında yat."

"Arkadaşımsa, bu söyledikleri, her işin senin üstüne yıkılacağı anlamına gelir, dedi. Ayrıca, maaşlar da vaktinde ödenmiyormuş."

"Ohoo, kızım, kaç bu kadından," dedi Burak.

"Evet," diye içini çekti Dilek. "Arayıp onunla çalışamayacağımı bildirmeliyim, tabii ki nazik bir dille."

Suphi güldü. "Mesela açar telefonu dermişsin ki, insanları üçkâğıda getiriyormuşsun hanım teyze, o nedenle sizinle çalışamayacağım. Bilginize..."

Derken, Oktay'ın sesi. "Dilek, gel benim yerime geç."

Haydi yine gülüşmeler...

Dilek, "Hiç fena fikir değil Oktay. En çekici tarafı da bilet parası ödemeden seyahatlere gitmek," dedi.

"Sahi söylüyorum, bizim şirkete başvurabilirsin."

"İlahi Oktay, ben ne anlarım turizmden." Neler söylüyordu bu Oktay.

"Hayırdır oğlum," dedi Ulaş, "sen de mi işinden ayrılmak istiyorsun?"

"Çok sıkıldım abi... Hep aynı şey, hep aynı şey."

"Sen de bunu söylersen," dedi Sıla, "biz ne yapalım."

Burak bana döndü. "Eniştemiz neler söylüyor, Serra? Senin haberin var mıydı bu durumlardan?"

"Daha önce şöyle bir söz etmişti. Şu anda da ciddi olduğunu sanmıyorum."

Burak bu kez Oktay'a, "Bak, Serra seni ciddiye almıyor," dedi.

"Aman Burak, karıştırma ortalığı..."

"Sahi söylüyorum," dedi Oktay. "Ciddi ciddi işi bırakmayı düşünüyorum."

"Çalıştığın acenteden memnun değil misin?"

"Aslında acentem iyi."

"Patronu da harika bir adam," diye lafa girdim.

"Ee, sorun ne abi?" diye, bu kez Suphi sordu.

Oktay'ın yerine ben konuştum. "Şu anda işyerinde patrondan sonra söz sahibi odur. Oktay'ın çalışması adamı öylesine etkiledi ki, iki yılda ona neredeyse tüm sorumluluğu verdi. Yani," dedim, elimle Oktay'ı işaret ederek, "beyefendi, patronun sağ koludur."

"Abi, ben hâlâ durumu kavrayamamış vaziyetteyim," dedi Suphi.

"Çünkü," dedim, "anlaşılır gibi değil de ondan."

"Kapatalım bu konuyu," dedi Oktay.

"Durun canım," dedi Ulaş. "Patronu çalışanı beğenir de, çalışan işi beğenmeyebilir, daha doğrusu işi sevmeyebilir."

"Doğru," dedi Sıla. "Peki, o zaman sen ne yapmak istiyorsun, yani Dilek gibi iş aramaya başladın mı?"

"Hayır."

"Demek henüz düşünce aşamasındasın."

"Oktaycığım," dedi Dilek, "bana sorarsan, en azından şimdilik bunlar zamansız düşünceler. Şurada evlenmenize ne kaldı ki... İki ay bile değil. Tam evlenirken işsiz kalmak bence pek akıllıca olmaz."

Oktay, "Bu işim olmasa da, ben evimi geçindiririm," dedi.

Bu kez Melis söze karıştı. "Nasıl oluyor o?"

"Bir tur alırım. Rehberlik belgem var benim, özellikle de kültür turlarına çok iyi para ödüyorlar. Oradan aldığım parayla bir süre idare ederiz; nasıl olsa Serra da çalışıyor."

"İyi ama bu devamlı olabiliyor mu? Diyelim bu ay iş aldın, gelecek ay ne olacak?"

"Yine bir tur bakarım."

"Peki," dedi Melis, "sağlam bir işin varken, neden belirsizliği seçiyorsun? Şu veya bu nedenle kendine bir tur ayarlayamazsan ne olacak?"

Yaşayın benim canım arkadaşlarım, diye bağırıyordum içimden. Söyleyin! Söyleyin şuna da belki aklını başına toplar.

Ben bu, sıkıldım, işi bırakacağım, lafları bitti diye sevinirken, meğer aynen devam ediyormuş. Üstelik, yaklaşan evlilik tarihinin de pek etkisi olmamış anlaşılan.

Turdan aldığı parayla bir süre idare edermişiz. Hem nasıl olsa Serra da çalışıyormuş!

Duyuyor musun, sevgili defter.

Ne kadar tutarlı (!) bir hayat felsefesi, değil mi?

Melis'in bu sorusu karşısında sıkılmış gibi oflayıp pofladı Oktay. Bunun üzerine Ulaş, "Adamı rahat bırakın hanımlar, azıcık kafası karışık. Hepsi bu, değil mi abi?.." diyerek kolunu Oktay'ın omzuna attı.

"Serra, senin Biricik'ten ne haber?" diye sordu Melis.

"Bakıyorum Dilek naklen yayın yapmış yine..."

"Ama bu kadar ballı haber duyurulmaz mı? Hadi anlat."

Böylece onlara Biricik'ten nasıl kurtulduğumu anlattım.

"Peki, şimdi ne yapıyor?"

"Karşılaştıkça bana öldürücü bakışlar atıyor."

"Aman dikkat et Serra, bu kız ruh hastası, sana bir şey yapmasın."

"İlahi Melis, hemen de senaryoyu yazdın."

"Hatırlıyor musunuz, hani bir film vardı. Genç bir kadın gazete ilanıyla bir ev arkadaşı arar, sonunda birini bulur. Tabii o bilmez ama bulduğu kız ruh hastasıdır. Önce kadına benzeme çabası içine girer, saçlarını onunki gibi kestirir, onun gibi giyinir. Sonra kadının sevgilisini elinden almaya kalkar, köpeğini öldürür. Sonunda da kadını öldürmeye kalkar, müthiş bir gerilim filmiydi," dedi Melis, korkudan titriyormuş gibi yaparak.

"Sağ ol Melis," dedim. "Şimdi benim durumum o filmdeki kadına mı benziyor?"

"Valla ne diyeyim," dedi yan yan bana bakarak, "sen yine dikkatli ol da..." Ve ardından kahkahayı koyuverdi. Sonra Serhat'a döndü. "Sen daha ne kadar buradasın?"

"Bayramı geçirip döneceğim."

"Güzel! Sılacığım, sen?"

"Ben de öyle."

"Harika! Çünkü biz de bayramda buradayız. Buluşur, birlikte bir şeyler yaparız," dedi Sıla'yla Serhat'a.

"Ne o," dedi Dilek, "bizi hiç hesaba kattığın yok?"

"Siz burada olmayacaksınız ki..."
"O da nereden çıktı?"
"Tabii! Baksana Serra bayramda güneye gidecekmiş."
"Oh, ne güzel!"
"Neresi güzel... İş bu iş. Hem de koca bir grup götürüyorum."
"Vah canım benim," dedi bu kez Dilek. Sonra Oktay'a dönerek sordu. "Ya sen? Sen de mi çalışıyorsun bayramda?"
"Ben burada olacağım." dedi Oktay.
"Toprak kesin bir yerlere gider, Esin de malum, mazereti var," dedi Melis.
Toprak güldü ama Esin bayağı kızdı.
Melis'e söylemeliyim, böyle yapmasın Esin'e. Anladık, Selçuk'u onaylamıyor ama huysuz ve yaşlı teyzeler gibi habire laf dokundurması da hiç sempatik değil.
Böylece Melis herkesi eleyip yine Sıla'yla Serhat'a döndü ve olası programları sayıp dökmeye başladı. Melis'in kafasında yine hangi tilkiler dolaşıp duruyor acaba?
Sonuçta çok güzel bir gece geçirdik. Melis'e tekrar tekrar teşekkür ederek, evlerimizin yolunu tuttuk.
İşte bugünün öyküsü, sevgili kiraz ağacı.
Ve günün özlü sözüne gelirsek, şöyle demem gerekiyor.
"Turdan aldığım parayla bir süre idare ederiz. Nasıl olsa Serra da çalışıyor."
Nasıl ama?
Altın harflerle yazılacak sözler değil mi... Bir süre idare edermişiz... Bir süre...
Ne önü var, ne arkası...
Bir süre idare edebildikten sonra ne gam...

25 Ocak, Salı

Bugün içim çok sıkılıyor, sevgili kiraz ağacı! İnan kendimi zor taşıyorum.

Öğle tatilinde annemle buluşup gelinlik bakmak için Nilüfer Hanımın önerdiği butiğe gittik. Oraya da annem artık sussun diye gittim. Oturduk, butiğin sahibesi modelleri getirdi. Bakmaya başladım ama kendimi nasıl kötü hissediyorum anlatamam.

"Tuvalete gidebilir miyim?" dedim.

"Size yerini göstereyim," diyerek genç bir kız önüme düştü. Yalpalayarak o uzun koridoru geçtim ve içeride yüzüme bol bol soğuk su çarptım. Dizlerim titriyordu, tuvaletin üstüne öylece oturdum. Kalbim deli gibi atıyordu, buz gibi ter boşandı; bir kez daha yüzüme soğuk su çarptım. Bir yandan da annemi telaşlandırmak istemiyordum. Neyse, kendimi bir parçacık iyi hissedince yüzümü kâğıt peçetelerle kuruladım ve içeri döndüm.

Annem, "İyi misin, Serracığım?" diyerek yüzüme baktı. "Sararmışsın."

"İyiyim, anne."

"Bak, senin için şu sayfaları işaretledim. Bunlar benim beğendiklerim, sen de bir bak bakalım."

Dergiyi annemin elinden aldım ve onun işaretlediği üç modelden birini göstererek, "Tamam, bu olsun," dedim.

Annem hayretle bakıyordu. "Kızım, başka hiçbir modele bakmadın bile."

"Senin seçtiğini beğendim," dedim ve ayağa kalktım. "Şimdi benim gitmem gerek, ofiste dünya kadar işim var."

"İyi ama daha kumaşı bile konuşmadık."

"Anneciğim, sana güveniyorum, tüm kararları sana bırakıyorum."

"Bari bir ölçü alsaydık," dedi butik sahibesi, şaşkın şaşkın bana bakarak.

Böylece çabucak ölçüm alındı ve ben oradan arkamdan şeytanlar kovalıyormuşçasına fırladım.

İç sıkıntımın nedenine gelince, pazar akşamı turdan geç vakitte döndüğüm için Oktay'a bir mesaj çekmekle yetinmiştim. Ama ertesi sabah aradım. Ben turdan filan söz ettim, o da bayramda yaptıklarını anlattı. İyi de... tura gitmeden önce Oktay'la konuşmuş ve onun listedeki evlere gidip bakması konusunda anlaşmıştık. İşte bundan hiç söz etmiyordu.

Sonunda dayanamayıp sordum, "Oktay, evlere baktın mı?"

"Birini göremedim çünkü anahtar yokmuş. Öbür evin içinde oturan varmış ve onlar da yoklardı."

"Peki, boş olan diğer iki ev?"

"Bunlara bakamayınca, gerisi kalsın, ayrıca şu bayram bitsin, diye düşündüm. Artık hepsine birden seninle bakarız."

"İyi ama önceden telefon etseydin, kapıcı ayrılmazdı, böylece anahtarı bulurdun. Öteki ev için de aynı şey geçerli, telefon etseydin, bir saat verirlerdi ve sen de o saatte eve bakabilirdin."

"Canım nasıl olsa seninle birlikte karar vermeyecek miydik, o zaman hallederiz."

"Tamam Oktay," dedim.

O evleri görmüştüm. Ama zamandan kazanmak için, ben turdayken Oktay da baksın ki, en azından bir ikisini eleyebilelim; bu da son kararımızı kolaylaştırsın diye düşünmüştüm. Vakit nakittir meselesi... Oysa bu durumda bir koca on gün daha geçmiş ve hiçbir şey yapılmamıştı. Oktay da öyle rahattı ki... Bana, telaş etme, daha olmadı bir süre benim bekâr evimde kalırız, deyip duruyordu. Hayır, evi sempatik bir bekâr evi olsa, orada oturalım, diyeceğim. Hem de memnuniyetle... Sanki ben bayılıyorum ev bakmaya...

Bizim Ankara, Bahçelievler'deki öğrenci evimiz gibi olsa, yani iki oda bir salon, bir dakika durmam hemen oraya taşınırım. Ama Oktay'ın evi tek-bir-oda... Orada kendisi patlıyor sıkıntıdan, nerede kalmış iki kişi... Gerçi Oktay, geçici çözüm diyor ama onun huyunu göz önüne alınca, o bir göz odaya girdim mi, bir daha çıkamam gibi bir his var içimde.

Derken Nilüfer Hanım aradı, yüzük işini ne yaptınız diye.

Ben de, "Ismarladık," diye bir kuyruklu yalan attım.

Başka ne diyebilirdim ki?..

Oktay'la bir kez daha kuyumcuya gitme çabasına hiç giremem; ayrıca artık o yüzüklerden hiçbirini ne görmek ne de takmak istiyorum. Şu anda parmağımızda olan dandik yüzükler neyimize yetmez.

İşte bütün bu olanların üstüne kalkıp gelinlik bakmaya gittiğimizde nasıl keyifli ve uyumlu olmam beklenebilirdi. Onu da annem halletsin, artık gelinlik de umrumda değil.

İşte dün ve bugünün dökümü...

Ve işte ruh halim...

26 Ocak, Çarşamba

Şu anda sabaha karşı, saat üçe çeyrek var! Uyuyamadım!

Yüreğim ağır! Kendimi kötü hissediyorum. Çok kötü...

Kafamın içi karmakarışık; olaylar, sözler, insanlar dönüp duruyor.

Yatakta kıvranıp duracağıma gelip bu sıkıntımı, çocukluğumdan bu yana en sadık dostum, sevgili defterimle paylaşayım istedim.

Ve elbette seninle de, kiraz ağacım.

Sen de benim gibi kupkurusun; ne bir yaprak, ne bir çiçek...

Bütün gece bir yandan öbür yana dönüp dururken, epeyce bir süredir yaşadığım olaylar, derlenip toplanıp bir noktada yoğunlaşıverdi. Tıpkı sürekli düşünüp düşünüp de çözemediğin bir problemin, uykuda birdenbire çözülüvermesi gibi...

Ve işte tam o anda sanki biri beni dürtmüş gibi, zınk diye kalkıp yatağın içinde oturdum.

Böylesine bir uyanmak...

Gecenin karanlığında yatakta öylece oturup kalmak... Çok garipti!

Ne kadar bir süre öyle kaldım, bilemiyorum. Ama sonra uyuyamayacağımı anlayıp kalktım, mutfağa, kiraz ağacımın yanına geldim.

Ve –az önce ne yaptım biliyor musun?

Defterimi elime alıp Oktay'la ters düştüğümüz, ya da tartıştığımız, ya da benim kırıldığım günleri, olayları teker teker okuyup not ettim.

Neler neler yazmışım...

Bir kere Melis'in düğünündeki mutsuzluğum... Nedenini tam olarak bilemememekle birlikte kesin mutsuzluk var o satırlarda.

Sonra –düğün tarihimizi dedemin koyuşu... işte buna çok ama çok kırılmışım!

Nazlı alıcıyla, usta satıcı demişim Oktay'la dedem için... Pazarlık konusu da ben...

Sonra Oktay'ın ikide bir sıkılması, işinden sıkılması, işini bırakma lafları...

Şimdi o satırlara bakınca, bu 'sıkıntı' sözcüğüne ne kadar alındığımı görebiliyorum. O zaman, yani o satırları yazdığım zaman, duygularımın kökenindeki bu alınganlığın farkında değilmişim.

Ben, birlikte bir hayat için işime dört elle sarılmışken, ileriye dönük planlar yaparken ve bunun için canla başla koşuştururken, onun bu gevşek hali beni hep kırmış.

Yeterince istenmediğimi düşünmüşüm belki de...

Öyle ya, insan bir şeyi istediği, gerçekten istediği zaman, onu elde edebilmek için tüm enerjisini ortaya koyar, çabalar.

Oysa Oktay, birlikteliğimiz için yapması gerekenleri hep parmağının ucuyla tutmuş sanki.

Ve bu beni yine kırmış!

Daha sonra Melis'le Kaan olayını tartışırken birbirimize girmemiz... Onun Kaan'ı savunuşu... Hem de, erkeklere evlilik için baskı yapılıyor iddiasıyla.

Evet, sonra, bunun bizimle ilgisi yok, dedi ama, insan o titreşimleri, o olumsuz titreşimleri alıyor, pekâlâ. Parmağını üstüne basıp bu böyle diyemiyorsun ama onun Kaan'ı kullanarak, bana baskı yapılıyor havasında olduğunu, o izlenimi edindiğini bal gibi duyumsuyorsun.

Ve bu senin kalbini bir kez daha kırıyor!

Derken, düğün tarihimiz onların ailesindeki birtakım gelişmeler sonucu öne alınıyor, mart ayına... Ve Oktay'ın o günkü sinirli hali... Ben onun, ne güzel daha çabuk bir araya geleceğiz, filan gibi laflar etmesini beklerken tutup düğünü aylar sonra yapalım diyebilmesi...

Ve dedemin öfkesi...

Ardından Oktay hakkında bana söyledikleri, annemin benim gururumu korumak için dedemi susturmaya çalışması... Meğer dedem haklıymış!

O gün ve ondan sonraki günler, dedemin sözleri her aklıma geldiğinde yüreğim yandı. Ama beni en çok üzen, bütün bunlara neden olan Oktay'ın o günkü davranışı ve sözleriydi. Satır aralarına saklanmış bütün bu duyguları şimdi çok açık bir biçimde görebiliyorum.

Peki, bütün bunları yaşarken Oktay'la ilişkimi hiç sorgulamamış mıyım?

Defterlerimi karıştırırken, bunun da şimdi farkına vardım. Konuyu derinlemesine sorgulamaktan hep kaçmışım! Hep Oktay için mazeretler üretmişim.

Kızmışım! Öfkelenmişim!

Ama onu sorgulamamışım.

Daha da önemlisi, ilişkimizi sorgulamamışım.

Bundan da hep kaçmışım.

Neden?

Çünkü onu seviyordum, hep sevegeldim.

Ve bunun, her şeyden önemli olduğuna inanıyordum.

Ama şimdi bakıyorum da...

Yeterli değilmiş meğer.

Sadece sevmek yeterli olmuyormuş, ne yazık ki...

Yeterli olsaydı, benim şu anda mutlu olmam gerekirdi.

Oysa mutsuzum! Çok mutsuzum!

Ne biçim bir çelişkidir bu.

Oktay'ı seviyorum.

Ama –onunla mutsuzum!

Oktay çok iyi ve dürüst bir insan.

Ama –onunla anlaşamıyorum!

Not ettiğim olaylara dönecek olursak, evlilik için gerekli konularda hep gevşek.

Düğünün yapılacağı yeri saptamak ayrı bir sorun olmuş. Ev işi hâlâ askıda...

Hele hele yüzük işini; beni o kuyumcuda bekletmesini hiç affedemiyorum. Ama hiç...

Derken Melis'in evinde ettiği söz; bir turda rehberlik yapar, o parayla bir süre idare ederiz, sözü...

İşte bu cümle, şimdiki aklımla düşününce, hayata bakışımızın ne kadar farklı olduğunu gösteriyor. Bunu bunca zaman nasıl olmuş da görememişim.

Aşk insanın gözünü kör edermiş, dedikleri bu olsa gerek.

Benim için güvence çok önemli!

Nereye gittiğimi, adımlarımı hangi yöne attığımı bilmeliyim; bugün hangi noktada durduğumu, yarın ne olacağımı kaba hatlarıyla da olsa, bilmeliyim.

Ayrıca –hiç parasız kalmadım ben.

Biz annemle bir bütçe içinde yaşayageldik bugüne kadar. Paramız varsa kullandık, yoksa isteklerimizden vazgeçmeyi bildik. Ve, hiç maceracı olmadık.

Bugün param var, yarına Allah kerim, anlamında bir serüvenci olamam. Yapabilen yapsın ama benim için böyle bir hayat olamaz. Babamdan çok, annemin kızıyım ben.

Oktay'ın bu sözleri, benim dünyamda deprem etkisi yaptı.

Öylesine sarsıldım...

Ve bardağı taşıran son damla... Şurada nikâha bir ay kalmış; kendisi koskoca bir bayram tatili boyu İstanbul'da... ve evlere bakmaya gitmiyor. Daha doğrusu yarım yamalak yapıyor bunu ve topu yine bana atıyor.

İşte ilişkimizin dökümü...

Peki, Serra Hanım, şimdi ne olacak?

Bütün bu bilgiler ışığında ne yapmayı düşünüyorsunuz?

Bilemiyorum! Hiç bilemiyorum!

Allah'ım bana yardım et.

Kafam karmakarışık...

Sanki koştum koştum ve birdenbire bir uçurumun kenarına gelip zor durdum.

Oradan aşağı bakıyorum.

Uçsuz bucaksız uzanan bir uçurum bu...

Donup kalıyorum.

Korkudan içim üşüyor.

Ne yapmam gerek, diye düşünürken, duygularım aynen böyle. Önümde uzanan –bir kararsızlık uçurumu... Kendimi o uçurumun kenarından çekip düşünmeliyim, düşünebilmeliyim.

Ne yapmam gerek? Önümde iki yol var... gibi...

Birincisi, madem mutsuzum, madem yolunda gitmeyen bir şey var, madem hayata aynı pencereden bakmıyoruz... O zaman –bu iş biter!

Aman Tanrım, bunu düşündüğüme, Oktay'dan ayrılabileceğimi dile getirebildiğime inanamıyorum! Özellikle de düğünümüze bu kadar yaklaşmışken...

Bu satırları yazarken, onun o açık kumral saçları, tatlı gülümsemesi geliyor gözümün önüne ve gözyaşlarımın akmasını engelleyemiyorum.

İçim acıyor.

Sonra, böyle bir şey düşündüğümü Nilüfer Hanımla Cemal Bey bilseler ne derlerdi... Şok geçirirlerdi şok!

Oysa nasıl da özeniyorlar her şey güzel olsun, diye. Peki, bu iyi insanlara ben bunu nasıl yaparım?

İnan sevgili defter, kendi annemden önce onlar geldi aklıma, kim bilir ne kadar üzülürler diye...

Ayrıca düğün için yer ayırtıldı, gelinlik ısmarlandı.

Ah Tanrım, elim kolum bağlı!

Bir de –ikinci yol var.

O da, bu kadar insanı kırıp üzeceğime, aklım yatmasa da, içime sinmese de, evlenirim olur biter.

Ve pek çok kişiden duyduğum gibi, bu iş gittiği kadar gider, gitmediği noktada da boşanırım, diye düşünmek var.

Tabii bu pek de dürüst bir yaklaşım olmuyor ama öte yandan hangisi daha önemli?

Dürüst olup insanları mutsuz etmek mi?

Gittiği kadar gitsin deyip sevdiğin insanla olmak mı?

Hoş, sevdiğin insanla mutlu olsan zaten sorun yok. Oysa sevdiğim insanla mutsuzum ki, asıl sorun da bu.

Döndük mü yine en başa...

Sıfır noktasına...

Ah Tanrım, ben ne yapacağım?

Düğüne de öyle az zaman kaldı ki...

Bir ay var!

Demek ki düşüncelerimi düzene sokabilmek için sadece bir ayım var.

Saat altıyı geçiyor, annem neredeyse kalkar. En azından şimdilik onun hiçbir şey bilmemesi gerek.

Gidip bir saat uyumaya çalışayım. Bugün de öyle çok iş var ki... Sahi, ben ne yapacağım kiraz ağacı?

28 Ocak, Cuma

Bugün Oktay aradı ve, "Hafta sonu gidip evlere bakalım," dedi. Ben ne cevap verdim dersin, sevgili defter? "Biraz kırıklığım var, çıkamayacağım, evlere daha sonra bakarız."

Sanki ben değil, başkası konuşuyordu.

Sanki biri beni uzaktan kumandayla yönlendiriyor, ben de o doğrultuda hareket ediyordum... gibi bir duygu içindeydim.

Ve artık ev de düğün de gelinlik de beni hiç mi hiç ilgilendirmiyordu.

Zaten Oktay da şaşırdı ve, "Yaa, öyle mi?" diye kekeledi.

Ama hastalık bahanesini öne sürünce bir şey diyemedi.

"Yani hafta sonu buluşamayacak mıyız?"

"Hiç sanmıyorum! Biraz yatmayı düşünüyorum, dinlenirsem daha çabuk atlatırım."

"Tabii, tabii," dedi. "Haydi geçmiş olsun, ben seni yine ararım."

Telefonu kapatınca masanın üstüne kapanıp hüngür hüngür ağlamaya başladım. İki gündür düşündüklerimden sonra Oktay'la yüz yüze gelmek istemiyordum. Nasıl bakardım yüzüne?..

Ah Tanrım, iki arada bir derede kalmak ne kadar zor.

Yok, yok! Ben bu işi yapamayacağım.

Gider evlenirim! Herkes mutlu olur.

Sonra da yürümezse, ne yapalım –boşanırız!

Sonunda ölüm yok ya...

Ben nasıl söylerim böyle bir şeyi Oktay'a.

Kalbine bıçak saplamak gibi bir şey.

Kul kusursuz olur mu?

Herkesin ufak tefek kusurları var, onun da var. Üstünde durmamaya çalışırım, olur biter.

O beni seviyor, ben de onu seviyorum. Önemli olan da bu zaten. Evet, evet! Ortalığı dalgalandırmanın âlemi yok.

Oh, karar verdim ya, rahatladım.

Bütün bu düşünceler bu defterde kalacak.

Bu bizim sırrımız olsun, sevgili defter.

Hiç düşünülmemiş, yazılmamış sayalım bu satırları.

30 Ocak, Pazar

Bu sabah sıkıca giyinip erkenden evden çıktım. Uzun uzun yürüdüm! Düşündüm! Düşündüm!

Yeniköy'deki kahveye vardığımı, kahvecinin, "Buyrun, içerisi sıcak," diyen sesini duyunca fark edebildim. Denize bakan bir masaya iliştim. Bulutlar koyu griydi, dalgalar açık gri... Her yer kasvetli bir griye bulanmıştı. Tıpkı benim içim gibi...

Geçen gece, cuma gecesi, sorunumu çözdüğüme inanarak yatağıma girmiştim. Oysa...

Dün ve özellikle bugün, günışığında düşündükçe... Bu iş olmayacak gibi...

Sen aynı hayat görüşünde değilsen, bu evliliği yürütmek çok zor.

Zevkler ayrı olabilir, alışkanlıklar, hatta bazı huylar... Ama temel noktalarda büyük farklar varsa... İşte annemle babam...

Onların ayrılmasının nedeni, temel farklılıklarında yatıyor. Annem harika bir kadın; tarafsız olmam gerekirse, babam da iyi bir insan, asla kötü biri değil. İşinde başarılı, kendini kanıtlamış, kıymetli bir bilim adamı...

Ama –hayata bakışları farklı. Annem sorumluluklarını çok ciddiye alan ve düzenli yaşam sürmeyi seven bir insan.

Babam, anneme kıyasla –sorumsuz.

Ve sevgili defter, bugün yürürken bir konu, daha doğrusu bir ayrıntı daha aydınlandı zihnimde. Oktay'ın beni kuyumcuda beklettiği gün, sokaklarda dolaşırken bu bana neyi anımsatmıştı biliyor musun? Yıllar önce, daha orta okuldayken, babamın beni sinemaya götürüp sen filmi izleyedur, ben hemen geliyorum, diyerek uzun bir süre dönmediği, benim aynı filmi üst üste iki kez, nerde kaldı babam diye, kuşku içinde izlediğim günü hatırlattı.

Bu iki resim örtüşüvermişti zihnimde. Sinemada bekletilmiştim.

Artı...

Kuyumcuda bekletilmiştim. Eşittir...

Hayatımın erkekleri tarafından bekletilmiştim! Demek ki, yeterince önemsenmiyordum. Ben bunu böyle algılıyorum.

Onlar bu çizgide düşünmemiş olabilirler. Bunu tartışmaya kalksam, eminim ikisi de listeler halinde açıklamalar getirirler.

Ama hiçbir açıklama benim bu tür bir davranışı kabullenmemi sağlayamaz.

Ayrıca bu ilk ve son kez olmuş tek bir olay da değil. Sözünü ettiğim hadise, böylesi bir tutumu destekleyen pek çok davranış biçiminden bir örnek...

İş gelip 'tutum'da düğümleniyor anlayacağın, sevgili defter.

Ve tutum, bireyin kişiliğini oluşturan öğelerden kaynaklandığına göre –değişmesi pek de olası değil.

Aynen annemle babamın evliliklerinde olduğu gibi... Hayata bakışları, kişilikleri, dolayısıyla tutumları çok farklıymış. O kadar ki anneannemle dedem bu evliliği istememiş, annemi de uyarmışlar. Annemse babamın yakışıklılığına, hoş kişiliğine ve zekâsına tutulmuş. Oysa kişilik olarak annem karıncaysa, babam ağustosböceği... Zaten dedem de bu bakımdan karşı çıkmış.

Ama annemle babam birbirlerine o kadar âşıklarmış ki, bu kişilik farklılıklarını önemsemeyerek ve dünyaya meydan okuyarak evlenmişler. Ondan sonrası da, özellikle de annem için yıllar süren ıstıraplı bir evlilik ve sonunda boşanma...

Şimdi önümde böyle bir örnek varken, ben nasıl kalkar da, evlenirim, yürürse yürür, yürümezse boşanırım, diyebilirim. Hele de annemin, üstelik kendisinin istemesine karşın, o boşanma sürecinde yaşadıklarını gördükten sonra...

Acılarını, gözyaşlarını, içine düştüğü bunalımı onunla birlikte yaşadıktan sonra...

Nasıl boşanmadan kolay bir işmiş gibi söz edebilirim. Avukatlar, mahkemeler, arada laf götürüp getirenler, dedikodu yapanlar, sinir bozanlar...

Bütün bunlar oyunun bir parçası, hepsini annemle yaşadım ben. Sonra...

Sonra... ya çocuğum olursa?

İşte Melis'in durumu ortada... Hamile olmasaydı, belki de Kaan'ı bırakırdı. Ama şimdi... Çocuğumun babası o, diyor. Ona bir şans tanımalıyım, en azından yarın çocuğum bana sorduğunda, ona, ben elimden geleni yaptım diyebilmeliyim, diyor. Daha ortada olmayan bir çocuk için bile böyle düşünülebiliyor.

Demek ki öyle, yürümezse boşanırım, pek de gerçekçi bir söylem değil.

Kahveci, "Bugün pek bir düşüncelisiniz," deyince kendime geldim. Meğer adamcağızın getirdiği çay ve poğaça orada öylece duruyormuş, dokunmamışım bile.

"Çayı tazeleyeyim, buz gibi olmuş. Poğaçayı da ısıtıp getireyim," dedi. Halden anlayan insanların ifadesi vardı, o görmüş geçirmiş yüzde.

Peki, ne yapacaktım ben?

Cuma gecesi, çözüm buldum diye nasıl da sevinmiştim.

Oktay'dan ayrılmak benim için çok çok zor. Bu, bir...

Bir de diğer insanlar var bizler için önemli olan. Ayrılmaktan vazgeçersem, onlar tedirgin olmayacaklar, ayrıca hazırlıklar boşa gitmemiş olacak.

Bu da, iki...

Oh, bu işi çözdüm diye nasıl da rahatlamıştım. Oysa... düşündükçe, düşündükçe...

Bunun kendimi kandırmak olduğunu, işin kolayına kaçtığımı ve bu kararın kısa vade çözümü olduğunu...

Uzun vadedeyse sorunların sıra dağlar gibi oldukları yerde durduğunu...

Görüyorum! Ama...

Bunu değiştirecek güç bende yok ki...

İçimden nasıl ağlamak geliyor, bilemezsin sevgili defter.

Bende, Oktay'la, Nilüfer Hanımla, Cemal Beyle, annemle, arkadaşlarımla yüzleşecek, bu konuyu açıp konuşacak güç yok!

Hepsinin yüzü gözümün önüne gelince, elim ayağım titremeye başlıyor.

Nasıl söylerim böyle bir şeyi, nasıl?

Yapamam!

Yapamayacağım!

Eve geldiğimde annem neşeli bir sesle, "Telesekreterde sana bir mesaj var," dedi. Ama yüzümü görünce hemen sustu zavallım.

Mesaj, Oktay'dandı. "Nasılız, bakalım? Dörtbir yana koştururursan işte böyle nazar değer. Herhalde uyuyorsun, daha sonra yine ararım."

Oktay'ın sesini duyunca öyle kötü oldum ki...

Ben onun hakkında neler düşünüyorum ve onun bundan haberi bile yok.

Kendimi iki yüzlü, sahtekâr biri gibi görüyorum. İnsanları arkadan vuran biri gibi...

Bu düşünceleri taşıdıkça Oktay'dan kaçmak, olabildiğince uzaklara kaçmak geliyor içimden. Onu görmek, onun sesini duymak istemiyorum. Çünkü içimi delicesine bir ağlama isteği kaplıyor, yüreğim burkuluyor.

Telefona cevap vermeden doğru odama gittim. Sanırım annem de bir terslik olduğunu sezinledi ama bir şey demedi.

Bir süre sonra beni yemeğe çağırdı.

"Kahvede poğaça yedim. Onun için tokum!" diye seslendim. Annem hafifçe vurduktan sonra kapımı açtı. Ve eşikte durup bana baktı.

"İyi misin sen?"

"İyiyim, sadece yemek yemek istemiyorum, çünkü az önce bir şeyler atıştırdım."

"Tabii canım, nasıl istersen," dedi ve tam gitmek üzereyken döndü. "Belki sizlerin deyişiyle azıcık kelalaka olacak ve umarım hiçbir terslik olmaz ama, eğer Oktay'la yolunda gitmeyen bazı şeyler varsa, biz ailen olarak, her koşulda arkandayız. Bunu bil!"

"Anne, nereden çıktı şimdi bu?"

"Hiçbir yerden çıktığı yok. Sadece, öylesine aklıma geldi ve sana söyleyeyim de ailenle ilgili olarak nerede durduğunu bil istedim."

"Dedem yine bir laflar mı etti?"

"İnan, dedenle hiç alakası yok. Onunla bu konuyu bir daha hiç konuşmadık. Ayrıca, Oktay'ı beğenmiyor, ya da ona kusur buluyor da böyle söylüyorum sanma sakın. O çok iyi, düzgün ve dürüst bir genç. Ama insan ilişkilerinde, kâğıt üzerindeki kurallar her zaman işlemiyor. O da, sen de iyi olursunuz da yine de bazı şeyler yerli yerine oturmayabilir. O manada söyledim..."

"Anne, ben Oktay'ı seviyorum."

"Bunu duyduğuma sevindim, sadece ailen olarak bizler her koşulda senin kararlarına saygılı olacağız. Bunu bil, aklının bir köşesinde bulunsun, diyorum. Hepsi, bu kadar."

"Sağ ol anne, teşekkür ederim."

İçimden de, ben avaz avaz ağlamaya başlamadan, buradan gitse şu kadın, diyordum.

Çünkü, bu kez de annemin duyarlılığı ve anlayışıydı beni avaz avaz ağlatacak olan.

Öte yandan şu annemin antenlerine ne demeli...

Hayret bir şey!
Aslında...
Tam da onunla oturup konuşulacak zamandı ama...
Ben daha ne yapacağımı bilmiyorum ki...
Belki de hiçbir şey söylemeyeceğim.
O zaman ne diye onu boşuna üzeyim.
İşte sevgili defterim, bu da böyle bir hafta sonuydu.
Sanki bir tahterevallideydim.
Bir öyle düşünüyordum, bir böyle...
Bir evet; bir, hayır...
Bir Oktay'la hayat...
Bir Oktay'sız hayat...
Bir düğün, dernek, balayı...
Bir yalnızlık, acını içinde yoğurma ve yeniden başlama süreci...
Bir, yalancı hayaller, kısa sürede yaldızı dökülecek pırıltılar...
Bir gerçeğin sert ve soğuk yüzü...
Bir iniyor, bir çıkıyor tahterevalli...
Acaba durduğunda, ben hangi tarafta olacağım?

5 Şubat, Cumartesi

Bu haftaya nasıl delicesine girdim, anlatamam. Karar verebilmek için nelere başvurmadım ki... Şaka değil, söz konusu benim hayatım. Geleceğim...

Yıldız fallarına mı bakmadım, her edilen sözden bir anlam mı çıkartmaya kalkmadım. En son neler yaptığımı, çılgınlığımın derecesini anla, diye yazıyorum, sevgili defterim.

Arabamı bıraktığım yerin bir otoparkçısı var, aramız iyidir. O beni kollar, ben de karşı taraftaki rakibine öldür Allahı gitmem. Bu nedenle, severiz birbirimizi. Ama arada ufak tefek atışmalarımız da olur.

Pazartesi günü, hafta başı her yerde olduğu gibi, onun park yeri de doluydu. Birkaç tane daha sığdıracağım diye arabaları öyle bir koymuş ki, eh, bu kadar olur, nefes alacak yer kalmamış.

"Aşkolsun," dedim. "Bu kadar da doldurulmaz ki... Balık istifi olmuş burası."

"Nesi var," dedi o kendinden emin yurdum insanı havasıyla...

"Bak," dedim, ileride duran tombulca beyi başımla işaret ederek. "Şimdi bu bey nasıl girecek arabasına?"

Nitekim, adamcağız uğraşıp duruyordu, çünkü arabasının kapısı yandaki otomobile değdiğinden fazla açılmıyor, haliyle o bey de arabasına giremiyordu.

Bizimki demez mi, "Eh, o da biraz kilo versin! O göbekle tabii giremez."

"Pes yani," dedim. "Adam kilosunu da mı sana soracak..." Sonra birden aklıma geldi. "Mahmut, sen evli misin?" Bana, aklını mı kaçırdı bu, dercesine baktı, sonra gülümsedi. "Evliyim, üç de çocuğum var, elini öper."

"Allah bağışlasın."

"Peki abla, sen şimdi bunu niye sordun? Bir durum mu var?"

"Mutlu musun Mahmut?"

Gülmeye başladı. "Gazeteciler gibi soruyorsun, nedir bu?"

"Canım, şurada seninle sohbet ediyoruz."

"Mutluyum zair..."

"Yani karından memnun musun?"

Elini avcunun içinde şaklatıp bir kahkaha attı. "Memnunum Allah'a şükür! Benim gibi deliye katlanıyor, sağ olsun. İyidir yani..."

"Peki o? O da mutlu mu?"

"Ablam be, nedir bu sabah sabah, o mutlu mu, bu mutlu mu? Yoksa kamera şakası mı bu?" diye ciddi ciddi sağa sola bakınmaya başladı.

"Bir araştırma yapıyoruz da, onun için soruyoruz. Söyle, karın da mutlu mu sence?"

"Bunu ona sorman gerek," diyerek sırıttı. Sonra kulağıma doğru eğilip alçak sesle ekledi, "Mutlu olmasa bana üç çocuk doğurur muydu be abla?"

Ve o gün ben bundan hangi dersi çıkardım, dersin. Bir kadın, bizim otoparkçı gibi bir adamla yaşayabiliyorsa, ben Oktay'ı haydi haydi idare ederim, diye düşündüm.

Onun için, kimseye bir şey söyleme ve yoluna devam et Serra, dedim kendi kendime.

Derken çarşamba günü geldi. O günkü yıldız falımda önemli değişimler yaşayacağım konusunda uyarılıyordum. Güçlü olup gerekli adımları atarsanız, bu değişimler hayatınızı olumlu biçimde etkileyecek, diye yazıyordu. Tabii ben bu sözleri, güçlü olup Oktay'dan ayrılırsam, hepimiz için daha iyi olacak şeklinde yorumladım.

Tam da bunun üstüne ofise Bayan Bella'nın bir arkadaşı geldi ve onu adeta esir aldı. Çok üzgün olduğu her halinden belliydi. Uzun uzun konuştular. O hanım anlatıyor, Bayan Bella onu dinliyor, teselli etmeye çalışıyordu. Ne dediklerini tabii ki duymuyorduk da davranışlarından anlıyorduk.

Arkadaşını yolcu ederken, Bayan Bella, "Haydi üzme canını, iş olacağına varır," dedi.

Geri döndüğünde Selçuk sordu. "Bayan Bella, arkadaşınızın derdi büyüktü galiba."

"Tabii büyüktü," dedi Bayan Bella, Selçuk'a, sanki bu onun suçuymuş gibi.

"Ne yaptım ben şimdi?"

"Siz gençler," dedi Bayan Bella, "doğru dürüst düşünmeden etmeden, gidip evleniyorsunuz! Bu kişiyle anlaşıyor muyum; bir ömrü onunla geçirebilir miyim; evlilik sorumluluk ister, onu yüklenecek gücüm var mı? Bunların hiçbirini düşünen yok maşallah."

Elini sallayarak devam etti. "Varsa yoksa, aman ne hoş çocuk... Lay lay lom diyerek gidip evleniyorsunuz; tabii kısa bir süre sonra da duvara çarpıyorsunuz! Sadece kendinizi üzseniz, oh olsun, müstahak bunlara, diyeceğim. Ama ana babalarınızı da perişan ediyorsunuz, az önce giden arkadaşım gibi..."

Selçuk, "Bayan Bella, sizi temin ederim, ben bugüne dek hiçbir ilişkimi, aman ne hoş çocuk, tezi üstüne kurmadım," deyince ofiste herkes kırıldı gülmekten. Bayan Bella, herkesten çok güldü. Sonra da bize dönüp, "Hepiniz gençsiniz," dedi parmağını sallayarak, "onun için aklınızı başınıza alın, doğru karar verin."

Eh, buradan çıkarılacak ders ise açık ve net biçimde ortaya konmuştu zaten.

Böylece çarşamba günümü yıldız falım ve Bayan Bella'nın sözlerinin benim için anlamlı bir işaret olabileceğini düşünerek geçirdim. Çaresizliğimi görüyor musun, sevgili defterim. Boşuna demiyorum, aklımı kaçırmak üzereyim, diye. Sonunda, bu saçmalıkları bırakıp arkadaşlarımla konuşmaya karar verdim.

Cumartesi günü yani bugün, Melis'in evinde buluştuk. Onları aradığımda, "Bir konuda sizlere danışmak istiyorum," dedim, o kadar. Başka bir şey söylemedim.

Bizim kızlar da eminim, düğünle ilgili bir şeyler soracağım zannettiler.

Bu arada, annemle gelinlik provasına gidecektik ya, ona da bir bahane buldum ve önümüzdeki haftaya attım. Israrla peşimde olan annem, nedense bu kez hiçbir şey demedi. Acaba şüpheleniyor mu?

Oktay'ı da, yok hastayım, yok işler yoğun diye idare ediyorum. Ama bu nereye kadar böyle gidecek? Bir karar vermem gerek. Neyse, gelelim bugünkü toplantımıza...

Melis, "Afferin Serra," dedi. "İşte böyle çıkıp gelin. Gelin ki, bu zavallı arkadaşınız da azıcık insan yüzü görsün."

"Sokağa çıkmıyor musun?" diye sordu Dilek.

"Havalar kötü! Üşütürüm diye korkuyorum; geçenlerde de kar yağdı ya, o zaman da kayar düşerim diye korkuyorum."

"Ohoo," diye güldü Dilek. "Bu kadar da korkma ama..."

"Şunun şurasında ne kaldı. Hayırlısıyla bir doğursam, ne kadar rahatlayacağım."

"Tabii doğuracaksın, hem de hop diye."

"Bana sürekli moral veriyorsunuz, sağ olun," dedi Melis, sonra yüzüne bir gülümseme yayıldı. "Size verilecek önemli bir haberim var! Ama bu, şimdilik sır. Çünkü olayların nasıl gelişeceği henüz belli değil."

"Melis," dedi Dilek, "yine neler karıştırıyorsun?" Melis keyifli keyifli güldü. "Ne biliyorsun benim iş karıştırdığımı?"

"Attım ve tuttu."

"Hadi ama," dedim. "Söyle neymiş bu sır."

"Bu sır," dedi Melis ve durup ikimize baktı. Biliyor musun, sevgili defter, bu Melis'le bizim Sırma kardeş olmalılarmış. İkisi de lafı ballandırmaya bayılıyor. "Bu sır Sıla'yla ilgili..."

"Yaa..."

"Vee..."

"Serhat'la ilgili..."

Dilek'le birbirimizin yüzüne baktık.

"Neler oluyor?" dedi Dilek. "Kafanızı çalıştırsanıza..."

Bu kız ne anlatmaya çalışıyordu? Zihnimde şimşek çaktı.

"Yoksa sen..." dedim Melis'e.

"Evet... devam et Serra."

"Yoksan sen onları..."

"Daha neler," dedi Dilek.

"Tabii kızım," dedi Melis. "Bak Serra hemen anladı."

"Ben bayram yemeğinde senin bir işler çevirdiğinden şüphelenmiştim zaten."

Melis, Dilek'e çıkıştı, "Bir de uyanık geçinirsin, hiçbir şeyin farkına varmamışsın bile."

"İyi ama Sıla'yla Serhat çıkıyorlar mı demek istiyorsun sen."

"Henüz değil ama olabilir..."

Dilek bir kahkaha attı. "İnanmıyorum! Olacak iş değil."

"Nedenmiş! Bence fevkalade mü-na-sip!"

"Bir de evden çıkmadığını söylüyorsun, ya çıksan neler olacak kim bilir."

"Kızım ben oturduğum yerden tüm işlerimi telefonla hallediyorum. Bu durumu da öyle ayarladım."

Dilek gülmeyi sürdürüyordu. "Sıla ve Serhat ha, hâlâ inanamıyorum."

"Melis, hadi anlat," dedim.

"Ben, epeyce bir zamandır onları birbirlerine yakıştırıyordum. İkisi de ağırbaşlı ve çalışkan."

"Gerçekten," dedim. "İkisinin de çok güzel kişilikleri var, iyi insanlar."

"Hem de nasıl... Üstelik ikisi de yalnız. İşte onun için bunlar bir araya gelseler, ne iyi olur, diye düşündüm. Ama o kadar birbirine arkadaş gözüyle bakıyorlardı ki, onları bir sarsalamak gerekti."

"E, sarsaladın mı bari?"

"Elbette Dilekçiğim, hem de nasıl."

"Peki, sorabilir miyim, nasıl oluyor bu sarsalama?"

"Sıla'ya, haberin var mı, Serhat seni çok beğeniyor ama belli etmeye çekiniyor, dedim."

"Yamansın kızım sen."

"Sonra?"

"Sonra, Serhat'a da, Sıla seni beğeniyor gibime geliyor, onunla ilgilensene... dedim."

"Sen... sen inanılmazsın!"

"Melis, korkmadın mı bunları söylerken? Öyle ya, anladığım kadarıyla bunların aslı astarı yok," dedim.

"Tabii yok! Ama zararsız, küçücük yalanlardan kim ölmüş! En azından birbirlerine bakmalarını, hem de alıcı gözüyle bakmalarını sağladım. Bayramda da bir iki durum ayarladım; bu laflardan sonra bir araya gelsinler, diye. Malum, demiri tavında dövmek gerek."

"Korkulur kızım senden."

"Vee..." dedi Melis bizleri susturmak istercesine ellerini havaya kaldırarak. "Gelelim asıl önemli habere..."

Bunun arkasından ne gelecek diye bekliyorduk. "Az önce Sıla aradı, Serhat şu anda Ankara'daymış."

"Ne?"
"Olamaz!"
"Hey yavrum hey!"
Melis, bu ilgi ve tepkiden memnun, devam etti. "Bu hafta sonu için Ankara'ya gitmiş Serhat. Sıla onu gezdirecekmiş, çünkü Serhat," dedi gözlerini süzerek, "Ankara'yı pek bilmiyormuş."
"Oldu bu iş desene," dedi Dilek.
"Serhat'ın kalkıp Ankara'ya gitmesi büyük bir adım," dedi Melis. "Artık gerisi onlara kalmış. Benden bu kadar..."
"Bravo valla Melis," dedi Dilek. "Hamilelikti, şuydu buydu derken sen kalk, bir de bu işi ayarla."
"Umarım iyi bir şeyler çıkar ortaya," dedi Melis, sonra bana döndü. "Evet Serracığım, sen bize, şu evli barklı arkadaşlarına ne danışmak istiyordun, söyle bakalım."
Konuşma zamanı gelip çatmıştı.
"Söze nasıl başlayacağımı bilemiyorum."
"Ne kadar da mahcubuz öyle," diye bana takıldı Dilek.
Ama Melis bir şeyler sezinlemişti, Dilek'i susturdu. "Anlat Serracığım, seni dinliyoruz," dedi beni yüreklendirmek istercesine.
"Söyleyeceklerim... Oktay'la ilgili..."
Sanırım sesimden ve yüzümün ifadesinden konunun ciddi olduğunu anlayıp gülmeyi kestiler. Konuşmamı bekliyorlardı.
Kendimi tutamadım, başımı ellerimin arasına alarak hıçkırmaya başladım.
Anında ikisi de yanımdaydı.
"Ne oldu canım?"
"Anlat Serracığım."

Onlara son on gündür yaşadığım ıstırabı anlattım. Düşüncelerimi, kararsızlığımı, kuşkularımı, Oktay'a aşkımı, Oktay'dan bıkkınlığımı anlattım. Her şeyi ama her şeyi uzun uzun anlattım.

"Ve işte," dedim, "şu anda büyük bir açmazdayım, ne yapacağımı bilemiyorum.

"Oktay'la evlenirsem; sonum kucağımda bir çocukla boşanmış olarak eve dönmek olabilir, çünkü çok farklıyız. Onun için bu işi burada bitirsem mi diye düşünüyorum. Ama bu ortalığı altüst edecek bir karar olur. Herkesi üzeceğim, mutsuz olacaklar.

"Öte yandan, yürüdüğü kadar yürür, deyip evlenmek var. Böylece şimdilik kimseyi üzmemiş olurum ama sonrası neler getirir, onu bilemeyiz.

"İşte benim açmazım! Ne yapayım ben şimdi?"

Uzun, ağır bir sessizlik odanın üstüne çöktü. Sonra Melis, biraz çekingen, "Ben, en ufak bir şüphen varsa, hemen vazgeç derim, hem de hemen..."

Dilek ise, "Canım, öyle çabucak vazgeçilir mi? Bu ilişkiyi kurtarmak için kafa yormak gerek," dedi.

"Hayır," diye başını salladı Melis, yüzünde hüzünlü bir gülücük. "İlişkiyi kurtarmak için çaba sarf etmek benim durumumda geçerli, çünkü evliyim, dahası bir bebek bekliyorum ve artık ona karşı da sorumluluğum var."

Dilek konuşacak oldu ama Melis elini kaldırarak ona susmasını işaret etti, bir yandan da sözlerini sürdürdü. "Madem evlendim, madem bir bebek bekliyorum, o zaman elimden geleni yapmam gerek. Ve yapıyorum da zaten. Buna sizler de şahitsiniz."

"Hem de nasıl!"

"Kaan'a anlayış gösteriyor, onun toparlanmasını, daha doğrusu evliliğin, birlikte yaşamanın, bir çocuk büyütmenin sorumluluğunu yüklenebilecek hale gelmesini sabırla bekliyorum. Bu, kolay mı sanıyorsunuz?"

Sustu, Dilek'le bana baktı. Gözlerinde acı vardı bu kez.

"Ama bir yükümlülüğün altına imza attım bir kere. Bunu, bu iş yürümüyor diye hemencecik yok sayamam. Olmaz! Kaan'ı seviyorum. Ama şimdi bir bebeğim var, onu da en az Kaan kadar seviyorum. Ve ona..."

Bütün bunları anlatmak ne kadar güçtü ama kendini zorlayarak olsa da konuşmasını sürdürdü. "Düzgün bir aile ortamı vermek istiyorum. İşte, en çok da bunun için çaba sarf ediyorum. Ama bütün bu çabalarım sonuç vermezse, elimden gelen her şeyi ama her şeyi yapmama karşın durumumuzda bir iyileşme olmazsa, o zaman oturup yeniden düşünür, yeni kararlar alır ve hayatımı ona göre şekillendiririm."

"Yani," dedi Dilek, "Kaan'dan ayrılırsın."

Bu daha çok bir soruydu.

"Evet," dedi Melis, "çocuğumun ruh sağlığı için, kendim için ondan ayrılabilirim. Hayat hem çok uzun hem de çok kısa. Huzursuz bir evde geçen her gün bir asır gibi geliyor insana. Saatin tik-takları bile ağır ve yavaş... Öte yandan, güzel günler için de çok kısa. Dahası pişmanlıklar için çok çok kısa. Dur, şunu da bekleyeyim, dur belki düzelir, dur aklı başına gelir derken, bir de bakıyorsun, ömrün geçip gitmiş. İşte o noktada hayat çok kısa..."

"Her şeyi deneyeceksin; yürümezse, bu iş bu kadar deyip bitireceksin, öyle mi?"

"Evet."

"Melis, bayılıyorum sana," dedim. Dilek dönüp hayretle baktı baktı.

"Evet," dedim, "kararlılığına bayılıyorum! Baksana Dilek, düşünmüş taşınmış ve her koşulda ne yapacağına şimdiden karar vermiş bile."

"Bu, senin düşündüğün kadar kolay olmadı, Serra. Sonuca varabilmek aylar aldı. Uykusuz gecelerde hep düşündüm, kendimi sorguladım. Kendi kendimle konuştum, tartıştım ve sonunda böyle bir yol izlemeye karar verdim."

"Onun için bu kadar sakin görünüyorsun," dedim ve ekledim. "Ne olur yanlış anlama Melis ama her buluşmamızda sana şaşmaktan kendimi alamıyorum. Onca sorunun var, hem de çok ciddi sorunlar ama sen sanki hiç derdin yokmuş gibi yine bakımlı, yine özenli, yine neşeliydin. Bu tavrının nedenini şimdi çözdüm. Sen böyle davranabiliyorsun çünkü kararını vermiştin. Ne yapacağını bilmek o kadar önemli ki... Ben şu anda perişan bir haldeysem, karar veremediğim içindir. Kararsızlık mahvediyor insanı..."

"Haklısın! Kararsızlık en kötüsü, ama senin sözünü ettiğin benim o sakin halim var ya, çok ilginç bir şey ama bu insanın savunma mekanizmasının harekete geçmesi sonucu oluşuyor. Önce bir dibe vuruyorsun, sonra sanki o savunma mekanizması sana diyor ki, tamam dibe vurdun ama orada kalırsan yok olursun, aklını yitirirsin, hayatın biter. Artık yukarı doğru çıkma zamanı. Ve sen, sırf kendin için boyanmaya, giyinmeye başlıyorsun. Böylece sabahleyin aynaya baktığında karşında çökmüş bir kadın yüzü değil, makyaj yardımıyla iyi kötü toparlanmış bir yüz, taranmış saçlar ve üzerine en azından temiz bir bluz geçirmiş genç bir kadın görüyorsun. Bu, inan bana, güne başlamak için öyle büyük bir fark yaratıyor ki... Sonra, yavaş yavaş spora yöneliyor, örneğin yürüyüş yapmaya başlıyorsun. Giderek kendini daha güçlü hissediyorsun.

"Derken –arkadaşlarını aramaya başlıyorsun. Değişik konular, değişik mekânlar sana derdini iki üç saat için bile olsa unutturuyor. Ve, sorunları unutmak, uyku gibi iyileştirici oluyor.

"Güçleniyorsun!

"Güçlenince, içinde bulunduğun durumu daha iyi irdeleyebiliyorsun. Daha mantıklı bakabiliyorsun hayata. Yanılgılardan uzaklaşıyorsun."

Melis, nelerden geçerek bu noktaya gelmişti.

"Hep kendimi anlattım, kusura bakmayın çocuklar... Ama bütün bunları Serra için anlattım, yoksa insanları kendi sorunlarımla sıkmayı hiç sevmem."

"Biz arkadaşız, unuttun mu?" dedi hemen Dilek.

"Zaten her zaman birbirimize destek olageldik bizler," dedi Melis ve devam etti. "Düşüncelerimi ve bu düşüncelerime neden olan yaşadıklarımı Serra için anlatmak istiyorum.

"Şimdi ben bütün bunları, yani Kaan'ın evliliğe hazır olmadığını, çocuk istemediğini bilsem evlenir miydim?

"Hayır!

"Çünkü ben evliliğe hazırdım ama o değildi.

"O zaman herkes kendi yoluna gidecekti; belki ağlayarak birkaç mendil eskitecektim, ama bir süre sonra o da geçecek, ben kendime göre birini bulacaktım. Kaan da, kendi kafasına göre, en azından bir süre daha gezip tozmak isteyen ve çocuk yapmayı düşünmeyen bir kızla çok daha mutlu olacaktı.

"Kusura bakma Dilek, biliyorum, sen şu anda Serra'ya aksini söyleyelim istiyorsun, çünkü hem Serra'yı hem de Oktay'ı seviyorsun. Yıllarca onlarla beraberdin, aşklarına tanık oldun ve onların çok güzel bir düğünle evlendiklerini görmek istiyorsun. Bunu ben de istiyorum." Sesini yükseltti. "İnan bana, hem de çok istiyorum ama sadece istemek yetmiyor. Serra benim arkadaşım, hem de çok sevdiğim bir arkadaşım. Söyleyeceklerim ya da söylediklerim acı gelse de ben ona karşı dürüst olmak zorundayım.

"Ben bugün bu acıları çekiyorsam, aceleye getirildiğim içindir. Kaan öyle heyecanlı, öyle âşıktı ki, sen beni seviyorsun, ben de seni, öyleyse ne bekliyoruz, deyip duruyordu. Ama bu arada asıl konuşmamız gereken konuları konuşmuyorduk.

"Ve inanır mısınız, o imzayı atarken çok ama çok cılız bir ses içimden, bu bir hata, dedi bana. O sesi duyduğumun ancak şimdi farkına varıyorum. Bu son aylarda, her şeyi tekrar tekrar düşündüğüm süreçte, nikâh defterine imza atarken nasıl da tedirgin olduğumu anımsadım. Oysa düğünde hiçbir şeyin farkında değildim, çünkü her şey çok güzeldi. Rüyada gibiydim, o ufacık tedirginlik de arada eriyip gitmişti."

"Kaan çok acele ettirdi," dedim.

"Evet ama Serra, kabahati ona yüklemekle bir şey değişmiyor. Ben orada sağlam durup, evet, epeyce bir süredir arkadaşız ama bu tür bir ilişki için, hele hele evlilik için biraz daha düşünmek istiyorum, deyip, bu arada onu gerçek anlamda tanımaya çalışmalıydım.

"Onun hatası varsa, benim de var. Her insan kendi hayatından sorumludur, öyleyse ne diye geleceğimi daha büyük bir ciddiyetle ele almadım? Sorup öğrenmem gerekenleri, sormadım? Yok, yok! Bu bal gibi benim de kabahatim. Eğer ben o zaman bütün bunları düşünebilseydim, şu sıkıntıları yaşıyor olmayacaktım.

"İlginçtir, Kaan'la arkadaşlığımız boyunca hiçbir problem yaşamadık. Ne zaman ki evlendik, sorunlar başladı. Çünkü arkadaş olarak olaylara başka bakıyorsun, pek çok şeye aldırmıyorsun ama evliysen bambaşka düşünüyorsun ve pek çok şey de batabiliyor. Onun için uzun süre öylesine tanışıyor olmanın pek de faydası olmuyor, bu gibi durumlarda.

"Ama ben bu farklılıkları vaktinde görebilmiş olsaydım, bu işi efendice bitirirdim, Kaan da benim için güzel bir anı olarak kalırdı. İkimiz de kişiliklerimize ve beklentilerimize uygun hayatlara yönelirdik. Bu kadar da hırpalanmazdık.

"İşte benim Serra'ya anlatmak istediğim bu. Şüphen varsa, yol yakınken vazgeç bu işten. Kendini de, Oktay'ı da hırpalama," dedi Melis ve ayağa fırladı. "Ben hemen bir çay koyup geliyorum."

Dilek'le öylece kaldık, Melis'in anlattıkları bizi o denli etkilemişti ki, ikimizin de ağzından tek kelime çıkmıyordu.

Melis dönüp geldiğinde biz hâlâ sessiz, oturuyorduk.

"Bakın, gamlı baykuşu oynamak istemiyorum ama ben gerçek dostsam, en azından düşündüğümü söylemeyi borç biliyorum."

"Elbette Melis, ben niye buraya geldim? Sizlere güvendiğim için... Az önce de dediğimiz gibi, biz birbirimize yıllar boyu destek olduk, pek çok şeyi paylaştık. Ben senin bütün bunları hangi amaçla anlattığını çok iyi biliyor ve sana teşekkür ediyorum."

Bu sözler üzerine, yüzünde utangaç bir gülümseme belirdi ve, "Haydi bakalım Dilek Hanım, yap savunmanı," dedi.

"Şimdi ben de diyorum ki, madem Oktay'ın bu yavaş almalarından şikâyetçisin, o zaman açık açık söyle. Şunu şunu yap, de. Sen kızıyorsun, içerliyorsun ve küsüp susuyorsun. Oysa konuş! Hatta kavga et ve istediklerini yaptır. Öyle kadınlar var ki, aklına koyduğu bir şeyi aldıramıyor mu, gidiyor, satın alıyor ve faturayı da kocasına yollatıyor."

"Tam buldun, Dilek," dedim. "Böyle bir şeyi hayatta yapamam."

"Nedenmiş! Mesela şu yüzük işini ele alalım. Madem bir türlü gelmiyor, ben olsam gider, aklıma yatanı alırdım ve Oktay Beyin önüne, işte yüzüğüm, diye koyardım, olur biterdi. Adamına göre davranmak gerek. Hem böyle onu yapamam, bunu yapamam diyerek o kadar sevdiğin insanı kaybetmeyi nasıl göze alabilirsin?

"Ayrıca bir düşün, diyelim Oktay'dan ayrıldın. Ne olacak sonra? Yalnızlık, koskoca bir yalnızlık içine düşeceksin. Günümüzde erkekler kapıya dizilip kızları beklemiyorlar artık. Onun için elindekini kaçırmamak gerek, diye düşünüyorum. Son pişmanlık fayda etmez."

"Yani," dedi Melis, "evlenmiş olmak için evlensin, öyle mi?"

Dilek, "Canım, elbette sırf evlenmiş olmak için evlensin diyen yok. Ama onlar kaç yıldır birlikteler. Bunca zaman bu ilişkiyi yürütmüşler de, neden tam evlenecekleri zaman böyle evhamlarla bu iş bozulsun, ben bunu anlamıyorum," diye Melis'i cevaplandırdıktan sonra bana döndü. "Söylesene Serra, siz birbirinizi tanıyalı, seveli, kaç yıl oldu? Neredeyse yedi yıl olmadı mı?"

"Evet."

"E, öyleyse, daha ne! Bunca zaman beraberken şu son aylarda ne oldu da birden ayrılma, lafları ediyorsun?"

"Bak," dedim. "Ben de senin değindiğin şu noktayı çok düşündüm. Kesin evlilik tarihi konmadan, bazı konular insanın aklına bile gelmiyor. Ama evlenme kararı kesinleşip bir de tarih konunca sanki gözündeki pembe gözlükleri çıkarıyor, yerine olayları daha derinlemesine gösteren gözlükler takıyorsun ve pek çok şeyin senin sandığından daha değişik olduğunu fark ediyorsun. Bundan böyle ömrümü bu adamla geçireceğim, diyor, bu açıdan bakmaya başlıyorsun. Aynı şey karşı taraf için de geçerli; Oktay da pek çok konuda şimdi daha değişik düşünüyor olabilir.

"Uzun yıllar sözlü ya da nişanlı kalıp tam evlilik arifesinde ayrılanlara, ya da uzun uzun çıktıktan sonra evlenip hemen boşananlara hep şaşmış, bunların aklı nerdeydi demiştim. Ama şimdi neden böyle olduğunu çok iyi anlıyorum. Flört ederken, ben onu seviyorum, o beni seviyor, konuları ağır basıyor; ne zaman ki evlilik kararı alınıyor, işte o zaman her şeye çok daha değişik ışıkta bakıyorsun ve 'görmeye' başlıyorsun."

"Yani, şimdi sen onca yıl göremediğin gerçek Oktay'ı mı görüyorsun?"

"Evet."

"Neymiş farkı?"

"Hayata bakışı benimkinden çok farklı. Az önce de anlattım ya, ben hayatı ciddiye alıyorum, o ise çok rahat. Hatta bana sorarsan fazla rahat.

"Düşünsene, nasıl geçineceksin diye sorulunca, bir iş alırım, bizi bir süre idare eder, diyebiliyor. İşim bana zevk vermiyor artık diyerek, başka iş arama zahmetine girmeden, işini bırakmaya kalkıyor. Ve bu adam –evliliğin eşiğinde... Karısı, daha sonra da çocuğu olacak... Benim sorumluluklarım var, evimi geçindirmek zorundayım, diye düşünmüyor. Aklına bile gelmiyor adamın.

"Sana bir şey söyleyeyim mi Dilek, az önce söylediğin konularda suskun olabilirim; yani eşime bana ille de şunu al, bunu al, diyemem amaaa... Ben bütün gün deliler gibi çalışıp yorgun argın eve gelip onu sırf zevk almıyor, diye boş boş oturur görürsem, bu durum öyle sinirime dokunabilir ki, çantamı çevirip çevirip kafasına geçirebilirim."

İkisi de bu laflar üzerine gülmeye başladılar, ister istemez ben de katıldım onlara.

Melis, "Seni bunu yaparken düşünemiyorum," diyordu gülerken.

"Canım, herhalde gerçekten çantayı kafasına atmazdım ama böylesi bir tutum çok sinirime dokunurdu, demek istedim."

"Biliyor musunuz çocuklar," dedi Melis, "bir evlilikte gönül ve kafa birliği olmalı derler ya, şimdi düşününce ne kadar doğru bir laf bu..."

"Gönül ve kafa birliği!" dedim. "Gerçekten çok doğru. Alın işte benim durumumu, gönül birliği var ama kafa birliği yok."

"Beni de yanına al," dedi Melis. "Bizde de gönül birliği var, kafa birliği yok." Sonra içini çekerek devam etti. "Annemin arkadaşlarından duymuştum bu sözü ve o zaman, aman bunlar da yaşlı muhabbeti yapıyor, ayarlanmış evliliklere şık kılıflar geçiriyorlar, gönüller bir olduktan sonra gerisinin ne önemi var, diye düşünmüştüm."

"Peki, arkadaşım," dedi Dilek. "Sonuç olarak sen ne yapmayı düşünüyorsun?"

"İşte ben de bunun için buradayım ya... Karar vermem için bana yardım etmenizi bekliyorum."

"İyi ama Serra, biz sana öyle ya da böyle yap diyemeyiz ki... Karar senin olmalı. Biz sadece fikirlerimizi söyledik, o kadar."

"Ama karar veremiyorum..." diye sızlandım.

Dilek bana baktı, yüzünde mahzun bir ifade vardı, "Bence sen kararını vermişsin de, henüz bunu yüksek sesle söyleyemiyorsun."

"Yaa, neymiş kararım, söyle de ben de bileyim."

"Sen, Oktay'dan ayrılmak istiyorsun."

"Ah, hayır!"

"Evet, Serra! Baksana az önce sana söylediklerime hep karşı çıktın, oysa Melis'i sessizce, hak verircesine dinledin. Yani, senin kafan Melis'in anlattıklarını onaylıyor ama gönlün hâlâ Oktay'da..."

"O kadarını ben de biliyorum herhalde."

"Evet, şu anda kararsız gibi görünüyorsun ama sen kararını vermişsin. Bu karar da Oktay'ı bırakmak..." İnildedim, resmen inildedim. Melis, "Dilek, böyle konuşmamalısın," dedi.

"Ne dedim ki?"

"Oktay'ı bırakmak filan... Kimsenin kimseyi bıraktığı yok. Burada koskoca iki hayat söz konusu... Oktay'ın ve Serra'nın hayatları... Bunu, onu bıraktı, gibi sözcüklerle bu kadar basite indirgeyemezsin.

"Ve –tekrar ediyorum, eğer en ufak bir şüphe varsa, bu işi şimdi, şu anda, dönülmesi güç noktalara varmadan bitirmeliler."

"Yani Serra bitirmeli, diyorsun. Ya Oktay'a ne olacak?"

"Dilek, sana inanamıyorum! Oktay'a ne olacak? Elbette önce çok üzülecek, kim üzülmez ki, baksana kaç zamandır Serra azap içinde. Ama sonra, o da kendine göre, kendi kafa yapısına, hayat görüşüne uygun, hayata daha esnek bakabilen birini bulacak ve gerçekten mutlu olacak. Yani, Serra, Oktay'a, uzun vadede, bir iyilik yapmış olacak.

"Böylesine farklılıklar varken, ne Serra onu mutlu edebilir, ne de Oktay, Serra'yı...

"Diyelim evlendiler, didişe didişe mi yaşasınlar? Bak daha düşüncesiyle bile sinirleniyor, çantayı kafasına geçiririm, diyor.

"Onun için bırak gençlik aşkları gençlikte kalsın, evlilik ciddi mesele, hem de çok ciddi. Herkes seninle Ulaş gibi şanslı değil, Dilek. Bir süre sonra ikisi de gerçek hayat arkadaşlarını bulurlar ve bu da güzel bir anı olarak kalır."

Melis yorulmuşçasına derin bir nefes aldı ve bana döndü, "Ben senin yerinde olsaydım, bugünkü aklımla bir dakika durmaz, bu işi bitirirdim. Böylece hem kendime, hem de Oktay'a büyük bir iyilik yapmış olurdum. Fikrimi sormuştun, işte fikrim... Ama, tabii ki asıl kararı yine sen vereceksin."

Dilek susuyordu.

Ben susuyordum.

Yine Melis konuştu.

"Yalnız çok az vaktin var, Serra. Bence, bu konuyu bir an önce hem Oktay'a hem de ailelere söylemelisin."

"Ah Tanrım! Nasıl söyleyeceğim!"

"Haklısın," dedi Melis, "Çok zor! Gerçekten çok zor. Ama bak sana ne diyeceğim..."

"Ne?"

"Eğer cesaretin kırılırsa, nasıl konuşacağım diye paniklersen..."

"Çoktan panikledim bile..."

"İşte o zaman beni düşün!

"Beni düşün ve gücünü topla!

"Beni düşün ve konuş!

"Beni düşün ve ikinizin de daha fazla üzülmemesi için bu ilişkiye bir son ver," dedi gözleri yaşlarla dolu.

"Ah, canım," diye sarıldım ona. Bir süre öylece kaldık. Sonra Dilek geldi, o da ikimize sarıldı. O anda, orada acılarımızı, kırık düşlerimizi, gözyaşlarımızı birlikte yaşıyorduk.

İyi ki arkadaşlarım var.

İyi ki...

İşte böyle sevgili kiraz ağacı. Çok zor günler bunlar benim için. Sanki bir tüneldeyim. Uzun ve karanlık... İşin kötüsü... Ucunda ışık da yok!

6 Şubat, Pazar

Bu sabah yine kendimi sokaklara vurdum. Hava kapalıydı. Kurşuni... Ara ara çiseliyordu.

Ama yağmurluğumu üstüme geçirdiğim gibi yürümeye başladım.

Yüzüme çarpan rüzgâr, saçlarımı ıslatan damlalar, içimi üşüten soğuk, garip bir şekilde iyi geliyordu.

Sanki içimde bir yangın vardı da, o nedenle serinlemek istiyordum.

Yürürken hep düşündüm.

Her şeyi bir kez daha düşündüm.

Defterime yazdıklarımı...

Kendimle yaptığım iç konuşmaları...

Melis'in anlattıklarını, Dilek'in karşı çıkışlarını...

Hep düşündüm.

Sanırım iki saate yakın sürdü yürüyüşüm. Eve dönerken tüm bu düşünceleri içime sindirmiştim artık.

Aslında bilinçaltı uzun zamandır bu konuyu evirip çeviriyormuş da, ben farkında değilmişim.

Yapılması gereken, tüm korkunçluğuyla karşımdaydı.

Kararsızlık sona ermişti.

Artık yapmam gerekeni biliyorum.

Bütün mesele gücümü toplayıp bunu gerçekleştirmek.

Hem de bir an önce...

Madem karar verdim, madem ben böyle düşünüyorum, Oktay'ın bunu bilmesi gerek.

Karar verebilmek en büyük adımdı.

İkinci adım, bunu Oktay'a söyleyebilmek...

İçimden kaçıp saklanmak geliyor. Ben kaçıp saklanayım, birileri Oktay'la konuşsun; Nilüfer Hanımla, Cemal Beye anlatsın. Her şey olup bitsin ve ben o zaman saklandığım delikten çıkayım.

İşte tam bunları düşünürken, içimdeki öbür ses konuşmaya başladı.

Yazıklar olsun sana, Serra. Bir de Sırma'yı çocuksu olmakla suçlarsın. Şu anda düşündüklerinle asıl sen çocukluk yapmıyor musun?

İyi ama ben böyle bir konuşma yapmaktan nefret ediyorum diye sızıldandı yine o çocuksu ses.

Yapman gerekeni yapmalısın! Sen artık bir yetişkinsin! Oktay'a ve kendine karşı sorumluluklarına sahip çıkmalısın. Kaçıp saklanarak hiçbir şeyi çözemezsin.

Güçlü olmalısın!

Bir sorunla yüzleşmek, sürekli onu düşünmekten daha kolaydır.

Evet, haklısın, dedim içimdeki yetişkin sese. Başımı dik tutup omuzlarımı geriye attım. Giderek kendimi daha güçlü hissetmeye başlamıştım.

Söyleyeceğim!

O da nerede durduğunu bilsin, ben de... Sonra da Nilüfer Hanıma bir telefon edip durumu bildiririm ki, hazırlıklara devam edilmesin. Her şey iptal edilsin.

Bunları aştım mı...

Sonrası...

Ferahlık...

Sorunların sona ermesi... Omuzlarımdan onca ağırlığın kalkması... Aman Tanrım, ben neler düşünüyorum!!! Ben Oktay'dan ayrılacağım için üzülüyorum. Üzülüyorum, değil mi?

Evet, hem de çok. Yılların aşkından söz ediyorum, nasıl üzülmem.

Peki, nasıl oluyor da bunca üzülürken, insan bir yandan da ferahlama duygusu içine girebiliyor? Sanki bir kafesten kurtulmuş da, artık özgürce gökyüzüne yükselebilecekmiş gibi hissedebiliyor kendini?

Sırtından dağlar kalkmış gibi rahatlıyor? Öyle şaşkınım ki...

Böyle hissedeceğimi söyleseler, haydi oradan, beni teselli etmek için bu sözleri söylüyorsunuz, derdim.

Ama bu duyguların, işte şimdi, şu anda yazarken farkına vardım ve kalemimden öylece dökülüverdi hepsi.

Oktay'dan sonrasını hiç düşünmemiştim!

Oysa kararımı verince ve ona söyleyeceğimi, daha doğrusu o sahneyi zihnimde görünce, sanki önümde duran kocaman bir dağı aştım ve ötesini gördüm.

O dağın ardındaysa –açıklık, ferahlık, özgürlük vardı.

Bu ne anlama geliyor acaba?

Sanırım uzun süredir yaşadığım sıkıntılar ve bütün bunları yok sayma çabam, duygularımı bastırmam, beni öylesine bunaltmış ki, Oktay'dan ayrılmanın üzüntüsüne bir ferahlık duygusu karışıyor.

Çok, çok şaşkınım...

Karmakarışık duygular...

Çelişkiler...

Eve geldiğimde, annem mutfakta oturuyordu.

"Sıkı bir yürüyüş yapmışa benziyorsun, yanakların pembe pembe olmuş," dedi ve ekledi, "Serra, üstünü değiş de gel, seninle azıcık çene çalalım."

Tam, "Anne işim var," diyecekken, birden yol boyu aldığım kararlar aklıma geldi.

Kararımı vermiş miydim?

Vermiştim!

Bu kararı gereken kişilere bildirecektim, öyle değil mi? Evet, bildirecektim!

Öyleyse, kaçmak yerine, bu kararı annemden başlayarak uygulamak yerinde olmaz mıydı?

Olurdu! Hem de çok iyi olurdu!

"Hemen geliyorum," dedim anneme ve ıslak giysileri çıkartmak üzere odama daldım.

Az sonra, mutfakta karşı karşıya oturuyorduk. Kiraz ağacının yapraksız, kuru dalları esen rüzgârla cama vuruyordu. Tık-tık-tık diye...

Annem kahve yapmıştı. Ne dediğini şu anda anımsamıyorum ama bir şeyler anlatıp duruyordu. Sonra –birden sustu. Niye sustu diye yüzüne baktım.

"Serra," dedi. "Yolunda gitmeyen bir şeyler var değil mi?"

"Nereden anladın?"

"Hafta sonları tek başına yürüyüşe gidiyorsun, sen sorunun olunca yürüyerek düşünürsün. Sonra, Oktay'ı sudan bahanelerle savuşturuyorsun; gelinlik provasına bir türlü gitmiyorsun. Yüzükten vazgeçtin. Keyifsizsin! Daha ne olsun?"

Hiç sesimi çıkarmadım. Nasıl söyleyeyim diye düşünüyordum.

"Cevap vermeyecek misin Serracığım?"

"Tahminlerinde haklısın, anne. Yolunda gitmeyen öyle çok şey var ki... Aslında baştan sona hiçbir şey yolunda gitmiyor demek daha doğru."

"Yaa..."

Bir şeyler sezinlemesine karşın, annem böyle bir yanıt beklemiyordu herhalde.

"Demek o kadar kötü," demekle yetindi.

"Hayata bakışımızın neredeyse taban tabana zıt olduğunu anladım, şu son aylarda. Beklentilerimiz farklı, tutumumuz farklı..."

Ve, ona Dilek'le Melis'e sözünü ettiğim kuşkularımı, düş kırıklıklarımı, beni üzen olayları anlattım.

Konuştum, konuştum...

İçimi döktüm anneme ..

Sonra sustum...

Bir süre konuşmadık. Sanırım annem, yanlış bir şey söylememek için sessiz kalıyordu.

"Ben kararımı verdim, anne," dedim. "Oktay'la konuşup ilişkimize son vereceğim."

"Bak Serra, sana geçenlerde de söylediğim gibi, kararlarına her zaman saygı duydum, biliyorsun. Meslek seçiminde de, eş seçiminde de kararları kendin verdin, ben de sana destek oldum. Şimdi de, madem bu ilişki yürümeyecek diye düşünüyorsun, o zaman yol yakınken vazgeçmek hem senin için hem de Oktay için en iyisi."

"Melis de öyle söylüyor zaten."

"Eh, bunu Melis'le benden iyi bilecek de yoktur, değil mi? Neler çektiğimi gördün, boşanma sürecini seninle birlikte yaşadık. Kendimden çok senin için üzülüyordum, o gencecik yaşında kızıma bunları yaşatıyorum diye. Keşke bunların hiçbiri olmasaydı ama ben biraz da bile bile yanlış bir seçim yaptım ve bunu yıllarca taşıdım. Senin de aynı üzüntüleri yaşamanı hiç ama hiç istemem."

"Ama onu seviyorum..."

"Serracığım, acaba seninki gerçek aşk mı, yoksa onca yılın getirdiği bir alışkanlık mı? Düşünsene, üniversitenin ilk sınıfından bu yana berabersiniz. Bir ilişki bu kadar uzun sürünce bazen duyguları ayırt etmek güçleşiyor. Seninki belki de aşk olarak başladı ve zaman içinde alışkanlığa dönüştü.

"Diyeceğim, insan ilişkilerinde ilginç geçişler yaşanıyor. Bazılarının farkına varmıyorsun bile, aşk mı, alışkanlık mı gibi... Bazılarının farkına varmanı ise sarsıcı bir olay sağlıyor, evlilik konusunun ciddi ciddi kapıya dayanması gibi..."

"Anne," dedim, "her şeye karşın –acaba doğru mu yapıyorum? Kararım yerinde mi?"

Annem şöyle bir düşündü.

"Söyle bakayım," dedi. "Şimdi Oktay gelse ve dese ki, şu evliliği bir süre için askıya alalım, ne hissederdin?"

"Aman ne iyi, derdim!"

"Gördün mü, kararının doğruluğunu kanıtladın işte."

"Sahi," dedim. Ağzım açık kalmıştı!

"Senin burada ilk tepkin sevinç oldu. Neden sevindin, söyle bakalım?"

"Çünkü, yürümeyeceğine inandığım bir ilişkiyi, onun da rızasıyla sona erdirebileceğim anlamına geliyor da ondan sevindim. Ayrıca, aynı şeyi o da istiyorsa, benim kararım onu üzmeyecek demektir. Şu anda benim için en önemli konu –Oktay'ın üzülmemesi..."

"Oysa," dedi annem, "durum tersi olsaydı, senin Oktay'ın bu sözlerine çok üzülmen gerekirdi. Demek ki, aldığın karar yerinde..."

"Öyle görünüyor."

"O zaman bunu Oktay'a bir an önce söylemelisin."

"Evet," diye içimi çektim.

"Üzülme," dedi annem. "İnan bana, ona da iyilik yapıyorsun. O iyi bir çocuk, eminim bir yerlerde onu mutlu edecek bir kız vardır. Bak, babana şaşıp şaşıp kalıyorsun, Yasemin'de ne buluyor, diye. Ama baban mutlu... Benimle yapmadığı şeyleri onunla yapıyor. Demek ki adamcağız şimdi istediği gibi bir kadına kavuştu."

Gülmeye başladık bu sözler üzerine.

"Sahi söylüyorum," dedi annem. "Adam gösterişli bir kadınla dolanıyor ortalarda; geziyor, tozuyor, dansa bile gidiyor. Diyeceğim, benle olduğundan çok daha mutlu görünüyor."

Sonra uzanıp yanağımı okşadı. "Bir ömür söz konusu olduğunda, bir sürelik acılar hiç de o kadar önemli değil. Onun için güçlü ol, Oktay'ı ara. Konuş onunla..."

Ve telefon çaldı! Nasıl yerimden zıpladım, nasıl odanın öbür ucuna kaçtım... Bu arada da anneme, "Oktay arıyorsa, bir şeyler uydur. Ben evde yokum," diye fısıldayıp duruyordum.

"Ne oluyorsun kızım?" dedi annem. "Hani Oktay'la konuşacaktın?"

"Şimdi değil! Şimdi değil!" dedim ve ekledim. "Henüz hazır değilim! Hazır olunca ben onu arayacağım. N'olursun anne, idare et."

"Ah canım, sen misin?" Annemin yüzünde güller açmıştı. Bense köşeye sinmiş, arayan kişinin kim olduğunu anlamaya çalışıyordum. Meğer arayan Sırma'ymış. Ohh, diye bir rahatladım, bir rahatladım. Sırma'yla epeyce konuştuktan sonra annem ahizeyi bana uzattı.

"N'aber süslü? Çarşafını giyiyor musun? Allah bilir senin çarşafın da süslüdür, boncuklu filan..."

"Akıllım, bir kere biz yabancı kadınlar dilediğimiz gibi giyiniyoruz."

"Oldu mu şimdi bu?.. Şöyle kıpkırmızı çarşafla sokağa çıksan, ne sükse yapardın ama..."

"Alay et bakalım."

"Şaka bir yana, ne yapıyorsun Sırma? Sıkılıyor musun?"

"Sıkılmayayım diye aklına gelebilecek her türlü kursa yazıldım."

"Ne gibi?"
"Önce Arapça kursuna..."
"Oley! Ehlen ve sehlen..."
"Tabii kızım, hazır buradayken Arapça öğreneyim, dedim. Ne demiş büyüklerimiz..."
İkimiz iki uçtan aynı anda, "Bir lisan, bir insan demektir," diye bağırıştık.
"Başka?"
"Tenis kursuna yazıldım ve de yemek kursuna..."
"Arap yemeklerini mi öğreniyorsun?"
"Evet! Yazın İstanbul'a gelince döktüreceğim, döktüreceğim."
"Helal olsun sana, Sırma! Tam diplomat eşi olacak kadınmışsın sen."
"Deniz de idare eder," dedi bir kahkaha atarak, sonra ekledi, "boş boş oturacağıma bari bir şeyler öğreneyim dedim."
"Gerçekten kutlarım! Senin yerinde başkası olsa sıkılıyorum diye cızırdardı. Oysa sen iki yıl içinde bak neler neler öğreneceksin."
"Sen nasılsın bakalım?"
"İyiyim."
"Hazırlıklar nasıl gidiyor?"
"Onlar da iyidir."
O anda Oktay'ı konuşacak halde değildim. "Haa, Sırma bak, babaannemin sıkılmaman için sana bir önerisi var."
Bizim sazan atladı hemen.
"Yaa, neymiş, söylesene..."
"İki senede iki çocuk doğursun, diyor."
"Ne? İki senede iki çocuk mu?"

"Valla, bu benim değil, babaannemin fikri..."

Epeyce bir güldük ve yine konuşmak üzere telefonu kapattık.

Ah Sırmam benim, hep içimi açarsın.

En kötü, en zorlu günümde bile...

Evet, sevgili kiraz ağacı.

Artık yolumu belirledim.

Bundan sonra yapmam gereken, güçlü olmak...

Adım adım yolun sonuna doğru yürümek...

Ve buna, yarın Oktay'ı arayarak başlamak...

7 Şubat, Pazartesi

Bugünü, hayatımın kara bir günü olarak hiç unutmayacağım! Zaten geldi mi üst üste gelir...

Ben Oktay için üzülürken, yıllardır hayalini kurduğum evliliğimin gerçekleşmemesinin düş kırıklığını yaşarken...

Ve bu konuyu bugün Oktay'ı arayıp onunla konuşmayı planlarken, annem aradı.

"Serra, hemen eve gelebilir misin?"

Yüreğim ağzıma geldi. "Ne oldu?"

"Korkacak bir şey yok ama babam az önce kendini kötü hissetmiş, annem bana haber verince, ben de doktorunu aradım. Bir getirin, bakalım, dedi. Annemin gelmesini istemiyorum..."

"Tamam anne, anladım. Bayan Bella'ya haber verip hemen eve geliyorum."

"Dur, dur! Eve gelme, dedenlere git, ben de oraya gidiyorum zaten."

Doğru Bayan Bella'nın yanına koştum, durumu anlattım.

"Hemen git," dedi ve arkamdan seslendi! "Çok geçmiş olsun."

Dedemlere vardığımda, hazırlanmış bizi bekliyordu. Canım benim, o hasta halinde bile şıktı. Koyu gri takımını giymiş, gömleğinin içine grili bordolu bir fular bağlamıştı. Aslında artık kravat takmak onu sıkıyor ama kravatsız görünümü de yeterince giyimli bulmadığından artık böyle fularlar kullanıyor.

"Hadi bakalım, yolcudur Abbas," diyerek kasketini geçirdi başına.

Annemse anneannemi bizimle gelmekten vazgeçirmeye çalışıyordu. "Bak anacığım, zaten bir görünüp geleceğiz, hepsi bu... Değer mi şimdi senin de oralara kadar yorulmana?"

"Hadi, hadi uzatma," dedi dedem, anneanneme. "Hem bilirsin, ben öyle heyet halinde gezmeleri sevmem. Zaten Derya tutmuş, Serra'yı da getirmiş, ne işe yarayacaksa..."

"Dede!" diye bağırdım bu sözleri duyunca.

Bana göz kırparak devam etti. "Ama madem getirmiş, katlanacağız artık. Onun için bir de sen çıkma başıma..."

O haliyle bile bizlerle şakalaşmayı elden bırakmıyordu.

Neyse, kalkıp hastaneye gittik.

Bizi bir odaya aldılar, dedemi soyup hastane gömleğini giydirdiler.

"Amaaan, amma da merasim," diye söyleniyordu hastabakıcıya dedem. "Altı üstü bir röntgen çekilecek."

Hastabakıcı çok genç, hoş bir kızdı. Dedeme gülümsemekle yetindi.

Sonra doktor geldi. Anlattıklarını kulaklarımın uğultusundan anlayamıyordum. Annem dikkatle dinliyordu.

"Ağızdan gireceğiz... ince bir hortum... Fazla sürmez..."

Dedemse ağır işittiğinden zaten bir şey anlamamıştı ama neler olup bittiğini kavramaya çalışıyordu. Doktor gittikten sonra ikimiz de anneme döndük.

"Neymiş? Ne olacakmış? Ne yapacaklar?"

Annem, zavallım, bizleri teskin etmek istercesine, "Önemli değil! İnce bir hortumla inip mideye bakacaklarmış," dedi.

"Ne?!" diye kükredi dedem. "Olmaz öyle şey! Ben gidiyorum buradan!"

Annem atılıp yataktan kalkmaya çalışan dedemi tuttu. "Lütfen babacığım, lütfen! Hem hiçbir şey hissetmeyecekmişsin. Bir iğne yapacaklarmış, bu da o bölgeyi uyuşturacakmış."

"Ne gerek var bütün bunlara?"

"Mideni görmeleri gerekiyormuş."

"Gördükleri yetmedi mi onca zaman?"

"Ne olur babacığım, bütün bunlar senin iyi olman için. Bak bizi de üzüyorsun, ne olur son kez buna da katlan, olsun bitsin."

Sessizlik...

Dedeciğim yatağının içinde oturmuş, düşünüyordu. Ağarmış saçları... yaşlılık benekleri denen kahverengi lekeleriyle o güçlü elleri... Benim için ne kadar da kıymetliydi o eller. Annem, "Lütfen babacığım," diye bir kez daha yalvardı. Yine uzun bir sessizlik...

"Pekâlâ." Yenilgiye uğramış kahraman bir savaşçı gibiydi dedem.

Birden beni çok şaşırtan bir şey söyledi. "Serra da benimle gelsin."

"Tabii dedeciğim," diye atıldım hemen.

Annem ne diyeceğini bilemez bir haldeydi; bir yandan dedemin arzusuna karşı durmak istemiyor, bir yandan da beni bu tür üzüntülerden korumak istiyordu. Sonuçta, dedemi gelip aldıklarında ben de onun yanında yürüyordum. Birlikte, ameliyathaneyi andıran, aletlerle dolu, geniş bir odaya girdik. Bilgisayar benzeri aygıtların ışıkları yanıp sönüyor, tekdüze bip-bip sesleri bu ışıklara eşlik ediyordu. Her yerde ince plastik borular sallanıyordu.

Dedemi bu tür aygıtlardan birinin önüne oturttular. Bana perdeli bölmeye geçmemi söylediler. Sanırım ben orada beklerken o ince boruyu dedeciğime yutturdular, daha doğrusu iç organlarını görebilmek için ucunda minik bir kamera olan aleti boğazından aşağılara indirdiler.

Perdeyi aralayıp baktığımda, ekrandaki görüntüler hakkında aralarında konuşuyorlardı. Ne dediklerini duyamıyordum. Derken inceleme sona erdi, o ince boru dedemin boğazından çıkarıldı. Dedemi yine tekerlekli iskemleye oturtup odasına gidebileceğini söylediler. Tam ben de dedemle birlikte çıkıyordum ki, doktorların en yaşlısı, "Hastanın refakatçisi siz misiniz?" diye sordu.

"Evet, benim."

"Bir dakika, sizinle konuşmak istiyorum." Dedemse dönmüş, "Haydi Serra," diyordu. "Dedeciğim, siz odanıza gidin, ben hemen geliyorum." Hademe, tekerlekli iskemleyi iterek odadan çıktı. "Evet?" dedim, doktora bakarak.

O anda, biliyorum çok çok garip gelecek ama kendimi otomobil farlarına bakarak kımıldayamayan, ezileceğini ya da yakalanacağını bildiği halde o farlardan gözlerini alamayan bir tavşana benzetiyordum.

Deliler gibi korkuyordum!

O doktordan kaçmak istiyordum, söyleyeceklerini duymak istemiyordum.

Ama... eee... öylece orada duruyor... onun gözlerine bakıyordum.

Gözlüklüydü ve hani doktorların ameliyatlarda ağızlarını kapattıkları bezler var ya, lastiklerle kulak arkasından tutturulan; işte onu alnına itmişti. Gözlüğünün üstünde, alnında duruyordu o beyaz bez.

"Hasta," dedi, "kanser!"

Kanser!

Bu sözcük önce beynimin içinde büyük bir gürültüyle patladı! Dev bir bomba gibi...

Sonra, binlere, on binlere bölündü.

Ve kanser... kanser... kanser... kanser... diye yankılanarak beynimin, bilincimin üstüne yağmaya başladı. Kötü bir yağmur gibi... Hiçbir şey söyleyemedim. Sesim çıkmıyordu ki... Doktor anlatmaya devam ediyordu.

"Midesinde önemli bir şey yok ama daha evvel yaptığımız tahlillerde sedimantasyon çok yüksek çıktığı için bir de ciğerlere baktık. Maalesef sağ akciğer kötü... tümör bayağı büyümüş... Ne yazık ki şu aşamada artık geç kalındığını söylemek durumundayım..."

Hâlâ öylece duruyordum.

Işığa bakan tavşandım ben.

Ellerime damlalar düştü. İnan ki, bu ıslaklık da nereden geldi, diye baktım.

Meğer gözyaşlarım akıp duruyormuş.

"Ben anneanneme ne diyeceğim?" İlk sözüm bu oldu.

Doktor bana bir garip baktı. Sonra, "Olayı olduğu gibi anlatacaksınız," dedi.

"Peki, ne kadar ömrü var?"

"Altı ay... Belki sekiz, dokuz ay..."

İnliyordum, içten içe inliyordum.

Doktor devam etti. "Ama yaşlı kişilerde kanser yavaş ilerler. İyi bir bakımla bu iki, üç yılı da bulabilir." Sevinmem gerek!

Biz onu iki, hatta üç yıl daha yaşatırız! Yaşatırız!

Tanrım, sevinç ve üzüntülerimiz ne kadar göreceli. Dakikalar önce kanser dendiğinde dünya başıma yıkılmıştı. Oysa, dakikalar sonra iki üç yıl sözcüğüne sarılıp nasıl da sevindim.

Kanser ama... şeklinde bir düşünceyle sevinebilmek...

İşte bu da insanoğlunun ilginç yapısı...

Doktorlar orada durmuş, sanırım artık gitmemi bekliyorlardı. Onları kınayamam, ilgilenmeleri gereken hastaları, dünya kadar işleri vardı.

"Son bir soru," dedim.

"Elbette, buyrun sorun," dedi gözlüklü doktor. "Bu durumda dedeme ne yapılacak?"

"Bu size kalmış bir şey. İsterseniz ameliyat etmeyi deneyebiliriz; ya da, bu aşamada, yaşını da göz önüne alarak, hastalığı normal seyrine bırakıp onu elimizden geldiğince rahat ettirmeye çalışırız."

"Kesinlikle umut yok mu?"

"Ne yazık ki yok..."

"O zaman," dedim soğukkanlılığıma şaşarak, "dedemin hırpalanmasını istemem. Ne kadarlık ömrü kalmışsa, onu huzur içinde geçirmesini yeğlerim. Siz ne dersiniz?"

"Bence doğru düşünüyorsunuz. Bundan sonra yapılacaklar onu sadece yoracaktır."

"Kanser olduğunu ona söylemeyeceğim," dedim yine kendimden hiç beklemediğim bir kararlıkla.

"Siz bilirsiniz."

"Başka konuşacak bir şey kalmadı sanırım."

"Dedeniz için üzgünüz."

"Sağ olun."

Fırlayıp çıktım oradan. O boruları, o aygıtları ve yanıp sönen ışıkları bir daha hiç ama hiç görmek istemiyordum. O bip-bip'leri hiç ama hiç duymak istemiyordum.

Dedemin bulunduğu odaya doğru koşmaya başlamıştım ki, birden durdum. Dedeme kanser olduğunu söylemeyecektim. Öyleyse hiçbir şey belli etmemeliydim. Bu kez tuvalete yöneldim.

Yüzümü yıkamadan önce gözüm aynaya takıldı. Aynada bana bakan gözler, yaşlanmış gözlerdi.

Şu son dakikalarda yaşadıklarım sanki bir milâttı. Dedemin kanser olduğunu duyduğum anın öncesi ve sonrası...

Yüzüme bol bol su çarptım; gözlerimin kızarıklığını yok etmeye çalışıyordum. Sonra tıpkı bir robot gibi saçımı taradım, yüzümü hafifçe pudraladım, uçuk pembe rujumu dudaklarımda gezdirdim. Artık annem ve dedemle yüz yüze gelmeye hazırdım. Hazır olmaktan başka seçeneğim de yoktu zaten. Zor günler bekliyordu bizi.

Odaya girer girmez sordu dedem, "Kız, ne diye seni bu kadar tuttular orada?"

"Ne yapmamız gerektiğini uzun uzun anlattılar."

"Yaa, peki neymiş benimle alıp veremedikleri?"

"Midenizde sorunlar varmış ama çok da önemli değilmiş."

"Kız, o kadar ağzımdan girip mahvettiler beni, sonra söyleye söyleye bunu mu söylediler?"

"Dedeciğim, emin olmak için bakmaları gerekiyormuş. Sonuçta, sadece midede sorun çıkmış, o kadar. Bunu doktorunuz ayrıntılı bir biçimde anlatacakmış."

"Peki, ne yapmam gerekiyormuş?"

"Her şeyden önce, yediklerinize çok dikkat etmeliymişsiniz..."

"Amaaan bunlar da... İyi ki bir öğrenmişler, yediğine dikkat et, demeyi."

"Tabii, ilaç da verecekler, onu da düzenli biçimde alacakmışsınız."

"Biliyor musunuz, ben hep söylüyorum sizlere ama dinletemiyorum. Yakanı doktor milletine kaptırmayacaksın. Bak bunca zaman yok şu yok bu diye beni hastane yollarında perişan ettiler. Ne çıktı ortaya? Koca bir hiç... Bundan böyle bana doktor lafı etmek yok."

"Tamam dedeciğim, artık doktor yok. Sizinle aynı fikirdeyim."

Bütün bu konuşmalar sırasında annem hiç lafa karışmamıştı ama bakışları tüm yoğunluğuyla benim üstümdeydi. Soru sorar gibi, araştırır gibi bakıyordu. İşte bu nedenle, ben de sadece dedeme bakarak konuşuyordum.

Dedem bir yandan giyiniyor, bir yandan da doktorlara verip veriştiriyordu.

Sonunda evimize döndük.

"Oh," dedi dedem, "insanın evi gibi var mı..." Sonra anneanneme döndü, "Haydi hanım, yardım et de soyunup döküneyim, şöyle rahat bir şeyler geçireyim üstüme. Derya, sen de bir çay koy şerefe..."

"Dedeciğim, şuradan çabucak bir simit alıp geleyim mi?"

"Şu kız akıllıdır derim de kimse inanmaz," dedi keyifli keyifli.

"Tamam, o zaman simitleri alıp geliyorum."

Annemle baş başa kalmak istemiyordum. Hemen kapıya yöneldim ama o çoktan önümü kesmişti. Gözleri gözlerimdeydi.

"Bana doğruyu söyle Serra. İçeride sana ne dediler?"

"Anlattım ya, anne. Kaç kez tekrar edeceğim?"

"Serra! Bu, tek başına taşınacak bir yük değildir! Bana doğruyu söyle."

İşte o zaman koptum!

Hıçkırarak annemin boynuna sarıldım. Nasıl ağlıyordum Tanrım, nasıl... Annem de ağlıyordu ama bir yandan da canım benim diyerek sırtımı okşuyor, bana güç vermeye çabalıyordu. Anneannemle dedeme yakalanmamak için dışarı çıktık. Kendimi toplamam gerek diye düşünüyordum, bir yandan da...

Gözlerimi sildim ve hıçkırıklar arasında, "Kansermiş," diyebildim.

Annem bir kez daha bana sımsıkı sarıldı. "Ah yavrum, bunu yalnız başına göğüslememeliydin. Neden bana söylemediler sanki..."

"Nasıl olsa öğrenecektim."

"Haklısın da, o anda ben senin yanında olmalıydım."

Birden içeriden bir ses duyduk, belki de bize öyle geldi. Bunun üzerine bir acele gözlerimizi sildik ve hızlı adımlarla fırına doğru yürümeye başladık.

Annem, "Biliyor musun Serra," dedi, "hiç şaşırmadım."

"Ne diyorsun sen anne?"

"Şüpheleniyordum! Çok şüpheleniyordum! Bir türlü tanı konamaması, dedenin giderek zayıf düşmesi, toparlanamaması... Hep korkuyor ama bu korkuyu dile getiremiyordum, daha doğrusu getirmek istemiyordum. İnanmak istemiyor, sürekli kafamdan atmaya çabalıyordum."

Fırından simitleri aldık, yan taraftaki bakkala geçip oradan da dedemin sevdiği kaşar peynirinden alıp paketimize ekledik.

"Serra, doktorun söylediklerini bana kısaca anlat, gerisini evde konuşuruz."

"Akciğer kanseriymiş ve artık çok geçmiş."

Bu sözleri söylerken, anneme ağır bir darbe indiriyormuş gibi hissediyordum kendimi.

"Yaşlılarda bu hastalık yavaş ilerlediğinden, iki üç yıl daha yaşayabilirmiş."

Zavallı annem güçlü olmaya çalışarak dinliyordu beni. Yüzü bembeyazdı.

"Ama biz ona hiçbir şey belli etmeyeceğiz. Ameliyat filan da yok. Olabildiğince rahat ettirmeye bakacağız."

"Haklısın, Serra."

"Hadi anne, şimdi yılın Oscar'larını hak edebilmek için yeteneğimizi sonuna dek sergilemeliyiz."

Böylece tam dedemin gönlüne göre, çay ve kaşarlı simit seansı yaptıktan sonra evimize döndük.

Yine kiraz ağacımızın karşısına geçip oturduk. Işıkları yakmadık bile...

"Serra, şu hayat ne ilginç, değil mi?.. Dün yine burada oturmuş neler konuşuyorduk; şimdiyse neler konuşuyoruz," dedi annem.

"Daha da ilginç olanı, dün Oktay'la ve geleceğimle ilgili konuları konuşurken bundan daha kötü bir durum olamaz diyordum kendi kendime...

"Düşünsene anne, şurada düğüne bir aydan az bir zaman kalmışken; gelinliğimi ısmarlamışken, yıllardır hayalini kurduğum bir evlilik, sevdiğim erkekle yapacağım evlilik birdenbire dağılıveriyor, buharlaşıp yok oluyor.

"Bu evden gelinliğimle çıkıp kendi evime geçeceğim günün hayalini kurarken... Her şey birden sona erdi! Ve bu kararı veren de bendim! Düşün anne, ne korkunç. Dahası, bunu Oktay'a söylemem gerekiyordu, yani onun kalbini kırmak pahasına bu konuşmayı yapmam gerekiyordu. Ve ben, daha dün bundan kötü bir durum olamaz, diye düşünüyordum.

"Ama işte, bugün bunun böyle olmadığını öğrenmiş bulunuyorum. Meğer hiçbir şey ölüm kadar, çok sevdiğin birini tümüyle yitirmek kadar kötü olamazmış. Meğer bu, son noktaymış."

Annem tek bir söz etmeden beni dinliyordu.

"Ve yine düşünüyorum da, dedem ölecek!

"Biz bunu öğrendik!

"Biz bunu biliyoruz!

"Ama, çayını, simidini hazırladık, konuştuk, güldük ve şimdi de evimizde oturuyoruz.

"Hiçbir şey olmamışçasına...

"Hayat devam ediyor yani... Oysa ben böyle bir durumda dünya durur sanıyordum.

"Meğer dünya durmuyor, dönmeye devam ediyormuş.

"Aklıma Sıla geldi. Annesini kaybettiği zaman sergilediği sakin tavır hepimizi şaşırtmıştı. Daha öncesinde, annesi için ne kadar üzülür, kuşku içinde kıvranırdı. Bütün bunları yıllar boyu onunla paylaşmıştık. O nedenle, Sıla annesini kaybederse, kesin aklını yitirir diye hep korkardık.

"Oysa Sıla, şaşırtıcı bir soğukkanlılık ve direnç göstermiş, yetmezmiş gibi daha önceleri ortaya koyamadığı bir kararlılıkla yaşamını yeniden düzene sokmuş, yıllardır onu üzen Ferit'i hayatından çıkarıp atmıştı.

"Ve biz tüm bu gelişimi hayretle izlemiştik.

"İşte şimdi kendime bakıyorum da, ben de sevdiklerimle ilgili kötü şeyler duysam, dayanamam, kaldıramam, yaşayamam, diye düşünürken... yaşamaya devam edebiliyorum. Acım öylesine derin ki yüreğimin en dibinden geliyor sanki. Öte yandan, şimdi şurada oturup seninle konuşabiliyorum.

"Ve, kendime şaşıp şaşıp kalıyorum."

"İnsanın gücü," dedi annem. "Duygularımız var ama mantığımız da var. Duygularını mantığıyla yönlendirebilmek, olayların üstüne çıkabilmek, işte bu da insanoğluna verilmiş bir armağan. Bir büyük güç...

"Ama seni uyarmak isterim Serra, sen şu anda şoktasın! Ben de öyle... Çünkü bu kötü haberi yeni duyduk. Acımızı gerçek anlamda algılayamadık henüz. Şu anda tüm duyularımız donmuş vaziyette. Dondum kaldım derler ya, öyle...

"Ancak daha sonra... giderek bu gerçeği kavramaya başladığımızda, yani duyularımız o donmuşluktan sıyrılıp uyanmaya başlayınca, daha çok acı çekeceğiz. Tıpkı bir yaranın ilk anda acı vermeyip, daha sonra, soğuyunca, ıstırap vermesi gibi...

"İşte buna hazırlıklı olmalıyız seninle. O zaman da yine mantığımız, aklımız ve irade gücümüz bize destek olacaktır. Güçlü olup görevlerimizi yapmaya yoğunlaşmalıyız. Teselliyi, dedeni şu son yıllarında olabildiğince rahat ettirmekte, anneannene de destek olmakta aramalıyız.

"Bencil insanlar gibi sadece kendi acımıza, kendi kaybımıza kilitlenmemeliyiz. Bu tip insanlar, ölecek olan veya ölen insanlar için değil, kendileri için ağlarlar. Tabii sen bu tür olayları yaşamadığın için bilmezsin ama ben çok gördüm.

"Ben şimdi ne yapacağım, benim hayatım ne olacak, diye ağlarlar.

"Dikkat et, hep 'ben' vardır orada.

"İşte onun için seninle ben bu tuzağa düşmemeliyiz. Bencillik yapmamalıyız! Elbette sevdiğimizi yitireceğimiz için üzüleceğiz, hem de çok. Ayrıca, onu çok özleyeceğiz.

"Annelerimiz, babalarımız, büyüklerimiz bizim hayat payandalarımız. Onların birer birer çökmesi, hayatımızda, bizi biz yapan geçmişimizden yeri doldurulamayacak büyüklükte parçaların kopup gitmesi demek...

"Böyle bir dönemde, kendi acısını aşabilip desteğe ve yardıma gereksinimi olan sevdiklerine uzanabilen insanlar olmaya gayret etmeliyiz. Kendimizden önce dedeni ve anneanneni düşünüp onlar için bir şeyler yapmaya yoğunlaşmalıyız.

"Yüksek değerlere sahip, bilge kişiler gibi davranmaya çalışmalıyız.

"Acımızı, kendimize ve sevdiğimiz insanlara yakışır biçimde taşımalıyız."

Karanlık çökmüştü.

Sokağın ışıkları içeri vuruyordu, birbirimizi bu ışıkta güçlükle seçebiliyorduk. Ama elektrik düğmesine dokunmak ne annemin, ne de benim aklıma geliyordu.

"Defne Teyzeme söyleyecek misin anne?"

"Elbette," diye içini çekti annem. "Onun desteğine her zamankinden çok ihtiyacım var."

"Ya Sırma?"

"Tabii buna karar verecek olan Defne ama bence şimdilik Sırma'ya bir şey söylemeyelim."

"Bence de..." dedim. "Zaten hâlâ Dubai'ye alışmaya çalışıyor, bir de bunu duyarsa, kimse onu orada tutamaz."

Ve, asıl sormak istediğim soru, "Peki, ya anneannem?"

Yine uzun bir sessizlik... Annem düşünüyordu.

"Söylemeyelim anne, çok üzülecek! Ya o da hastalanırsa..."

"Bilmiyorum," diye mırıldandı annem.

Bir süre daha düşündü. Sonra, "Olmaz Serra," dedi. "Söz konusu kişi onun hayatının en önemli kişisi... Eşi, sevgili hayat arkadaşı... Bunu bilmek onun en doğal hakkı. Ayrıca, annemle babamın öyle güzel bir evlilikleri oldu ki, her şeyi öylesine paylaşarak yaşadılar ki... Aslında onlara gıptayla bakmışımdır hep. Belki de benim böyle bir evliliğim olmadı diye."

Ah, canım annem! Hayat bazı kişiler için ne kadar zor.

"Her neyse," diye konuya döndü annem. "Bence söylemeliyim. Babam için yapmak istedikleri olabilir, onunla konuşmayı düşündüğü konular vardır belki..."

"Ama sakın dedeme bir şey belli etmesin?"

"Canım hiç belli eder mi?.. Ama bence annem bilmeli."

"Haklısın, anne."

"Serra?"

"Efendim?"

"Sen Oktay'la konuşacaktın."

"Evet, bu sabah onu arayıp eve çağıracaktım ama ben onu arayacağıma, sen beni aradın."

"Doğru! Hay Allah..."

"Sorun değil, daha sonra ararım."

"Sakın erteleme, Serra."

"Aman anne, şimdi sırası mı?.."

"Kızım, bu bekleyecek bir konu değil. Şunun şurasında ne kaldı düğüne... Söyle de, en azından insanlar ne yapacaklarını, ne yapmayacaklarını bilsinler..."

Kimseyle ne konuşmak ne tartışmak geliyordu içimden. Öte yandan, az önce dile getirdiğimiz gibi, hayat devam ediyordu ve bu da ertelenebilecek bir konu değildi. Oktay'ı, Nilüfer Hanımı, Cemal Beyi de düşünmek zorundaydım. İnsanları sallantıda bırakmaya hakkım yoktu.

"Peki, anne," dedim, "yarın arar, bu hafta içinde bir gün buluşmamızı sağlarım."

"Farkında mısın, saatlerdir karanlıkta oturuyoruz. Haydi, yak şu ışıkları..."

İşte sevgili defterim, böylesi kara bir gündü bugün yaşadığım.

Anneannem, dedem, babaannem... Sonra annem, babam, teyzem... Hayatımın kilometre taşları onlar. Ve onlardan birini bir süre sonra yitireceğim. Bilmem bu acıya nasıl dayanacağım. Güvendiğim dağlara karlar yağıyor. O gümbür gümbür dedem şimdi hasta... Hem de çok hasta...

Anneannem de giderek yaşlanıyor. Daha bir narin, daha bir kırılgan görünüme bürünüyor, gün geçtikçe. İşte bütün bunlar korkutuyor beni.

Ben çocukluğumun neşeli, güçlü kuvvetli dedesini; her işe, her yere yetişebilen enerji dolu anneannesini istiyorum.

Çocukken hep büyüyeyim diye dua ederdim.

Ama ben bu duayı ederken, herkes olduğu gibi kalacak, kimse yaşlanmayacak, hastalanmayacak, ölmeyecek sadece ben büyüyüp onlar gibi olacağım sanıyordum.

8 Şubat, Salı

Oktay aradı, nerelerdesin, diye. Ben de dedemin durumunu anlattım.

Hemen, "Serra, neden bana haber vermedin, atlayıp gelirdim," dedi.

Gerçekten de, çağırsaydım hemen gelirdi. Böyle halleri de vardır işte.

"Peki, şimdi bir şey yapabilir miyim?"

"Sağ ol Oktay ama şu anda yapılacak hiçbir şey yok."

"Hay Allah, çok üzüldüm..."

Yüreğim kaç türlü ağrıyordu!

Kaç türlü...

Lafı uzatmak istemedim, "Oktay," dedim, "seninle konuşmak istediğim bir konu var. Cuma akşamüstü bana, eve uğrayabilir misin?"

Şaşırmıştı! "Ne hakkında?"

"Senin için cuma günü uygun mu?" diyerek sorusunu soruyla yanıtladım.

"Uygun," dedi. Hâlâ bir parça şaşkındı ama bu tür bir konuşma olacağının aklının ucundan geçmediği besbelliydi.

O anda kendimi, Jül Sezar'ı arkadan bıçaklayan Brütüs gibi hissediyordum.

Oktay ise eminim, düğün ya da bir türlü karar veremediğimiz evlerle ilgili bir şeyler konuşacağımızı sanıyordu.
"İyi öyleyse," dedim, "görüşürüz."

Bu kısa kesmemi de, dedem için üzgün olmama bağlamıştır. Telefonu kapattığımda, öylece kaldım bir süre. Yapmıştım!

Telefon edip onu konuşmaya çağırmıştım.

Yani tekerlekler, kaderin tekerlekleri dönmeye başlamıştı.

Birden, yine o çılgınca korku benliğimi sardı.

Acaba yanlış mı yapıyordum?

Acaba mutluluğu elimle itiyor muydum?

Akşama kadar nasıl çalıştığımı, telefonlara fakslara nasıl baktığımı, ne cevaplar verdiğimi hiç bilemiyorum. Sanki, otomatiğe bağlamıştım kendimi ve beynimin bir bölümü daha önce öğrendiği biçimde, benden bağımsız olarak işleri yürütüyordu.

Öbüründeyse dedemle Oktay vardı. Görüntüleri, sesleri, söyledikleriyle...

İşim biter bitmez, çantamı kaptığım gibi dedemlere gittim. Bu çok ani bir karardı. Yani, oturup da, haydi dedeme gideyim, değil.

Yolda, niye oraya gittiğimi bile bilmediğimi fark ettim.

"Hoş geldin yavrum," diye kapıyı açan anneannemle kucaklaşıp öpüştük. Sonra dedemin yanına geçtim.

"Kız, hangi dağda kurt öldü," diye takılmadan edemedi dedem, her zamanki gibi...

"Dede," dedim, hiç şakalaşacak halim yoktu. "Sizinle baş başa konuşabilir miyiz?"

Dikkatle yüzüme baktı, "Elbette."

Anneannem kaybolup bizi baş başa bırakmıştı bile... Onun gibi anlayışlısı azdır. "Söyle bakalım."

"Şey... ben..." diye kekeledim önce. Sonra, "Oktay'dan ayrılmayı düşünüyorum," diyerek cümlemi tamamladım bir çabuk. "Ama ya bu kararım doğru değilse, ya yanlış bir şey yapıyorsam diye de kendimi yiyip bitiriyorum. İşte onun için size danışmaya geldim."

Dedem şöyle bir düşündü.

"Durumun incesini uzununu bilmiyorum ama bana sorarsan, sizin işin tadı kaçtı! Sana daha önce de söylemiştim, hatta seni kırmıştım ama her şey kıvamında güzel. Ne apar topar, anlamadan dinlemeden balıklama atlayacaksın evliliğe, ne de böyle sizin gibi uzata uzata tadını kaçıracaksın."

"Ama çok üzülüyorum, dedeciğim," dedim. Gözlerim doluvermişti yine.

"Gel yanıma," diyerek ben koca kazığı kucağına oturttu. "Sen de kucağa sığmaz olmuşsun kız." Sonra saçlarımı okşayarak konuşmasını sürdürdü.

"Bak canım bunlar bu yaşların dertleri... Gençlik dertleri... ama önemli dertler... Şaka değil, hayat arkadaşını seçiyorsun. Bak, sevgili demiyorum," dedi parmağını sallayarak. "Hayat arkadaşı, diyorum. Arada çok fark var. Eğer eğlenmeyi değil evlenmeyi düşünüyorsan, o kişi 'hayat arkadaşı' tanımlamasına uygun olmalı. 'Senin' hayat arkadaşın olabilecek gibi biri olmalı. Birbirinizi hem sevmeli, hem de kafa dengi olmalısınız.

"Oktay'ı tanıyabildiğim kadarıyla, o iyi bir çocuk, yakışıklı çocuk ama Serracığım, sana göre değil."

"Neden, dede?"

"Kişiliklerinizin dokusu uyuşmuyor. Annenle babanınkinin uyuşmadığı gibi. Baban da aslında iyi adamdır, dürüsttür, saygılıdır ama annene göre değildi. Çocuktu, hep çocuk kaldı. Büyüyemedi, bir türlü. Duyduğuma göre şimdi kendine, aklı bir karış havada bir kadın bulmuş, çok da mutluymuş."

Dedemin Yasemin'i tarif edişi çok hoştu; kendimi tutamayıp güldüm.

"İlahi, dede."

"Tabii ya... Baban şimdi kendine uygun kişiyi buldu. Ah, bir de annen bulaydı," diye içini çekti. Oldum olası anneme üzülür.

"Neyse, şimdi mesele onlar değil. Benim fikrimi soruyorsan, iki insan bir işi bu kadar uzatıyorsa, en azından biri bu kadar çok düşünüyorsa orada yolunda gitmeyen bir şeyler var demektir. İçine sinse, ne gelip bana sorardın, ne de bu kadar düşünürdün onun için Serracığım, evlenip de pişman olacağına şimdiden vazgeç. Ve kendine göre birini bulmaya bak."

"Aman dede! Ben ne diyorum, sen ne diyorsun."

"Tabii ya... Sonsuza dek Oktay'ın matemini mi tutacaksın! Sen de kendine göre birini bulmalısın, Oktay da bulmalı... Önce biraz üzüleceksiniz tabii ama sonra ikiniz de kendiniz için doğru olan kişiyi bulunca mutlu olup bütün bu üzüntüleri unutacaksınız.

"Herkesin hayatında neler neler oluyor. Bak sana bir sırrımı söyleyeyim. Ben delikanlıyken komşunun bir kızı vardı, ona çok âşıktım. O da bana..."

"Sahi mi dede? Hiç söz etmemiştin."

"Sırası gelmedi de ondan," dedi ve anlatmaya devam etti. "Tabii o zamanki aşklar bugünküler gibi değildi;

birbirimize pencereden el sallardık filan... Daha sonra da gizli gizli buluşmaya başlamıştık. Derken bir gün o çok âşık olduğum kız gelip başkasıyla evleneceğini söyledi. Adam varlıklıymış, ona güzel bir hayat verecekmiş. Oysa ben de ona evlenme teklif etmiştim ama teklifimi geri çevirmişti, henüz evlenmeyi düşünmüyorum, diye."

"Bak sen şu çıkarcıya..."

Dedem güldü.

"Ben o kıza minnettarım Serra, çünkü o beni reddetmeseydi, belki de onunla evlenecektim. Oysa o başkasını tercih etti, ben de serbest kaldım. Gel zaman git zaman anneannen çıktı karşıma. Anneannen bana Tanrı'nın bir lütfuydu. Onunla bir ömür boyu mutlu yaşadık, çünkü neredeyse her konuda birbirimizin dengiydik. Birbirimizi hem seviyor hem anlaşıyorduk. Bu, anlaşmak meselesi çok önemli," dedi yine parmağını sallayarak. "Çünkü aşk bitiyor Serracığım. Aşk, ilk zamanlar çok güzel ama bir süre sonra giderek hızını kaybetmeye başlıyor. İşte o zaman, eğer kafaca da anlaşıyorsan, aşkın yerini güçlü bir sevgi ve arkadaşlık, bak bu çok önemli, sevgi ve arkadaşlık alıyor. Ve işte o sevgi dolu arkadaşlığa da doyum olmuyor.

"Şu yaşlı halimde anneannenin evin içinde dolaşırken, terliklerinin çıkardığı sesi duymak bile beni mutlu ediyor desem belki şaşacaksın bana. Ama bizimki böyle bir evlilik işte. İsabetli seçimle yapılmış, içinde sevgi ve saygıyla yoğrulmuş bir arkadaşlık barındıran huzurlu bir evlilikten güzel bir şey olamaz hayatta. Gerçek mutluluk, böylesi bir ilişkidir.

"Onun için yavrum, üzme kendini; sen doğrusunu yapıyorsun. Dedim ya, bu işin tadı kaçmıştı artık. Oktay için de, senin için de iyilikler diliyorum. Umarım ikiniz de mutlu olacağınız kişileri bir an önce bulursunuz. Haydi kalk artık, bacağım uyuştu..."

Anneannem kapıdan başını uzattı.

"Derya geldi! Hem siz neler konuşuyorsunuz öyle fısır fısır... kıskanacağım ama bak."

Canım dedeciğim, o haliyle bana destek olmuş, beni rahatlatmıştı.

Onsuz biz ne yapacağız, Tanrım.

"Baksana, önümüzdeki hafta sonu Defne'yle Murat geliyorlarmış," dedi anneannem dedeme.

"Bunlara da ne oldu böyle, zırt pırt geliyorlar."

"İstemiyorsan söyleyeyim gelmesinler," dedi anneannem bize göz kırparak.

"Tabii kızı gönderdiler Dubai'ye, şimdi gezip duruyorlar," diye güya söylendi dedem. Ama küçük kızıyla damadının geleceği haberine sevindiği yüzünden okunuyordu.

Bir ara anneme sordum. "Teyzemle konuştun mu?"

"Evet," diye fısıldadı. "Babamın hastalığını anneme, Defne'yle birlikte söylemek istiyorum. O anda ikimiz de yanında olmalıyız."

Birbirimize baktık!

Ne kadar zor günler yaşıyorduk.

Karanlık günler...

Üstelik duygularımızı saklamak, rol yapmak, şakalaşmak, gülmek zorundaydık.

Acımızı yaşayamıyorduk bile.

Şu halimize bakar mısın, sevgili kiraz ağacı.

Cuma günü ben Oktay'a yaşamsal kararımı bildireceğim ve tam yedi yıllık bir öykü sona erecek.

Cumartesi günü ise, annemle Defne Teyze, anneanneme kocasının, sevgili hayat arkadaşının, çaresiz bir hastalığa tutulduğunu söyleyecekler. Geldi mi geliyor dertler...

Annemle evin içinde iki sessiz gölge gibi dolanıyoruz. Konuşmak bile gelmiyor içimizden... Tanrım, bize yardım et!

10 Şubat, Perşembe

Annem yine telefonun başında... Teyzemle konuşuyorlar.

Zaten o berbat günden beri her gece uzun uzun konuşuyorlar.

Sırma'ya şimdilik hiçbir şey söylenmeyecek.

Bana gelince...

Yarın Oktay'la konuşacağım.

Ama biliyor musun kiraz ağacı, içimde bir dinginlik var. Sakinim...

Seni bilmem ama ben bazı güçlerin zor zamanlarda bizlere yardımcı olduğuna inanıyorum.

Duaların, güçlü beklentilerin olumlu bir elektrik oluşturup bize döndüğüne inanıyorum.

Oktay'la konuşacak gücü bulamıyordum kendimde. Bir boşlukta çırpınıp duruyordum. Çaresizlik içindeydim.

Ve –bu karanlık günlerde...

Dedem imdadıma yetişti!

Hem de çok garip bir biçimde...

Onun hastalığı bana hayatın gerçek yüzünü gösterdi. Oktay'dan ayrılmanın büyük felaket olduğunu düşünürken...

Dedemin hastalığı ve ölecek olması... Tüm dengeleri değiştirdi!

Düşün kiraz ağacı, dedem ölecek ve... dünyanın sonu gelmiyor! Hayat devam ediyor!

Herkes yapması gerekeni yapıyor, yaşam sürüyor. İnanılır gibi değil ama bu böyle...

Ve bunca önemli bir konuda, yaşam ve ölüm gibi bir konuda dünyanın sonu gelmiyorsa; Oktay'la ayrılmamız, ikimiz için de dünyanın sonu olmayacak anlamına geliyor.

İşte dedem hastalığı aracılığıyla bana bunu göstererek dengelerimi kurmamı sağladı.

Ayrıca –dedem onca zamandır hastaydı; yani kanser epeydir onu yiyip bitiriyormuş. Ama işte, bunun ortaya çıkması tam da benim Oktay'la sorunlarımın doruğa tırmandığı ve ayrılma kararı aldığım ve de bu nedenle bunalımlar içinde kıvrandığım zamana denk düştü.

Daha önce de ortaya çıkabilirdi, oysa öyle bir zamanda öğrendim ki... nasıl anlatsam... sanki dedemin bana olan sevgisi, hastalığını öyle yönlendirdi ki, bu acı bana hayat yolumu çizmemde yardımcı oldu.

Gecenin bu saatinde neler de düşünüyorum.

Ama şu anda yaşadığım sükûneti başka türlü açıklayamıyorum.

Acılar insanı olgunlaştırırmış.

Ne kadar doğru...

11 Şubat, Cuma

Oktay az önce gitti!

Ve –bu iş bitti, kiraz ağacı...

Çok ama çok zordu.

Bırakmak mı güç, bırakılmak mı diye hep tartışılır ya... Hangisi daha zor, gerçekten bilemiyorum. Oktay saat yediye doğru geldi. Annem ise, biz daha rahat konuşalım diye, dedemlere gitmişti.

Onu içeri aldım, geçip karşılıklı oturduk. İkimiz de gergindik.

Doğal değildik.

Oktay merakla yüzüme bakıyordu, heyecanlıydı sanırım.

Kendi vicdanımı rahatlatacak türde bir konuşma yapmayı hiç düşünmedim; çünkü bu, ona haksızlık olurdu. Dosdoğru girdim konuya. Bize yakışan da buydu zaten.

Açık ve dürüst olmak...

"Oktay," dedim. "Bence, bizim bu evlilikten vazgeçmemiz gerek."

Oktay'ın yüzündeki ifadeyi ömrüm oldukça unutmayacağım. Acı... Şaşkınlık... Şok!

Uzanıp o güzel saçları okşamak, onu teselli etmek istiyordum.

"Üzülme, geçecek! Bunların hepsi geçecek," demek geliyordu içimden... Annesiymişim gibi...

İnsanın duygu dünyasında ne garip çelişkiler yaşanabiliyor.

Onu üzen bendim! Bir yanım bunun bitirilmesinin gerekliliğine inanıyordu ve uyguluyordu.

Öbür yanımsa, bir anne şefkatiyle onu bağrına basıp acısını almak; merak etme, güzel günler gelecek diye, onu kucağında sallamak istiyordu sanki.

Böyle bir şey olabilir mi...

Oluyor demek ki...

Oluyor, çünkü ondan bir kötülük, bir kabalık görmedim. Bu anlamda beni kırmadı.

Keşke kaba biri olaydı, bağırıp çağıran biri olaydı, o zaman her şey ne kadar kolay olurdu.

"Sen ne diyorsun, Serra?"

"Bu evlilikten vazgeçmeliyiz, diyorum."

"Neden?" Bu bir soru değil, bir çığlıktı.

"Uyuşmuyoruz, Oktay! Hayata bakışımız farklı, hayatı alışımız farklı..."

"Seni çok üzdüğüm için bu kararı aldın, değil mi?" Bu kez dünya sevimlisi bir küçük çocuktu karşımda oturan... Suçlu... Üzgün... Pişman...

"Hayır, hayır! Yani, evet, üzüldüm. Seninle kaç kez tartıştık ama sonunda farkına vardım ki, bu tartışmalarla bir yere varamayacağız. Çünkü, aslında biz hayata tamamen değişik açılardan bakan iki insanız."

Söylediklerimi dinlemiyor gibi bir hali vardı. "Hatam nerede, onu söyle. Hemen düzelteyim."

"Hata filan yok, Oktay."

"Öyleyse niye ayrılalım diyorsun?"

"Öyle çok farklılıklarımız var ki..."

"Peki, neden bana söylemedin?"

"Söylememe gerek yoktu, tartışmalarımızı hatırlasana. O tartışmalarda ben sana ne düşündüğümü söyledim durdum."

"İyi ama onlar ufak tefek şeylerdi."

Ah Oktay, uyumlu olmadığımızı sana daha nasıl anlatabilirdim. Kaç kez, kaç konuda tartışmıştık. Peki, onların hiç mi anlamı yoktu...

Elimde bir megafon dağlara çıkıp öyle mi söylemem gerekiyordu, beni gerçek anlamda dinlemen için.

"Hiç ufak tefek olur mu Oktay, her biri ciddi bir fikir ayrılığını gösteriyordu."

"Öyleyse niye bana söylemedin?"

"Söyledim Oktay, söyledim. Ama sen duymadıysan ya da duymak istemediysen ben ne yapabilirdim? Ayrıca, duyup duymamış olman da hiç önemli değil."

"Neden?"

"Çünkü asıl önemli olan, sen ne dedin, ben ne dedim değil. Asıl önemli olan bizim anlaşamıyor olmamız."

"Hatalarımı söyle Serra, elimden geleni yapacağım. İnan bana..."

Ah Oktay, yapma bana bunu, diye yalvarmak geliyordu içimden.

"Bir insan neyse odur. Sen de değişemezsin, ben de değişemem... Ve bu böyle oldukça, biz birbirimizi mutlu edemeyiz." Başını iki yana salladı.

"Hiçbir şey anlamıyorum! Aklım, havsalam almıyor..." Ayağa kalkmış, odanın içinde dolaşıp duruyordu. Birden önümde durdu.

"Sen, düğün öncesi bunalımı yaşıyorsun, onun için bu söylediklerini kabul edemem," dedi ve kapıya yöneldi.

"Bunalım filan değil, bir gerçeği dile getiriyorum. Seni anlıyorum, sana şok oldu bu söylediklerim..."

"Senin hiçbir şey anladığın yok," dedi ve kapıyı çarparak çıkıp gitti.

Ona hiç kızmadım! Hem de hiç...

Ben bu konuyu bilinçaltımda aylardır; bilinçli olarak da son haftalarda yoğun biçimde düşünmüştüm.

Değişik duygusal aşamalardan geçmiştim.

Önce öfke duymuştum Oktay'a, sonra ilişkimizi kafamın içinde, gönlümde, ruhumda tartışmıştım.

Arkadaşlarımla, annemle, dedemle konuşmuştum. Ve bir karara varmıştım.

Oysa Oktay bu konuyla ilk kez yüz yüze geliyor. Ona zaman tanımalıyım.

Keşke bir tek konuşmayla bu mesele sona erebilseydi... Ama hiç sanmıyorum.

Bugün olan; Oktay benim kararımı öğrendi, şok geçirdi ve kaçıp gitti.

Çok çok üzgünüm.

Yorganımın altına sığınıp herkesten, her şeyden uzak olmak istiyorum.

Dilek, olanı biteni bildiği için, konuştuktan sonra beni ara demişti.

Ama şimdi hiç kimseyi arayacak halim yok.

12 Şubat, Cumartesi

Oktay aradı!

Sabaha kadar sokaklarda dolaşmış, durmuş.

Ve bugün benimle buluşup konuşmak istiyormuş.

Böylece Emek Cafe'de buluştuk.

Hava soğuk, her yer ıslaktı. Yağmur bir durup bir yağıyordu. Tabii ki, o neşeli şakır şakır yağmurlardan değildi şubat ayının yağmuru...

Gökyüzünü kaplamış ağır bulutlar gibi şahlanan dalgalar gibi kasvetli bir yağmurdu.

Eh, bizim durumumuza da bu yakışırdı zaten.

Pencere kenarına geçip oturduk. Oktaycığım zavallım, bir gecede çökmüştü. Üzüntü insanı nasıl da değiştiriyor. Garsonun çaylarımızı getirmesini sessizlik içinde bekledik. O uzaklaştıktan sonra Oktay, "Serra, bütün gece düşündüm, düşündüm ve senin neden ayrılmak istediğini bir türlü anlayamadım," dedi. "Yoksa artık beni sevmiyor musun? Bu mudur asıl neden?"

"Hayır, Oktay," dedim. "Ne yazıkki seni hâlâ seviyorum. Keşke sevmeseydim, o zaman her şey ne kadar kolay olurdu."

"Ben de seni seviyorum, Serra."

"Biliyorum," diye fısıldadım, ellerimde çay bardağının sıcaklığı.

"Öyleyse sorun ne? Sen beni seviyorsun, ben seni seviyorum, önemli olan da bu değil mi?"

"Evet, bu önemli," dedim. "Hem de çok önemli ama yeterli değil."

"Ne demek şimdi bu?"

"Bir evlilikte gönül birliği kadar kafa birliği de olmalı ki, o evlilik uzun ömürlü olsun."

Öfkeyle masaya vurdu. "Abi, bir şey anlıyorsam, ne olayım."

İşte o anda aklıma annemle yaptığımız konuşma geldi. Genç kızların, aynı yaşta olan delikanlılardan, genelde, daha olgun ve pek çok konuda daha bilinçli olduklarını söylemiş ve ancak otuzlu yaşlarda genç kızlarla delikanlılar aynı düzeyde buluşabiliyorlar, demişti.

Oktay'ın tepkisine bakınca, bu o kadar açıktı ki...

Bu tür konulara hiç kafa yormadığından, neden söz ettiğimi anlamıyordu bile. Ve bu onu fena halde öfkelendiriyordu. Çünkü Oktay'a göre, Serra onun karşısına geçmiş, saçmalıyordu.

Öte yandan, ben onun bu tepkisine kızmıyordum. Kızamıyordum artık...

Eskiden olsa, ona kendi düşüncemi ille de kabul ettireceğim diye uğraşır dururdum, çünkü ortak bir gelecek vardı, ikimiz aynı kaderi paylaşacaktık. O nedenle, benim açımdan yanlış olduğunu düşündüğüm bir davranışı düzeltmek için savaşır dururdum.

Oysa şimdi... her şey bitmişti. Benim yaşamımla ilgili bir konu kalmamıştı ki...

Öyle olunca da öfkenin, tartışmanın anlamı yoktu.

Dolayısıyla kızamıyordum ona.

Bir de...

Bütün bunların maksatlı, kasıtlı olmayıp, Oktay'ın kişiliğinden kaynaklandığı gerçeği vardı. Zaten o nedenle ayrılmıyor muyduk?..

O çok rahat bir tipti; bense her attığı adımın sağlam olmasını isteyen bir başka tip...

İşte, ona kızamamamın ikinci nedeni de buydu.

O oydu, ben de ben...

Bundan sonra tüm mesele, bunu Oktay'a anlatabilmekti.

"Oktay," dedim, derin bir nefes alarak, "Biz genciz ama ilkgençlik çağımızda değiliz artık. O zaman sadece birbirimizi sevip sevmememiz önemliydi. Oysa şimdi, hayatımızın başka bir evresine geçiyoruz. Ve evlilik gibi, en azından benim için, çok ama çok önemli bir döneme girmek üzereyiz, daha doğrusu girmek üzereydik.

"İşte bu noktada benim beklentilerim sadece birbirini sevmeyi aşıyor. Daha başka şeyler de istiyorum. Beklentilerim, hayatımın bu döneminde daha farklı. Evlilik demek sorumluluk demek. Biz bunu eşit biçimde yüklenebilecek miyiz? Yoksa, birimiz sorumluluğunu ciddiye alıp diğeri bunu o kadar önemsemeyecek mi?

"Hayata nasıl bakıyoruz?

"Hangi pencereden bakıyoruz?

"Aynı mı, farklı mı?

"Hayattan ne bekliyoruz?

"Bu beklentiler, iyi kötü birbirine yakın mı, yoksa taban tabana zıt mı?

"İşte kafa birliği diye anlatmaya çalıştığım konu, bu soruların yanıtlarında yatıyor."

Oktay, yüzünde şaşkın bir ifade, beni dinliyordu. Ve sanırım, bu kez gerçekten dinliyordu.

"Gönül ve kafa birliğinin önemini şöyle anlatabilirim," dedim Oktay'a. "Benim önümde canlı iki örnek var. Biri anneannemle dedemin, diğeri de annemle babamın evliliği..."

"Uff," dedi Oktay, "asıl sorun ne biliyor musun, sen bir türlü annenle babanın boşanma olayını aşamıyorsun. Ne zaman seninle çatışsak, karşıma onların boşanması çıkıyor."

Şimdi bu sözlere de kızmam gerekirdi, değil mi?

Ama hayır, ben yine kızamıyordum Oktay'a...

İlginç, çok ilginç...

Onu duymamış gibi devam ettim. "Ben ciddi bir örneği, kusura bakma ama, göz ardı edemem Oktay. Beni gör, diye bar bar bağıran bir örnek bu. Anneannemle dedemin evliliğinde hem gönül, hem de kafa birliği var. Onlar birbirlerini çok seviyorlar. Hâlâ, şu yaşta bile birbirlerinden uzak kalamıyorlar. Ve bunun yanı sıra, hayata bakışları aynı, temel değerleri aynı, amaçları aynı... Tartışmıyorlar mı? Hem de nasıl... Atışıyorlar, hatta küsüyorlar birbirlerine ama bir nokta geliyor, beraber yürüyorlar hayat yolunda. El ele...

"Öte yandan, annemle babam arasında aşk varmış; sevgi de varmış ama kafa birliği yokmuş. Ve işte bu farklılıklar yavaş yavaş o evliliği kemirmeye başlamış, giderek birbirlerinden uzaklaşmışlar. Annemin büyük sabrı sayesinde sürmüş bu evlilik ama sonuç, ne yazık ki, değişmemiş. En güzel yıllarını, yürümeyecek bir evlilik için harcadıktan sonra da boşanmışlar. Şimdi insan bundan bir ders çıkarmaz mı?"

"Ne yani! Biz, senin annenle baban gibi miyiz? Onu mu demek istiyorsun?"

"Şöyle desem daha doğru olacak, Oktay. Bizim de ciddi görüş ayrılıklarımız var. Ve ben, ileride bunların bizi üzeceğinden, birbirimizi kırmaya başlayabileceğimizden korkuyorum. Düşünsene, hele bir de çocuğumuz olursa..."

"Ohoo Serra, sen de tuttun nerelere kadar gittin! O zaman araba çarpar diye evden de çıkmayalım bari."

"Oktay, ne alakası var şimdi şu söylediğinle, benim anlatmak istediklerimin..."

"O kadar incesini düşünürsen, hayatta hiçbir şey yapamazsın, demek istiyorum ben," dedi Oktay, yine eliyle masaya vurarak. "İyi kötü bir karar alınır ve o karar uygulanır, benim bildiğim..."

Ama nikâh tarihimizi koyabilmek için tam iki yıl bekledin; ona da dedemin zoruyla karar verdin... dememek için dilimi ısırdım.

Ama işte... bazı şeyler söylenemiyor.

Karşındakini kırmamak adına, onu utandırmamak adına pek çok şeyi açık açık söyleyemiyorsun. Böyle olunca da derdini anlatmak güçleşiyor.

Kahveden kalktığımızda, saat dört buçuktu. Sabah on buçuktan, dört buçuğa kadar konuşmuşuz. Ne konuştunuz dersen, sevgili defter, onca saat gönül ve kafa birliğinin anlamı ve bu bağlamda bizim hangi noktada durduğumuzu tartıştık, uzun uzun. Şimdi, bunu böyle yazınca komik geliyor ama ben sabırla o tartışmayı sürdürdüm, çünkü bu şekilde Oktay olayı düşünüyor, irdeliyordu. Ancak bu yolla kabullenip sindirebilecekti. Konuşmaya, sorular sormaya, iyice anlamaya gereksinimi vardı.

Beni eve bırakırken, "İstersen gel, bir çay iç," dedim.

"Sağ ol, içimiz dışımız çay oldu zaten," dedi, yüzünde buruk bir gülümseme...

"Öyleyse yat uyu, perişan görünüyorsun."

Oktay'la vedalaşıp içeri girdiğimde annem, "Ben de artık meraklanmaya başlıyordum; Dilek neredeyse saat başı aradı durdu, cep telefonun da kapalıymış," dedi.

"Oktay'la konuşuyoruz diye kapatmıştım."

"Tahmin etmiştim zaten," dedi ve ekledi, "Dilek'e senin Oktay'la birlikte olduğunu söyledim."

"O zaman büsbütün merak etmiştir," dememe kalmadı, telefon çaldı.

Arayan Dilek'ti. Başka kim olabilirdi ki?.. "Kızım öldük meraktan... Misafir kabul ediyor musun? Eğer ediyorsan, biz iki buçuk kişi, anında görüntü şeklinde sizin evdeyiz. Yok, ben o çirkin yüzlerinizi görmek istemiyorum dersen, ne yapalım arkadaş hatırı der, ona da katlanırız. Sen emret, yeter..."

Öyle yorgun, öyle yorgundum ki... Ama Dilek'in sesi o anda hayatın sevimli sıradanlığına atılmış kurtarıcı bir ipti sanki.

Tüm yorgunluğuma karşın o ipe tutundum ve, "Bekliyorum," dedim. "İki kişiyi anladım da, buçuk neyin nesi?"

"Ayıpsın teyzesi! Melisimiz artık bir buçuk sayılıyor. Bunu nasıl kavrayamadın..."

"Aman Dilek, sen de..." Ve kendimi koltuğa attım.

"Çok mu kötü gitti?" diye sordu annem.

"Üzerimden bir tır geçmiş gibi hissediyorum kendimi."

"O gerginlik, o stres... Kolay mı?.."

Derken yine telefon çaldı.

Annem açtı. "Evet, buyrun," dedi ve yüzü değişti. Aman Tanrım, yine ne oldu diye kalbim çarpmaya başladı. Kiminle konuşuyordu annem?

"Haklısınız Nilüfer Hanım, biz de çok üzüldük, inanın," demez mi annem.

Eyvahlar! Eyvahlar!

Oturduğum yerden anneme işaret ediyordum... ne işaret etmesi, çırpınıyordum. Burada yokum, işaretleri yapıyordum. Oktay'la yaptığım konuşmanın üstüne bir de Nilüfer Hanımla konuşacak gücüm yoktu, hem de hiç yoktu.

"Evet, Serra bana da söyledi. Sanırım bugün Oktay'la buluşup uzun uzun konuştular."

Durdu, bir süre Nilüfer Hanımı dinledi.

"Serra iyice düşünmüş. Zaten ben de sizi arayacaktım... Evet, biz de çok üzüldük ama sonra sizin gibi düşündük. İkisi de pırıl pırıl çocuklar. Biz Oktay'ı oğlumuz gibi sevdik ve hâlâ da seviyoruz. Değerli bir genç o... Sağ olun... Eksik olmayın, Serra'yı ne kadar sevdiğinizi biliyorum. Onun da sizlere sevgisi, saygısı sonsuzdur. Ama işte, daha sonra pişman olmaktansa..."

Kapı çalındı. Koşup açtım, Dilek'le Melis şemsiyeleriyle boğuşuyorlardı kapı önünde.

Dilek, "Ooo, işte kayıplara karışmışlardan Serra Hanım," diye bağırınca, "Sus, sus," dedim, içeriyi işaret ederek.

Bir yandan, "Ne var, ne oluyor?" diye fısıldanıp bir yandan da çamurlu çizmelerini çıkarıp orada buldukları terlikleri ayaklarına geçirmekle meşguldüler.

"Annem şu anda Nilüfer Hanımla konuşuyor."

"Amanın..."

Ve parmaklarının ucuna basarak içeri geldiler.

"Tabii Nilüfer Hanım, söylerim kendisine... Sağ olun, anlayışınız için çok teşekkür ederim. Haklarında hayırlısı..." diyerek telefonu kapattı annem. Ve bu kez o, kendini koltuğa attı.

Melis, "Geçmiş olsun, Derya Teyze," dedi.

"Sormayın çocuklar, ne zor işler bunlar böyle. Ama bu Nilüfer Hanıma ne diyeyim ben... Bu kadar hanımefendi bir insan olabilir."

"Cemal Beyi de unutma," diye ekledim hemen.

"Evet," dedi annem, "karı koca çok efendi insanlar. Nilüfer Hanım kendi derdini bıraktı, beni teselli ediyordu, düşünebiliyor musunuz?"

"Anne," dedim, "anlaşılan Oktay onlara söylemiş."

"Evet, bu sabah arayıp söylemiş."

"Demek ki giderek bu yeni durumu kabulleniyor," diye mırıldandım.

"Neme lazım," dedi annem, "Oktay da efendi çocuk. Ben en ufak bir saygısızlığını görmedim."

Dilek anlamlı bir ses tonuyla, "Biz de öyle düşünüyoruz ama..." dedi bana bakarak.

Aslan Melis hemen atıldı. "Lütfen elmalarla armutları karıştırmayalım. Oktay elbette çok iyi ve değerli bir insan ama bu ille de Serra'yla uyuşuyorlar anlamına gelmez. Karıştırma kızın aklını Dilek..."

"Aman! Bir şey dediğim yok!"

"Çocuklar," dedi annem, "öyle elim ayağım kesilmiş vaziyetteyim ki, sizlere bugün servis yapamayacağım." "Ben de..." dedim, hemen.

Dilek, "Melis de hamile olduğuna göre, bu iş bana kaldı, demektir," diyerek mutfağın yolunu tuttu.

Zaten simitleri de onlar getirmişlerdi. Dilek çayı koydu, sonra da geçip karşıma oturdu.

"Hadi bakalım, anlat! Hem bak annen de burada olduğuna göre, bir taşla iki kuş vurarak, iki baskı yapmaktan kurtarmış oluyoruz seni."

Böylece onlara hem kahvede, hem de dün gece yaptığımız konuşmaları tüm ayrıntılarıyla anlattım.

"Bu olayı kabullenmesi zaman alacak," dedi Dilek.

"Ama," dedi Melis, "yarın kafasına göre birini bulunca da Serra'ya teşekkür edecek."

"Tıpkı dedem gibi," dedim ve onlara dedemin bana anlattığı küçük aşk hikâyesini naklettim.

Melis, "Derya Teyze, dede nasıl?" diye sordu.

"Bu gece bizi öyle güç bir görev bekliyor ki..."

"Hayırdır, Derya Teyze?" dedi Dilek.

"Defneler İzmir'den geldiler; bu gece Murat babamı oyalarken, Defne'yle ben anneme, babamın hastalığını söyleyeceğiz."

"Allah yardımcınız olsun."

"Ne kadar zor..."

"Çocuklar," dedim. "Şu halimize bakar mısınız? Nasıl da üst üste geldi olaylar. İnsan hangi birine yetişeceğini şaşırıyor."

"Derya Teyze, siz Serra'yı alıp çıkacaksanız lütfen söyleyin, biz toparlanıp gideriz."

"Yok, yok! Zaten bu gece Serra'yı yanıma almayı düşünmüyordum."

"Neden?"

"Serracığım, bunu önce biz, anne ve kızları konuşup aramızda halledelim, diye düşündüm. Ayrıca sen, bugün yeterince stres yaşadın. Otur arkadaşlarınla sohbet et, havan değişsin. Sonra da dinlen, uyumaya bak. Gücümüzü yitirmemeliyiz."

Şöyle bir tarttım kendimi.

Yok! Bir de anneannemin üzüntülü halini görmeyi kaldıramayacaktım. Annemin dediği gibi, bu gece toparlanıp yarın devam edebilirim. Ama bu gece –hayır!

Böylece Dilek ve Melis'le bir süre daha oturduk.

Melis, "Şimdi sıkı durun çünkü size asrın haberini vermek üzereyim," dedi, gözler ışıl ışıl.

"Hayırdır..."

"Serhat Ankara'da iş bakmaya karar vermiş."

"İnanmıyorum."

Ben bile dertlerimi unutmuş, Melis'in anlatacaklarına odaklanmıştım.

"Hani, Serhat Ankara'yı görmek için gitmişti ya... Hani Sıla onu gezdirecekti."

"Evet..."

"İşte Sıla'yla Ankara'yı gezerken gezerken bakmışlar ki, o hafta sonu çok çabuk uçup gitmiş. Bunun üzerine bizim Sıla, Serhat'a birkaç gün daha kalmasını önermiş."

"Bak sen Sıla'ya..."

"Serhat da bu daveti ikiletmemiş ve kalmış Ankara'da..."

"Ooo, çok güzel!"

"Sonra?"

Melis, zevkten dört köşe anlatıyor da anlatıyordu.

"Derkeeen... Serhat oğlumuz beni aradı veee Ankara'da iş bakmayı düşündüğünü söyledi."

"Aslanım benim!" diye bağırdı yine Dilek.

"Bilirsiniz, çekingen çocuktur, onun için Serhat'la konuşurken dikkat etmek gerek. Serhat, dedim, neden Ankara'yı düşünüyorsun? Küçük bir gülüş duydum telefonun öbür ucunda. Orada iş olanakları daha fazla, dedi."

Dilek hemen, "Bize de mi, lo-lo-lo," diye Melis'in lafına atladı.

"Eh, ben de buna benzer bir şey söyledim ona. Serhat, dedim, Bu sadece iş olanakları mı, yoksa başka şeyler de var mı?"

"Helal olsun sana! Şu sorulara bakar mısın!"

"Ne dedi?"

"Başka şeyler de var, dedi, yine mahcup." Sonra durup bize baktı Melis. "Var mı bugün böyle delikanlı?.."

"Hadi, hadi, oğluna övgüler düzen analar gibi konuşmayı bırak da, anlat," dedi Dilek.

"Sonra, Sıla ile iyi anlaşıyoruz Melis, demez mi?.. Nasıl sevindim bilemezsiniz! Aşırı tepki vermemeye çalışarak, bence siz birbirinize çok uygunsunuz, Serhat, dedim ve ekledim: Sakın bizim kızı kaçırma."

"Vay Melis, vay!"

"Durun, bitmedi."

"Dahası mı var?"

"Elbette! Bu konuşmanın üstüne hemen Sıla'yı aradım."

"Korkulur kızım senden."

"Benim oğlan sana fena tutulmuş, dedim."

"Bak, bak! Nasıl da işi pişiriyor."

"Bunun üzerine Sıla, yok canım, dedi, güzel bir arkadaşlığımız var, birlikte iyi vakit geçiriyoruz. Tabii ben böyle arkadaşlık, markadaşlık laflarını hiç sevmem."

"Nedenmiş o?"

"Nedeni var mı?.. Onlar birbirlerine çok uygunlar, arkadaşlık diyerek bu ilişki ziyan edilir mi? Ben onların sevgili olmasını istiyorum."

"Şuna bak! Diktatör! Sevgili olmalarını istiyormuş."

"Tabii ya... Neyse, ben de dedim ki ama Serhat tası tarağı toplayıp Ankara'ya geliyor senin aşkından..."

"Bak, bak, bak! Nasıl da kızıştırıyor ortalığı..."

"Peki Sıla ne dedi?"

"Benim için geldiğini sanmıyorum, burada iş olanakları daha iyi, onun için şansını bir de Ankara'da denemeyi düşünüyor, dedi."

"Yaa, Melis Hanım, yemezler... Kız akıllı, senin numaralarını yutmamış."

"Aman Dilek, sinirlendirme beni, şimdi doğuruveririm, görürsün gününü..."

Haydi bizi aldı mı bir gülme...

"Bak şaka yapmıyorum," diye devam etti Melis. "Çok kızdım Sıla'nın bu tavrına. Elimden gelse, telefonun içinden uzanıp yüzüne okkalı bir tokat aşk edecektim."

"Diktatörlüğü yetmedi, bir de zorbalığa kalkıyor! Kaba kuvvet uygulamayı nasıl düşünebilirsin sen?"

"Aman Dilek, bırak zevzekliği... Sahiden kızdım; biz orada ona seni beğeniyorlar, diyoruz; hanımefendi, yok iş olanakları burada iyi, yok sadece arkadaşız, diyor. Ne bu?.."

"Ay, inanmıyorum," diye bir kahkaha attı Dilek. "Melis, yani sen –hayret bir şeysin! Tabii ki kız öyle konuşacak. Beğense bile..."

"Nedenmiş?"

"Hey yarabbim! Ortada fol yok, yumurta yok! Sadece çok hevesli ve de meraklı bir Melis Hanım var, o kadar. Kız nasıl çıkıp ortaya, kendini açık etsin."

"Ha, bak eğer durum buysa, onu bağışlayabilirim."

"Melis Hanım," dedi Dilek, "şaka maka derken saat sekize geliyor. İstersen Serra kardeşten izin alıp biz de yavaş yavaş yola koyulalım."

Sevgili arkadaşlarımla geçirdiğim o birkaç saat ilaç gibi geldi. Onlar gitti; annemse hâlâ dedemlerdeydi. Böylece evin sessizliğinde yine dertlerimle baş başa kaldım. Ve telefon çaldı.

Artık telefonlardan delicesine korkuyorum. Arayan Oktay'dı.

"Anneme söyledim, o da annenle konuşmuş."

"Evet, biliyorum."

"Annem her şeyi iptal etti. Düğün davetiyeleri, gelinlik... Yüzükleri de ısmarlayamamıştık zaten..."

"Evet."

"Moda Kulübü'nü de aradı."

Sanırım bütün bu sayıp döktükleri benimle konuşmak için bir bahaneydi. Ben de hiç bozmuyor, dinliyordum.

"Serra, bak ne diyeceğim," dedi, uzunca bir sessizlikten sonra.

"Dinliyorum, Oktay."

"Her şey iptal edildi, yani artık baskı altında değilsin. İlişkimizi devam ettirelim ve sen ne zaman istersen o zaman evlenelim."

"Lütfen Oktay! Kendimize boşu boşuna acı çektirmeyelim. Bir beklenti içine girmeyelim, çünkü bunun sonu yok."

"Bir kez daha deneyebiliriz."

"Bak Oktay, ilişkimizin bunca yıl sürmesi sana bir şey söylemiyor mu?"

"Ne gibi?"

"Yani, senin de benim de içimize sinmiş olsaydı, biz şimdi çoktan evlenmiştik. Bunu hiç düşünmedin mi? Demek ki, şu veya bu nedenle, bilinçsiz de olsa, pek aklımız yatmamış ki, bu zamana kadar evlenmemişiz.

"Şimdi kalkıp sonunun nasıl biteceğini bilemediğimiz bir durum için, niye acımıza acı katalım? Şu anda çektiğimiz acı yeter de artar bile. O nedenle, bu konuyu unut. Şimdi biz, ikimiz, bu yeni duruma alışmaya bakmalıyız."

Sessizlik...

"Serra..."

"Efendim..."

"Yarın buluşalım mı?"

"Oktaycığım, daha ne kaldı konuşacak?"

"Lütfen! Seninle bir kez daha konuşmak istiyorum."

"Peki."

"Seni gelir evden alırım, biraz yürürüz." Ah, onu çok iyi anlıyorum. Kabullenmesi öyle zor ki...

Bu benim için bu kadar güçken, onun durumunu düşünmek bile acı veriyor bana.

Kilitte dönen anahtarın sesiyle düşüncelerimden sıyrıldım. Saate baktım, on ikiyi çeyrek geçiyordu.

"Anne?" diye seslendim.

"Benim, canım."

Annem çizmelerini çıkarmış, çoraplı ayaklarıyla salona geldi ve bugün ikinci kez perişan bir halde kendini koltuğa attı. Yüzü bembeyazdı. Korktum bayağı... "Anne, sana bir su getireyim mi?"

"İyi olur canım. Bir de benim banyoda bir ilacım var, Passiflora, onu da bir kaşıkla birlikte getir lütfen."

Bir koşu, istediklerini getirdim. Nedir bu başıma gelenler. Tanrım. Annem suyunu içti, ilacını aldı. "Anneannem nasıl?"

"İnan ki, Defne'den de benden de metindi. Meğer, o da benim gibi şüpheleniyormuş."

"Peki, siz söyleyince ne yaptı?"

"Dinledi, dinledi sonra da, demek en korktuğum gün sonunda geldi, dedi. Hayatta düşünmek bile istemediğim şey babanızı kaybetmekti ve dualarım hep, Allah'ım beni onun arkasına bırakma şeklinde idi, dedi."

"Vah anneannem benim."

"Ama sonra, biz onu teselli edeceğimize, o bizi teselli etti, çünkü Defne kendini tutamadı, çok ağladı. O zaman annem, ferahlayacaksanız ağlayın ama bunu uzatmayın, dedi. Hepimizin gideceği yer orası... Bunu kabullenmek gerek. Fazla üzülmek tıpkı abartılı biçimde matem tutmak gibi, doğru bir şey değil. Ne mantık, ne din, ne de toplumsal açıdan doğru bir şey bu, dedi."

Tabii annem bunları anlatırken yaşlar sicim gibi iniyordu gözlerinden. Bilmem söylememe gerek var mı, ben de onunla birlikte ağlıyordum.

İnsan dayanamıyor ki...

"Defne Teyzem orada mı kalacak?"

"Evet! Murat'la birlikte bu hafta sonunu annemlerde geçirecekler. Hoş, bunu zaten yapıyorlardı." Yine öylece oturduk. Sessiz...

İkimiz de bitiktik.

Hani, konuşacak halim yok, derler ya...

Annem, "Sana söylemeyi unuttum, Nilüfer Hanım aradı. Bu kez babam için... Oktay söylemiş. Yeni duydum, çok üzüldüm; bizim yapabileceğimiz bir şey varsa, yardımcı olmak isteriz, dedi. Cemal'in pek çok doktor arkadaşı var; danışmak, ikinci bir fikir almak isterseniz, bize bir telefon etmeniz yeterli, dedi."

Ve ekledi annem, "Ne kadar düşünceli insanlar..."

"Beni de az önce Oktay aradı."

"Ya... Niçin?"

"Yarın buluşmak istiyor."

"Sen ne dedin?"

"Peki, dedim. Sanırım konuşmak istiyor, bir tür olayı çiğnemek, sindirmek ihtiyacı... Ben de ona yardımcı olmak istiyorum. Durumu, en azından benim açımdan iyice anlarsa, kabullenmesi daha kolay olur, diye düşünüyorum."

"Haklısın."

"Bunu ona borçluyum."

"Biliyor musun, şu Passiflora'dan sana da bir kaşık vermeliyim."

"Ne işe yarıyor?"

"İnsanı sakinleştiriyor. Bitkisel bir şurup."

"Her türlü desteğe varım anneciğim."

"Çok geç oldu, haydi gidip yatalım artık ve biraz uyumaya çalışalım."

Böylece, iplikleri kopmuş kuklalar gibi kırık dökük bir halde odalarımıza çekildik.

Ben de bu satırları yazarak kendimi uykuya hazırlamaya çabalıyorum.

İçimi döküyorum.

Öyle bir fırtınanın içinden geçiyoruz ki...

13 Şubat, Pazar

Sabahleyin Oktay gelip beni evden aldı.

Hava hâlâ kapalı...

Hâlâ yağmurlu...

Ama... yürüdük, yürüdük.

Yürürken de konuştuk. Nelere kırıldığımı bilmek istiyordu. Bu ayrılığa yol açan nedenleri öğrenmek istiyordu. Ben de, onu doyurmak adına, onun bu kopuşu içselleştirebilmesi adına her sorusunu yanıtladım.

Teker teker...

Ve elbette onu kırmamaya özen göstererek... Gururunu incitmemeye dikkat ederek.

Yüzümüzde damlalar, saçlarımızda rüzgâr, Boğaz yollarında yürüdük, konuştuk. Yürüdük, konuştuk.

Sonra bir ara Emek Cafe'ye girdik. Orada ne kadar kaldık, hiç bilmiyorum.

Yine konuştuk, tartıştık.

Tek bildiğim gözümün duvardaki saate ilişmesi ve, "Oktay, benim dedemlere gitmem gerek. Teyzem ve eniştem yarın İzmir'e dönüyorlar, onun için bu akşam vakitlice gel, demişti annem," dediğimdi.

Hüzünlüydü ama sanki daha bir sakindi bugün. Özellikle de akşamüstü, yani bütün bir gün konuştuktan sonra beni dedemlere bırakırken, giderek durumu kabulleniyor gibiydi.

Davranışlarında ve söyleminde öfke yoktu artık.

O da benim gibi evrelerden geçmeye başladı.

Kendimi, duygusal olarak tükenmiş hissediyorum. Ama bu çabam Oktay'ı rahatlatacaksa, değer.

Hem de nasıl değer...

İçeri girdiğimde, "Kız, bu ne hal böyle?" dedi dedem. "Islak sıçana dönmüşsün."

"Haydi gel," dedi anneannem, "banyoya geç, saçını kurula, ben de sana bir şeyler getireyim, üstünü değiş."

Her ne kadar istemem dediysem de, kimse beni dinlemedi, böylece az sonra saçlarımı kurutmuş, üstüme de anneannemin bluzu ve hırkasını giymiş olarak onlara katıldım.

Anneanneciğim, bir fincan ıhlamur koydu önüme. "İç şunu," dedi. "Yoksa hastalanırsın."

Murat Enişte bana bakıyordu. "Nasılsın Serra, nasıl gidiyor?"

"Şu aralar pek de iyi gitmiyor."

"Annen bize düğünün iptal edildiğini söyledi."

Ihlamurun kokusunu içime çektim, sıcaklığı iyi gelmişti.

"Yürümeyeceğine karar verdim," diyebildim, alçak bir sesle. Öyle yorgundum ki...

"Hakkınızda hayırlısı..."

Teyzemse, "Üzülme canım," diye beni teselli etmeye çalıştı. "Nişanlılık döneminin gerçek anlamı bu. İki gencin, hayatı paylaşma konusunda enine boyuna düşünebilmesi için düzenlenmiş bir zaman dilimi. Yürürse ne âlâ; yürümezse henüz vakit varken, gençler geri dönebilsinler, diye konmuş bir âdet. Ama sağ olsunlar, bazı insanlar bunu çok büyütüyorlar. Vay efendim, falanca nişanlısından ayrılmış!

"Ayrılmışsa ayrılmış!

"Ayrıca madem yürümeyecek gibi görünüyor, iyi etmiş o zaman. Aferin ona!

"Akıllıymış, yürekliymiş ki, yanlış yapmadan geri dönebilmiş.

"Hoş artık günümüzde bu konu eskisi gibi yanlış tanımlanmıyor ama yine de bazı eski kafalar var, nişanlıdan ayrılmayı ayıp sayan..."

"Kaldı mı öyleleri?" dedi annem.

"Öyle deme abla, İzmir'de bazı toplantılarda neler konuşulduğunu duysan, küçük dilini yutarsın. İnsanın, hanımlar, hanımlar, hangi asırda yaşıyoruz, diye bağırası geliyor."

"Gel yanıma otur," dedi dedem. Hemen yanına sıkıştım.

Yüzüme baktı. "Yediğine içtiğine dikkat et, baksana maymuna dönmüşsün."

"Aman dede!"

Sonra anneme döndü. "Sen de anne olacaksın, yedirsene şuna bir şeyler. Bak pantolonu üstünden düşüyor."

"Duydun mu Serra Hanım," dedi annem hemen. "Ye bir şeyler diye söylenip duruyorum ama beni dinlemiyor ki baba."

"Üstüne varmayın çocuğun," diye yardımıma koştu anneannem.

"Kız, yoksa Oktay için mi eriyip gidiyorsun?"

Yani, bu dedemin bazı lafları var ya...

İnsanı yerin dibine batırır!

Hırsımdan gözlerim doldu.

"Sırma da, o Bora denen çocuk için az mı gözyaşı döktü."

"Bora'yla Oktay bir değil," dedim, gözümün kenarında birikmiş yaşları silerek.

Anneannemin dedeme, sus, ileri gitme, anlamında kaş göz işaretleri yaptığını da bal gibi gördüm.

"Tabii değil," diyerek tam bir dönüş yaptı dedem. "Demek istediğim, Sırma da onu çok seviyordu. Ama ne oldu sonra? Unuttu gitti. Ve karşısına gerçekten kendine uygun biri çıktı. Şimdi ne kadar mutlu. Senin de karşına, sana uygun..."

"Lütfen dede," dedim, "bu konuyu kapatalım artık."

"Evet," dedi anneannem. "Her şeyin hayırlısını dileyelim ve noktayı koyalım."

Sonra birisi Sırma'yı sordu. Teyzem, uzun uzun Sırma'nın neler yaptığını anlattı. Onlar da yakında Dubai'ye gideceklermiş.

Eniştem, "Gidip görelim bakalım, kızımız nerede yaşıyor," dedi gülerek.

Sonra anneme döndü. "Derya, bence sen de Serra'yı alıp gitmelisin. Sırma, tüm ailem gelsin diye yalvarıp duruyor, biliyorsun."

"Neden olmasın?" dedi annem.

Dedem kolunu omzuma atmış, beni sıkı sıkı kavramıştı. Korkma, ben yanındayım, der gibiydi. Anneannem, teyzem, eniştem ve tabii ki annem laflar üretiyorlar, beni oyalamaya çalışıyorlardı. Güya aralarında konuşuyorlardı ama tüm bu konuşmalar benim için yapılıyordu. Kaçamak bakışlarından, o bakışlardaki endişeden bunu anlamamak mümkün değildi.

Murat Enişte, "Çeşme'ye ne zaman gelmeyi düşünüyorsun, Serra?" dedi. "Bu yıl tekneyi yeniledim. Görünce bayılacaksın."

"Yeni bir butik açıldı, şahane mayolar var, şeker gibi her biri... Pembeli-beyazlı çizgili mi istersin, puantiyeliler mi... Onun için Çeşme'deki o butiğe bakmadan sakın mayo alma," diye tembihledi teyzem.

Sevgili, kıymetli ailem, beni nasıl da sarıp sarmalıyorlardı kollarının arasında.

Böyle bir ailem olduğu için ne kadar şanslıyım. Ne kadar...

Teyzem ve eniştemle vedalaşıp evimize döndüğümüzde annem bana Oktay'ı sordu.

"Düne kıyasla nasıldı?"

"Daha iyi," dedim. "Hele ilk konuştuğumuz güne, cuma gününe göre çok daha iyiydi."

İçini çekti annem. "Demek giderek kabulleniyor. Annem de bugün daha iyiydi. Gerçi o, dün de çok metindi ama bugün üstünden bir gün geçmişti, ayrıca biz yanındaydık. Her fırsatta; babam uyurken, dinlenirken, dertleştik; ona her zaman, her koşulda yanında olacağımızı söyledik."

"Bunu anneannem bilmiyor mu sanki?"

"Biliyor! Biliyor da, kızlarından, merak etme anne, biz yanındayız, sözlerini duymak ister. Herkesin duymak isteyeceği, insanın yüreğini okşayan sözlerdir bunlar. Sevildiğimizi bilsek bile bunu duymak isteriz."

Boynuna sarıldım. "Madem öyle..." dedim, "ben seni çok ama çok seviyorum."

"Sağ ol tatlım; ben de seni her şeyden, hayatımdan çok seviyorum."

Öpücüklerimize gözyaşlarımız karışıyordu.

Annem, "İkimizde de sinir kalmadı," dedi, gülmeye çalışarak.

"Evet," dedim, "cıvatası bozulmuş musluklara döndük."

Bu kez gerçekten gülüyorduk.

İşte böyle sevgili defterim.

Neymiş bugünün dersi?

Sevdiklerine, sevdiğini söyleyeceksin.

Geç kalmadan...

Onlara destek olacağını söyleyecek, kendilerini güvende hissetmelerini sağlayacaksın.

Bu destek sadece duygusal destek olsa da...

Aslında duygusal destek hepsinden önemli.

Hele de ömrünün sonbaharını yaşayan büyüklerine, onların yüreğini ısıtacak sözcükler konusunda cömert olacaksın.

Hissettiklerini içinden çıkarıp bu duygularla onları sarıp sarmalayacaksın, o serin sonbahar günlerinde ısınsınlar diye...

14 Şubat, Pazartesi

Sabah işe gitmek için hazırlanırken, annem bir çığlık attı. "Serra! Gözün!"

"Ne olmuş gözüme?" diye banyoya koştum ki, aman Tanrım, gözümün akı, kıpkırmızı değil, neredeyse simsiyah. Öylesine koyu bir kırmızı...

"Derhal doktora gidiyoruz," dedi annem.

Şaşkındım ve açıkçası gözümün o hali beni de korkutmuştu.

Apar topar hazırlanıp çıktık evden; doğru en yakın göz kliniği... Baktılar, ettiler... Sonuç, büyük olasılıkla tansiyon fırlaması...

"Aslında bu tür ufak tefek kanamaları biz severiz," dedi doktor hanım. "Bir burun kanaması, gözde ince bir damar çatlaması, tansiyon fırladığı zaman bir emniyet supabı görevini yerine getirir. Ama sizinki bunu aşıyor, daha büyük bir damar çatlamış olmalı..."

"İşe gidebilir miyim?"

"Elbette! Yalnız gözünüzü olabildiğince yormamaya çalışın ve bir süre lens kullanmayın."

Böylece ilaçlarımı aldık ve beni işe annem bıraktı.

Yolda, "Görüyor musun Serra, üzüntü neler yapabiliyor. Kendimizi dayanıklı ve güçlü zannediyoruz ama bünye isyan ediyor, yeter bana yüklendiğin, diyor. Sen de iki büyük stresi bir arada yaşıyorsun, zavallı yavrum benim. Ayrıca, deden haklı, çok zayıfladın," dedi. Dönüp şöyle bir baktı bana. "Sen kesin bir beş-altı kilo verdin, bu son hafta..."

"Yok, daha neler..."

"Farkında değilsin ama dün kotunun halini görecektin. Gerçekten üstünden düşecek gibi duruyordu. Akşam eve gidince bir tartıl."

"Aman çok derdimdi..."

Bir süre sessizlik içinde gittik. Sonra annem, "Serra," dedi neşeli olmaya çalışan bir sesle. "Evet..."

"Bak ne, diyeceğim?"

Eyvah! Bu ses tonu, tehlike demektir.

"İşinden birkaç gün izin alsan ve ben seni Dubai'ye Sırma'ya yollasam... Ha, ne dersin?"

Yine dönmüş, gülümseyerek bana bakıyordu. "Anne, önüne bak!"

"Tamam," dedi ve devam etti. "Ne dersin?"

"Olmaz, derim."

"Hiç düşünmeden reddediyorsun, oysa Sırma'yla olmak çok iyi gelecek sana."

Bak işte bu doğruydu!

"Anne," dedim. "Hiç uğraşacak halim yok; seyahate gitmek bile gayret istiyor, oysa ben kendimi işimle evim arasında ancak sürükleyebiliyorum. Ve, boş vaktimde de yorganımın altına girip derdimle baş başa kalmak istiyorum."

"Ben her şeyini hazırlarım. Sen sadece o uçakta oturup Sırma'ya gideceksin. Haydi ama Serra..."

"Anneciğim, sağ ol, çok teşekkür ediyorum ama hiç havamda değilim."

"İşte ben de havan değişsin diye göndermek istiyorum ya seni..."

"Bak, benim güzel anacığım," diye açıklamaya çalıştım durumumu. "Diyelim hiç halim ve keyfim olmamasına karşın hazırlanıp gittim. Evet, Sırma'yla birlikte olmak bana gerçekten de iyi gelecek ama... orada Deniz de var. Her akşam bir arada olacağız ve ben, hiç ama hiç içimden gelmediği halde, onunla her şey yolundaymış gibi gülmek konuşmak zorunda kalacağım. Adamın evine gidip surat asmak olur mu?..

"Ayrıca, ortaya iyi kötü giyinip çıkmam gerek, en azından Sırma'yı utandırmamak adına. Oysa ben eve gelince salaş bir vaziyette rahatlamak istiyorum. Bütün günün çabası yetip artıyor; bari akşam vakti mutsuzluğumu doyasıya yaşayayım istiyorum. Sonra kız yeni evli, ne diye bu moroz halimle gidip onun da tadını kaçırayım."

"Ama hayatım, siz iki kardeş gibisiniz."

"Gibisi fazla... Ama artık o evli. Onun evine eskisi gibi girip çıkamam, salaş malaş dolaşamam ortalarda. Bu, Sırma'nın evine hiç gitmeyeceğim anlamına gelmiyor tabii ki. Gideceğim ama önce kendimi daha güçlü hissetmeliyim, Deniz'le keyifli bir sohbet yapabilecek duruma gelmeliyim. Kimseyi sorunlarımla rahatsız etmek istemem, anne."

Böylece konu kapandı.

Ve sanki bu konuştuklarımızı duymuş gibi akşam Sırma aradı. "Üzüldüm bu habere, Serra."

"Hangi habere?" deyiverdim. Beynimde, dedemle Oktay öylesine birleşmişlerdi ki...

Ayrıca kime ne söyleyip kime ne söylemediğimizi o anda toparlayamadım. Öyle ya, Sırma'ya Oktay'la durumum söylendi, dedem söylenmedi. Buna karşın bizim gruba dedem söylendi ama Oktay henüz söylenmedi.

"Hangi haber olacak," dedi Sırma. "Oktay'la ayrıldığınız haberine üzüldüm tabii ki..."

"Kusura bakma, kafam öylesine karışık ki..."

"Canım benim, nasıl karışık olmasın ki... Bak ne diyeceğim sana, kalk gel buraya."

"Sağ ol Sırma ama bugünlerde sadece ve sadece evimde saklanmak, yaralarımın iyileşmesini beklemek istiyorum. Ve sana bir şey itiraf edeyim mi; şu aralar Oktay'dan fazla uzakta olmak da istemiyorum."

Sırma susup kaldı! Belli ki şaşırtmıştı bu sözlerim onu.

"Anlayamadım, Serra. Neden ondan uzakta olmak istemiyorsun?" dedi yavaşça. Beni kızdırmaktan korkar gibi bir hali vardı.

"Oktay şu anda zor günler yaşıyor. Zaman zaman da benimle konuşma ihtiyacını duyuyor. Bu dönemde ona elimden geldiğince yardımcı olmak istiyorum."

"Biliyor musun, senin gibi duyarlı davranan insan o kadar az ki..."

"Ama bizim yedi yıllık bir beraberliğimiz olmuş ve bu sürede bildik tartışmaların dışında kötü şeyler yaşamamışız. Onca yılın hatırı var, Oktay'ın hatırı var... onu küt diye bırakamam. En azından, neden ondan ayrılmak istediğimi anlayana dek yardımcı olmalıyım, diye düşünüyorum."

"Ama bu da seni kim bilir ne biçim hırpalıyordur?"

"Hem de nasıl! Örneğin, gözüme öyle bir kan oturdu ki, görsen korkarsın. Ayrıca, anneme söylemiyorum ama bazen içim kayıyor, bayılacak gibi oluyorum."

"Aman Serra, ne olursun, dikkat et kendine. Vitamin al, bol bol ye. Ayrıca, böyle dönemlerde çikolata bayağı iyi geliyor."

"Bak, şimdiye kadar söylediklerinin içinde en çok bu çikolata faslını sevdim."

"Biliyor musun Serra, hayat duyarlı ve duygusal kişiler için çok daha zor."

"Hem de ne biçim."

Daha sonra beni güldürmek için Arapça derslerini ve yaptığı yanlışları öyle taklitlerle anlattı ki, gel de gülme.

"Âlemin dilini böyle katletmeye devam edersen, seni sınır dışı ederler, bilmiş ol."

Sırma'yla konuşmak iyi gelmişti. Her zamanki gibi...

Telefonu kapatmamla, yeniden çalması bir oldu. Arayan Oktay'dı.

Bu kez daha bir oradan buradan konuştuk. İşler, dedem, az önce Sırma'yla konuştuklarımız... Sanırım bir saate yakın sürdü bu konuşma.

Tam mutfağa girmiştim ki telefon yeniden çaldı. El insaf, diye homurdanarak açtım.

"Kusura bakma ama seni merak ettim. Nasılsın, ne âlemdesin, diye bir yoklayayım, dedim," diyen Dilek'in sesi dolduruverdi odayı. "Cep telefonun kapalı, ev telefonun ise sürekli meşgul veriyordu."

"Az önce Dubai'den Sırma aradı, sonra da Oktay."

"Konuşmalar hâlâ sürüyor mu?"

"Sürüyor."

"Terapi uyguluyorsun galiba..."

"Onun gibi bir şey."

"Helal olsun sana!"

Böylece Dilek'e de haberleri verdim.

Dilek, "Serra," dedi, "ben bizim arkadaşlara hâlâ hiçbir şey söylemiyorum. Bunun zamanlamasını sana bırakıyorum." Ne hassas insandır şu Dilek.

"Çok da iyi ediyorsun; bugünlerde hiç kimseyle Oktay hakkında konuşmak istemiyorum."

"Haklısın! Başındaki iki dev sorun sana yetip de artıyordur. Üstelik bir de Oktay'a yardımcı olmaya çalışıyorsun ki, bence bu en zoru."

"Her konuşmadan sonra kendimi nasıl yorgun hissediyorum, bilemezsin Dilek."

"Tahmin edebiliyorum! Ne diyeyim, Tanrı ikinizin de yardımcısı olsun!"

Evet, bugün de böyle bir gündü işte, sevgili defterim.

21 Şubat, Pazartesi

Şu anda otobüsteyim, Ankara'ya gidiyorum.

Bu da nereden çıktı diyeceksin, değil mi sevgili defter?

Annemin başının altından çıktı.

Geçen haftayı, gündüzleri işte koşuşturarak, geceleri Oktay'la konuşarak, aralara da dedemlere uğramayı sıkıştırarak geçirdim. Bütün bunları iyi götürdüğümü sanıyordum. Oysa perşembe akşamı yine Oktay'la konuşmamı yapıp odama doğru yürürken birden içimin çekildiğini hissettim.

Öyle fena bir duygu ki...

Bayılmak istiyorsun ama bir türlü bayılamıyorsun gibi... Ter basıyor... Kötü, rahatsız edici bir sıcaklık seni avcunun içine alıyor, ve... her yer simsiyah oluyor!

Kendime geldiğimde annem başucumda, deli gibi, "Serra... Serra..." diye bağırıyor, bir yandan da kolonyayla başımı, kollarımı ovmaya çalışıyordu.

Gözlerimi açtığımı görünce, "Oh, Allah'ım şükürler olsun sara, şükürler olsun sana..." diye bağırmasını sürdürdü. Bu kez koşup eline bir gazete aldı ve beni yelpazelemeye başladı. Azıcık da olsa serin hava iyi geldi.

Biraz daha kendime gelince bir baktım, yerde yatıyorum.

"Ben buraya mı düşmüşüm?"

"Allah korudu seni! Başını şu koltuğun kenarına çarpabilirdin, sehpaların sivri köşelerine vurabilirdin." Annem dehşet içinde, konuşup duruyordu.

"Sakin ol, anne," dedim. "Başım dönmüş olmalı. Bak ayağa kalkabiliyorum."

Onun yardımıyla kalkıp koltuğa oturdum.

"Ah canım kızım benim! Tabii, bu kadar strese can mı dayanır. Biliyordum böyle olacağını... Geçen gün gözüne kan oturdu; ayrıca çok kilo kaybettin, çok..."

Sonra bir koşu mutfağa gitti, bir bardak su getirdi.

"Haydi, iç biraz," dedikten sonra sordu. "Nasıl oldu bu? Bir şey hatırlıyor musun?"

"Oktay'la konuştuk. Telefonu kapattıktan sonra odama doğru giderken birden kendimi kötü hissettim, içim kayar gibi oldu, sonrasını hatırlamıyorum."

"Biliyor musun?" dedi annem öfkeli bir sesle, "Artık bu Oktay telefonları da bitmeli... Nedir bu her akşam, her akşam... İnsanlar ayrılmaya karar veriyorlar, oturup karşılıklı konuşuyorlar ve herkes kendi yoluna gidiyor. Sizinki gibisini de hiç görmedim! Sen ona acımaktan öleceksin, onun da maşallah kendi ayakları üstünde durmaya hiç niyeti yok. Bu konuşmalar seni ne kadar üzüyor, farkında mısın sen? Bak işte fenalık geçirdin, en sonunda. Yeter artık!"

Annem o kadar öfkeli, ben de o kadar halsizdim ki, onunla tartışmaya kalkmadım bile.

Bir süre sonra annem yanıma oturdu ve, "Bak canım," dedi. "Sana bir önerim var, öneriden de öte, senden bir ricam var."

Onu öylece dinliyordum. Halim yoktu, halim...

"Kötü durumdasın, Serra! Bak gözüne kan oturdu, kilo kaybediyorsun, sonunda fenalık da geçirdin. Bütün bunlar hoş şeyler değil, senin için gerçekten endişeleniyorum. O nedenle, lütfen beni kırma ve buradan bir süre için uzaklaş.

Sırma'ya gitmek istemiyorsun, tamam, peki! Babaannene gitmeye ne dersin?

"Buradan, dedenden, Oktay'dan uzaklaş! Bir süre için başka bir yerde, başka insanlarla birlikte ol. Dinlen, uyu! İşinden bir hafta için izin alalım. Yap bunu, kızım. Yoksa ciddi biçimde hastalanacaksın, ondan sonra çok uğraşacağız, inan bana. Hem babaannenin evinde ister giyinirsin, ister salaş gezersin; ister uyur, ister sabaha kadar oturursun. Bunu benim hatırım için yap, Serra."

Şöyle bir düşündüm, annem haklıydı. Özellikle de babaannemin evinde dilediğim gibi davranabilirdim. Bugünlerde en çok ihtiyacım olan şey, kafamı dinlemek ve hiçbir şeye zorlanmamaktı.

"Pekâlâ," dedim.

"Beni ne kadar mutlu ettin, bilemezsin! Ben yarın babaanneni ve babanı arar, otobüste yerini ayırtırım. Bayan Bella'yla konuşmamı ister misin?"

"Hayır, anne. Bunu ben yapabilirim."

Böylece ertesi gün Bayan Bella'nın kapısını tıklattım.

"Sizinle özel bir konu hakkında konuşmak istiyorum."

"Tabii Serra. Geç, otur."

Ama konuşacağıma, tamamen kontrolümün dışında, gözlerimden yaşlar akmaya başladı. Bayan Bella çok şaşırmıştı; ne diyeceğini bilemez halde bana bakıyordu.

Sonunda sözcükler ağzımdan dökülüverdi. "Dedem kanser ve ben nişanlımdan ayrıldım."

Oysa bunları bambaşka biçimde, bambaşka sözcüklerle söylemeyi planlamıştım. Ama ağzımdan çıkabilen –özetin özetiydi!

"Yaa... Çok üzüldüm."

"Özür dilerim, böyle ağlamamalıydım ama elimde değil, sinirlerim çok bozuk. Bir hafta izin isteyecektim sizden..."

"Tabii canım," dedi Bayan Bella. "Zaten ben de şu son günlerde senin halini hiç beğenmiyordum. Hasta gibiydin..."

"Ofisteki işler..."

"Şimdi bırak bunları, hemen evine git ve iyileşmeye bak," dedi Bayan Bella, sonra yerinden kalkıp bana sarıldı. "Çok üzüldüm Serra, çok..."

Böyle salya sümük ağlamak hiç de profesyonelce bir davranış değildi ama kendime hâkim olamıyordum ki...

Eve dönünce de Oktay'ı aradım ve kendimi iyi hissetmediğimi, bir süre dinlenmek için Ankara'ya gideceğimi söyledim. Sonra da –beni artık aramamasını rica ettim. İşte bunu söylemek en zoruydu. Beklediğim gibi, bozuldu.

"Oktay,"dedim, "artık bu kopuşa alışmalıyız. Sürekli konuşursak, bunu gerçekleştiremeyiz. Benim bir süre her şeyden uzaklaşmam gerek. İnan, kendimi iyi hissetmiyorum. Ayrıca, seninle her konuşma beni çok üzüyor. Eminim, sen de üzülüyorsun."

"Haklısın!" dedi ve hemen ekledi. "Sana iyi yolculuklar..."

"Teşekkür ederim," dedim ben de ve sanırım bu kez gerçekten noktayı koyduk.

Şöyle bir düşünüyorum da, Oktay'la konuşmadığımız ayrıntı kalmadı.

Şimdi benden uzak, her şeyi bir kez daha düşünmek, olayları kafasında yerli yerine oturtmasına yardımcı olacaktır. Bundan böyle, ikimiz için de en yararlı ilaç, zaman...

Ve sabır...

Otogarda tam taksilere doğru yönelmiştim ki, ne göreyim, babam ve Yasemin...

"Serracığım, canım benim! Seni görmek ne güzel!" diyen Yasemin'in tiz sesi, parfümü gibi ortalığı kaplayıverdi.

Aklıma dedemin Yasemin için söylediği söz geldi. 'Aklı bir karış havada kadın...'

İlahî dede, ben sana ne diyeyim. Gülmemek için kendimi zor tuttum.

"Ne diye buralara kadar yoruldunuz, bir taksiye atlayıp gelecektim."

"Anneciğinle konuştuk, tatlım benim. Hiç kızımızı buralarda bırakır mıyız biz," dedi Yasemin. Bir yandan da yanağıma öpücükler kondurup ardından küçük parmağıyla ruj lekelerini siliyordu yüzümden...

Sonra babamla kucaklaştık. Meğer onu bayağı özlemişim!

"Haydi Serracığım, seni üşütmeyelim," diyerek yüksek ökçeli, sipsivri burunlu çizmelerinin içinde seke seke arabaya doğru yürüdü Yasemin. Üzerinde, hani Dalmaçyalı diye anılan köpekler var ya, işte onları anımsatan siyah beyaz benekli bir kürk vardı ve doğal olarak, başında da kürk şapkası...

Böylece, 102'nci Dalmaçyalı gibi dolanıyordu ortalarda.

Alemsin, Yasemin!

Arabaya binince, bana dönüp, "Biz şimdi seni kaçırıyoruz," dedi. "Yeni açılmış bir yer var, oraya gider, hafif bir şeyler yer, azıcık hasret gideririz, sonra da seni babaannene teslim ederiz. Tamam mı canım?"

"Babaannemin haberi var mı bu plandan?"

"Tabii! Ben onu aradım ve iznini aldım," diye kıkırdadı Yasemin, küçük bir kız çocuğu gibi.

Gerçekten hoş bir yerdi gittiğimiz restoran. Müzik, ışıklar, girip çıkan insanlar...

Bayağı iyi geldi.

Şu son yaşadıklarımı göz önüne alınca, bambaşka bir dünyadan, çok daha başka bir dünyaya gelmiş gibiydim.

Benim dünyam griydi, loştu; sorunlar, sorunlar, sorunlar vardı orada.

Oysa burada normalliğe dönüşü yaşıyordum. Sağlıklı insanlar, gülümseyen yüzler, el ele tutuşmuş sevgililer...

Yasemin, kulağıma, "Buranın kreplerini çok övüyorlar," diye fısıldadı, önemli bir sır veriyormuşçasına. Krep, salata, onlar için de bir şişe şarap ısmarlandı.

"Ee," dedi babam, "anlat bakalım, ne var, ne yok."

Ben de onlara önce dedemi anlattım, sonra da Oktay'ı...

Dedem için söylenecek bir şey yoktu.

Ne desinler ki...

Oktay'a gelince, babam yine inciler döktürdü. "İyi düşündün mü Serra? Bana bu çabuk verilmiş bir karar gibi geldi."

Doğal olarak onlara olayı özetleyerek anlatmıştım. Babam da sanıyor ki, her şey o özetlediğim kadar yaşandı. Oysa ben aylardır nelerden geçmişim! Onu düşünemiyor işte...

"Kararımı çabuk vermedim, baba. Tam tersine, çok düşündüm, çünkü başarısız bir evlilik yapıp, en güzel yıllarımı acı çekerek geçirmek istemiyorum."

Al işte!

Hiç istemediğim halde kocaman bir taş atmıştım ona. Taş da değil, kaya parçası... Babam bu sözlerime cevap vermedi.

Şurada annem seni aramış; eminim, adım gibi eminim, durumu izah etmiş ve nasıl davranılması gerektiği konusunda da uyarılarda bulunmuştur. Ayrıca, halimi görüyorsun; zayıflamışım, yüzüm çökmüş, belli ki iyi durumda değilim. Daha duyarlı olman gerekmez mi?

Ama işte –benim babam da böyle...

Tabii havayı yumuşatmak yine Yasemin'e düştü. Oradan buradan konuştu. Gül'ü anlattı. Babaannemi anlattı ve gerçekten de onun çat oradan, çat buradan konuşması havamızı değiştirdi.

Böylece benim hayatımın bu çok önemli konusunun açılmasıyla kapanması bir oldu.

Babamın sorunlardan ve üzüntülü konulardan kaçtığını bilirdim de, bu kadar açık bir örnekle ilk kez yüz yüze geliyordum. Oktay'la evlenmekten vazgeçişim neredeyse yok sayıldı ve benim bu kararıma bir daha değinmedik.

Konu kapanmıştı!

Ama ben babama da artık eskisi gibi kızamıyorum. Diyorum ya, acılar insanı olgunlaştırıyor. Giderek onu da olduğu gibi kabul ediyorum. Benim gibi, annem gibi olmasını beklemiyorum ondan.

Ve orada otururken, Oktay'dan ayrılmakla doğru kararı vermiş olduğumu bir kez daha gördüm!

Farklı kişiliklerin bir arada yaşamasının ne kadar güç olduğu, babamın kişiliğinde ve orada yaşadığım o küçücük örnekte çok çarpıcı bir biçimde karşımda duruyordu. Bir baba-kız arasındaki tutum farkı bu denli sarsıcı olabiliyorsa, gerisini düşünmek bile istemiyorum.

Ve kendime... Afferin, Serra, diyorum. Doğru olanı yapabildin! Bunu başardın!

Kolay olmadı ama çok düşündün ve kendin için doğru olanı buldun.

Ve bunu uygulama yürekliliğini gösterdin!

Kolay değildi.

Hem de hiç kolay değildi.

Kutlarım seni!

Kendi kendimin sırtını sıvazlıyordum sanki. Bu duygum gülümseme olarak yüzüme yansımış olmalı ki, Yasemin, "Hah şöyle," dedi. "Sonunda seni gülümsetebildim."

Babam da gülümsüyordu.

Ben doğru kararı verdim diye gülümserken, onlar da bunu, beni oyalayabildikleri için gülümsüyorum, şeklinde aldılar. Olsun!

Hiç bozmadım, böylece keyifli sayılabilecek bir akşam yemeği yemiş olduk, sonra da beni babaanneme bıraktılar.

"Babaanneciğim," diye boynuna bir atıldım ki, kadıncağızı az kaldı düşürüyordum.

"Dur, dur," dedi ama beni özlemiş olduğu her halinden belliydi. Çünkü ne azarladı, ne de rahat bırak beni, diye itiştirdi.

Sonra ona şöyle bir baktım. "Babaanne, maşallah çok iyi görünüyorsun."

Gençliğinde ince uzun bir kadınmış, yaşlandıkça bu incelik ona kuru, kupkuru bir görünüm kazandırmış. Gram fazlası yok. Ve sanki onu ayakta tutan işte bu kuruluk... Nitekim, bu kez de karşımda dimdik duruyordu. Sırım gibi... Kupkuru...

O da bana baktı ve klasik cümlesini kullandı. "Yüzün kaşık kadar kalmış."

Sonra, "Haydi gel de otur şuraya," diye elimden tutup beni o en sevdiği köşeye, pencerenin önüne götürdü. Yine dip dibe oturduk.

"Babamlarla yemeğe gittik," dedim. "Sana haber vermişler."

"Verdiler," dedi önemsemez bir tavırla. "Eminim bu acayip fikir, o acayip kadının kafasından çıkmıştır."

"Nesi acayip babaanne?"

"Otobüsten yorgun argın inen insan alınıp da yemeğe götürülür mü? Hele de çay saatinde."

"Şimdi ona erken akşam yemeği diyorlar, babaanne."

"Hıh..."

Sokak lambalarının aydınlattığı yerlerde ince ince yağan yağmuru görebiliyorduk.

"Hava burada da kötü," dedim. "İstanbul'da da sürekli kapalı, yağmurlu... İnsanın içini karartıyor."

Elimi okşadı. "Deden için çok üzüldüm, Serra," dedi. "Annen bana her şeyi anlattı. Eksik olmasın, hiç habersiz bırakmaz beni."

"Babaanne, öyle kötü günler geçirdim ki... Hoş, hâlâ iyi değilim ya... Nerden başımıza geldi bunlar sanki..."

"Öyle deme, Allah'ın gücüne gider! Hepimiz günün birinde toparlanıp gideceğiz. Herkese bir bahane lazım. Kimi kazada gider, kimi hastalıkta... Bu senin alnına yazılmış bir kere, vaden dolunca gideceksin. Onun için isyankârlık yapma. Allah insana dert veriyor ama sabrını da veriyor. Sabredip mütevekkil olacaksın."

Sustu babaannem. Asılında o bu kadar konuşmaz. Benim için, beni teselli etmek amacıyla yapılmıştı bu konuşma.

Ellerini sıkı sıkı tuttum. "Sen kendine iyi bak, e mi babaanne?"

Omzunu silkti. "Bu dünya kime kalmış ki, bana kalsın. Hepimiz günü gelince gideceğiz."

"Böyle konuşma babaanne!"

Babaannem baktı beni istediği çizgiye getiremiyor, lafı değiştirdi hemen.

"Hem sen bırak bu ahret laflarını da, neden nişanlından ayrıldın, onu anlat bana."

Bir an durakladım; konuya nereden gireceğimi düşünüyordum.

"Yoksa ağzı mı kokuyordu?"

"Ay, babaanne! Bu da nereden çıktı şimdi?"

"Ne bileyim, en kabul gören ayrılma nedenidir de ondan. Bizim zamanımızda kadınlara bunu sorarlardı, ağzı kokuyorsa hemen boşatırlardı."

"Üff, babaanne. İğrenç!"

"İyi ya, biz de güzel demiyoruz ki..."

Yine çıkmaz sokaklara doğru yol almaya başlamıştık.

"Hayır, öyle bir şey yok," diye bu sevimsiz konuyu kapattım.

"Ne öyleyse?"

Başladım anlatmaya. Annemle babamı örnek vererek, onu haklılığıma inandırmaya, ikna etmeye çalıştım.

Dinledi, dinledi. Ben susunca, "Zaten bu kadar uzayan işten ne hayır gelir," şeklinde bir özetleme yaptı.

Tıpkı dedem gibi...

Bütün irademi kullanıp bu sözlere cevap vermedim. Tartışacak halim yoktu.

Babaannem konuşmasını sürdürdü.

"Bak senin kaç senene mal oldu! Gitti en güzel yılların, artık seni kim alır?.."

"Sağ ol babaanne yani... Ne de güzel moral veriyorsun, annem de Ankara'ya git, havan değişsin, moralin düzelsin, demişti. Hem babam hem de sen ne güzel destek oluyorsunuz insana..."

"Ne dedim ben şimdi?"

"Yok ağzı kokuyor mu, yok kim alır seni bu saatten sonra... Daha ne diyeceksin?.."

"Sen o zaman beni dinleseydin bunların hiçbiri başına gelmeyecekti."

"Neyi dinlememişim ben?"

"Hani seni Safiye'nin torununa yapacaktık ya... Yok erken, dedin; yok ben okuyorum, dedin. Meğer işin içinde iş varmış. Ama ben bildimdi," dedi parmağını bana doğru sallayarak, "ben bildimdi! Senin mutlaka anlaştığın biri var ki, bu bahaneleri öne sürüyorsun, demiştim sana. Bak işte, benim dediğim çıktı ve sen o aslan gibi delikanlıyı, üstelik ekmeğini eline almış delikanlıyı, bir talebe için kaçırdın. İyi marifet yaptın!" diye homurdanarak oturduğu yerde koltuğuna daha bir yerleşti.

Gözleri gözlerimin içindeydi; sipsivri çiviler gibi...

Öfkeli bir horoz gibi bakıyordu. Kendimi tutamayıp gülmeye başladım.

"Gül, gül! Siz bu kafayla gittikçe, daha çoook kuru başınıza kalırsınız."

"Canım, elbette beni alacak biri çıkar babaanne. Üzülme bu kadar."

"Geçmiş ola... Hem sen kaç yaşında oldun şimdi?"

"Yirmi beş."

"Ooo, o yaşta benim çocuğum çoktan okula başlamıştı bile."

"Artık devir değişti! Artık kızlar otuzundan sonra evleniyorlar."

"Ben parklarda pekâlâ da gencecik anneler görüyorum ama..."

"Babaanneciğim, bu devirde ya okulda anlaşıp evleniliyor, ya da çok sonra, yani otuzlarında evleniliyor."

"Nedenmiş o?"

"Çalışmaya başlıyorsun da ondan. Para kazanıyorsun, biraz gezip tozmak istiyorsun. Ayrıca, mesleğinde yükselmeye başlıyorsun. Bunu başarabilmek için de çok çalışmak gerek. Ancak otuzlarda başarını kanıtlayabiliyorsun. Ondan sonra da, eh, artık evlenebilirim, diyorsun."

"Tabii, birini bulabilirsen..."

"Aynen," dedim ve bu kez o da bana katıldı, epeyce güldük.

Ve yine bir babaanne klasiği...

"Güldüğüme bakma, sinirimden gülüyorum."

"Sen benim için o kadar üzülme; hem nasıl olsa senin arkadaşlarından birinin, kıyıda köşede kalmış bir torunu filan vardır. Baktık beni alan yok, öyle biriyle baş göz edersin, olur biter."

"Geçmiş ola," diye elini salladı, yüzünde umutsuz bir ifade. "Safiye'nin torununu da kaçırdın işte."

"Yaa... Özgür evlendi mi?"

"Evlense Safiye bana söylerdi ama geçenlerde Safiye'ye gelmişti, yanında da pek güzel, alımlı, sarışın bir kız vardı. Üstelik gencecikti kız..."

"Yani benim gibi kemale ermemişti, öyle mi?"

"Sen alay et daha..."

Meğer babaannemle sohbeti ne kadar da özlemişim.

Ve şimdi bu satırları çocukluğumun odasında yazıyorum. Her köşesi beni yıllar öncesine götüren odada...

24 Şubat, Perşembe

İki gün babaanneciğimle kesintisiz mutluluk yaşadık.

Sabahları geç saatlere kadar uyudum. Sonra onun o enfes reçelleriyle kahvaltımı yaptım. Böylesi kahvaltıları biz annemle çoktan unuttuk. İşe yetişeceğiz diye ağzımıza bir şeyler atıp fırlıyoruz evden. Ya da, sürekli diyet halinde olduğumuzdan, yağsız peynir (kibrit kutusu büyüklüğünde) kepekli ekmek, domatesle açlığımızı bastırıyoruz.

Oysa babaannemin kahvaltı sofrası öyle mi ya... Bir kere tam yağlı beyaz peynirle, kaşar peyniri sofranın ikizleri, olmazsa olmazları, sonra siyah ve yeşil zeytin kardeşler, üç çeşit reçel... Bu sabah ayva, vişne ve kayısı vardı örneğin. Ve sucuk...

Ve -sofranın şahı- fırından çıkma, taptaze, sımsıcak ekmek... Dirsekleri kıtır olanlardan...

İşte ben böyle bir cennette yaşıyorum, sevgili defter.

Sonra, salaş bir vaziyette, gelsin gazeteler, gitsin sabah TV programları...

Dışarıda yağmur mu yağarmış, sulu kar mı, kimin umrunda...

Öğlen oldu, haydi Serra Hanım, buyrun sofraya... Mercimek çorbaları, kuru köfteler, şehriyeli pilavlar...

Sonra çay saati... Bebe bisküvileri (daha çok babaannem için) simit ya da fırından gelme ağızda dağılan taptaze kurabiyeler...

Bir iki el tavla... Yine mızımalar, türlü hileler, karşılıklı suçlamalar...

Derken akşam yemeği... Sonra da televizyonun karşısına kurulup babaannemin hastası olduğu dizinin ciddiyetle izlenmesi... Meğer ne çok dizi varmış... Meğer sabah ve akşam ne programlar varmış... Böylece benim de popüler kültürüm artmış oldu.

Babaannem sıkı bir izleyici. Onu, tarafına çeken resmen yaşadı. Tam bir taraftar; ne taraftarı fanatik... fanatik...

O nedenle babaannemin favori dizisi başlayınca bazı kurallara uymak, zorunluluğu var.

Bir –dizi başlayınca girip çıkmak yasak. Ekranın önünden geçmek ise kesinlikle yasak.

İki –konuşmak bütünüyle yasak.

Üç –reklam aralarında bile sesi kısmak yasak.

"Babaanne, mecbur muyuz bu reklamları böyle bangır bangır dinlemeye..." dediğimde, aldığım cevap, "Dizi başlarsa, başını kaçırırız sonra..." oldu.

Ayrıca, uzaktan kumanda aletini de sıkı sıkı elinde tuttuğundan, yapılacak bir şey yoktu zaten.

Ama, sevgili defter, bu bana öyle iyi geldi, öyle iyi geldi ki, anlatamam. Babaannemin evinde, iyileşme sürecini yaşayan bir hasta gibiyim. Ve her geçen gün daha bir toparlanıyorum.

Sırma'nın evinde bu böyle olamazdı işte.

Burada beni her halimle kabul eden, beni kayıtsız şartsız bir sevgiyle kucaklayan nenemin evindeyim. Bir sığınaktayım anlayacağın. Oysa Sırma'nın evinde bir yabancı var; orada derli toplu olmam, kibar konuşmalar yapmam beklenir benden.

Anacığım, aklınla bin yaşa!

Ne iyi ettin de beni babaanneme gönderdin.

Bugün Yasemin beni öğle yemeğine davet etti, sonra da onunla sinemaya gittik. Aslında bu programa pek de bayılmamıştım ama çok ısrar etti. Ben de kıramadım. Sanki sırf babaannem için gelmişim gibi, onları dışlıyormuşum gibi olacaktı.

Yine hoş bir yer seçmiş, babam da bize katıldı. Havadan, sudan, zararsız konulardan konuştuk. Sonra babam, "Siz hanımları baş başa bırakmak zorundayım, yine görüşürüz," diyerek gitti; biz de Yasemin'le kaldık mı baş başa?...

Üff, bu vakit nasıl geçecek, diye düşünürken, meğer Yasemin dört matinesine bilet almamış mı?...

"O vakte kadar birer kahve daha ısmarlayıp burada azıcık çene çalmaya ne dersin, Serracığım?" dedi. Çaktırmadan saatime baktım, üçe geliyordu. Eh, bir saati de idare edebiliriz herhalde, diye düşündüm.

"Serracığım," dedi. "Sana söylemek istediğim bir şey var, umarım seni sıkmam."

Yandık, diye feryat ettim içimden.

Dışımdansa, "Rica ederim, ne diye sıkılayım," dedim kibar kibar.

"Geçen gün babanın sözleri seni üzdü. Ama inan o, öyle demek istemedi. Senin için üzülüyor."

"Babamla anlaşabilmek için çoğu kez aramızda bir çevirmene ihtiyacımız oluyor."

"Baban, seni üzgün gördüğü için, acaba böyle bir karar almakta acele mi ettin, dedi."

"Neyse," dedim. "Önemli değil, artık bu tür çatışmalar beni üzmüyor. Aynı dili konuşmadığımız kesin. Ben bu gerçeği kabullendim."

"Erkekleri bilirsin Serracığım, en son söyleyeceklerini kalkıp en başta söylerler. Onun için, babanın söylediklerini o kadar da ciddiye alma. Baban iyi bir adam ama bazı hallerini görmezlikten gelmek, bazı sözlerini ise çok da ciddiye almamak gerek."

İşte tam bu noktada durmak lazım, arkadaşlar.

Çünkü...

Çok önemli!

Yaşamsal bir nokta bu...

Annemle Yasemin'in arasındaki farkı belirleyen nokta... Annem, babamı ciddiye alıyordu. Yasemin ise almıyor!

Babamla Yasemin ilişkisindeki başarı nedeni, Yasemin'in onu ciddiye almaması olduğuna göre; babamın ciddiye alınmayı hak etmediği ortaya çıkıyor.

Ne ilginç bir tezat, değil mi?

Buradan geliyoruz Oktay'a...

Gün gelecek Oktay da, onun bazı hallerini, sözlerini ciddiye almayan, ya da ne bileyim, daha anlayışla karşılayan biriyle mutlu olacak. Ve müşterek dostlar diyecekler ki, Serra, bu konuları ciddiye alırdı, oysa falanca almıyor, ya idare ediyor, ya da hoş görüyor...

İşte, Serra'yla falancanın arasındaki fark, diyecekler.

Tıpkı benim az önce annemle Yasemin arasındaki fark için düşündüğüm gibi... Dalmış gitmişim!

Yasemin koluma dokundu, "Yalnız ben de sana şunu söylemek istiyorum. Bir insanın en ufak bir şüphesi varsa, fırsat varken geri dönmeyi bilmeli. Ve ben seni kutluyorum, sen çok zor ama bir o kadar da doğru bir iş yaptın."

"Sahi mi söylüyorsunuz?" dedim sevinçle karışık bir şaşkınlıkla.

Gerek babam gerekse babaannem bu kararımı biraz buruk karşılamışlardı. Onun için ailenin bu kanadından birinin beni desteklemesi, ne yalan söyleyeyim, hoşuma gitti.

"Bütün içtenliğimle söylüyorum bunu. Çünkü, ben de bir zamanlar böyle bir şey yaşamış ama senin yürekliliğini gösteremeyip yıllarca yanlış evlilik yaşamış bir kadınım."

"Sahi mi?"

"Evet," dedi Yasemin. "Gül'ün babasıyla evlendiğimde bunun yürümeyeceğini biliyordum. Ama bizim zamanımızda, aileler destek olmuyor, âlem ne der, diyorlardı.

"Anneme açacak olmuştum, onca ay nişanlı kaldınız, ne der herkes sonra, demişti ve eklemişti, sakın baban duymasın böyle laflar ettiğini..."

Bu kez onun gözleri dalıp gitmişti uzaklara. "Yıllar sonra, daha güçlü olduğum zaman, bu evliliği bitirdim ama bu arada da neredeyse bir ömür geçti. Onun için Serracığım, iyi yaptın derken, bunu teselli olsun diye değil, yürekten inanarak söylüyorum. Çok gençsin, upuzun bir hayat uzanıyor önünde. Ve kim bilir ne güzel olaylar bekliyor seni..."

"Aman ne olabilir ki?.."

"Öyle deme Serra! Ben şu yaşımda babanı bulup mutlu olabildikten sonra, senin gibi genç ve güzel bir kızı kim bilir ne hoşluklar bekliyor."

Duy babaanne duy!

Bak, âlem ellilerinde yeni hayatlar kuruyor. Bak, bana da genç ve güzel diyorlar.

Duy! Duy!

Bir saat nasıl geçecek derken, sinemaya ancak yetiştik. Başarılı bir komediydi, bol bol güldük.

Beni eve bırakırken, "Serracığım, cumartesi gününü bana ayırmanı istiyorum," dedi Yasemin. "Babaannenle kafa dinlediğinin farkındayım, onun için sana bize gidelim diye baskı yapmak istemiyorum. Ama sen gitmeden bir kez daha buluşalım istiyorum."

"Memnuniyetle."

"Cumartesi sabahı görüşürüz canikom," dedi ve parfüm kokuları saçarak yok oldu.

Yasemin'le bayağı oyalanmış, umduğumdan da iyi vakit geçirmiştim.

Akşam babaannemle çekirdek yiyerek onun dizi filmini izledik. Daha sonra da boza içtik.

Bu gidişle İstanbul'a dev boyutlarda döneceğim.

25 Şubat, Cuma

Bugün babaannemin has arkadaşı Safiye Hanım, beni ziyarete geldi.

Şu eski zaman insanları ne kadar nazik oluyorlar.

Tabii babaannem, onun diliyle söylemek gerekirse, gıldır gıldır her şeyi anlatmış.

Safiye Hanım, dedem için teselli anlamında çok güzel şeyler söyledi.

Oktay konusuna da çok dikkatli, çok özenli biçimde dokunup geçti ve hakkında hayırlısı kızım, dedi. Hepsi bu!

Onların çay servisini ben yaparak, babaannemin yüzünü ağarttım! Babaannem için bir başka gurur konusu da torununun kalkıp İstanbul'dan gelerek onu ziyaret etmesi, onda kalması, zamanını onunla geçirmesiydi.

Bu sözleri duyunca, ne yalan söyleyeyim, utandım.

"Babaanneciğim," dedim, "bilmem bütün bu güzel sözleri hak ediyor muyum? Ben buraya dertlerimi unutmaya geldim; üstelik sen bana bakıyorsun."

"Öyle deme... Şimdiki gençler dert dağıtmak için yok Bodrum, yok Antalya, oralara gidiyorlar. Yurt dışına bile gidenler var. Ben bilmem mi... Pek çok arkadaşımın torunu böyle yapıyor. Ama sen derdini aldın, bana geldin. Geldiğinden beri de yanımda oturuyorsun, yani öyle evi otel gibi kullananlardan değilsin. Safiye de tıpkı benim gibi düşünüyor. Hatta dedi ki, bu devirde kalkıp babaannesine gelen, onunla dertleşen genç kalmadı. Aferin Serra'ya..."

Yaa, sevgili defter, bak iki gündür ne iltifatlar topluyorum.

Dün, Yasemin bana genç ve güzel, dedi.

Bugün babaannemle Safiye Hanım benim hayırlı bir torun olduğum konusunda birleşmişler.

Eh, artık bana karada ölüm yok.

26 Şubat, Cumartesi

Bugün yine Yasemin ve babamla buluştuk, yine havadan sudan konuştuk. Zaten ben de artık beni üzen konulara girmek istemiyorum. O kadar çok üzüldüm, o kadar çok ağladım ki...

Yasemin, "Biliyor musun Serra, bu bir hafta sana bayağı iyi geldi. İlk geldiğinde öyle solgun, öyle yorgun bir halin vardı ki..." dedi.

"Bol bol uyudum, babaannem beni sürekli besledi, sizinle de gezdim tozdum... Tabii böyle olunca toparlandım."

Öğle yemeğinden sonra beni eve bıraktılar, vedalaştık, öpüştük.

Evde, babaannemle akşama kadar pencerenin önünde oturup birlikte geleni gideni izledik.

"Babaanneciğim," dedim, "sana çok teşekkür ederim. O güzel yemeklerinin sayesinde kendimi çok daha iyi hissediyorum, ayrıca burada bir güzel dinlendim. Artık İstanbul'da eskisi gibi koşuşturabilirim. Ama –bir büyük eksik var."

"Neymiş o?"

"Sen bize ne zaman geleceksin?"

"Dur hele!"

"Dur mur yok! Ne zaman geleceksin?"

"Şu kış bir geçsin..."

"Ohoooo..."

"Ben öyle kış kıyamette yola çıkamam."

"O zaman haydi gel beraber gidelim."

"Sen delirdin mi, şimdi olmaz."

"Babaanne yaa..."

"Bak, ben geleceğim zaman size haber veririm."

"Ama söz mü?"

"Söz! Söz!"

Babaannemi İstanbul'a getirteceğim. Çok kararlıyım. Öyle ya da böyle...

3 Mart, Perşembe

Bu akşam kiminle yemeğe çıktım, bil bakalım, sevgili defter. Bilemezsin! Nereden aklına gelecek. Öyleyse söyleyeyim. Özgür'le... Şaştın bu işe değil mi?

Efendim, Ankara'dan döndükten sonra... Bu arada annemin de, iştekilerin de beni çok iyi bulduklarını söylemeliyim; anla, babaannem ne biçim beslemiş beni...

Evet, ne diyorduk... Ankara'dan döndükten sonra, salı akşamı, bir telefon...

"Serra Hanımla görüşebilir miyim?"

"Benim, buyrun," dedim ama ses hiç yabancı gelmiyordu.

"Var mı böyle vefasızlık?.. İnsan münasip kısmetinin sesini bu kadar mı çabuk unutur?.."

"Özgür!" diye çığlık attım.

"Yaa..."

"İnan, ben bu sesi tanıyorum, diye düşünüyordum."

"Tabii unutursun! Özgür Abini ne aradığın var, ne de sorduğun."

"Sanki sen çok arıyorsun da..."

"Ne ayıp, ne ayıp! Cici kızlar abileriyle böyle mi konuşur?"

"Peki, nereden aklına geldi beni aramak?"

"Bizim altın kızlardan duydum; gene ortalığı dağıtmışsın! Dur şunu bir arayıp işin aslını öğreneyim dedim."

"Tahmin edebilmeliydim! Babaannemin çenesi durmaz ki..."

"Yok, bak Kadriye Teyzenin günahını alma. Ne dedim ben sana az önce. Altın kızlar, yani Kadriye-Safiye ikilisi şeklinde..."

"Çok üzücü olaylar yaşadım ve hâlâ yaşıyorum be Özgür..."

"Duyunca ben de üzüldüm, onun için hemen aradım. Benim yapabileceğim bir şey var mı? Gerçi Oktay kardeşimiz bizi sevmez ama sen istersen ben gidip onunla konuşabilirim."

"Sağ ol Özgür, teşekkür ederim ama o iş bitti. Hem de kesin olarak bitti. Aslında bunlar telefonda konuşulacak konular değil."

"Haklısın," dedi Özgür. "Deden için de çok üzüldüm. Bu iki olayın üst üste gelmesi..."

"Haydi, bırakalım bu üzücü konuları... Sen ne yapıyorsun, işler nasıl? Seni alacak biri çıkmadı mı hâlâ?"

Bir gevrek kahkaha ulaştı bana.

"Kimse beni beğenmiyor ki..."

"Nasıl olur, yakışıklısın, yeteneklisin, koskoca bir avukatsın..."

"Bakan çok, alan yok..."

Hadi bu kez ben kırıldım gülmekten. Ne lafları vardır şu Özgür'ün.

"Ama ben öyle duymuyorum."

"Eyvah! Yoksa bizim altın kızlar paparazziliğe mi soyundular?

"Sarışın ve de alımlı ve de dünyalar güzeli bir genç hanımla görmüşler sizi Özgür Bey..."

Hiç ses yok!

"Kimdir? Kimlerdendir?"

"İyidir. İyilerdendir. İdare eder."

"Gördün mü bak, ortada kalmamışsın."

"Orası belli olmaz. Dedim ya, bakan çok, alan yok."

Gülüştük.

"Bak ne diyeceğim Serra, istersen perşembe akşamı gelip seni alayım, sakin bir yere gidip konuşalım, dertleşelim. Ne dersin?"

Şöyle bir düşündüm. Özgür'le öyle rahattım ki... Ayrıca, Oktay hikâyesini baştan sona biliyordu. O nedenle, Özgür'le konuşmak büyük olasılıkla bana iyi gelecekti. Hem o akıllıydı, bakalım ne diyecekti bütün bu olup bitenlere.

"İyi olur, derim."

"Tamamdır! Gitmek istediğin özel bir yer var mı? Aslında dertleşmek için meyhaneler birebirdir; çekeriz rakıları karşılıklı... Bir fırt sen, bir fırt ben..."

"Sen delirdin mi?" diye feryat edince, bir güldü, bir güldü Özgür.

"Kusura bakma, senin ne kadar steril bir hayat sürdüğünü unutmuşum," dedikten sonra ekledi, "Şaka yapıyoruz kızım, şaka..."

Özgür'ün insana nasıl takıldığını unutmuşum.

"Oldu o zaman! Perşembe günü gelip seni işyerinden alıyorum," dedi ve bu kez de, "Hâlâ aynı yerde çalışıyorsun, değil mi? Olur a, orayı da dağıtmışsındır..." diye takılmasını sürdürdü.

"Özgür!"

"Derhal sustum!"

Telefonu kapattığımda gülümsediğimi fark ettim. Özgür, koca adam ama nasıl da çocuklaşabiliyor, insanı nasıl da güldürüyor. Böylece bugün gelip beni işten aldı.

Onu görünce koşup sarıldım. O da bana sarıldı, sonra, "Dur bir bakayım sana," diyerek ciddi ciddi beni tepeden tırnağa süzdü. "Hmmm... idare edersin." "Sen de fena sayılmazsın." Karşılıklı gülmeye başladık. "Özlemişim seni Özgür."

"Aramasam, arayacağın yok ama..." dedi ve hemen ekledi. "Haydi bu kadar gevezelik yeter. Benim Yeniköy'de bir balıkçım var, seni oraya götürüyorum."

"Harika."

Bir süre sonra, denize uzanmış küçük bir lokantada karşılıklı oturuyorduk.

Çok olmuştu onu görmeyeli...

Saçları hâlâ uzundu. Uzundu dediysem, eskisi gibi omuzlarında değil de, çene hizasındaydı. Böyle saç yakışıyor Özgür'e...

Birdenbire, "Biliyor musun Özgür," dedim, "yarın değil öbür gün benim düğün günüm..."

Şaşırmıştı. "Nasıl yani?"

"Evlilik tarihimizi 5 Mart olarak kararlaştırmıştık. Aslında, düğünümüz mayıs ayında mayıs gülleri açarken yapılacaktı. Herkes, ne güzel, ne romantik bir dönem, demişti. Sonra, bazı engeller nedeniyle, nikâhımızı mart ayına, 5 Mart'a çektik. Bugün 3 Mart ve ben seninle karşılıklı oturmuş, gerçekleşmemiş düğünümü konuşuyorum."

İşte böyle bir lafı ancak Özgür'e söyleyebilirdim!

O ise tek kelime etmeden beni dinliyordu. Yargılamayan, hoşgörülü bir dost tavrıyla...

Ve anlatmaya başladım. Özgür'e, olayları, insanları şikâyet ediyordum sanki. Bak bana neler oldu, dercesine anlatıyordum.

O, bir zamanlar beni anlamış, bana yardımcı olmuş, derdime çareler bulmuştu. İşte onun için Özgür'e içimi döküyor, derdimi, üzüntümü tüm çıplaklığıyla ortaya koyuyordum.

Anlattım! Anlattım! Anlattım!

Sustuğumda, içim boşalmıştı sanki...

Ama –bir şey daha vardı.

Taa gerilerde...

Hâlâ beynimi kemirmekte olan bir soru...

Son bir gayret...

Ve o soruyu da sormalıydım.

Tüm cesaretimi toplayıp, "Özgür," dedim, "sence ben doğru mu yaptım?"

"Bunu en ivi bilebilecek kişi sensin."

"Ama ben sana soruyorum," diye üsteledim. "Senin düşüncelerin benim için önemli; fikirlerine değer verdiğimi bilirsin."

"Sen bu konuyu annenle, dedenle, arkadaşlarınla tartışmışsın; aldığın yanıtlar yeterli olmuyor mu?"

"Annemle dedem, yani ailem, söz konusu kişi ben olunca ister istemez taraf oluyorlar. Ve benim üzüldüğümü görünce, bu iş bitsin, havasına girdiler. Arkadaşlarıma gelince, onların yanıtları da... nasıl anlatsam... duygusal nedenlere dayanıyor gibiydi. Melis, kendi çektiklerini göz önüne alıp, yoğurdu üfleyerek yemek taraftarıydı. Dilek ise ille de Oktay'la evleneyim istiyor, gerçeklere kulak vermeye yanaşmıyordu."

Durdum. Özgür hâlâ susuyordu.

"Bense," dedim pek de güçlü çıkmayan bir sesle, "doğru yaptığıma inanıyorum ama bunu bir de senden duymak istiyorum. Daha doğrusu, senin ne düşündüğünü bilmek istiyorum. Lütfen, Özgür..."

Bana doğru eğilip gözlerimin içine baktı.

"Bence," dedi, "Sen doğru kararı vermişsin! Daha önce, mezuniyet yılında da Oktay'la bir kriz yaşamıştınız ve ben o zaman sizin birbirinizi sevdiğinizi söylemiş, senin biraz daha çaba gösterip, Oktay'a yardımcı olmanı önermiştim. Hatırlıyorsun, değil mi?"

"Nasıl unutabilirim ki..."

"Nitekim, bir süre sonra, nişanlandığınız haberini yine senden almış ve senin adına mutlu olmuştum. Ama şimdi şu anlattıklarına bakıyorum da..."

Nefesimi tutmuş, dinliyordum. Ruhumun huzuru onun söyleyeceklerine bağlıydı sanki.

"Madem hayata bu denli farklı bakıyorsunuz, bu önünde sonunda bir noktada patlak verecekti. Sen, evlendikten sonra katlanarak çoğalacak üzüntüleri, erken davranıp önlemişsin. Mesele bundan ibaret."

Önce bir ohh dedim içimden, sonra da, "Sakın bunu bencil bir nedenle, sırf kendimi rahatlatmak amacıyla soruyorum zannetme," dedim bir çabuk. "Oktay'ı ve kendimi bunca üzdüğüme göre bari aldığım karar doğru mu; uzun vadede bizim için daha mı iyi oldu; işte bu nedenle döne döne aynı soruyu sorup duruyorum. Sen ise, diğerlerine kıyasla, en taraf tutmayacak kişisin. İşte onun için senin ne düşündüğün önemli."

"Bu kadar zaman birlikte olup, içinde hâlâ kuşkular taşımak da zaten işlerin yolunda gitmediğini gösteriyor. Onun için bana sorarsan; için rahat olsun, sen ikiniz için de en doğru olanı yapmışsın, derim."

"Sağ ol Özgür, senin bu sözlerin beni ne kadar rahatlattı, anlatamam."

"Görevimiz dertlere deva olmak..." "Bir şey daha var," dedim "Kızım, sende de dert bitmiyor."

"Bak, bu son! Bir daha asla ve asla bu tür konularla seni sıkmayacağım."

"Aşkolsun! Biz seninle iki eski dostuz, elbette sıkıntılarını benimle paylaşacaksın. Söyle bakalım, nedir sıradaki dert?" "Beni tedirgin eden bir konu da, sürekli insanları üzmem..." "Nasıl yani?"

Öyle gizli kuşkular, öyle gizli sorulardı ki bunlar, arkadaşlarıma bile soramazdım. Ama Özgür başkaydı...

"Örneğin, bir lise aşkım vardı, adı Cüneyt. Benim için çok önemliydi. Sonra Oktay girdi hayatıma. Sonuçta, benim için önemli olan bu iki insanı da üzdüm.

"Ne bileyim, bu bir başarısızlık gibi geliyor bana. Arkadaşlarım tanışıyor, birbirlerini seviyor ve evleniyorlar.

"Ben neden bir türlü bunu başaramıyorum?

"Neden insanlara sadece üzüntü veriyorum?

"Doğal olarak, ben de mutsuz oluyorum bu arada.

"Neden bu böyle?

"Neden?"

"Sanırım sen yıllar içinde büyüyor, aşamalar kaydediyorsun ama seçtiğin erkekler seninle birlikte büyüyemiyorlar," dedi.

Sonra yine bana doğru eğildi. "Bak sana ne diyeceğim. Kimi kolay sever, kolay bırakır, kelebek gibidir. Kimi de senin gibidir; zor beğenir, zor sever ama sevince de o kişi için elinden geleni yapar. Sen böyle bir insansın, sevdiğin için elinden geleni yapıyorsun ama bunu kölelik noktasına da taşımıyorsun.

"İşte bu çok önemli!

“Prensiplerin, değerlerin ve inandığın kendi doğruların var, yaşadık’arın bunlarla çatışınca şapkanı alıp, gitmeyi biliyorsun.

“Güçlü bir kişiliğin var, Serra. Ve bu seni pek çok yanlıştan koruyor. Yeterince güçlü olmadığı için, hiçbir yere varamayacak ilişkilerle oradan oraya sürüklenen arkadaşlarım oldu. Onlar için üzülmekten başka bir şey gelmiyor insanın elinden.

“İşte sen böyle değilsin!

“Güçlüsün!

“Seni şu anda kendini böyle sorgulamaya iten, duyarlı bir insan oluşundur.

“Ama şunu bil ki, sen, Oktay ve kendin için yapman gerekeni yaptın.

“Suçluluk duygusuna takılıp kalma! Ve noktayı koy artık! “Bundan böyle kendi yolunda yürümeye devam et.”

“Demesi kolay,” diye mırıldandım.

“Sen denizleri aştın, derede boğulmanı istemem. Onun için noktayı koy ve yoluna devam et,” diye tekrarladı Özgür.

Yaa, sevgili defter, işte böyle bir dertleşmeydi bizimki... İçimde bir hafiflik, bir ferahlık var.

Sanırım bu gece, uzun zamandan bu yana, ilk kez rahat bir uyku uyuyacağım.

11 Mart, Cuma

Amanin!

Melis doğurmuş!

Şu an sabahın dördü...
Az önce Dilek aradı.
Derhal anı defterime not edeyim, dedim.
Boru mu bu!
Teyze olduk, teyze...
Daha uygar bir saatte buluşup hastaneye gideceğiz.

Sabah, işe gitmeden hastaneye uğradık, Melis uyuyormuş, bebiş de ortalıkta yoktu. Böylece akşam tekrar hastanedeydik.

Aman da aman...

O ne minik şey öyle...

O ne tatlı şey öyle...

Bebekten, Melis'in bebeğinden söz ediyorum, tabii ki...

Neyse...

Hafifçe kapıya vurdum ve "Girin" sözcüğünü duyar duymaz Dilek'le birlikte içeri daldık. Bir de baktık, Melis kızımız yatağında oturmuş vaziyette, kucağında da mini minnacık bir bebe...

Melis'in yüzü aydınlandı bizi görünce. "Hoş geldiniz çocuklar."

"Teyzeler geldi," dedik, bir ağızdan.

"Ya çocuklar, bu bir türlü emmiyor." Kaygılıydı yüzü...

Annesi, "Kızım, bu kadar sabırsız olma, yavaş yavaş alışıp, sonunda alacak," diye Melis'i teselli etmeye çalıştı.

"İyi ama şu kadar saat oldu, hâlâ almıyor, acından ölecek bu." "Bu, deyip durma, adı var onun."

"Evet, dedim kendimi tutamayıp lafa karışarak, "Başak desene şuna..."

Melis bizi duymamışçasına bebeğin başını göğsüne doğru itiştiriyordu.

"Emzirmek için getiriyorlar, kollarıma aldığım an, uyuyakalıyor, tabii emziremiyorum. Fazla da ısrar etmek istemiyorum, bir kitapta okumuştum. Çok ısrarcı olmayın, sonra ters etki yapar, diyordu. Uyuyakalınca, alıp götürüyorlar, bu sefer uyanıp başlıyor ağlamaya..." Bunları anlatırken neredeyse kendi de ağlayacak gibiydi.

"Canım," dedi Dilek, pek bilirmiş gibi böyle konuları, "hangi bebek acından ölmüş ki... Hepsi bir şekilde şu emme işini çözmüş, Başak Hanım mı çözemeyecek?.."

Biz böyle Melis'i teskin etmeye çalışırken, orta yaşlı, sert yüzlü bir hemşire girdi içeri. Gidip, Melis'in bebeğinin başına dikildi.

"Almıyor mu?" dedi, otoriter bir sesle.

"Almıyor," dedi bizim kız, yalvarır gibi.

Bebeği, seri hareketlerle Melis'in kucağında emmeye yönlendirirken, "Haydi bakalım küçükhanım, yemek vakti," dedi, hemşire, "Uğraştırma bizi."

Bunun üzerine Melis en kibar sesiyle, "Kitaplar fazla ısrarcı olmamamız konusunda uyarıyorlar," dedi.

Hemşire, Melis'e şöyle bir baktı, "Bebekler o kitapları okumazlar," dedi ve bebeğin başını tuttuğu gibi Melis'in memesine yapıştırdı.

Hepimiz donmuş, seyrediyorduk. Ne yapıyordu bu kadın.

Derken önce hafif hafif, sonra bayağı duyulur biçimde cuk-cuk-cuk diye emme sesleri gelmeye başladı.

Melis sevinç içinde, "Çocuklar, emiyor! Memeyi aldı," dedi, bebeği ürkütmemeye çalışarak.

Hemşire biraz daha bekledi, sonra, "Tamam," dedi. "Siz emzirin, ben daha sonra gelir, onu alırım."

"Çok teşekkür ederim," dedi Melis, gözlerinde şükran, "çok teşekkür ederim."

O sert yüz, anneyle bebeğe bakarken yumuşadı ve küçük bir gülümsemeyle bu teşekküre karşılık vererek odadan çıktı.

"Üff, amma da otoriter kadın."

"Ama sorunu çözdü, ne haber," dedim Dilek'e.

"Orası öyle."

"Ya o sert görünümün altındaki espriye ne demeli... Bebeklei okumaz o kitapları diye, nasıl da dalgasını geçti."

Baktık işler yolunda, "Haydi sen rahat rahat bebeğini emzir," diyerek Melis'in annesi Leyla Teyzeyle birlikte dışarı çıktık.

Melis'in oda kapısı pembe balonlarla, bebek resimleriyle süslenmişti.

"Ne güzel süsler bunlar," dedim Leyla Teyzeye.

"Bebeğin babası ortada olmadıktan sonra kaç para eder?.."

"Kaan yok mu?"

"Siz görüyor musunuz?" dedi ve ekledi, "Ben görmüyorum."

"İyi ama Melis'i kim getirdi hastaneye?"

"Kaan getirmiş, Dilekçiğim. Getirmiş, sonra bize ve annesiyle babasına haber verdi ve ortadan kayboldu. Melis, Kaan nerede diye sorup duruyor; bense ne cevap vereceğimi bilemiyorum, bir şeyler uydurup duruyorum."

Öfkesi mi daha ağır basıyordu, üzüntüsü mü, belli değildi.

"Kaan'ın annesini arayalım," dedi Dilek.

"Aradım canım, aradım. Hanımefendi toz kondurmuyor oğluna... O, hazır olunca gelirmiş. Çocuklar, şu lafa bakar mısınız... Beyefendi ruhsal açıdan hazır olunca gelirmiş.

"Peki, dedim, kızımın hayatını mahvettiğiniz yetmedi, bir de onu loğusa yatağında perişan mı edeceksiniz? Bugüne kadar sus, sus; artık kendimi tutamadım çocuklar."

"Çok haklısınız valla," dedi Dilek hararetli hararetli.

"Her şey bir kenara," diye devam etti Leyla Teyze, "Melis'in şimdi üzülmemesi gerek. Sütü çekilir yoksa... Yazık değil mi?.."

Biz böyle konuşurken, koridorun ucunda Kaan'ın babası göründü.

"Gözümüz aydın, dünür," diyerek önce Leyla Hanımın sonra da bizim ellerimizi sıktı. Sıkıntılı bir ifade vardı yüzünde. "Bizim hanım telefonun başında harıl harıl oğlunu arıyor," dedi, sonra başını iki yana salladı. "Ben anlamıyorum bu çocuğu, hem de hiç anlamıyorum."

"Servet Bey, Kaan ortaya çıkana kadar Melis'e söyleyecek bir şeyler bulmamız gerek. Sorup duruyor. Bugünler bir loğusa için çok kritik, sütü çekilebilir."

Adamcağız derin derin içini çekti. "Şöyle desek, bizim işlerde acil bir durum çıktı ve Kaan'ın gidip halletmesi şart oldu."

"Bilmem ki..."

"Başka ne diyebiliriz bilemiyorum ki... O arada annesi onu bulursa, kolundan tutup hemen getirir."

Aman Tanrım! Ne korkunç konuşmalardı bunlar. O güzel arkadaşımızın, 'altın kız'ımızın başına bunlar da mı gelecekti.

Bizler orada arpacı kumrusu gibi düşünürken Esin göründü ufukta.

"Niye koridorda bekleşiyorsunuz?" diye sordu.

"Bebeğini emziriyor da, onun için çıktık."

"Kaan nerede?"

Kimseden ses çıkmayınca, "Toz oldu, değil mi?" dedi öfkeyle. Hemen kaşımızla gözümüzle Servet Beyi işaret ettik.

"Esin, istersen sen gir içeri," dedi Melis'in annesi.

Dilek'le şöyle bir bakışıp, anlaştık. "Biz artık gitsek iyi olur, yarın yine uğrarız."

"Geldiğiniz için teşekkürler, çocuklar..." İşte sevgili defterim, böyle. Melis artık bir anne. Bizler de birer teyze...

Böylesi güzel bir olayı, Kaan'ın yüzünden coşkuyla kutlayamamamız ne kötü.

Umarım bir an önce ortaya çıkar.

Daha doğrusu...

Umarım aklını başına toplar!

12 Mart, Cumartesi

Yatağımda mayışmış bir vaziyette cumartesi sabahının tadını çıkarıyordum ki, telefonum çaldı.

Arayan Özgür'dü.

"Ne haber?" dedi.

"Nasılsın bakalım şu son on gündür?"

"Bildiğin gibi..."

"Aferin sana! Peki, şu anda ne yapıyorsun?"

"Benimle dalga geçmeyeceğine söz verirsen söylerim."

"Şeref sözü..."

"Yatağımda cumartesi sabahının tadını çıkarıyorum."

"Vay tembel vay! Oysa ben sana ilginç bir program önerecektim."

"Neymiş?"

"Bilmem ilgilenir inisin?"

"İlginç gelirse yatağımdan çıkarım, yoksa darılmak yok, hiçbir yere kımıldayamam."

"Oh, ne güzel! Şuna bakın... Oysa seninle bir Beyoğlu günü yapalım diyecektim. Ben kesin gideceğim de, sen de gelmek istersin belki diye bir sorayım, dedim.

"Yapı Kredi'nin sergi salonunda ünlü yazarların ve ressamların defterleri sergileniyor. İlginç bir sergiye benzer. Ayrıca, yine Beyoğlu'nda iki sergi daha var görmek istediğim. Uslu bir kız olursan, sana Ara Kafe'de bir yemek bile ısmarlayabilirim. Ne dersin?"

"Allah derim!" diyerek yataktan fırladım. "Saat kaçta, nerede buluşuyoruz?"

"Asıl sen söyle, hazırlanman ve Taksim'e gelmen ne kadar sürer?"

"Saat on ikide Taksim'deyim."

"Çok iyi! O zaman seninle The Marmara Oteli'nin önünde saat on ikide buluşalım."

Böylece, Özgür'le buluşup, Beyoğlu'ndan aşağı doğru yürümeye başladık.

"Hey gidi günler," dedi Özgür. "Delikanlılık çağlarımızda bu yollan az tepmedik."

"Eh, sen de iyice yaşlandın artık," dedim ona. Hep o mu bana takılacak.

"Ne de güzel moral veriyorsun."

"Sen bir de babaannemin bana söylediklerini duysan, benim bu sözlerimi öper de başına koyarsın." "Ne diyor sana?"

"Ohoo, evde kaldın artık'la başlıyor. Senin yaşındayken benim okulda okuyan çocuğum vardı'yla konuyu genişletip, bu kafayla kimse seni almaz'la bitiriyor."

Özgür pek eğlenmişti, gülüp duruyordu.

"Ne o?" dedim "Bakıyorum hoşuna gitti."

"Sena, hatırlıyor musun, ne günlerdi onlar."

Hemen anladım neden söz ettiğini...

"Benim babaannemle senin babaannenin bizi birbirimize yapmaya çalıştığı günlerden mi söz ediyorsun?"

"Evet."

"Biliyor musun, babaannem seni kaçırdığım için bana hâlâ kızgın."

"Hadi yaa..."

"Valla..."

"Neyse canım, seninle şu anlaşmamız vardı ya..."

"Ellilerimize dayanıp bizi kimseler almazsa, birbirimizle evleneceğimizi söyleyen anlaşmamızdan mı söz ediyorsun?"

"Aynen! Hem bu da bir şeydir. Tümden umutsuz değiliz anlamına gelir, öyle değil mi Serra?"

"Senin hayatında yine de gerçek umut var. Sahi ne zaman tanışacağız gelinimizle?"

"İlk fırsatta."

"Ne iş yapıyor?"

"Bilgisayar programcısı..."

"Vay be! Demek o güzelliğin üstüne bir de kafa var kızda..."

"Çeşitli firmalara programlar hazırladığı için sık sık kent dışında, hatta yurtdışında oluyor," dedi ve ekledi. "İşte geldik!"

Galatasaray'ın köşesindeki sergi salonuna gelmiştik.

Ünlü kişilerin defterleri... Anı defterleri... Çizimler yaptıkları defterler...

Öyle ilginçti ki...

Özgür'le birlikte her birini inceleye inceleye dolaştık sergiyi.

"Özgür," dedim, "biliyor musun, ben de anı defteri tutuyorum."

"Sahi mi?"

"Hem de yıllardan beri... Benim en iyi dostum anı defterlerim, sırdaşım onlar benim."

Oradan çıkınca Tünel'e doğru yürüdük, orada da bir sergi salonuna gittik ama bu hem sergi salonu, hem atölye gibi bir yerdi. Alt katta resimler sergileniyor, üst katta ise çalışmalar yapılıyordu. Galeri sahipleri Özgür'ün arkadaşlarıymış meğer. Bize kahve ikram ettiler. Öyle ilginç çalışmalar vardı ki, yazıyla anlatmak mümkün değil, görmek gerek.

Oradan çıkıp yine bir galeriye gittik. Bu kez çok değişik resimler gördük. Bir salonda dev boyutta otoyol resimleri, diğerinde ise evin içindeki gündelik eşyaları konu alan resimler vardı. Sanat nasıl da bambaşka bakış açıları getirip koyuyor insanın önüne.

"Saat üçe geliyor ve benim karnım zil çalıyor," dedim.

"Benim de," dedi Özgür. "Haydi, Ara Kafe'ye gidelim."

Tünel'den tekrar Galatasaray'a yöneldik. Ara Kafe dediği, meğer ünlü fotoğraf ustası Ara Güler'in adını verdiği kafeymiş. Duvarlar onun fotoğraflarıyla kaplıydı.

"Ara Kafe adını duyuyordum ama Ara Güler'le bağlantısı olduğunu bilmiyordum," dedim Özgür'e. "Beni buraya getirdiğin için çok teşekkür ederim, çünkü ben Ara Güler'in fotoğraflarının hayranıyım. O kadar ki bir yıl annem, doğum günümde, onun bir albümünü armağan etmişti bana."

"Buna sevindim! Bak duvarlarda da onun fotoğrafları var, kendi de bu binada oturuyormuş."

"Deme, Özgür."

"Evet."

Böylece kâh fotoğrafları inceleyerek, kâh oradan buradan konuşarak yemeğimizi yedik. Sonra tekrar yürüye yürüye Taksim'e çıktık.

"İlginç bir gündü, değişik bir gündü, sağ ol," diyerek teşekkür ettim Özgür'e.

"Memnun kaldığına sevindim," diyerek yanağıma bir öpücük kondurdu. "Haydi, kendine dikkat et. Ben seni yine ararım."

İşte sevgili defterim, böyle bir cumartesi geçirdim. Beyoğlu'nda tam beş saat dolaşmışız, sergiler filan derken.

Sanat insanın yaşamında ne büyük bir fark yaratabiliyor. Oysa, sanata hayatımızda ne kadar az yer veriyoruz.

Şu beş saatte aldığım zevki kolay kolay başka bir yerde alabileceğimi hiç sanmıyorum.

Yaşasın sanat!

13 Mart, Pazar

Sabah dedemlere gittik.

Ve, bu kez annemle ben, "Haydi gidip bir yerde yemek yiyelim," diye tutturduk. Çünkü pazar öğle yemeklerini hiç aksatmayan dedem, artık bu yemekleri savsaklar oldu. Biz de onun hayattan kopmaması için, sağlığının elverdiği oranda, evden çıkması için ısrarcı oluyoruz.

Önce söyleniyor ama gidince de mutlu oluyor. Nitekim bu yemeğe de homurdana homurdana hazırlandı. Ama orada, insanların arasında olmak, kahkaha seslerine karışan çatal bıçak gürültüsü, komşu masaların neşeli sohbeti iyi geldi dedeme.

"Hay aklınızla bin yaşayın çocuklar, açıldım vallahi..."

"Tabii babacığım," dedi annem. "Öyle eve kapanmak hiç yakışmıyor sana."

Eliyle göğsüne vurarak, "Gönlüm istiyor da, vücudum fire veriyor," dedi dedem.

"O zaman," dedim, "biz de sadece gönlünüzün sesine kulak veririz, olur biter."

"Eee, anlatın bakalım, ne var ne yok?"

"Önümüzdeki hafta Roma'da düzenlenen bir toplantıya gitmem gerekiyor..."

"Kaç gün kalacaksın, Derya?" diye sordu anneannem.

"Tam bir hafta," dedi annem, yüzünü buruşturarak.

"Ne diye yüzünü ekşitiyorsun Derya, ne güzel ülkedir İtalya..."

"Babacığım, bizim, gittiğimiz yeri gördüğümüz mü var? Doğru otele in, toplantının yapılacağı salona git ve dönene kadar, sabahtan akşama o salonda kal."

"Aman sen de..." dedi dedem, "İsteyen pekâlâ da zaman bulur. Bir kere akşamları da çalışmıyorsunuz ya, gider iyi bir restoranda güzel bir yemek yersin. Bir başka gece, bir operaya bilet alır, müzik dinlersin. O ülkenin yemeği ve müziği hiçbir yerde yok. Oraya kadar git ve bunları yapma! Aklın alacağı şey değil!"

"Ama baba, saatler süren toplantılardan sonra insan o kadar yorgun oluyor ki, duşumu alıp kendimi yatağa atayım, diyor."

"Bak kızım," diyerek dedem anneme doğru eğildi. "Beni görüyorsun, değil mi? Gün geliyor, istediğini yapmana sağlığın izin vermiyor. İstesen de yapamıyorsun. Onun için sağlığın yerindeyken, elin ayağın tutarken, böyle fırsatları değerlendir. İşini yap, yorgunsan çık duşunu al sonra da git operanı dinle, ya da güzel bir yerde güzel bir yemek ye."

"Tek başına mı?"

"Ne var? Sen koskoca bir kadınsın, kendi başına bir yemek yiyemiyor musun? Hem bak ne diyeceğim sana, İtalyan erkekleri, laf aramızda, hoş adamlardır. Toplantı moplantı derken bir bakarsın, bir iş arkadaşı sana eşlik etmiş."

Dedem anneme moral vermeye çalışıyordu aslında. Tabii anında bizden çeşitli tepkiler...

"İlahi, baba!"

"Ne diyeyim ben sana, Cevat!"

"Dede! Sen ne yapmaya çalışıyorsun?"

Dedem bize aldırmadan devam etti. "Bak Derya, ben senin yerinde olsam ne yaparım."

"Ne yaparsın, babacığım?"

"Bir haftalık bir toplantı dedin, öyle değil mi?"

"Evet."

"Buna cumartesi, pazarı da eklerim; gerekirse aradaki farkı cebimden öder, hafta sonu Roma'yı bir güzel gezerim."

"Anne," dedim, "bu şahane bir fikir! Yap, ne olur."

Annem gülümsedi. "İnanır mısınız, genel müdürümüz de aynı teklifi yaptı! Yoğun bir çalışma yapacaksınız Derya Hanım, isterseniz cuma akşamı yerine pazar akşamı dönebilirsiniz, dedi ve ekledi, bu sizin için bir dinlenme olur, aradaki farkı da tabii ki biz karşılayacağız, bir düşünün, dedi."

"E, daha ne bekliyorsun be kızım," dedi dedem.

"Aman ne bileyim! İşim biter bitmez eve dönmek istiyorum."

"Sen farkında olsan da olmasan da, hep bizi düşünüyorsun. Bak bu sefer biz üçümüz, senin orada kesinlikle o bir haftayı tamamlayıp dönmeni istiyoruz. Anlaşıldı mı?"

"Evet anne," dedim. "Dedem çok haklı! Altı üstü iki gün fark edecek, burada değişen bir şey olmayacak ama sana çok iyi gelecek."

"Uzatma artık Derya," diye anneannem de koroya katılınca, "Pekâlâ," dedi annem, isteksiz.

"Oley!"

"Bunu siz istiyorsunuz diye yapıyorum, bilmiş olun."

"Şimdi böyle söylüyorsun ama gidince bana hak verecek, iyi ki şu iki gün kalmışım, diyeceksin," dedi dedem. "Bak, beni buraya zorla getirdiniz ama açıldım, öyle iyi geldi ki..."

Öğle yemeğinden sonra annem dedemlere gitti, ben de Melis'e...

Melis artık evinde. Esin'le Toprak oradaydı, ben gittiğimde. "Tam vaktinde geldin," dedi Melis. "Hediye paketlerini açmak üzereydim."

Kapı zilinin ding dongları yankılandı. Ardından, "Geciktim!" diyerek Dilek nefes nefese daldı salona. "Bir şey kaçırmadım, değil mi?"

"Melis, paketleri açmak üzereydi," dedi Esin.

"Ama," dedim, "önce bebeğe bir bakabilir miyiz?"

"Elbette," dedi Melis. "Uyuyor."

Parmaklarımızın ucuna basarak, bebek odasına girdik.

Aman da aman! O ne süslü odaydı öyle. Her taraf pembeler içinde... Bebeğin beşiği bile pembe dantel fırfırlarla bezenmişti. Oyuncaklar, pembe ayıcıklar, bebekler, neler, neler...

Bebeğe gelince, gül dudaklı bir dünya güzeliydi.

Ya o minik yumruklara ne demeli... Ellerini sımsıkı yumruk yapmış, öylece uyuyordu.

Ve arkadaşlar, işte şimdi beni yüreğimden yakalayan noktaya geliyorum.

Bir küçük pembe ayak...

Bebek battaniyesinin altından çıkmış, bana gülümsüyordu.

O minik pembe topuklara âşık oldum, resmen âşık oldum.

Dördümüz, bebeğin başına toplanmış, hayranlıkla onu seyrediyorduk. Toprak biraz mesafeli duruyordu ama bal gibi o da bakıyordu, yüzünde sevecen bir ifade...

"Hadi çıkalım artık," dedi Dilek, isteksiz... "Bunca kalabalığın bebeğin odasında fazla kalması doğru değil."

"Oksijen mi azaldı?" diye dalgasını geçti Esin.

"Kızım, biz sokaktan geliyoruz, kim bilir ne mikroplar taşıyoruz."

"Haklısın!"

Geldiğimiz gibi, parmaklarımızın ucunda dışarı çıktık.

"Güle güle büyüt, Melis, çok tatlı bir bebek."

"Dünya şekeri..."

"Maşallah deyin, nazar değdireceksiniz."

Salona geçtik ve Melis armağanları açmaya başladı.

"Sabahleyin Burak aradı, tebrik etti. Önümüzdeki günlerde Suphi kardeşle birlikte gelip yeğenimizi göreceğiz, dedi."

"Duy da inanma" dedi Dilek. "Bazen çok kızıyorum şunlara. Yani aramasak hiç görüşmeyeceğiz. İnsan, bir kez de ben arayayım şu arkadaşlarımı, der."

"Bak Sıla'ya, onca yoğunluk içinde hep arar," dedi Melis. "Doğumdan bu yana her gün aradı."

"Onlar ne düşünüyorlar, biliyor musun?"

"Hayır Esinciğim, bilmiyorum."

"Nasıl olsa kızlar bizi arıyorlar, nasıl olsa onlar toplantıları düzenliyorlar diye her şeyi bize havale etmiş durumdalar."

Melis, birden, "Kaan hâlâ ortalarda yok, çocuklar," dedi. "Hastanede babası bana, işte bilmem neredeki fabrikada sorun çıkmış da, acil durummuş da, Kaan'ın gitmesi gerekiyormuş da, diye uzun uzun hikâyeler anlattı. Hiçbirine inanmadım tabii ama bir süre inanmış gibi yaptım. Derken eve geldik, Kaan hâlâ yok. Onlar da hâlâ bu saçma bahaneleri sürdürmeye devam edince, bakın, dedim, birbirimizi kandırmayalım. Bebek doğdu, Kaan da yine evi terk etti. Bu, bu kadar basit."

"Peki, ne dediler sen böyle söyleyince?"

"Annesi, Melis, ne olur evi terk etti, deme. Çünkü bu evini terk etmek değil, bu elinde olmayan bir tepki ama geçecek, inan bana. Ve lütfen bunu kişisel alma... dedi."

"Ne yani, senden sürekli Kaan'a dadılık yapmanı mı bekliyorlar?" dedi Esin, Melis'in sözünü keserek.

Allah'tan tam o sırada kapı çalındı da bu üzücü konuşmaya bir nokta kondu. Gelen Melis'in annesi Leyla Teyzeydi. Elinde paketler...

"Bunları mutfağa koyup geliyorum."

"Pastaneyi boşaltmışsın bakıyorum," diye seslendi Melis. Yine kapı... Bu kez Kaan'ın annesiydi içeri giren. Onun da elinde taze çiçekler vardı.

"Evin çiçeklerini tazeleyeyim," diyerek o da mutfağa yollandı.

Bir süre sonra hep birlikte çaylarımızı içip pastaları yerken, iki annenin arasındaki buzzz gibi hava bizi bile etkilemiş, gülüşüp konuşmayı kesmiştik.

Ama yazık bu kıza...

Zaten kocası için üzülüyor.

Bir de anneler savaşı...

Hoş, Leyla Teyzeye hak vermemek elde değil. Kızının onca üzüldüğünü gören bir annenin, o damada da, annesine de sevgi beslemesi beklenemez.

Öte yandan, oğlunun kusurunu örtmeye çabalayan bir başka anne... O da uğraşıyor, didiniyor, üzülüyor ve oğlu suçlanınca da dayanamayıp onu savunuyor. Karşı tarafa sevimsiz gelmek pahasına savunuyor.

Onun açısından bakınca da, ona üzülüyor insan. Derken bebek sesi...

Melis hemen fırladı, "Bana müsaade çocuklar," diyerek.

Umarım annesinin korktuğu olmaz, sütü kesilmez, bebeğini gerektiğince emzirebilir.

Toprak, "Çocuklar, benim kalkmam gerek," deyince hepimiz ayaklandık.

Leyla Teyzeye, "Melis'i rahatsız etmeyelim, siz söyler misiniz?" dedim ve hemen ekledim. "Biz onu yine arayacağız; bu arada bizim yapabileceğimiz bir şey varsa, lütfen söyleyin."

"Bilmem mi," diye gülümsedi Leyla Teyze. "Haydi, hava iyice karardı, siz gidin artık, ben Melis'e söylerim."

Böylece hep birlikte dışarı çıktık.

"Öff be, biraz daha kalsaydım, evin bunalımı beni de bunalıma sokacaktı," dedi Dilek.

"Hem de nasıl," diye Esin onu destekledi. "Zavallı arkadaşım benim, sanki perili köşkte yaşıyor. Kafayı üşütmüş bir koca, onu savunup duran, bana sorarsanız onun kadar üşütük bir ana ve bütün bunlara ifrit olan bir anne... Şeytan diyor, gir içeri, al Melis'le bebeği, haydi arkadaş, biz gidiyoruz buradan, de."

"Senin o dediğin ne yazık ki ancak masal kitaplarında yer alıyor," dedim. "Yürekli ve yiğit şövalye, sevdiği kızı cadının şatosundan kurtarıp atının terkisine attığı gibi mutluluğa doğru uçar gider. Oysa gerçek hayatta kimse Melis'i kurtaramaz, o evinde oturur ve sabırla işlerin yoluna girmesini bekler."

"Ya girmezse?" dedi Esin. "Bu kız hep böyle mi yaşayacak?"

"Ona da Melis'in karar vermesi gerek. Melis'i yiğit şövalye değil, ancak ve ancak kendi kurtarabilir."

"Kendini kurtarabileceğini hiç sanmıyorum."

"Neden öyle söylüyorsun?"

"Baksana, şimdi de bebeğine sardırmış vaziyette... Zaten oldum olası anaç tipli bir kızdı. Şimdi de aynı yolda devam ediyor; yok Kaan'ı iyileştireceğim, ona destek olacağım; yok, bebeğimi babasız büyütmek istemem, yok yarın çocuğum sorarsa ona elimden geleni yaptım, diyebilmeliyim. Bu kafayla gittiği sürece, içinde bulunduğu açmazdan kurtulamayacak, bana sorarsanız..."

Esin çok üzgündü.

"O hiç belli olmaz," dedim. "Ama buna Melis'in hazır olup karar vermesi gerek. Senin benim söylememizle olmaz. Melis, aklının yattığı gün her şeyi yapacak güçtedir. Ben de onu böyle görüyorum."

"Umarım, sen haklısındır."

"Bence, o evliliğini yürütmek için elinden geleni yapacak ama yürümezse de buna bir son verecek," dedi Dilek.

"Ben de, az önce bunu demek istiyordum."

"Umarım siz haklı çıkarsınız," dedi Esin, ikinci kez. "Çünkü benim korkum da, bu dertlerin içinde gücünü yitirmesi ve hayatının sorunlu bir adam uğruna ziyan olup gitmesi..."

"Haydi," dedim, "iyi düşünelim ki, her şey iyi olsun!"

Dünya güzeli bir anne...

Dünya tatlısı bir bebek...

Bu bir mutluluk tablosudur, değil mi?

Oysa o evde yaşanan, sonsuz bir mutsuzluktu.

Sonsuz bir mutsuzluk...

22 Mart, Salı

Meğer annemin içine doğmuş!

Bir türlü İtalya'ya gitmek istemiyordu ya, gitse bile hemen dönüp gelmek istiyordu ya...

Annem gitti –ve olmaz böyle bir şey- onun gittiği gün dedem hastalandı.

Şu anda hastanede ve ben de bu satırları orada yazıyorum zaten.

Pazartesi sabahı erkenden annem İtalya'ya uçtu. İyi, güzel!

Gitmeden bana bir sürü tembih... 'Kapıyı kilitlemeyi unutma'dan başlayarak uzayıp giden bir liste... Tanrım, ne zaman bunlardan kurtulacağım!

Ve benden de ona bir sürü öğüt... Eğlenmene bak, gez, toz...

İşte böylece onu yolcu ettim ve işime gittim. Bütün gün çalıştım, akşam eve geldim, duşumu alıp kendime hafif bir şeyler hazırladım.

Bu arada annem aradı, konuştuk, sonra anneannemi aradım, kızının sağ salim vardığını bildirdim. Sonra, her şey yolunda mı diye sordum. Yolunda, dedi ve o da bir fasıl, perdeleri sakın açık bırakma, türünde konuşmalar yaptı. Böylece tabağımı kucağıma alıp televizyonun karşısına geçip oturdum.

Yemeğim bitti, azıcık gazete okudum.

Ve yattım.

Derken bir telefon...

Deli gibi yerimden fırladım.

Uyku sersemliği içinde acaba annemin uçağına bir şey mi oldu diye düşünüyordum.

Hale bak, oysa annem sabah uçmuş, yerine varmış ve beni aramıştı bile.

Anneannemdi arayan... Sesi titriyordu.

Dedem fenalaşmıştı!

O saniyelerde kafamın içinden neler neler geçiyordu. Derhal hastaneye götürülmesi gerekti.

Ben götürürdüm onu... da...

Tek başıma bunu yapabilecek miydim?

Yanımda biri olsa, en azından onların yanında dururdu, ben de gerekli muameleleri yapardım.

İsimler yıldırım gibi geçiyordu zihnimden.

Defne Teyzemler uzaktaydılar. Sık sık geliyorlardı ama o anda yoklardı işte.

Dilek taaa karşıda oturuyor. Onun gelmesi çok vakit alır. Melis, loğusa...

Oktay? Yok, olmaz! Asla olmaz! Hem onu üz, hem de gel bana yardım et, de.

Birden bir şimşek çaktı beynimde... Özgür!

Evet, nasıl olmuştu da onu düşünememiştim.

Hem yakında, hem başım sıkışınca arayabileceğim bir dost, hem de nerede ne yapılacağını bilen biri...

"Anneanne," dedim sakin olmaya çalışarak, "sen hiç merak etme. Şimdi kapatalım, ben seni hemen arayacağım."

Ve, ne olur İstanbul dışında olmasın Tanrım, diye dualar ederek, Özgür'ün numarasını çevirdim.

Çaldı... çaldı... çaldı.

Eyvahlar, yok! Evde yok derken...

Uykulu bir ses, "Alo?" dedi.

"Özgür, çok özür dilerim ama dedem fenalaşmış, annemle teyzem burada değiller ve ben ne yapacağımı bilemiyorum," diyerek sözcükleri peş peşe sıraladım.

"Dur, dur, bir dakika," dedi. "Bir kafamı toplayayım. Deden fenalaşmış, öyle mi?"

"Evet, hastaneye götürmek gerek."

"Hangi hastaneye?"

"Alman Hastanesi'ne... Ben gider onu alırım ama tek başıma onu nasıl arabaya götürür, bindiririm; yanımda bir kişi daha olsa..."

"Bak ne yapalım." dedi Özgür. "Ben şimdi Alman Hastanesi'ni arar, bir ambulans isterim. Dedeni bu durumda arabayla götürmek riskli olabilir, çünkü nesi var bilmiyoruz."

"Evet, evet, çok iyi olur."

Bak işte, ben bunu düşünememiştim.

"Sen şimdi doğru dedenlere git, ben de oraya gelirim. Deden ambulansla gider, biz de ambulansı takip ederek hastaneye gideriz."

"Çok teşekkür ederim Özgür, çok teşekkür ederim," deyip duruyordum, kurulmuş bebek gibi...

"Bir şey değil Serra, sakin ol biraz. Bana dedenin ev adresini ver ki, hem ambulansa vereyim, hem de ben evi bulabileyim."

Hemen adresi verdim.

"Şimdi! Seninle dedenlerde buluşuyoruz. Arabanı dikkatli kullan, paniğe kapılıp gereksiz yere acele etme."

Telefonu kapatır kapatmaz, anneannemi aradım ve ambulans çağırdığımızı, bizim de yolda olduğumuzu söyledim. Kadıncağız, rahat bir nefes aldı.

Sonrası yıldırım gibi giyinme, arabaya atlayıp dedemlere varış. Baktım, Özgür'ün arabası kapının önünde, kendi de içinde, bekliyor.

Beni görünce arabadan çıktı, koşup ona sarıldım. "Sağ ol, sağ ol," deyip duruyordum. "Sen olmasaydın, ne yapardım ben."

"Haydi, haydi... Korkma, her şey yoluna girecek."

Tam o sırada ambulans geldi. Ambulansın sesini duyan anneannem kapıyı açtı, hep beraber içeri girdik. Dedem yerde yatıyordu, gözleri kapalı. Ambulansla birlikte gelen doktor, hemen nabzını saydı, tansiyonunu ölçtü, kalbini dinledi.

"Korkulacak bir şey yok," dedi bize, sonra sedye geldi ve dedemi yavaşça yerden kaldırıp sedyeye yerleştirdiler. Oradan da ambulansa...

Özgür, "Benim arabamla gidelim, Serra," deyince memnuniyetle kabul ettim, çünkü ellerim ve dizlerim acayip titriyordu. Anneannemi arkaya oturttuk ve ambulansı izleyerek doğru Alman Hastanesi'ne gittik.

Orada da kâğıtları filan hep Özgür doldurdu, çünkü bu kez de kulaklarım uğulduyordu ve anlayabilmem için her soruyu iki kez sormaları gerekiyordu. Şansımıza boş oda varmış, dedemi oraya aldılar. Nöbetçi doktor geldi, dedemi muayene etti ve onun direktifi doğrultusunda birtakım iğneler yapıldı, serum takıldı.

"Şu anda yapılması gereken her şey yapıldı," dedi doktor. "Artık sabahı bekleyeceğiz; bundan sonrası kendi doktoruna ait." Ve devam etti, "Onu uyutacak bir şeyler verdik; sizin kalmanıza gerek yok. Kat hemşireleri gerekeni yaparlar."

"Çok teşekkür ederiz, doktor bey," dedi anneannem. Doktor gittikten sonra oradaki koltuklara yığıldık, anneannemle ben.

Dedem sakin sakin uyuyordu.

Şükürler olsun, onu sağ salim hastaneye ulaştırabilmiştik.

İşte ancak o zaman anneannem gerçek anlamda Özgür'ü gördü ve bana dönüp, "Bu beyi daha önceden tanıyor muyuz Serra?" diye sordu.

Alsın mı beni bir gülme...

Özgür elini uzattı anneanneme. "Efendim, adım Özgür; ben Serra'nın arkadaşıyım. Eski bir arkadaşı... Ankara'dan..."

"Evladım, sana nasıl teşekkür edeceğimi bilemiyorum. Biz Serra'yla bu işin altından nasıl kalkardık?"

"Serra kalkardı kalkmasına da, paniğe kapıldı herhalde," dedi Özgür bana bakarak ve ekledi, "isterseniz sizi evinize bırakayım, doktoru duydunuz, kalmanız gerekmiyormuş."

Atıldım. "Anneannemi eve bırakırsan çok makbule geçer. Bundan sonrası da artık bana ait."

"Sen eve gitmeyecek misin?"

"Ben burada dedemin yanında kalmayı yeğliyorum. Uyanınca, tanıdık bir yüz görmeli, olanları ona ben anlatmalıyım."

"Haklısın ama burada nasıl uyuyacaksın? Hazırlıklı da değilsin."

"Hiç önemli değil, şuraya kıvrılır, yatarım."

"Pekâlâ," dedi Özgür, "haydi, iyi geceler."

Uzanıp ona sarıldım, iki yanağından öptüm ve kulağına, "Bunu ömrüm oldukça unutmayacağım," diye fısıldadım.

Gülümseyerek kolumu okşadı. "Büyütme o kadar, kim olsa aynı şeyi yapardı."

Böylece onları yolcu ettikten sonra, dolaptan bir battaniyeyle yastık çıkarttım ve dedemin yatağının yanındaki kanepeye uzandım.

Dalmışım.

Derken, "Neler oluyor yahu?.." diye bir ses duydum Hemen fırladım. Dedem, odanın karanlığında sağına soluna bakıyor, nerede olduğunu anlamaya çalışıyordu.

Başucundaki ışığı yaktım. "Yanınızdayım, dedeciğim."

"Neredeyim ben?"

"Alman Hastanesi'ndesiniz..."

"Hoppalaa..."

"Gece fenalaşmışsınız; anneannem haber verdi, biz de arkadaşımla birlikte sizi buraya getirdik."

"Yaa... desene hapı yuttuk."

"Neden öyle söylüyorsunuz?"

"Bunların eline düşmeye gör; artık yok o tahlil, yok bu tahlil..."

"Sağlığınız için katlanmanız gerek, dedeciğim."

"Peki anneannen nerede?"

"Buraya hep birlikte geldik ama işler yoluna girince arkadaşım onu evine götürdü. Anneannem yarın sabah gelip, nöbeti devralacak."

Birden bana döndü dedem, gözlerini iri iri açmıştı. "Sakın Derya'ya bir şey söylemeyin! Kızcağız kırk yılın başında bir yere gitti, onu da burnundan getirmeyelim."

"Merak etme dede, söylemeyiz."

"Defne'ye de tembih edin."

"Olur dedeciğim, sen merak etme."

"Sen de uykusuz kaldın, kız."

"Hiç de uykusuz kalmadım, az önce pekâlâ da uyuyordum."

"Saat kaç?"

"Dördü yirmi geçiyor."

"Haydi o zaman, sen de yat, biraz uyumaya çalışalım."

Böylece sabahı ettik.

Saat dokuza geliyordu ki, anneannem geldi. "Serra, sen git, biraz dinlen. Ben buradayım artık."

"Doktoru beklemek istiyorum."

Dedem, "Canım, doktor kim bilir saat kaçta gelir?.." dedi.

Anneannem de, "Haydi, haydi," deyince, ben de bir taksiye atladığım gibi eve gittim. Doğru duşa... Oh, sıcak sular üstünden aktıkça ne biçim rahatlıyor insan. Dün gecenin tüm sıkıntılarını alıp götürüyordu sanki. Sonra Bayan Bella'yı arayıp gecikme nedenimi anlattım, her zamanki gibi anlayışlıydı.

Öğleden sonra orada olacağımı söyleyip sıkı bir kahvaltı yaptım ve saatimi kurup yattım. Öğlene kadar deliksiz uyumuşum. Alarmı duyunca fırladım, hastane için bir çanta hazırlayıp bu kez doğru işe...

Bayan Bella, "Keşke bugün gelmeseydin," deyince, "Bayan Bella," dedim. "Bilmem siz ne dersiniz ama ben şöyle düşünüyorum. Annem bu hafta yok, onun için geceleri dedemin yanında kalmak zorundayım. Gündüz işe geleceğim ama bakarsınız bazı sabahlar gelemeyebilirim ya da gecikebilirim, çünkü nelerle karşılaşacağımızı bilmiyorum. O zaman öğlen gelir işler bitene dek çalışırım, böylelikle işimi aksatmamış olurum. Ayrıca, belki de iki üç günde bizi bırakırlar, o zaman da zaten mesele yok demektir."

"Baksana, her koşulda ne yapacağını tasarlamışsın bile. Sen bildiğin gibi yap."

İşte bu kadar!

Bayan Bella'nın şu sözlerine bakar mısınız!

Böyle patrona insan kul köle olmaz mı?..

Hey, Dilek'in patronu, gel de Bayan Bella'dan ders al.

Akşam işten çıkar çıkmaz doğru hastaneye gittim.

"Ne haber?" dedim. "Doktor ne dedi?"

Anneannem anlattı. "Dedene kan vereceklermiş; bu arada da bazı tahlillerin yapılması gerekiyormuş."

"Ben sana demedim mi?" dedi dedem yattığı yerden.

"Baygınlık geçirmesi kansızlıktanmış," diye ilave etti anneannem. "Bütün bu işlemler için birkaç gün hastanede kalması gerekiyormuş."

"Eh, kalırız biz de," dedim, el çantamı göstererek.

"Yok kızım," dedi dedem. "Ben artık kendi başıma kalabilirim."

"Mümkün değil," diye kestirip attım. "Ayrıca patronumla da konuştum, iş saatlerim esnek olacak, gidebildiğim zaman gideceğim. Zaten burada da yıllanmayacağız ki, tahliller sona erince bizi evimize gönderecekler."

Dedem, "Pekâlâ," dedikten sonra anneanneme dönerek, "haydi, sen daha fazla gecikme de, eve git," diye emirler yağdırmaktan da geri kalmadı.

Böylece anneannemi yolcu ettik. Sonra yemeklerimiz geldi; dedem her ne kadar hasta yemeği diye burun kıvırdıysa da tabaklarımızdakileri sildik süpürdük. Yemekten sonra dedem gözlerini kapattı, dinleniyordu. Ben de gazeteleri aldım ve günlük haberlere daldım.

Bir süre sonra kapı gıcırdadı. Dönüp baktım, hemşire mi geldi, diye. Yavaş yavaş açıldı kapı, önce bir demet çiçek göründü, sonra bir kafa uzandı içeriye.

Özgür!

Onu görünce bir sevineyim!

Fırlayıp karşıladım onu.

"Nasılsın bakalım," dedi alçak sesle.

"Şükürler olsun, iyiyiz. Ama sanırım birkaç gün daha buradayız. Kan veriliyor, tahliller filan..."

"İyi, iyi," dedi dedeme bakarak.

"Gel otur şuraya..." Elinden çiçekleri aldım. Dedem iyice dalmıştı.

"Ah, vazomuz yok ki bu güzel çiçekleri koyayım," diye hayıflandım.

Özgür şöyle bir bakındı etrafına, sonra masanın üzerindeki plastik su şişesine bakarak, "Şimdi sana öyle bir vazo yapacağım ki..." dedi ve plastik şişeyi alıp içindeki suyu bardağa boşalttıktan sonra, çakısıyla üstünü düzgün bir biçimde kesip çıkardı; banyoya geçti, üst kısmı kesilmiş şişeye su doldurup çiçekleri içine yerleştirdi.

"Buyrun efendim, vazonuz ve çiçekleriniz..."

"Bak bunu çok beğendim."

"Pratik olacaksın kızım, pratik."

Ben de ona bir kahve yaptım ve oturduk, oradan buradan konuştuk. Aslında ziyaretçilerin geç saatlere kadar kalması yasak ama Özgür'ü gören olmadı, biz de cennet canımıza minnet deyip sohbeti sürdürdük.

"Saat on ikiye geliyor," diye ayağa kalktı Özgür. "Yarın yine gelirim."

"Sağ ol Özgür ama biz iyiyiz artık. Onun için senin gelip buralarda sürünmeni istemem."

"Ne demek efendim," dedi ve ekledi. "Haydi ben kaçtım." Özgür, sıkıntılı günlerimi aydınlatan bir ışık sanki... Yardımcı bir ışık. Beni gülümseten bir ışık...

24 Mart, Perşembe

Dün tam bir perişanlık yaşadım!

Evvelsi gece, Özgür gittikten sonra dedemle sabaha kadar hacıyatmazları oynadık.

Yok serum bitti; yok kan bitti.

Yok tansiyona bakıldı; yok iğne yapıldı.

Sabaha kadar doğru dürüst uyuyamadık ikimiz de...

İşe gittiğimde ruh gibiydim. İşte de bir tempo, bir tempo...

Sanki beni yere sermeye azmetmiş bir boksör vardı karşımda. Bir sağ kroşe, bir sol kroşe şeklinde vuruşlarla akşama kadar bu tempo böylece devam etti. Akşam anneannemden nöbeti devraldığımda tek kelimeyle bitiktim. Neyse ki, dedem iyiydi. Bari birimiz iyi olsun, değil mi?..

İyi olduğu, haydi gidelim artık buradan, yakınmalarının sıklaşmasından belli oluyordu.

Bir süre sonra kapı tık tık vuruldu. "Girin," diye seslendim.

"Aman, geldiler yine," diye homurdandı dedem.

Oysa gelen hemşire değil, Özgür'dü. Bu kez elinde bir deste dergi taşıyordu. Dedemi uyanık görünce, onun yanına gitti ve, "İyi akşamlar efendim, çok geçmiş olsun," dedi.

Dedem bana baktı, sonra o da tıpkı anneannem gibi, "Serra, kim bu delikanlı?" diye sordu.

Öyle ya, dedem Özgür'ü ilk kez görüyordu.

"Dedeciğim," dedim, "hani anlatmıştım ya, size fenalık gelince, anneannem beni aradı, diye... İşte o zaman hiç düşünmeden yardıma çağırdığım arkadaşım Özgür, şu anda karşınızda duruyor. Dün gece de buradaydı."

"Tevekkeli değil, bir ara uyanır gibi olduğumda senin yanında birini gördüm gibi gelmişti ama belki de rüyaydı diye düşünmüştüm. Demek o sendin," dedi Özgür'e bakarak.

Yine atladım. "Dedeciğim, siz uyuduğunuz için tepe ışıklarını söndürmüş, sadece benim başucumdakini açık bırakmıştım. Oda loştu, onun için pek seçemediniz herhalde."

"Otur yanıma yavrum," dedi dedem Özgür'e. Ona hemen bir iskemle verdim, yatağın yanına oturdu Özgür.

"Çok teşekkür ederim, evladım. Yaptıklarını hem bizim hanımdan, hem Serra'dan öğrendim. En zor zamanımızda yardımımıza koştun sen, eksik olma."

"Rica ederim, efendim," dedi Özgür, "Serra benim arkadaşım, elbette yardımına koşacaktım. Kim olsa aynı şeyi yapardı."

"Yok, yok, kimse kolay kolay gecenin bir vakti kalkıp da soğuk sokaklara düşmez."

Sonra gözlerini dikkatle Özgür'ün yüzüne dikti. "Siz nereden arkadaşsınız bakayım?"

"Ankara'dan diyebiliriz," dedi Özgür gülümseyerek.

"Üniversiteden mi? Pek aynı yaşta gibi görünmüyorsunuz."

Aman dede, lütfen başlama yine, diye seslenmek geldi içimden.

Özgür bu kez güldü, "Evet, ben ondan bayağı yaşlı sayılırım. Üniversiteyi bitireli neredeyse on yıl olacak."

"Ne iş yapıyorsun, Özgür?"

Lafı değiştirmek için, "Dedem yeni tanıdığı herkesi sorgulamaya bayılır," dedim.

Ama Özgür'le dedem beni duymamışçasına konuşmaya devam ettiler.

"Avukatım. Büyük bir avukatlık firmasında çalışıyorum."

"Çok güzel," dedi dedem başını beğeniyle sallayarak.

Özgür devam etti. "Hukuk fakültesini bitirdikten sonra stajımı, ömrünü hukuka adamış, mesleğinin zirvesinde bir beyefendinin yanında yaptım. Nitekim, benim stajım sona erdiğinde, o da kendi kendini emekli etti. Şimdi Akdeniz'de bir yerlerde balık tutup hayatını yaşıyor. Ben de şu anda çalışmakta olduğum firmaya başvurdum ve kabul edildim."

"Çok güzel, çok güzel, kutlarım seni evladım."

Dedem daha fazla soru sormasın diye, "Sana bir kahve yapayım, Özgür," dedim.

"Kahveyi sonra yaparsın, zaten burada yapılan kahvenin ne tadı var ki... Bulaşık suyu gibi..."

"Aşkolsun, dedeciğim."

"Tabii ya, sok fişe, su ısınsın. Sonra da at içine kahveyi... Bu kahve pişirmek mi... Onun için sen şimdi al Özgür'ü, aşağı inin, orada hastanenin restoranı vardır. Oturup doğru dürüst bir şeyler yiyin."

"Hiç gerek yok," diyerek karşı çıkmaya çalışan Özgür'ü susturdu dedem.

"Serra zaten yorgun geldi, bir iki bisküvi kemirdi, o kadar. Eh, sen de bu saatte yemiş olamazsın. Onun için, ısrar ediyorum, gidip güzel bir yemek yiyin," dedi ve ekledi gülerek. "Bendensiniz..."

Böylece Özgür, dedemin pençelerinden kurtuldu ve birlikte aşağı indik.

"Deden çok hoş bir beyefendi."

"Bir de bu kadar meraklı olmasa..."

Özgür güldü. "Neden öyle söylüyorsun, sordukları gayet sıradan sorulardı. Kimsin? Ne iş yaparsın? Hem ne var bunda?.."

"Bir daha sefere, kimlerdensin diye başlayıp sorgulamayı sürdürsün de gör sen gününü..."

"Yorgun görünüyorsun, Serra."

"Yorgunum! Bir kere dün gece hiç uyumadık, diyebilirim. İşte de bir yoğunluk vardı ki, aklın durur."

"Bak, istersen bu gece ben kalabilirim."

"Yok, daha neler..."

"Çok ciddiyim... Unutma, biz askerlik yapmış insanlarız. Nerede olsa kıvrılır uyuruz."

"Yok, yok! Bu gece daha iyi geçecek. Dün, ne de olsa ilk gecesiydi."

Yemek boyu, yok sinemalarda hangi filmler var, yok bu yıl caz festivaline kimler geliyor, yok filanca yazar ne yazmış, yok falanca müzik uzmanı hangi CD'leri öneriyor gibi çat oradan çat buradan bir sohbetle hastane atmosferinden uzaklaştım bir süreliğine.

Biraz daha oturduktan sonra, zavallı çocuğu göndermeliyim artık, diye düşündüm ve, "Haydi, vakit geldi, ben seni yolcu edeyim," dedim. "Geldiğin için çok çok teşekkürler."

"Peki, sen ne yapacaksın?"

"Sanırım, iki saatlik bir süre için uyanık kalmam gerek. Bir ünite daha kan verecekler, o bitene dek beklemek istiyorum çünkü dedem uyuduğu zaman farkında olmadan elini, kolunu sallıyor. Bakarsın, iğne yerinden çıkar... Onun için şu kan verme işlemi bitene kadar bekleyip sonra uyuyacağım."

"İyi ama şu anda senin gözünden uyku akıyor. Zaten yemek boyu esnedin durdun..."

"Sahi mi! Çok özür dilerim, Özgür."

"Özür dileyecek bir şey yok, Serra! Ama sen gerçekten yorgunsun, onun için ben diyorum ki, ben geleyim ve hiç olmazsa o ünite bitene kadar seninle oturayım."

"Daha neler! Bir kahve yapar açılırım, merak etme."

"Konu kapanmıştır! Hem ben seni öyle bir oyalarım ki, iki saatin nasıl geçtiğini anlamazsın bile..."

Böylece dedemin yanına çıktık. Bu kez uzun uzun ne yediğimizi sordu, cevaplarımızı yutkunarak dinledi canım benim, sonra da kendi yemeğinden yakındı. Tabii, dedem gibi midesine düşkün birini haşlama kabakla patates püresi keser mi hiç?..

Az sonra başka bir hemşire geldi ve dedemle şakalaşarak kan torbasını askıya astı, iğneyi damara usulca yerleştirip akışını da ayarladıktan sonra, "İyi geceler," diyerek çıkıp gitti. Uzun gecemiz başlamak üzereydi.

Bu Alman Hastanesi'nin kat hemşireleri bir harika. Güler yüzlüler, çağırınca hemen geliyorlar, surat asıp hava basmıyorlar. En azından bize denk düşenler böyleydi.

Dedem uyuyabilsin diye, tepe ışıklarını kapattık ve benim kanepenin başındaki ışığı açıp Özgür'le yan yana oturduk.

"Senin getirdiğin şu dergilere bir göz atalım," dedim. Böylece dergileri karıştırmaya başladık.

Loş ışıklar, sessiz, ılık bir oda...

Karnım da bir güzel doymuş mu sana...

Bütün bunlar bir araya gelince, beni bir uyku bastırsın, bir uyku bastırsın...

Resmen gözlerimi açık tutamıyordum. Çaktırmadan ayaklarımı altıma aldım.

Tabii böyle daha rahat oluyor insan. Rahat olmasına rahat olmuştum da, uyku büsbütün bastırdı. Uğraşıyorum, direniyorum! Olmuyor, gözlerimi açamıyorum.

Ve –bir süre sonra bir hayal ülkesine uçarcasına uykuya teslim oluyorum. Derginin elimden yavaşça kaydığını, bir türlü dik tutamadığım başımı da bir yere yasladığımı duyumsuyorum.

Gerçek mi, rüya mı bütün bunlar, onu da bilmiyorum.

Çünkü ben –uyuyorum!

Hem de ne tatlı bir uyku...

Kana kana su içercesine uyuyorum.

Birileri usulca saçlarımı okşuyor.

Bu bana büyük bir huzur veriyor.

Kendimi çocukluğumdaki gibi güvende hissediyorum.

Ve doyasıya uyumayı sürdürüyorum.

Derken...

Işıklar yanıyor!

Ve ben uyanıp bakıyorum ki, başım Özgür'ün omzunda...

"Özür dilerim," diyor, ışıkları yakan hemşire, bize bakarak. "Hastanın elindeki iğneyi çıkarıp tansiyonunu ölçmem gerekiyor..."

Oturduğum yerde derlenip toplanıyor, "Rica ederim," diyorum. Bu arada da Özgür'e bakıyorum, sorumu konuşmadan sorarcasına...

Hemşire gittikten sonra Özgür, alçak sesle, sorumu yanıtladı. "Şu son iki saati omzumda uyuyarak geçirdin, eğer öğrenmek istediğin buysa..."

"Bak sen şu yaptığıma..." deyiverdim.

Hey yarabbim!

Tamam, sana yardım etmeye gelmiş ama bu, adamı yastık yerine koyup iki saat uyumayı içermiyordu herhalde.

Düşüncelerimi okumuşçasına güldü Özgür. "Haydi, haydi utanma bu kadar. Yüzünün kızardığını şu loş ışıkta bile görebiliyorum. Çok yorgundun, uyudun. Ne var bunda?.." dedikten sonra kalkıp kabanını aldı.

"Deden artık rahatça yatabileceğine göre ben gideyim, sen de yat, doğru dürüst uyu."

Kabanını giyerken de abartılı bir biçimde inleyerek omzunu ovuşturdu ve gülerek odadan çıkıp gitti.

Rezil olmasına rezil olmuştum ama o deliksiz, iki saatlik uyku da çok iyi geldi, sevgili defter.

Diyorum ya, Özgür hep dar zamanlarımda yetişir zaten. Hızır gibi...

Neyse, gecenin geri kalan bölümünü olaysız sayılabilecek şekilde tamamladık.

Ve geldik bugüne...

Yine iş, yine koşuşturma... Ha, bu arada annemi idare etme telefonları vardı ki, o da ayrı bir mesele... Bir sürü şey soruyor, her birine bir cevap yetiştirmek gerek.

Hayırlısıyla dedemi hastaneden bir çıkarsak...

Bu akşam hastaneye gitmeden eve uğradım; bir banyo yaptıktan sonra, yine hastane çantamı hazırlayıp dedemin yanına ulaştığımda, "Kız nerede kaldın?" salvosuyla karşılanmam bir oldu.

El insaf!

Bu dedem de benim ışınlanma yöntemiyle mi gidip geldiğimi sanıyor ne...

"Eve uğramıştım, dede. Trafik de bu saatlerde malum..."

"Serra," dedi dedem, "gel yanıma, sana bir şey diyeceğim."

"Dinliyorum, dedeciğim."

"Bak, bugün perşembe, yani burada dördüncü gecemiz olacak. Başhemşirenin ağzını aradım, hafta sonuna kadar beni burada tutmaya niyetli gibiler... Bense artık çıkmak istiyorum. Kansa kan, verdiler, bitti. Tahlilse tahlil... Delinmedik yerim kalmadı iğnelerden. Ee, daha ne bekliyoruz?"

"Dedeciğim, bu konuyu benimle de konuştular. Sizin bir süre daha bakıma gereksiniminiz olduğunu düşünüyorlar. Gece tuvalete kalktığınızda bile, başınızın dönme olasılığı varmış, o nedenle yanınızda birinin bulunması iyi olurmuş. Bir iki gün daha dedenize burada bakalım, sonra eve götürürsünüz, dediler bana.'

"Serra," diyerek uzanıp elimi tuttu. "Ben evime gitmek istiyorum."

Ah, canım dedeciğim! Nasıl da bakıyordu bana.

"İyice güçlenmeniz gerek. Örneğin, başınız dönse anneannem sizi taşıyamaz. O nedenle gece yanınızda bir bakıcı olması gerek. Evde, geceleri sizi anneannem beklemeye kalkarsa, ikinci gece o da hastalanır."

"Ben iyiyim," dedi inatla ve ekledi. "Ne olacaksa evimde olsun."

"Dede, lütfen böyle konuşma!"

"Haydi Serra," diye yalvardı dedem. "Bak, senden rica ediyorum."

Ah Tanrım, ne zor durumdayım. "Dede," dedim, "bir şartla olur." Gözleri umutla parladı.

"Sizi ancak bir bakıcıyla eve çıkarabilirim. O zaman doktorunuzu da ikna edebiliriz."

Dedemin evin içinde yabancı birini istemediğini çok iyi biliyordum. Ama anneannemi de düşünmek zorundaydım. Dedeme bakmaya kalkması, onun da hastalanması demekti.

"Pekâlâ," dedi. "Yeter ki beni buradan çıkar."

"O zaman doktorla bir konuşayım."

"Haydi, göreyim seni."

Böylece doktoru aradım, durumu anlattım. Hasta sahibi olarak son kararın bende olduğunu, dedemi cuma günü çıkarabileceğimi söyledi.

Oley!

Dedeme hemen müjdeyi verdim. Bir sevindi, bir sevindi. Gözleri dolarak, "Teşekkür ederim," dedi. Bir zamanlar güçsüz olan bizler giderek güçleniyoruz; kaleler gibi sağlam büyüklerimiz ise bize dayanmaya başlıyorlar. Bu da beni hüzünlendiriyor. Hem de çok hüzünlendiriyor...

Bundan sonrası, "Evde bakıcı isterseniz, işte telefonum," diyerek kartını elime tutuşturan erkek bakıcıyı bulup onunla konuşmaktı.

Durumu özetledikten sonra, "Yarın akşam gelebilir misiniz?" diye sordum ve ekledim, "Yarın akşamdan sonra belki bir hafta, beki on gün her gece gelmeniz gerekebilir. Sizin için uygun mu?"

Şöyle bir düşündü ve, "Tamam," dedi, "ayarlayabilirim."

"Çok iyi," dedim sevinçle. En önemli sorun çözülmüştü.

Ona evin adresiyle, telefon numaralarımızı verdikten sonra, "Bu iş tamamdır, dede," dedim.

"Desene bakıcılı döneme girdik," dedi, yüzünde acı bir gülüş.

"Ne alakası var! Büyük bir şey geçirdiniz ve bu sizin nekahet döneminiz. İster yaşlı olsun, ister genç, bu özenin gösterilmesi gerek."

Yemek servisi başlamıştı. Dedemle birlikte püreli rostolarımızı yedik.

Onu oyalamak için laf üretmeye çalışıyordum. "Bak dedeciğim, artık haşlama sebze vermiyorlar size, aynı yemeği yiyoruz."

"Ne demezsin!"

Saat ona geliyordu, dedem tüm yatma hazırlıklarını tamamlamıştı. Ben de televizyonda ona göre bir program arıyordum ki, tık tık, kapı.

"Girin."

Ve Özgür...

Bak, bu gece onu beklemiyordum.

"Sen nerden çıktın öyle?" dedim ama bayağı sevinmiştim onu karşımda görünce.

"Kusura bakmayın, çok geç saatte geldim ama ofiste işler uzadı. Toplantılar filan... Ben de eve gitmeden, her şey yolunda mı diye, bir uğrayıp bakayım, dedim."

"Eksik olma çocuğum," dedi dedem. "Haydi geç otur şöyle. Serra, sen de kapat şu televizyonu."

Özgür'e son gelişmeleri anlattık.

"Bu durumda burada son geceniz oluyor."

"Evet," dedi dedem, bana minnetle bakarak, "Serra bu işi halletti."

"Böylece," dedim, "annem de döndüğünde babasını evde bulacak."

"Yaa," dedi dedem, hararetle başını sallayarak, "o da var, tabii."

"Yarın saat kaçta çıkacaksınız?"

"Yoo, delikanlı, sen yapacağını fazlasıyla yaptın. Bizi eve Serra götürür."

"Yarın önemli bir duruşmam var, çıkacağınız saat bu duruşmayla çakışmazsa sizi evinize ben götürmek isterim."

"Sağ ol Özgür ama inan hiç belli olmaz kaçta çıkacağımız."

"Haydi, ben uyuyacağım; siz keyfinize bakın," dedi dedem, sonra yattığı yerden başını kaldırıp Özgür'e baktı, "seninle yine görüşeceğiz delikanlı; bizim hanımın yemekleri pek güzeldir."

"Teşekkür ederim efendim, memnuniyetle," diyerek dedemi cevapladı Özgür.

Bana dönüp, "Ee," diye fısıldadı. "Bugün uyku durumun nasıl?"

"Özgür!"

"Canım, niye bu kadar dert ediniyorsun, altı üstü konuğu ağırlarken uyuyakaldın. Olur hayatta böyle şeyler..."

Bunları söylerken gülüyordu, eh durum da gülünmeyecek gibi değildi ki...

Epeyce bir sohbet ettikten sonra kalktı Özgür, "Ben seni yine ararım ama bu arada bir şeye ihtiyacınız olursa, hiç çekinme, ara beni."

"Her şey için çok ama çok teşekkürler," diyerek onu yolcu ettim.

Sonra dönüp yatağımı yaptım, geceliğimi giymiş, tam yatıyordum ki, karanlıkta dedemin sesi yükseldi. "Beğendim bu çocuğu..."

Kimden söz ediyordu? Uykusunda sayıklıyor muydu yoksa... "Kimi dedeciğim?" diye sordum yavaşça. "Seninkini..."

Allah Allah! Kimden söz ediyordu?

Başucumdaki ışığı yaktım, baktım, dedem bana doğru dönmüş, bal gibi uyanık.

Yani sayıklama filan değil duyduklarım.

"Kimden söz ettiğinizi bir türlü anlayamıyorum."

"Seninkini beğendim diyorum, yani Özgür'ü..." dedi, sonra da kendi kendine konuşur gibi, ekledi. "Son zamanlarda ana babalar ne acayip isimler koyuyorlar çocuklarına... Özgür'müş..."

Tut kelin perçeminden, vaziyetini yaşıyordum!

"Onu beğenmekte haklısınız, çünkü Özgür çok iyi bir insandır. Ama Özgür'ü, benimki diye tanımlamak yanlış olur, çünkü biz onunla sadece arkadaşız," diyerek büyük bir sabırla durumu açıklığa kavuşturmak için elimden geleni yaptım.

"Şimdiki gençler de her türlü ilişkiye arkadaşlık diyorlar," diye homurdandı dedem.

"Bizimki arkadaş arkadaş ilişkisi..."

"Bana hiç de öyle gözükmedi," dedi anlamlı bir ses tonuyla.

Gecenin o saatinde yaptığımız tartışmaya bakar mısınız...

Ama bu yanlış anlamayı o anda düzeltmezsem, büyür de büyür... Ondan sonra işin yoksa uğraş dur.

Sabırlı tavrımı azimle sürdürdüm, "Nereden bu kanıya vardınız?"

"Onun sana nasıl baktığını gördüm de, ondan."

"Hayal gücünüze hayranım ama bu karanlıkta bana anlamlı baktığını iddia etmeniz biraz tuhaf olmuyor mu?"

Sabırlı ve asil tavrımdan hiç etkilenmemişçesine devam etti.

"Bu gözler neler gördü, neler... Ben yanılmam! Bu çocuğun sende gözü var."

Hey yarabbim, güleyim mi ağlayayım mı... Kalkıp oturdum yatağımın içinde.

"Bak dedeciğim, biz gerçekten çok iyi iki arkadaşız, hepsi bu. Aksi olsa, söylemem mi?"

"Bak kızım," dedi o da bana, "hiç kimse sadece arkadaş için sıcak yatağından kalkıp gece yarıları sokaklara düşmez, bu biiir... Haydi diyelim yapanlar çıkabilir; yoklamak için her gece kalkıp gelmez, bu ikiii... Yaşlı bir adamın hastane odasında saatlerce oturmaz, üüüç...

"Onun sende gözü var. Ve ben derim ki, sen bu çocuğu kaçırma. Tuttum ben onu!"

"Ah, dede," diye tepindim oturduğum yerde. "Sen onun iyilikseverliğine başka anlamlar yüklüyorsun. Daha önceleri de ondan yardım gördüm ben. Oktay'la sorunlar yaşarken, hep bana destek olmuştu."

"Demek ki seni uzun zamandır beğeniyor."

"Ay, hayır dede!!!"

"Söylediklerime kızıyorsun ama dün gece sevgililer gibiydiniz. Ne haber?"

Başımdan aşağı kaynar sular indi. "Ne demek oluyor şimdi bu?"

"Tabii! Kanepede, başını onun omzuna dayamış, bir güzel uyuyordun ki..."

"Çok yorgundum, dayanamayıp uyuyakalmışım. Buna hemen bir mana mı vermek lazım?"

"Ama," dedi, gözlerinde muzip ışıklar yanıp sönerek, "o da senin saçlarını okşuyordu."

Neler söylüyordu dedem!

Saçlarımın okşandığını duyumsamıştım ama bunu uyku uyanıklık arasında bir yanılsama sanmıştım. Belki de rüyanın bir parçası.

Demek doğruydu.

Demek saçlarımı okşayan Özgür'dü.

"Sen uyumuyor muydun dede? Nasıl böyle bir şey görmüş olabilirsin?"

"Uyudum, uyumasına... Öte yandan, yeterince de uyanıktım."

"İnanmıyorum!"

"İnansan iyi olur. Tıpkı iki sevgili gibiydiniz, sen onun omzuna yaslanmış uyuyordun, o da bir ara saçlarını okşuyordu." Öylece kalakaldım.

"İnsan bir şeyi okşadı diye ona âşık demek, değildir ki... Ben de bir kedi yavrusu gördüm mü dayanamam, okşarım. Ne var bunda?"

"Ama sen kedi yavrusu değilsin."

"Hem onun dünyalar güzeli bir sevgilisi var." Al bakalım!

"Hıh," diyerek ona indirdiğimi sandığım darbeyi savuşturdu dedem. "Gençlikte herkesin sevgilileri olur. Bunlar gelir geçer."

"Dede bak, sen Özgür'ü beğendin. Tamam, anlıyorum. Ve onu o kadar beğendin ki, benimle olmasını istiyorsun. Bunu o kadar istiyorsun ki, kendince yakıştırmalar yapıyorsun. Ama işte bu noktada durmalısın, çünkü bunun aslı astarı yok. Biz birbirimizi iyi bir arkadaş olarak gördük, hâlâ da öyle görüyoruz. Ayrıca, dediğim gibi, onun çıktığı bir kız var. Lütfen bu konuyu kapatalım ve şu konuştuklarımızı hiç konuşulmamış sayalım."

İşte böylece ışığımı söndürdüm ve yattım.

Ama sinirimden uyku tutturamadım.

Dön Allah dön!

Sonunda kalkıp oturdum ve bu satırları yazıyorum.

Şu dedemin yakıştırmalarına ne demeli....

Yok, Özgür'ün bende gözü varmış.

Yok, sevgililer gibiymişiz.

Yok, bana nasıl bakıyormuş.

Ayıp yaa...

Demek saçımı okşuyormuş. Bak sen... Neden acaba?

Amaaan, en iyisi bu lafları tümden unutmak. İnsanın kafasını nasıl da karıştırıyorlar...

25 Mart, Cuma

Çılgın Cuma!

Bugün tam da o çizgi film karakterleri gibiydim. Zıt orada, zıt burada...

Dedemi öğleden önce bırakmayacaklarını söylediler. Öyleyse ben işe bir gidip geleyim, dedim.

Zıt –iş!

Çılgın gibi işlere gömüldüm; oraya telefon, buraya faks... Koş Selçuk'un masasına, koş Bayan Bella'ya, son durumu OK'let... Hastaneyi ara, saat 12'ye geliyor.

Anneannem, "Muamelelere başlamadılar bile," dedi. "Nereden baksan daha iki saat buradayız."

"Öyleyse, şu ara ben bir eve uçayım, çünkü yapış yapış hissediyorum kendimi."

Zıt –ev.

Hızlı bir duş... Üst baş değişimi...

Hastaneye geleyim mi artık, telefonu...

"Gelebilirsin," dedi anneannem. "İşlemler bitmek üzere..."

Zıt –hastane!

Ohoo, dedem giyinmiş kuşanmış, beni bekliyor!

"Nerde kaldın kız? Kim bilir yine kimlerle laklaklıyordun?.."

"Ne demezsin, dedeciğim," demekle yetindim.

Yaptıklarımı sıralayarak, gıdım gıdım kullanmak zorunda olduğum enerjimi boşa harcayamazdım. Enerji tasarrufu yapıyordum anlayacağın, sevgili defter. Böylece dedemi, çantasını, ilaçlarını, raporlarını alarak arabamıza doluştuk ve yola koyulduk.

"Ohh, şükürler olsun," dedi dedem.

Pek mutluydu hastaneden çıktığı için. Ben de o hayatından memnun diye sevinçliydim. Beşiktaş'ı geçip Boğaz'da deniz kenarından giderken, arabanın camını açtı ve havayı derin derin içine çekti.

"Bahar gelmiş bile, çiçek kokusunu hafif de olsa alabiliyorum. Bak, karşı tepelerde tek tük erguvanlar açmaya başlamış."

"Baharlar bile açmaya başladı, dede."

"Bir de böyle güzel havada beni o hastane odasında tutacaklardı," dedi, sonra dizime hafifçe vurdu. "Ama aslan torunum ne yaptı etti, beni evime götürmeyi bildi."

Yine bir merasimle eve girdik. O anda yüreğime dokunan bir olaya tanık oldum. Dedem arabadan indikten sonra yavaş yavaş kapıya yürüdü ve tam eşikten geçerken durup evinin kapısını öptü!

Sanki, şükürler olsun, evime gelebildim, der gibiydi.

İşte o anda kendi kendime bir söz verdim.

Çok çok mecbur olmadıkça onu evinden ayırmayacaktım.

Sana söz veriyorum dedeciğim, dedim içimden.

Anneannem hemen pijamasını giydirip yatırdı dedemi. Ne de olsa yorulmuştu sabahtan beri. Sonra bana dönüp, "İki lokma bir şey ye de öyle git," dedi ama ofiste dünya kadar iş beni bekliyordu.

"Akşama görüşürüz. Alınacak bir şey varsa, bana bildir, gelirken getiririm," dedim ve... Zıt –yine iş!

İçeri girerken az kaldı Bayan Bella'yla çarpışıyorduk. "Bu ne telaş, Serra..."

"Dedemi hastaneden çıkarıp evine bıraktım. Şimdi oradan geliyorum."

"Deden nasıl?"

"İyi, şükürler olsun."

"Ben de seninle bir konuda konuşmak istiyordum." Olamaz!

Öyle çok işim var ki...

Başka zaman konuşsak olmaz mı... diyeceğim ama tabii ki diyemedim.

Ofisine girdik! "Otur Serra."

Eyvahlar, bu iş uzun galiba

"Biricik'in işine son verdim! Daha doğrusu, onun sadece bizde değil, hiçbir yerde çalışmaması ve sıkı bir tedavi görmesi gerektiğine karar verdim." Günaydın!

"Bu kararı verince, ilk işim Şebnem'i aramak oldu. Ona durumu anlattım; gerçi Şebnem, Biricik'i işe almamı isterken onun bazı sorunları olduğunu söylemişti ama işin bu boyutlarda olabileceği doğrusu hiç aklıma gelmemişti."

Good morning!

"Peki," dedim, "Şebnem Hanımın tepkisi ne oldu?"

"Üzüldü, çok üzüldü! Biricik'in, onun sorununu bilenler arasında çalışmasının, ruhsal dengesini bulmasına yardımcı olacağını düşünüyordu. İşte, bu noktada hem Şebnem hem de ben sana bir özür borçluyuz."

"Rica ederim, Bayan Bella."

"Evet Serra, öyle... Biz tuttuk, bu sorunlu kızı senin başına sardık. Senin hem zamanının boşa harcanmasına, hem de sinir bozucu durumlara katlanmana neden olduk."

Bir kez daha –günaydın!

"Peki," dedim, asıl merak ettiğim konuya gelerek, "bu sonuca varmanıza yol açan olay nedir?"

"Olaylar desen daha doğru olurdu. Neler yapmamış ki?.. Muhasebede herkesi birbirine katmış; olmadık, aklın alamayacağı dedikodular üretmiş. O kadar rahatsız olmuşlar ki, Biricik'le çalışamayacaklarını söylediler. İnsanları mutsuz etmek için elinden geleni yapmış desem en kestirmesi olacak."

Artık dayanamadım. "Bana da sürekli öyle davranıyordu. Parmağınızı koyamıyorsunuz ama her davranışının arkasında bir art niyet seziyorsunuz," diyerek Biricik'le yaşadıklarımın minik bir özetini yaptım.

"Hasta bir ruh taşıyor," dedi Bayan Bella, "kafasında birtakım şeyler kuruyor, sonra bunlara kendisi de inanıyor. Düşünebiliyor musun, tutmuş muhasebe şefinin eşini bir restoranda bir erkekle yemek yerken gördüğünü öyle bir anlatmış ki, eh bu kadar olur. Tabii laf dönüp dolaşıp adamcağızı bulmuş ve al sana bir sürü tatsızlık..."

"Davut Beyin eşi için mi konuşmuş?"

Şok geçiriyordum! Doğrusu bu kadarına cesaret edebileceğini hiç sanmıyordum.

"Evet. Bu kadarla kalsa iyi, Behice Hanım var ya..."

"Evet."

"Onun da kızının uyuşturucu bağımlısı olduğu için okuldan atıldığını ama Behice Hanımın bunu herkesten sakladığını yaymış. Tabii bu laf da bütün ofisi dolanıp Behice Hanımın kulağına gitmiş."

"Deli mi bu?"

"Bütün bunlar bana anlatıldıktan sonra onu çağırdım. Niye böyle yapıyorsun, diye sorunca ne dedi biliyor musun?

"Söylediklerimin hepsi doğru. Davut Beyin eşini gözlerimle gördüm. Behice Hanımın kızını ise, bana inanmıyorsanız, çağırın bakın, gözlerinin altı nasıl da mosmor... dedi."

"Vah, vah," dedim elimde olmayarak.

"Bunun üzerine derhal Şebnem'i aradım ve Biricik'in artık burada çalışamayacağını ve bunu ona uygun bir biçimde Şebnem'in söylemesinin en doğrusu olacağını vurguladım."

Önündeki kâğıtları karıştırdı, sonra, "İşte böyle Serra," dedi. "Sana son durumu bildireyim istedim."

Vay be!

Duruma bakar mısınız?..

Bayan Bella'nın anlattıklarını dinlerken resmen içim fena oldu. Anlaşılan bu kızcağız giderek kötülemiş. Ruh hastalıkları da hiçbir şeye benzemiyor. Allah'tan işler öyle bir hızlandı ki, bir süre sonra Biricik'i de, içimdeki o kötü duyguları da unutmuş, koşturup duruyordum.

Ofisten çıktığımda saat yediyi bulmuştu. Dedemlere gitmek üzere yola çıktım. Niyetim onu gece bekleyecek olan bakıcıyla yüz yüze konuşmak, biraz oturmak, sonra da eve dönmekti. Ben bunları düşünürken telefonum çaldı.

"Bil bakalım ben kimim?"

"Münasip kısmetim Avukat Özgür Bey."

"Afferin sana! Ee, ne yapıyorsun bakalım?"

Ona günümü özetleyip dedemlere gitmek üzere olduğumu söyledim.

"Benim işlerim az önce bitti," dedikten sonra, ekledi, "biliyor musun, sana fena alıştım galiba. Şöyle saat dokuz buçuk gibi gelip seni dedenlerden alsam da artık hastane dışında bir yerde oturup bir kahve içsek, belki biraz müzik dinlesek, ne dersin. Bence sana iyi gelir."

Bir an duraladım.

Dedemin dün gece söyledikleri aklıma geldi. Yoksa?

Özgür ise tabii bu duraksamamı isteksizlik olarak aldı. "Eğer yorgunsan kalsın."

Ah dede, senin yüzünden arkadaşımdan olacağım, hem de sevdiğim bir arkadaşımdan...

"Bence harika bir fikir," dedim hemen.

"İyi öyleyse, görüşürüz," diyerek telefonu kapattı Özgür.

Dedem dinlenmişti, pırıl pırıldı.

"Dedeciğim, bu ne güzellik böyle."

"İnsan kendi evinde olunca, her şey başka oluyor."

Sofra hazırdı, beni bekliyorlardı. Herkesin keyfi yerindeydi, son günlerde yaşadıklarımızı konuşarak yemeğimizi yedik.

Tam sofrayı topluyorduk ki, Özgür geldi.

Dedem hemen fısıldadı bana, "Seninki geldi..."

Hey yarabbi!

Derken bakıcı geldi. Böylece onunla da dedemin durumunu ve koşulları konuştuk, sonra evdekilere veda edip çıktık. Bebek'te bir kafeye gidip oturduk.

"Ne iyi ettin de bunu düşündün," dedim Özgür'e. "Gerçekten de hastane gecelerinden sonra böyle bir yer hoşa gidiyor."

Biricik'in öyküsünü anlattım ona. Bayan Bella'dan, Selçuk'tan söz ettim. O da bana birlikte çalıştığı kişileri anlattı.

Biliyor musun sevgili defter. Bugün akşam olurken, bu gece hastanede olmayacağım, dolayısıyla Özgür'ü göremeyeceğim, diye bir düşünce geçti zihnimden.

Ve üzüldüm!

Yani üzüldüm derken, öyle hüngür şakırt, vay göremeyeceğim şeklinde değil...

Tüh, göremeyeceğim, ne yazık şeklinde...

Sonra, o arayıp da buluşalım deyince, bayağı sevindim.

Demek ki farkına varmadan, ben de ona alışmışım.

Öyle huzur veren, öyle sakin ama aynı zamanda öyle şakacı ve esprili bir insan ki... Onun yanındayken, sorunlar eriyip gidiyor sanki.

İyi şeylere kolay alışılırmış. Özgür de iyi bir şey anlaşılan...

8 Nisan, Cuma

İki haftadır Özgür'le konuşmadık. Daha doğrusu aramadı. Aramıyor! Neden acaba?

Bak şimdi, şu dedemin ettiği laflar olmasa, ben çoktan arardım onu.

Ama –kafam karıştı! Dahası, doğallığımı yitirmeye başladım. Ve böylece bu sıkıntılı günlerde içimi açan yegâne insandan oldum.

İyi marifet yaptın, dede! Aman be!

Dedemin laflarını kafamdan silip atacağım ve eskiden nasıl davranıyorsam öyle yapmaya devam edeceğim. Ayrıca –Özgür'ün kapı gibi sevgilisi var. İşte!

Onu rahat rahat arayabilmem için bundan âlâ neden olabilir mi?..

Öte yandan...

Ya o, benimle gerektiği kadar ilgilendiğini düşünüp artık sevgilisiyle buluşuyorsa, benim böyle sevindirik gibi aramam, onu sıkar mı?..

Rahatsız eder mi?

Arkadaşız dediysek, adama ipotek koymadık ya...

Ama...

Dur bir dakika...

Sakın o, benim onu aramamı bekliyor olmasın...

Öyle ya... Bir de bu açıdan bakmak gerek.

Onu arayıp yardıma çağırdım, sonra da o her gün geldi, beni yalnız bırakmadı.

Eh, bütün bunların karşılığında bu kez benim onu arayıp sormam gerekmez miydi?

Ayyy...

Ne eşşeğim ben! Hem de iki ş'li eşşek... Sana bunca koşan insan, bir kez olsun aranmaz mı? Arabası düze çıktı diye, yok olanlar gibi davranmış oldum şimdi.

Tüh!

Ama hep dedemin kabahati!

O laflar nedeniyle geri durdum! Çekindim! İşin aslı bu... Derhal aramalıyım!

Peki bunca zaman aramamamı nasıl açıklayacağım?

Ne bileyim, işim çoktu derim, dedem derim, bir şeyler derim.

Doğaçlama yaparım artık.

Haydi Serra, göreyim seni...

Evet arkadaşlar, evet!

Az önce Özgür'le konuştum.

Gecenin bir vaktiydi ama bir cesaret aradım, meğer o da evine yeni girmişmiş.

Yavuz hırsızı oynayarak, "Ne o Özgür Bey, ne aradığınız var, ne sorduğunuz," şeklinde bir giriş yaptım.

Sanırım sesimi duyunca sevindi; en azından bana öyle geldi. "Asıl sen nerelerdeydin?"

"Ah, ah," dedim ve hazırladığım tüm mazeretleri saydım. "Ayrıca," diye ekledim, "açık konuşmak gerekirse, biraz da çekindim seni aramaya..."

"Nedenmiş o?"

"Bana ve dedemlere, eksik olma, çok zaman ayırdın. Her gece, her gece de hastaneye taşındın. Bütün bunlardan sonra bir de telefonlarla seni meşgul etmek istemedim. Sonra senin bir sevgilin var. Artık Özgür'ü rahat bırakalım da, o da hayatını yaşasın, diye düşündüm. Anlayacağın, biraz da bu nedenlerle aramadım seni ama sesin soluğun çıkmayınca, bu kez de merak ettim, ne âlemdesin diye bir sorayım, dedim."

Nasıl?

Şahane bir yavuz hırsız örneği, değil mi?

Öyle içten güldü ki, dayanamayıp ben de katıldım ona.

"İlahi Serra, neler de düşünüyorsun sen. Ne alakası var..."

"Peki, öyleyse niye aramadın bunca zaman?" deyiverdim.

"Ben de, ya bu kız benden sıkıldıysa, diye düşündüm. Sık sık arayıp onu bunaltmayayım, isterse o beni arar, dedim kendi kendime."

Buyrun bakalım!

Tam da tahmin ettiğim gibi, o da benim onu aramamı beklermiş. Haklı olarak... Çoook haklı olarak...

"Yanlış anlamalar böylece gün ışığına çıktığına göre, bu hafta sonu seni ben davet edebilir miyim?" Güldü! Keyfi iyice yerine gelmişti. En son kırmak isteyeceğim insandır Özgür. Benim gönlümde onun yeri bambaşka... "Edebilirsin," dedi ve sordu. "Ne yapmayı planlıyorsun?" Hay Allah, bak bunu düşünmemiştim. Hazırlıklı değildim.

Ama saniye sektirmeden, "Şimdi erguvanlar ve mor salkımlar zamanı... Şöyle bol erguvanlı bir yerde sabah kahvaltısına ne dersin? Mesela Yıldız Parkı'nda... Sonra da sıkı bir yürüyüş yaparız."

"Çok güzel," dedi.

Böylece yarın sabah buluşmak üzere anlaştık. Bu konuşma biter bitmez kendimi yatağıma attım, ter içinde kalmıştım.

Ah dede ah, ne diyeyim ben sana...

Belli ki biraz kırılmış.

Belli ki onu aramamı beklemiş.

Neyse ki, şu saksı sonunda çalıştı da büsbütün küstürmedim Özgür'ü.

Artık yatıp huzur içinde uyuyabilirim.

9 Nisan, Cumartesi

Nefis bir nisan sabahıydı.

Havada baharın o taptaze yaprak kokusu vardı.

Bir süre parkta yürüdük. Malta Köşkü'nün etrafındaki erguvanlar açmıştı. Ne güzel renkleri var bu ağaçların... Hele de mor salkımlarla birleşince, seyrine doyum olmuyor. Eflatunlar, pembeler, morlar...

Malta Köşkü'nde kahvaltı harikaydı. Ev işi reçeller, taze ekmek...

Leziz, azizim, leziz...

Karnını doyurup bir de nisan güneşiyle ısınınca, tembel tembel oturup kalıyorsun.

"Sen bana uyarsan buradan hiç kalkmayabiliriz," dedim ve davranıp sordum, "Sabancı Müzesi'ne gitmeye ne dersin?"

"Bugün programı sen yapıyorsun."

"Tamam öyleyse," dedim ve parktan çıkıp Sabancı Müzesi'ne gittik. Önce evi gezdik, sonra da tabloların sergilendiği bölüme geçtik. Sadberk Hanım Müzesi gibi burası da özel bir müzeydi; bir zamanlar bir ailenin o evde yaşamış olması ve bizim o odalarda dolaşıyor olmamız beni hep etkilemiştir.

Müzeden çıkınca yine yürüdük.

Konuştuk, güldük, yürüdük...

Gün sona ermiş, hava kararmaya başlamıştı.

Birden, "Şahane bir fikrim var, Özgür," dedim. "Eğer vaktin varsa, sana bugünü taçlandıracak bir şey göstermek istiyorum."

"Bugünüm bütünüyle senin," dedi Özgür, kollarını iki yana açarak.

"İyi öyleyse! Şimdi doğru bizim eve gidiyoruz."

Yolda annemi aradım, dedemlerdeymiş. "Anne, Özgür'ü bizim eve götürüyorum. Ona, hani bizim o çok sevdiğimiz nesne var ya, onu göstermek istiyorum."

Annemin kahkahası arabanın içinde çınladı.

"Anladım! Madem arkadaşını getiriyorsun, buzdolabında..."

"Sen orasını merak etme..."

Özgür, "Ne kadar da gizemli bir durum bu, giderek daha çok merak etmeye başladım," dedi. "Ee, bekleyeceksin artık..."

Birlikte eve girdik. Işıkları yakmadım ve elinden tutup onu mutfağa götürdüm.

Mutfak da karanlıktı tabii ki...

"Ne o, korku tünelini mi oynuyoruz?.." derken... olduğu yerde kalakaldı Özgür. Ve kendi kendine konuşurcasına, "Bu ne görkemli ağaç böyle," diye fısıldadı.

Kiraz ağacı özel ışıklandırmasıyla bir tablo gibi duruyordu karşımızda.

Baştan aşağı çiçek...

"Muhteşem," diye mırıldandı Özgür.

"Biliyor musun, yıllar önce, ben ona Karlar Kraliçesi adını takmıştım. Hayalim ise, Karlar Kraliçesi adlı bir masal yazmaktı."

Özgür gözünü alamıyordu kiraz ağacından, "Ne kadar haklısın! Bu, gerçekten bir kraliçe... Karlar Kraliçesi... Mükemmel bir isim." Sonra devam etti, "Mutfak pencereniz de sanki onun için özel yapılmış."

"Belki inanmayacaksın ama, annem evi sırf bu mutfak ve kiraz ağacı için tuttu."

"İnanırım," diye başını salladı Özgür, "İnanırım, çünkü ben de olsam tamamen aynı nedenlerle bu evi tutardım. Şu güzelliğe baksana..."

Çok mutluydum!

Özgür'ün bunca beğenmesi, sürpriz sürpriz diye onu alıp getirmeme değmişti.

"Biliyor musun, annemle hayatımızın neredeyse tümü bu mutfakta geçer. Kiraz ağacı olan biten her şeyi bilir. Burada dertleşir, burada güler söyleriz. Yemeklerimizi hep burada, kiraz ağacının karşısında yeriz. Mevsimler akarken onu izlemek, her yıl çırılçıplak olup yeniden çiçeğe oturmasını gözlemek... insana yaşama gücü veriyor."

Aferin sana dercesine elimi sıktı Özgür.

"Eh, artık ışıkları yakabilirim. Şimdi sen geçip oturuyorsun, ben de bu mutfak-kafede sana yiyecek bir şeyler hazırlıyorum."

"Bir pizza da ısmarlayabiliriz, Serra."

"Yok, yok! Kiraz ağacının şerefine... sana bir salçalı makarna yapayım mı?"

"Kulağa hoş geliyor."

"Daha da iyisi, sosisli salçalı makarna pişireyim, ne dersin?"

"Allah, derim! Ama bir şartla... Salatayı da ben yapacağım."

"Sen salata yapmayı bilir misin?"

"Ayıp ettin! Bir kere yıllardır bekâr yaşamanın getirdiği bir zorunluluk var. Ama işin aslı, ben mutfakta çalışmayı çok severim. Çeşit çeşit salatalar, makarnalar, omletler, hatta kek bile yaparım. Hem de çok lezzetlidir benim keklerim."

"Vay, vay, vay! Neymiş bizim bu Özgürümüz..."

Böylece bir önlük de ona verdim ve işe koyulduk.

Ben salçalı makarnayı yaparken, o tezgâhın başına geçmiş, tık tık tık otları, soğanları doğrayıp duruyordu.

"İlk kez makarna yapışımı hatırlıyorum da," dedim gülerek. "İnanılmaz bir şey ama ayak başparmağımı haşlamayı becermiştim."

Bir kahkaha attı Özgür. "Nasıl becerdin?"

"Su kaynayınca makarnaları tencereye şöyle kaydırarak koymak yerine, cof diye attım, tabii sular her yana sıçradı. Geriye kaçtım ama, ayak başparmağım da haşlak sudan payını aldı," dedim gülerek. "Bu kadarla kalsa iyi..."

"Dahası mı var?"

"Makarna suyuna yağ konması gerektiğini bilmediğim için, makarnalar yapışıp yumak gibi oldular mı sana..." Özgür yine bir kahkaha attı.

"Derken anneannemler geldiler, ben de güya onları yemeğe davet etmiştim. Onlar kapıda beklerken, ben hâlâ o yumağı çözmeye çalışıyordum."

"Sonra ne oldu?"

"Ne olacak, anneannem makarnayı aynen çöpe attı ve bana değil anneme kızdı, bu basit kural öğretilmez mi diye."

Özgür müthiş bir çoban salatası yapmıştı; eh, benim makarna da hiç fena değildi. Geçtik kiraz ağacının karşısına, bir güzel yemeğimizi yedik. Sonra da hem çene çaldık, hem de birlikte bulaşıkları yıkadık.

Özgür kalktığında saat on ikiye geliyordu.

"Serra," dedi gülerek, "gerçi bunu hep kızlar söyler ama, çok güzel bir gündü. Her şey için; erguvanlar için, kiraz ağacı için, yemek için çok teşekkürler..."

"Ne demek efendim."

Tam kapıdan çıkarken, "Yarın bir sinema yapalım mı seninle?" diye sordu.

"Neden olmasın."

Sanki programım dopdolu da...

Özgür olmasa, evde pinekleyeceğim.

Evet, sevgili kiraz ağacı, işte benim gerçek dostum Özgür'le sonunda tanıştın.

O sana âşık oldu! Resmen âşık oldu!

Ama sana âşık olmayacak insanı da düşünemiyorum. Bu, İstanbul'u sevmemek gibi bir şey olur, benim kitabımda. Nasıl buldun Özgür'ü? Sıkı çocuk, değil mi?

Çocuk demeyelim de adam diyelim, bu daha doğru olur. Bak, o benden tam sekiz yaş büyük. Eh, bu durumda da onu adam diye anmak gerek.

Ama sana bir şey söyleyeyim mi?..

Özgür'le ilk tanıştığımızda, yani benim mezun olduğum yılda, bundan aşağı yukarı üç yıl önce, ona yaşını sormuştum.

O da bana, otuz, deyince, vay be, hapı yutmuş bu zavallı, olmuştum. Ve onu ulu ağaçlar kadar yaşlı bulmuştum.

Oysa şimdi, hiç de öyle değilmiş meğer, diyorum.

İki yılda insanın düşünceleri, görüşleri nasıl da değişiyor. Şimdi, kendimi ona çok daha yakın hissediyorum.

Tıpkı anneme, dedeme, hatta babama giderek daha yakın hissettiğim gibi.

Yakın derken şöyle; iki yıl öncesine kadar sanki gençler ve yaşlılar arasında kalın kapkalın bir çizgi vardı. O çizgi çok keskindi ve çizginin ötesindekilerin biz gençlere söyleyecekleri hiçbir şey yoktu. Onlar geçmişte yaşıyorlardı, evet, arada sırada bize öğütler verip akıllı laflar ediyorlardı ama yine de "yaşlı"ydı onlar. Bir ayak çukurda...

Oysa şu iki yıl içinde sanki o çizgi giderek keskinliğini yitirdi, flulaşmaya başladı. Canım, o adam o kadar da yaşlı değilmiş meğer, demeye başladım. Söyledikleri ve tepine tepine dinlediğim bazı sözcükleri, giderek ben de kullanır oldum. İlk kez kendimi annemin sözcüklerini kullanırken yakaladığımda, dehşete düşmüştüm! Eyvah, ben de yaşlanıyorum, diye. Ama zaman içinde bunun yaşlılık değil, olgunlaşmanın işaretleri olduğunu anladım.

Yavaş yavaş...

Yaşayarak, gözlemleyerek ve acı çekerek...

Onun için iki yıl öncesine kadarki, 'otuzun üstündekiler çöpe' kafasını taşımıyorum artık.

Konumuza yani Özgür'e dönersek, onunla birlikteyken, onu bin senedir tanıyormuşum gibi bir duygu içine giriyorum. Ankara'dan döndüğümde beni arayıp yemeğe götürdüğünde, mezuniyet yılındaki günlere dönüvermiştik. Hani, sevdiğin, anlaştığın bir okul arkadaşın vardır, yıllar sonra bir yerde karşılaşırsın, dönüp birbirine, nerede kalmıştık, dersin ve kaldığın yerden devam edersin ya...

İşte Özgür beni aradığında aynen öyle oldu.

Nerede kalmıştık, dedik.

Ve, kaldığımız yerden devam ettik.

10 Nisan, Pazar

Sabah dedemlerdeydik. Yine mis gibi bir hava vardı.

Dedemi arabaya bindirip, ortalık kalabalıklaşmadan, bir başka deyişle, pazar trafiği başlamadan, şöyle kapsamlı bir Boğaz gezintisi yaptırdım ona. İstediği yerlerde arabayı kenara çektim, bahar havasını, çiçek kokusunu doyasıya içine çeksin, karşı tepeleri rahatça seyretsin diye... Sonra ver elini dedemin favori balıkçısı ve ailece yenen öğle yemeği...

Öğleden sonra Özgür'le buluşmak için evden çıkarken, "Kız, nereye gidiyorsun?" diye seslendi arkamdan.

"Söylemiştim ya dedeciğim. Sinemaya..."

"Kiminle?"

Sen bana sabırlar ver. Tanrım! "Özgür'le."

"Haa, şu seninkiyle... İyi, iyi, git!"

Dönüp dedeme baktım. Öfkem yüzümde yazılı olmalıydı ki, annem, aldırma, haydi git, işareti yaptı. Malum, kendisi 'tartışmaları önleme müdiresi'dir. Özgür'le İstinye'deki sinema kompleksinde buluştuk. Sinemadan sonra da Yeniköy'deki benim duraklardan "Paul"a demir attık. Bir şeyler atıştırırken muhabbeti öylesine koyultmuşuz ki, saatler uçup gitmiş, her zaman olduğu gibi.

Az önce eve geldim.

Her şey iyi hoş da...

Bu Özgür'ün sevgilisiyle ne biçim bir ilişkisi var, Allah aşkına...

Bütün bir hafta sonu benimleydi.

Aslında dedemin hastalığından bu yana, sık sık buluşuyoruz. Peki bu, o dünyalar güzeliyle ne zaman bir arada oluyor? Yoksa o iş bozuldu mu? Eğer öyleyse yardımcı olmak isterim Özgür'e... Üzülüyorsa, teselli etmek isterim.

Ama hiç söz etmiyor kızdan. Ağzına almıyor.

O zaman da insan sormaya çekiniyor. Meraklı Melahat gibi...

Yoksa bunlar öyle ayda yılda bir buluşanlardan mı?

Olur a...

Neyse...

Daha sonra, bir sırası gelirse, usturupluca sorar, durumu anlarım.

Ona göre de yardım ederim dostuma.

Haydi bakalım, iyi geceler, yedi cüceler.

Bak ne dedim, hayret!

İyi geceler, yedi cüceler...

Demek ki giderek keyfim yerine geliyor.

22 Nisan, Cuma

Dilek aradı!

Kaan eve dönmüş!

Hem de tam bir hafta önce...

"Bu akşamüstü Melis'e bir uğrayalım mı?" diye sordu Dilek. "İyi olur! Onu görmeyeli neredeyse bir ay olacak. Dedemin hastalığı filan derken, kızı hiç arayamadım."

"Tamam öyleyse, Melis'i arayıp geleceğimizi söyleyeyim."

Melis'in evine ulaştığımda, Dilek oradaydı.

Melis ise pek hoştu.

"Bu ne güzellik Melis Hanım."

"Annelik ona yakışıyor," diyerek benimle aynı fikirde olduğunu belirtti, Dilek.

"Bebiş'i ne zaman göreceğiz?"

"Dur bir bakayım," diye kalkıp içeri gitti Melis. Döndüğünde bebeği kucağındaydı. Ve uyanıktı!

Olamaz böyle tatlı bir bebek...

"Kaç aylık oldu?"

"Bir buçuk..."

"Seni biliyormuş gibi bakıyor, Melis."

"Sanırım öyle... Geçen gün gülümsedi sanki."

"Deme!"

"Ama o kadar emin değilim. Gaz sancısı mıydı, gerçek bir gülücük müydü, bilemiyorum."

"Bak, bak, bak..."

"Valla gülümsüyor sana Melis."

"Sanırım beni görünce, yaşasın mama vakti, diye düşünüyor ve keyfinden böyle gülümsüyor."

"Çok tatlı yaa...

"Maşallah de..."

Melis kanepeye oturup bebeğini emzirmeye başladı. Biz de karşısına geçtik ve bebeği rahatsız etmemek için alçak sesle konuşmamızı sürdürdük.

Dilek, "Demek Kaan geldi," dedi.

"Evet, geçen hafta başıydı. Sabah, bayağı erken bir saatte kapının açıldığını duydum. Bir de baktım, Kaan, elinde valizi, karşımda duruyor."

"Aman Allah'ım, peki onu görünce ne yaptın Melis?"

"Şaşırdın mı?"

"Şaşırmaz olur muyum?.. Kalbim nasıl atıyordu çocuklar, anlatamam. Bir an soluk alamayacağım sandım."

"Sonra, ne oldu?"

"Öylece karşılıklı kalakaldık. Ne o bir şey söylüyordu, ne ben... Sonra, valizini yere bıraktı ve bana doğru bir adım attı ama gözleri soru sorar gibiydi. Benim olduğum yerde kaldığımı görünce, bir adım daha attı bana doğru..."

"Peki, sonra ne oldu?"

"Her şeyden önce sana şunu sormam gerek, dedi. Eve dönebilir miyim? Eğer beni bu evde görmek istemiyorsan, ki bu senin hakkındır, derhal giderim. Seni o kadar üzdüm ki, bir de varlığımla üzmek istemem."

"Eh," dedi Dilek, "Kaan'ın, annesinden daha duyarlı olduğu kesin."

Laf sokuşturmasa olmaz... "Sen ne dedin Melis?"

"Burası benim olduğu kadar senin de evin, elbette dönebilirsin, dedim ve ekledim! Kızım ve ben seni yanımızda görmek isteriz."

"Bravo," dedi Dilek. "Çok güzel! Taşı gediğine koymuşsun. Kızım ve ben... seni yanımızda görmek isteriz. Çok güzel!"

"Bu sözleri söyledikten sonra yüzüne baktım, hem de çok dikkatle baktım, ne diyecek diye..."

"Ne dedi?" dedim. Meraktan ölmek üzereydim.

"Ben de sizin yanınızda olmak istiyorum, dedi. Bunun üzerine ama sen bizi doğumda bırakıp gittin, dedim."

"Helal olsun sana!"

Melis, anlatmaya devam etti. "Çok pişmanım, artık yanınızda olacağım, söz veriyorum. Kendimi buna hazır hissediyorum, dedi. O bu sözleri söyleyince, bak Kaan, dedim. Seni iki kez bağışladım. Ve niye bağışladım, biliyor musun?

"Bebeğimiz için bağışladım.

"Onun hayata daha ilk günden babasız başlamaması için...

"İleride, neden babamdan ayrıldın, diye sorduğu zaman elimden geleni yaptım, diyebilmek için...

"Yani, seni kızım için bağışladım, kendim için değil.

"Söz konusu sadece ben olsaydım, sana hamile olduğumu söylediğim günkü tepkin karşısında vurup kapıyı giderdim. Anlatabiliyor muyum Kaan, söz konusu sadece ben olsaydım, çoktan boşanmıştım senden.

"Ama bir çocuğumuz var artık.

"Onu düşünmek zorundayım.

"Ve şimdi burada seninle bir konuyu daha açık açık konuşalım, istiyorum, dedim.

"Konuş, Melis, diye mırıldandı.

"O zaman sana şunu söylemek zorundayım, dedim. Eğer üçüncü kez bizi bırakıp gidersen, bir daha bu eve gelme.

"Asla gelme!

"Zaten gelsen de beni bulamazsın.

"O noktadan sonra senin psikolojik sorunların beni hiç ilgilendirmeyecek artık.

"O noktadan sonra ben senin değil, büyümekte olan çocuğumun ruh sağlığını düşünüyor olacağım.

"Çünkü ben onun, bir gün var, bir gün yok olan bir babayla da büyümesini istemiyorum, dedim ve ekledim, işte benim söyleyeceklerim bu kadar."

Gözleri yaşlar içindeydi Melis'in. Bebeğini kucağında sallayarak devam etti.

"Benim bu sözlerimi Kaan tek kelime etmeden dinledi ve benim de sana söyleyeceklerim var, dedi."

Dilek'le ben nefes almadan dinliyorduk onu.

"Senin güvenini ve sevgini yeniden kazanmak için elimden geleni yapacağım. Kızıma iyi bir baba olacağım. Bütün bunları düşünmek için çok zamanım oldu, Melis. Sana söz veriyorum, bütün bu yaptıklarımı unutturacağım, dedi. İşte şimdilik durumlar böyle çocuklar," diyerek sözlerini bağladı Melis; sonra uyuyakalmış olan bebeğini yatırmaya gitti.

Geri geldiğinde sordum! "Sence bundan sonra ne olacak?"

"Bilmiyorum! Eğer dediklerini yerine getirirse, ki şu bir haftadır büyük çaba içinde, eski günlerimize dönebiliriz. Giderek kızıyla da tanışıyor. Geçen sabah baktım, beşiğin başına gitmiş, onunla konuşuyor, oynuyordu. Dün akşam, biraz da ben kucağımda tutayım diye aldı, ağlayana kadar evin içinde dolaştırdı."

"Desene," dedim, "işler yoluna giriyor."

"Girerse ne âlâ. Ben de gönülden istiyorum. Ama eğer bir kez daha, bir tek kez daha bırakır giderse, bu iş bitmiştir!

"Ben azize değilim, benim de kaldırabileceğim bir yere kadar. Bundan sonrası hem kızıma hem de kendime haksızlık olur."

İşte benim tanıdığım Melis'ti, bu konuşan.

Esin, onun sorunların içinde eriyip gitmesinden korkuyordu; bense tam tersini savunuyordum.

Ve ben haklı çıkmıştım.

Havayı dağıtmak için, "Sıla'dan bir haber var mı?" diye sordum.

Hemen yüzü güldü.

"Kendi derdimi anlatmaktan, size söylemeye vakit olmadı, tabii. Sıla, mayıs ayı içinde buraya gelmeyi düşünüyor."

Dilek'le aynı anda, "Harika!" diye bağrıştık.

"O gelince toplanalım."

"Sen ayarla, e mi Melis?"

"Peki, Serhat'la durumları nasılmış?"

Melis'in yüzünü kocaman bir gülümseme kapladı. "Çocuklar, resmen göle maya çaldım ve tuttu. Serhat fırsat buldukça Ankara'ya gidiyormuş."

"Süpper!"

"Oldu bu iş!"

"Kızlar susun, çocuğu uyandıracaksınız," dedi de bağrışmayı kestik.

"Veee –sıkı durun."

"Evet... evet..."

"Geçen hafta sonu Sıla Mersin'e gitmiş."

"İnanmıyorum!"

"Yaa," dedi Melis, yine o oğluyla övünen anne pozlarıyla. "Serhat, nisan ayında Mersin'de portakal çiçeklerinin açtığını ve misler gibi koktuğunu söyleyerek onu ısrarla çağırmış. Bizim kız da artık çalışmalarını nasıl ayarladıysa, sonunda Mersin'e gitmiş. Çok da güzel bir hafta sonu geçirmişler. Serhat Mersin'i gezdirdikten sonra, Tarsus'taki şelaleye ve Silifke'ye de götürmüş onu. Silifke kalesinden güneşin batışı şahaneydi, diyor."

"Bu inanılmaz bir şey Melis," dedim. "Öyle güzel bir iş yaptın ki..."

"Evet," diye bana katıldı Dilek, "ikisi de iyi ve dürüst insanlar ama ikisi de girişken değil, hatta bal gibi çekingen ve içe dönükler."

"İkisi de aileleri nedeniyle acı çektiler."

"İkisi de çok çalışkan ve tüm şanssızlıkları hayata olumlu bakışları ve iradeleriyle yenmesini bildiler."

"Yeter, yeter," diye kahkaha attı Melis, "işte Sıla'nın durumu böyle." Sonra bana bakarak sordu. "Oktay'dan ne haber?"

"İki aydır onu görmüyorum, artık telefonla da konuşmuyoruz."

"Arkadaşları biraz çıksın, gezsin diye onu kızlarla tanıştırma çabası içindelermiş..."

Bunları söylerken ikisi de dikkatle yüzüme bakıyorlardı.

"Keşke çıksa, gezse... Keşke bir kız arkadaşı olsa... İnanın, sevinirim buna."

"Ohoo, kızım, meğer sen çoktan bitirmişsin bu işi," dedi Dilek. "Baksana, umrunda bile değil."

"Hayır Dilek! Umrumda olmamak değil bu. Ben onun yeniden birini sevmesini, mutlu olmasını istiyorum. Çünkü Oktay iyi bir insan. Ayrıca, senin şu anda ne düşündüğünü de gayet iyi biliyorum. Onun için de ben diyorum ki, o düzgün ve dürüst bir insan ama biz birbirimize göre değilmişiz. Doğru kararı verdiğime inanıyorum ama aynı zamanda da onun mutlu olmasını istiyorum, tıpkı bir gün benim de mutluluğu bulmayı umut ettiğim gibi...

"Konu kapanmıştır."

Dilek'in bu halleri de giderek sinirime dokunmaya başladı ama...

"Esin'den bir haber var mı?" diye bu kez de Melis konuyu değiştirme çabası içine girdi.

"Sanırım Selçuk Beyle ilişkisi devam ediyor. Hatta giderek ciddi bir hal almaya başlıyor."

"İşte buna çok canım sıkılıyor," dedi Melis. "Durduk yerde başına dert alacak. Babası yaşında adam..."

"Yok canım," dedi Dilek. "O kadar da değil. Kırklarındaymış galiba..."

"Sen ne diyorsun Dilek! On beş, yirmi yaş fark var demektir bu... Haydi diyelim yaş önemli değil, anlaşıyorlar vs. vs; ya o iki çocuğa ne demeli? Üvey annelik yapacak, bir sürü sorumluluk alacak üzerine..."

"Esin'in bana söylediğine göre, çocuklar anneleriyle yaşıyorlarmış," diye savunmasını sürdürdü Dilek.

"Duy da inanma," dedi Melis, sinirli bir tavırla bacak bacak üstüne atarak.

"O adam bizim kızla evlensin, gör bak, anında anneleri çocukları onların başına postalayacaktır. Zaten Esin'in annesi de aynen benim gibi düşünüyor."

"Sen Esin'in annesiyle mi konuştun?"

"Evet Serra! Daha doğrusu o beni aradı. Kadıncağız çok üzgün. Pırıl pırıl bir genç kız, ne diye gidip iki çocuklu bir adamla evlensin; kızımız için ne hayallerimiz vardı, diyor."

"O da haklı..."

"Elbette haklı! Bir anne olarak kızının doğru dürüst bir evlilik yapmasını kim istemez.

"Benden yardım istemek için aramış meğer. Sen onun en yakın arkadaşısın, birlikte büyüdünüz Esin'le, bir konuşsan, belki seni dinler ve bu sevdadan vazgeçer, dedi."

"Peki, konuştun mu Esin'le?"

"Aslında yardım etmek isterim. Esin benim değer verdiğim, sevgili arkadaşım ama..."

"Ama ne?"

"Nasıl anlatsam, sanki eskisi gibi değiliz. Yine iyi arkadaşız... da... Kaan'la onun yıldızı bir türlü barışmadı. Ben Kaan'la evlenince, Esin benden uzaklaştı sanki. Benim anlamadığım, Kaan'dan hoşlanmamış olabilir ama biz dostluğumuzu eskisi gibi sürdürebilirdik. Neden benden de uzaklaştı? İşte bunu çözemiyorum ve onun duygu dünyasında her ne olduysa, bunu zaman iyileştirecektir, diye umut ediyorum, fazla da üstüne varmadan sabırla bekliyorum."

Aklıma Esin'in, Melis'in düğününden sonra bize dert yanması geldi. Esin kendince bir şeylere kırıldı; Melis'in ise bundan haberi yok. Nitekim, aynı şeyleri düşünmüş olmalıyız ki, Dilek'le göz göze geldik. Bu kadar iyi iki dostun birbirine yok yere kırılmasına göz yumamazdım.

"Melis," dedim. "Belki de sen evlenince o kendini terk edilmiş gibi hissetti, ne de olsa siz ayrılmaz ikiliydiniz. Öncelik Kaan'a geçti senin hayatında... Acaba bu mu onu üzüyor?"

Melis hayretle baktı bana.

"İyi ama bundan doğal ne olabilir ki?.. Hem, sizler benden uzaklaştınız mı? Tam tersine, sorunlar bizi daha çok birbirimize kenetledi. Kaan'la problemli günler yaşarken de, doğumda da hep yanımdaydınız. Esin de yanımdaydı ama... uzaktı. Bunu hissedebiliyordum."

"Evet," dedi Dilek. "Belki de zamana bırakmak en iyisi..."

"İşte, koşullar böyle olunca, Esin'e açıp, kızım sen ne yapıyorsun, diyecek cesareti bulamıyorum kendimde. Çünkü bir yerde o da artık koskoca bir kadın. Size ne, derse, kimse buna cevap veremez. Ancak çok çok yakın dostu, nazı geçen dostu bu kadar özel bir konu hakkında fikir yürütebilir. Ve şu anda ben, ne yazık ki o konumda değilim."

"Hayırlısı..." diyerek ayağa kalktım ve sevgili defterim, kendimi yine annem, hatta hatta anneannem gibi konuşurken yakaladım! "Hayırlısı..." demiştim!!! Tıpkı onlar gibi... İmdat! Yaşlanıyorum!

Onlar da içinden çıkamadıkları bir durum olunca, hayırlısı, diyerek işi bir başka güce havale ederler. Ben de aynı duygularla, aynı sözü söylemiştim.

Neyse..

Akşam, Esin aradı.

"İşler öyle yoğundu ki, bir türlü kurtulup ben de sizinle Melis'e gelemedim. Melis nasıl? Kaan ne âlemde?"

İçimden, niye açıp kendin sormuyorsun, demek geldi. Ama bu soruyu yutup ona Kaan'ın son durumunu ve Melis'in ültimatomunu anlattım.

"Desene, Kaan Efendi, kızı yine kandırmayı becermiş."

"Hay, Esin! Melis nereye varmak istediğini biliyor ve çok da kararlı. Kaan'la yaptığı konuşmada bunu açıkça belirtmiş."

"İşte bunun için gelmedim," dedi Esin öfkeyle. "O saçma sapan lafları dinlemeye tahammülüm yok çünkü. Hele Melis'in, o babasının şımarık oğlunu aklama çabalarını görmek; arkadaşların da, sizinki büyük aşk, türü teselli sözcüklerini duymak midemi bulandırıyor artık..."

"Esin, biraz fazla tepki göstermiyor musun?"

"Nasıl göstermem! Adam iki kez, tam iki kez, hayatının en kritik anında kızı dımdızlak ortada bırakıp gitti.

"Gitti yaa... gitti!

"Ben bunun nesini dinleyeceğim," dedi ve sustu Esin. Öfkeli nefesini duyabiliyordum.

Sonra yeniden devam etti. "Ayrıca, Melis'i o zayıf, çaresiz, evde oturup hayırsız kocasının yolunu bekleyen kadınlar gibi görmek istemiyorum. Buna tahammül edemiyorum."

"Valla ben bugün onu hiç de senin anlattığın şekilde zayıf ve âciz bir kadın gibi görmedim," dedim ve ekledim, "hem sen olaya dışarıdan bakıyorsun, biraz da kendini onun yerine koyup düşünmeye ne dersin?"

Cevap yok!

"Sen onun arkadaşısın," diye devam ettim.

"Sizler de arkadaşısınız..."

"Ama senin yerin başka..."

Yine cevap yok!

"Bak ne diyeceğim," dedim. "Uzakta durup onu yargılayacağına, neden arkadaşına yaklaşmıyorsun... Eskiden olduğu gibi... Seni bilemem ama Melis'in seni çok özlediğini görebiliyorum."

Hâlâ ses yok!

Ama hissedebiliyordum, sanki öfke erimişti. Haydi bakalım Esin Hanım, dedim içimden, sen bunları bu gece bir iyi düşün. Duruma bakar mısınız?..

Esin, Melis'i mutsuz ediyor diye Kaan'a öfke kusuyor. Öte yandan Melis, Esin'i mutsuz edecek diye, Selçuk'a içerliyor.

Ve –ilişkiler çıkmaza giriyor.

Şu insanoğlu ne karmaşık mahluk.

Hele duygusal yaşamı söz konusu olunca...

Nelere kızabiliyor.

Nelerden alınabiliyor.

Bir de karşı tarafın bundan haberi yoksa.

Yandı gülüm keten helva...

Mayıs ayı da sonunda geldi! Mayıs gülleri açtı!

Dedemlerin terası da pek güzel oldu.

Bugün Defne Teyzem, Murat Enişte, annem, ben ve Özgür, dedemlere yemeğe davetliydik.

Şaştın bu işe değil mi, sevgili defter?

Dedem kaç zamandır Özgür'ü yemeğe davet etmek istediğini söyleyip duruyordu.

"Ta hastanedeyken bunun sözünü ettim çocuğa... İnsan kendisine bu kadar yardım edene evinde bir yemek yedirmezse, yazıklar olsun ona..."

Anneannem ise, "Defneler geldiği zaman çağırırız," diyordu. "Ne yapsın genç çocuk bizim gibi iki yaşlının sohbetini..."

Sonuçta bu daveti iletme görevi bana verildi. Özgür son iki haftadır İzmir'deydi. Önemli duruşmaları varmış, gitti geldi, gitti geldi. O nedenle pek görüşemedik ama mesajlarını eksik etmiyordu.

"Bu pazar günü dedemlere yemeğe davetlisin," dedim.

"Ne güzel! Saat kaçta orada olmam gerekiyor?"

Doğrusu böyle sevineceğini hiç beklemiyordum.

Tamam! Dedemle saygılı bir biçimde sohbette bulundu birkaç kez.

Ama...

Koskoca bir akşam yemeği?

Dürüst olmak gerekirse, fazlaca tanımadığın, yaşını başını almış insanlarla uzuuun bir sohbet nereye kadar sürdürülebilir ki?.. Ama o pek mutlu olmuştu.

İyi öyleyse, dedim içimden, mesele yok o zaman.

"Dedem hava kararmadan bekliyor, çünkü gülleriyle sana hava atmak istiyor. Yemek, hava iyiyse terasta yenecek..." şeklinde gerekli bilgileri verdim.

Böylece, Özgür saat altı buçuk sularında, elinde dedemin sevdiği bir kutu badem ezmesi (kopya, benden) ve anneannem için de küçük bir orkide dalıyla kapımızda belirdiğinde, herkes terasta oturmuş, içkilerini almış, sohbeti koyulaştırmıştı bile.

Özgür'ün koluna girip onu terasa götürdüm. "Millet," dedim. "İşte, arkadaşım Özgür."

Dedem oturduğu yerden seslendi. "O benim de arkadaşım sayılır. Hastanede her gece bizimleydi, sağ olsun."

Dedem, sanki teyzemler olup bitenleri bilmiyorlarmış gibi başladı anlatmaya... Özgür'ün ambulans çağırması, bizi hastaneye götürmesi, her gece gelip yoklaması... Zavallı Özgür gülümsüyordu ama bir an evvel bu övgü faslının bitmesini bekler bir hali vardı.

"Size teşekkür borçluyuz," dedi teyzem.

"Rica ederim."

"Serra'yla nereden arkadaşsınız?"

Bu soruyu soran kim olabilir, sevgili defter, bil bakalım.

Tabii ki, sevgili Murat Enişte!

Bravo, bildiniz! On puan!

"Ankara'dan tanışıyoruz," diye atıldım.

"Okuldan mı?"

"Hayır," dedi Özgür. "Aslında Serra'yla onun mezuniyet yılında tanıştık ve ondan sonra da arkadaşlığımız sürdü."

Evet, sevgili defter, eniştem bundan sonra, bil bakalım, ne sordu?

Özgür'ün ne iş yaptığını. Bravo, bildiniz! On puan daha...

Bu kez dedem, Özgür'ün yerine cevap verdi. "Bakma genç olduğuna, şehrin en esaslı avukatlık şirketinde çalışan koskoca bir avukat o."

"Öyle mi?" Eniştem etkilenmişti.

Dedem ayağa kalktı. "Özgür, gel evladım, sana güllerimi göstereyim."

Böylece Özgür, eniştemin sorgulamasından kurtulup dedemin pençelerine düşmüştü. Ama terasın demirlerine sarılmış güllerin güzelliğine de diyecek yoktu doğrusu.

Akide pembesi goncalar, sarı güller, beyaz ponpon güller...

Ve mis gibi gül kokusu... Özellikle de beyaz güllerin kokusu...

Bir süre sonra eniştem de onlara katıldı.

"Buyrun sofraya!" diye seslendi annem.

Teyzemse, rüzgârdan sönmesinler diye mumların üzerine fanusları yerleştirmekle meşguldü. Anneannem bir özenmişti ki bu kadar olur. Yok yoktu sofrada.

"Valide Hanım, yine döktürmüşsünüz," dedi eniştem.

"Buyrun, oturun," diyerek övgüleri geçiştirdi anneannem.

"Davet hazırlıkları başladı mı, Murat?"

"Başlamaz olur mu Deryacığım," diye pür heves anlatmaya başladı eniştem.

"Önce Çeşme'deki otelde yer ayırttım. Hem sadece davet için değil, başka kentlerden gelecekler için de odalar ayrıldı." Gözleri pırıl pırıl, bir kahkaha attı. "Başta da sevgili dünürlerimiz için..."

"Bakıyorum dünürlerini pek seviyorsun."

"Kızımızın evlendiği gün Defne'yle ne konuştuk, biliyor musunuz? Biz dünür değil dost kazandık, dedik."

"Evet," dedi teyzem. "Sırma'nın evliliği o kadar içimize sinen bir evlilik oldu ki anlatamam. Bir kere Deniz'e bayılıyoruz. Bir arkadaşım, damadın nasıl biri, azıcık tarif etsene, demişti de ona, tüm içtenliğimle; boylu boslu, yakışıklı, dahası sağlam bir kişiliği var; hele bir gülüşü var ki görsen bayılırsın, bir insan bu kadar mı güzel güler, diye sayıp dökmüştüm. Arkadaşım tamam, tamam anladım, bayılıyorsun damadına, demişti.

"Dünürlere gelince, Deniz neden böyle bir Deniz, onları görünce anlıyorsun. İşte, bu bir aile... esaslı bir aile, diyor insan.

"Biz çok şanslıyız!

"Murat'ın dediği gibi, dünür değil, dost kazandık. En önemlisi, kızımız gerçekten mutlu. Bu ne büyük şeydir, biliyor musunuz?.."

"Yeter kız yeter," dedi dedem. "Nazar değdireceksin, anlatma bu kadar."

"Babacığım, bunu aile içindeyiz diye konuşuyorum herhalde," dedi ve tam da beklediğim gibi Özgür'le bana döndü, "Darısı başınıza... İkinizin de..."

"Ne zaman olacak bu davet?"

"Temmuzda. 9 Temmuz diye düşündük, gelenler hem davete katılır, hem de bir hafta sonu tatili yapmış olurlar."

"Ne yazık ki ben gelemem," diye içini çekti dedem.

"Nedenmiş o?" diye bağrıştık hep birden.

Murat Enişte elini havaya kaldırarak, "Lütfen herkes sakin olsun," dedi ve dedeme döndü, "Ben onu da düşündüm, efendim. Hiç siz olmadan davet olur mu...

"Şoför, bizim steyşın'la gelip sizi alacak. Onun arka koltukları iyice geriye gidiyor, yorulduğunuz an, uzanabilirsiniz. Bizim şoför iyi araba kullanır, sizi hiç sarsmadan yavaş yavaş getirecek. Davetten sonra da biraz bizde, Çeşme'de kalırsınız, gitmek istediğiniz zaman yine aynı yöntemle sizi evinize ulaştırırız. Anlaştık mı?'

"İşte bu harika!" diye bağırdım, "Dedemsiz davetin tadı mı olur."

"Eh, madem öyle, gelelim bakalım," dedi dedem, nazlı nazlı. Dedemin, Sırma'yı gelinliğinin içinde görmesini o kadar istiyorum ki...

Yemek bitmişti ama sofra sohbeti devam ediyordu. Işıklı gezi teknelerinden taşan müzik bize kadar ulaşıyordu. Yıldızlarsa göz kırparcasına yanıp sönüyorlardı.

"Giderek yaz havasına giriyoruz," dedi anneannem. "Baksanıza, gezi tekneleri Boğaz'da tur atmaya başlamış bile.

Ailece geçirdiğimiz o harika gecelerden biriydi.

Özgür'ü yolcu ederken, "Umarım sıkılmadın," dedim. "Ne de olsa tam bir aile toplantısının içine düştün çünkü."

"Çok güzel bir ailen var, Serra."

"Öyledirler."

"Haydi canım, tekrar teşekkürler..." dedi ve yanağıma bir öpücük kondurdu.

"Görüşürüz."

Özgür gittikten sonra bir süre olduğum yerde kaldım. Güller ne kadar da güzel kokuyordu.

Uzaktan müzik sesi geliyordu.

Terastan da bizimkilerin sesleri...

Yaşamak güzel şey be kardeşim, dedim ve içeri girdim.

9 Mayıs, Pazartesi

Dilek aradı.

"Müjdeler olsun!" diye bağırıp duruyordu akşam akşam. "Ne oldu kızım? Bağırmayı bırak da söylesene..."

"Harika bir iş buldum! Harika bir iş buldum!"

"Kutlarım! Ama ne zaman, nasıl? Daha geçen gün konuştuk seninle, o zaman hiçbir şeyden söz etmedin."

"O zaman ortada fol da yoktu, yumurta da yoktu da ondan."

"Haydi anlat."

"Efendim, her yeri ve her şeyi denedikten sonra bir de bizim okulun internetteki sitesine bir gireyim, dedim. Bana bir fikir vermeleri ricasıyla iş hayatımda yaşadıklarımı ve iş aradığımı yazdıktan sonra, akıl akıldan üstündür diyerek mektubuma son verdim."

"Bak sen şuna. Sonra?"

"Birtakım cevaplar geldi. Bir tanesi, kızım, iyisi mi sen zengin bir koca bul, evlen, diyordu."

"Oysa sen kocayı çoktan buldun."

"Hem de en iyisini," dedi Dilek bir kahkaha atarak.

"Derkeeen, baktım bir mektup daha... Mail'inizi okuduk, gelin görüşelim, yazılmış ve bir adres verilmiş."

"Ne diyorsun?.."

"Evet! Tabii ben aynen ertesi gün orada... Ofise adımımı attığım anda sevdim orayı. Ferah, aydınlık, modern...

"Ve görüşme... Patronlar genç, dinamik, modern. Tam hayalimdeki gibi...

"Falan filan derken, ne zaman isterseniz başlayabilirsiniz, sözlerini duydum.

"Acaba inansam mı, oldum!

"Onlara, patronuma ayrılacağımı bildirip on beş gün sonra işe başlayabileceğimi söyledim. Hazır olunca bize bildirin, dediler ve... Serracığım, bu iş olduuuu!"

"Dilek, inanamıyorum! Bu kadar çabuk, bu kadar kolay."

"Doğru yerde, doğru zamanda, doğru kişiyle karşılaşınca, işler kaymak gibi gidiyor."

"Haklısın!"

"Şimdi benim arayıp bu haberi vereceğim doksan dokuz kişi var. İlk sana söyledim, bu kıyağımı unutma."

"Sağ ol canım! Tekrar tebrikler..."

Mutlu bir vaziyette yatağıma yönelmişken tekrar telefon çaldı. "Merhaba güzelim!"

"Merhaba süslü!"

Arayan Sırma'ydı ve yine beni şaşırtmayı başarmıştı. "Bu güzel telefonu neye borçluyum?"

"Ne yani, insan kuzinini, sırf sesini duymak için arayamaz mı?"

"Neden olmasın! Üstelik bu, aranan kuzini de çok mutlu eder."

Kıkırdayıp duruyordu.

"Sırma! Senin dilinin altında bir şeyler var. Yoksa böyle gecenin bir vakti beni aramazdın."

"Aşkolsun!" Yine kıkırdamalar...

"Sırma, yoksa..."

"Yoksa ne?"

"Yoksa sen hamile misin?"

"Delirdin mi sen! Ağzından yel alsın."

"Nedenmiş o? Çocuğunun olması o kadar korkunç mu?"

"Elbette değil! Ama yazın yapılacak davete kadar incecik kalmalıyım..."

Gülmekten kırıldım. "E, ne diyeyim ben sana Sırma?"

"Tabii kızım, gelinlik giyeceğiz herhalde... Yani, gelinliğimsi tuvalet..."

"Neyse, neyse... Hadi artık çıkar şu baklayı dilinin altından..."

"Bizimkileeer, seninkiniiii anlata anlata bitiremiyorlar! Neymiş bu böyle! Hiç de bu kardeşine bir şey söylemezsin. Ben böyle bir haberi annemlerden mi duyacaktım? Yazıklar olsun sana."

"Dur Sırma, dur! Sen neden söz ediyorsun? Bizimkiler kim? Benimki kim? Sana neyi anlatmam gerekiyordu?"

"Aman Serra yani... Annemle babam beni aradıklarında, dedemlerde tanıştıkları çok hojjj bir genç adamdan söz ettiler. Senin arkadaşınmış, Ankara'dan... Bayılmışlar, bayılmışlar. Pek beğenmişler seninkini..."

"Sırma, sen de dedem gibi seninki seninki diyerek sinirimi bozma. O benim sadece ve sadece arkadaşım."

"Ama dedem öyle demiyormuş! Dedem siz gittikten sonra onlara neler neler anlatmış."

"Şu dedemin yaptıklarına inanamıyorum! Her şeye kendince bir yorum getiriyor, sonra da gerçekmiş gibi oturup bunu konuşuyor."

"Kızım, ne kızıyorsun! Diyelim ki, o senin arkadaşın, tamam anladık! Öte yandan, madem bizim Bay ve Bayan Zorbeğenir bu kadar bayılmışlar, madem bu kadar yakışıklı ve de avukat üstüne üstlük, bu sade ve düz arkadaşlık, neden romantik bir arkadaşlığa dönüşmesin? Millet doğru dürüst erkek yok diye ağlaşıyor. Senin dibinde böyle biri varken, bu fırsat neden değerlendirilmiyor anlamış değilim. Yoksa, sonsuza dek Oktay'ın yasını mı tutacağız?"

"Sırma, bir dakika susar mısın! O kim biliyor musun?"

"Nereden bileyim."

"Onun kim olduğunu söyleyeceğim ama önce bana, bu konunun burada kalacağına dair söz vereceksin."

"Söz! Söz!" dedi Sırma hemen. Merakından tabii...

"Hani, üniversiteden mezun olduğum yıl babaannemin bir arkadaşı vardı, Safiye Hanım. Onun da bir avukat torunu varmış, bana yapmak istedikleri..."

"Böyle bir şeyden söz ettiğini anımsıyorum."

"Sonra onunla tanışmıştım da, o dönem bana Oktay konusunda yardımcı olmuştu."

"Bak bunu iyi hatırlıyorum."

"İşte sözünü ettikleri kişi, o. Yani Özgür..."

"Deme!" diye çığlık attı Sırma. "Peki," diye kekeledi heyecanından, "nasıl oldu da, dedemlerdeydi? Şunu doğru dürüst anlatsana..."

"Oktay'la ayrıldığım o dönemde çok kötüydüm. Toparlanayım diye annem beni Ankara'ya, babaanneme yollamıştı. Tabii Safiye Teyze babaannemin en has arkadaşı olduğundan durumu öğrendi. O da Özgür'e anlatmış. Derken ben İstanbul'a döndüm ve bir telefon. Karşımda Özgür! Nasılsın, diye beni arıyor."

"Ah, ne hoş," diye içini çekti Sırma. "Ne kadar romantik."

"Saçmalama Sırma, bunun nesi romantik? Eski ve bu işin öncesini bilen bir arkadaş olarak aradı. Hoş, aradığı günden sonra da bu kez başka biçimde yardımcı oldu. Dedem hastalandığı zaman Hızır gibi yetişti."

"Annem onu da anlattı."

"Son aylarda Özgür olmasa ne yapardım, bilemiyorum. Onunla sinemaya gidiyoruz, hafta sonları geziyoruz, hayatıma renk katıyor anlayacağın."

"Peki, bütün bu anlattıklarından ne anlam çıkarmamı bekliyorsunuz Serra Hanım?"

"İnan arkadaşız! Ayrıca onun bir sevgilisi var."

"İşte bu kötü..."

Zavallı Sırma'nın hayalleri yıkılmıştı. "İyi ama," diye devam etti, "kız arkadaşı sizin bu gezip tozmalarınıza bir şey demiyor mu?"

"Biliyor musun Sırma, bunu ben de anlayamıyorum."

"Peki, o mu söyledi sana, bir sevgilim var diye?"

"Aslında, babaannem görmüş, Safiye Teyzeye bomba gibi bir sarışınla gelmiş Özgür. Daha sonra ben laf arasında sordum; iyidir, filan diye idare etti, fazla bir şey söylemedi.

"Ne zaman tanıştıracaksın beni, dediğimde ise, kızın bilgisayar programcısı olduğunu ve çok çalıştığını, ayrıca iş gereği sık sık seyahat ettiğini söyledi."

"Valla, bu durum bana biraz garip geldi."

"Bana da... Ne diye bu kızı böyle köşe bucak saklıyor ki..."

"Ya da..." dedi Sırma, "öyle biri yok!"

"Nasıl yani?"

"Ne bileyim! Belki daha önce vardı da bitti ama bence şu anda öyle biri yok."

"İyi ama, olmasa bana söylemez mi?"

"Söyler söylemez, onu bilemem ama senin aklın yatıyor mu bu duruma? Bir adamın sevgilisi olacak ve o adam sık sık arkadaşıyla buluşacak ama sevgilisinin buna hiç sesi çıkmayacak? Yok! Neresinden baksan tutmuyor."

"Bence de öyle ama Meraklı Melahat gibi üstüne varmak da istemiyorum. Aman canım hem bana ne..."

"Valla, darılma ama, bu fırsatı kaçırma, derim."

"Sırma, onunla arkadaş olmasaydık bile, yeni bir ilişkiye hazır değilim."

"Nedenmiş? Küçükhanımın hayatına devam ettiğini görebilmek için, bu asrın sona ermesini mi bekleyeceğiz?"

"Şunun şurasında üç ay oldu. Yeni yeni kendime geliyorum."

"Bak sana ne diyeceğim; hep sen bana öğütler verirdin, değil mi? Şimdi de ben sana öğüt vereceğim."

"Söyle bakalım."

"Sen o ilişkiyi bitireli üç ay olmadı Serra, çok daha önce bitmişti ama uzatmaları oynuyordun. Senin beyninde ve ruhunda çoktan bitmişti ama bunu yüksek sesle söyleyemiyordun, bir türlü. Oktay'ı üzmeyeyim diye... Oktay'ın annesiyle babasına ayıp olur diye. Ailemi zor durumda bırakmayayım diye bunu aylarca sürükledin. Kendin bile farkında değildin, bu yaptığının... Ama çoktan bitmiş bir ilişkiydi.

"Onun için karşıma geçip yok yeni ilişkiye hazır değilim, yok şunun şurasında sadece üç ay oldu gibi abes laflar etme. Karşına biri çıkınca, o eski ilişkinin çoktan bitmiş olduğunu anlayacaksın.

"İnsan bir ayrılık yaşayınca, hayatında da yeni biri yoksa, hep eski sevgiliyi düşünüyor. Gerçek anlamda sevmese bile... Sırf hayatındaki o boşluğu doldursun diye, farkında olmadan yapıyor bunu.

"İşte onun için karşına hoşlanabileceğin, sevebileceğin biri çıkarsa, bu fırsatı kaçırma. Çünkü arayı uzatırsan, yalnızlığa alışıyorsun ve yeni birine uyum sağlamak giderek güçleşiyor. Ben sana önüne ilk çıkan adamla flört et demiyorum ama kendini birtakım kalıpların içine kapatma. Yok şu kadar zaman oldu, yok yorgunum gibi, kendi kafanın yarattığı hücrelere hapsetme hayatını.

"Açık ol... Fırsatlara, güzelliklere, hayata açık ol."

Sırma'yı dinlerken gözlerimden yaşlar iniyordu.

"Sana bir şey daha söyleyeceğim ve artık telefonu kapatacağım, çünkü göçtüm... Telefon faturasını düşünmek bile istemiyorum. Bence, aslında Oktay da hazırdı bu ayrılığa..."

"Öyle mi diyorsun!"

"Evet canım, eminim buna! Siz ikiniz, çok güzel, muhteşem bir gençlik aşkı yaşadınız. Ama bu sizi evliliğe götürecek bir aşk değilmiş meğer. Sen nasıl ilişkinizi sorgulayıp durduysan, Oktay da sürekli her şeyi erteliyordu. Bir düşün... bana hak vereceksin."

"Doğru ya..." dedim.

"Bilinçli olmasa da, Oktay da bir şeylerin yolunda gitmediğini duyumsuyordu ki, ertelemek için hep bahaneler yaratıyordu."

"Haklısın! Demek onun da içine sinmeyen konular vardı. Hayret, bunu nasıl göremedim."

"Aslında Oktay da tam olarak gerçek duygu ve düşüncelerinin farkında değildi bana sorarsan. Ama şimdi düşündükçe anlayacaktır, belki de anladı bile.

"Ve böylece, her güzel şey gibi sizin aşkınız da sona erdi.

"Hem sen hem Oktay, ayrılıyorsunuz diye değil, biten o güzel gençlik aşkına ağlıyorsunuz aslında. Sizi geleceğe taşıyamayacak ama çok da güzel anılar bırakmış olan aşkınızın yasını tutuyordunuz," dedi Sırma ve konuyu özetlercesine sözlerini sürdürdü.

"Yaşandı!

"Geleceği yoktu, onun için bitmesi gerekiyordu, bitti!

"Ama ikinizin de unutamayacağınız güzellikte anılar bıraktı.

"Bundan böyle ileriye bakmak gerek."

Gözyaşlarım akıp duruyordu.

Sanırım bunlar da, gençlik aşkımın arkasından döktüğüm son gözyaşlarıydı.

13 Mayıs, Cuma

Mevzu derin!

Esin ciddi!

Bugün Esin'in isteği üzerine öğle yemeğinde buluştuk.

Esin, Dilek ve ben...

Melis yok! Anlamlı...

"Size çok önemli bir şey söylemek istiyorum," diye söze girdi Esin. Heyecanlı olduğu sesinin titremesinden belli oluyordu.

"Selçuk bana evlenme teklif etti."

Bomba!

"Ve, ben de bu teklifi kabul ettim."

Daha büyük bir bomba!

Masamızda derin bir sessizlik.

Oysa böyle bir haberde çığlıklar, ayaklara fırlamalar olması gerekir, öyle değil mi?

Değil işte...

Mesele onaylamıyoruz, monaylamıyoruz değil. Biz, Melis kadar katı değiliz. Sadece ne diyeceğimizi bilemedik o anda. Bu laf epeydir dolanıyordu ortalarda ama doğrusunu söylemek gerekirse, gerçekleşeceğine pek de inanmıyorduk.

Oysa işte şimdi güm diye karşımıza konmuştu mesele...

Üzülsek mi sevinsek mi bilemiyorduk ki...

Şaşkındık!

"Sizi şaşırttığımın farkındayım," dedi Esin. "Ama Selçuk da ben de bu konuyu epeyce bir süredir ciddi olarak düşünüyorduk. Ve iki gün önce bana bu teklifi yaptı, ben de kabul ettim. İlk sizlerin bilmenizi istedim."

Yavaş yavaş kendimize geliyorduk.

"Tebrik ederim, Esinciğim," dedim. "Kusura bakma, gerçi o kadar da beklenmedik bir durum değildi ama yine de... bizi şaşırttın."

Dilek, "Mutluluklar diliyorum, canım," diyerek masanın üstünden uzanıp Esin'i öptü. Bunun üzerine kalkıp ben de onu öptüm. Duygulanmıştı Esin.

"Teşekkür ederim," dedi. "Sizin daha anlayışlı davranacağınızı biliyordum."

Vah zavallım benim!

"Hayat senin hayatın," dedim hemen. "Eminim bu kararı vermeden önce iyice düşünmüşsündür."

Hani, eğer bunu yapmadıysan, en azından şimdi bir sıkı düşün, anlamında...

"Sizden bir ricam var. Melis'e siz söyleyin. Ben evde yeterince tartışma yaşadım, bir de onunla uğraşamam. Ne düşündüğünü biliyorum zaten," dedi Esin, gayet üzgün.

Hay Allah!

Bir evlilik haberi böyle mi verilir! Hüzün içinde...

"Annenle baban ne dediler?" diye sordum.

"Kıyamet koptu! Resmen kıyamet koptu! Annem demediğini bırakmadı. Ne akılsızlığım kaldı, ne düşüncesizliğim..."

"Seni benden iyi kimse anlayamaz," dedi Dilek.

"Annemle babamın son ültimatomu şöyle. Eğer ben, onların deyimiyle bu sevdadan vazgeçmezsem, nikâhıma gelmeyecekleri gibi, evime de ayak basmayacaklarmış. Ona göre, iyi düşün, dedi annem ve kapıyı yüzüme çarpıp odasına kapandı."

"Vah Esinim..."

"Şimdi evde kimse benimle konuşmuyor. Aynı evdeyiz ama konuşmuyoruz."

Ne diyeceğimizi bilemez halde onu dinliyorduk.

"Peki," dedim, "ne yapmayı düşünüyorsun?"

"Selçuk'un evlilik teklifini kabul ettiğimi söyledim ya..."

"Yani," dedim zorlanarak, "bu kararı gözden geçirmeyi düşünmüyor musun?"

"Hayır!"

Cevap kesindi.

"Onu seviyorum! Selçuk'la öyle güzel bir beraberliğimiz var ki... O kadar olgun ve anlayışlı ki... Örneğin, evdeki kavgayı anlattığım zaman, annemle babama bırak kızmayı, onlara hak verdiğini söyledi. Benim de onları yargılamamam gerektiğini, onların açısından bakınca kızları için kuşkulanmakta haklı olduklarını söyledi. Zaman içinde onu tanıdıkça ve kızlarının mutlu olduğunu gördükçe, kendisini kabul edeceklerine inandığını söyleyerek, beni teselli etti. İşte Selçuk böyle bir adam."

"Eminim her şey yoluna girecektir."

"Umarım."

"Bak," dedi Dilek, "benim annem de esip savurmuştu ama ilişkimiz kısa sürede düzeldi. Öfkesi geçince beni özledi ve kalkıp evime geldi."

"Haydi gül biraz," dedim. "Artık güzel şeylerden konuşalım. Ne gibi hazırlıklar içindesiniz? Bunları konuşmaya vaktiniz oldu mu?"

"Her şeyi Selçuk düzenliyor. Evde sade bir nikâh töreninden sonra Selçuk'un oturduğu Profesörler Sitesi'nin bahçesinde bir kokteyl verilecek. En yakın dostlarımızı davet edeceğiz."

"Çok güzel! Peki, bu zevkli ve şık kızımız nasıl bir gelinlik düşünüyor?"

"Gelinlik giymeyeceğim."

"Olamaz!" diye feryat etti, Dilek. "Ben bile son dakika mon dakika gelinlik giydim. Sen kim bilir ne güzel bir şeyler çizersin kendine."

"Yok, yok! Bir kere bu Selçuk'un ikinci evliliği, ayrıca iki çocuğu var."

"İyi ama o Selçuk'la ilgili bir konu. Senin ise ilk evliliğin..."

"Öyle ama benim de ailemle durum böyle olunca, ne bileyim, gelinlik giymek gelmiyor içimden. Gelinlik bana hep mutlu ortamları, neşeli düğünleri çağrıştırır, oysa bizimkinin böyle olmayacağı kesin. Onun için koşulları zorlamanın âlemi yok, nikâh ve kokteyle sade bir tayyörle katılmayı düşünüyorum."

Böylece öğle yemeğimiz Esin'i yüreklendirici sözcükler ve mutluluk dileklerimizle sona erdi.

Akşam Melis'i aradım ve durumu bildirdim.

Köpürdü! Köpürdü!

Artık annesi mi daha çok kızdı Esin'e, Melis mi orasını bilemeyeceğim.

Üstüne üstlük, "Ne nikâhına giderim, ne de kokteyline," demez mi...

"Saçmalıyorsun, Melis."

"Orada oturup hayatını mahvetmesini seyredemem."

"İkiniz de yettiniz!" dedim. "O, sana gelmez, Kaan seni üzüyor, diye. Sen onu nikâh günü yalnız bırakmayı düşünüyorsun, hayatını mahvedecek diye. Nesiniz siz Allah aşkına? Nasıl arkadaşlarsınız? Onun kararını beğenmeyebilirsin, ben bayılıyor muyum sanki ama madem karar vermiş, en azından hayatının o önemli gününde onu yalnız bırakmamamız gerekir."

"Esin, Kaan beni üzüyor diye mi bize gelmiyormuş?"

"Evet efendim! Bunu görmeye tahammül edemiyormuş."

"Yaa..."

"İşte böyle," dedim ve ekledim, "üstelik evde kimse onunla konuşmuyormuş; annesiyle babası nikâha da gelmeyeceğiz, evine de ayak basmayacağız, demişler."

"Yaa..." dedi Melis bir kez daha.

Şu olaylara bakar mısınız?

Hani, film gibi, derler ya, aynen öyle...

15 Mayıs, Pazar

Bu akşam Özgür'ün arkadaşlarıyla -yeniden- tanıştım.

Yeniden diyorum, çünkü yıllar önce bir düğüne Özgür'le gitmiş ve onlarla tanışmıştım. Ama gel gör ki, o gün o kadar çok kişiyle konuşmuş ve bir daha da hiçbiriyle karşılaşmamıştım ki, bugün, kim kimdi, kim kimin eşiydi hiçbir fikrim yoktu.

Sıfır noktasındaydım anlayacağın.

"Biz evlenen çifttik Serracığım," dedi adının Semra olduğunu öğrendiğim cıvıl cıvıl genç kadın. "Yani gelin bendim, bu da damat..." diyerek eşinin omzuna attı kolunu.

Öbür iki çift de evlilermiş.

"En eskileri biziz," dedi Semra. "Burçin'le Fikret bir yıllık, Simge'yle Adnan ise altı aylık taze evliler... Bir Özgürümüz kaldı ortada. Onu bu hayattan kurtaracak hayır sahibi bir kız bekliyoruz," dedi ve hep birlikte gülüştüler.

Neşeli, şakacı, rahat tipler...

Anlayabildiğim kadarıyla, hepsinin şu veya bu şekilde sanatın bir dalıyla ilgisi var, tıpkı Özgür'ün müzikle olan ilişkisi gibi.

"Bu tür uğraşlarınızın olması ne güzel," dediğimde, Semra'nın eşi Burhan, "Aslında uğraşlarımız vardı demek daha doğru olur. İş hayatına daldıkça, sorumluluklar arttıkça, o öğrencilik günlerimizdeki gibi ilgilenemiyoruz sanatla..."

"Niye öyle söylüyorsun Burhan," dedi Semra. "Hafta sonları pekâlâ da toplanıp müzik yapıyorsunuz."

"Ayda yılda bir..."

"Düzgün bir program yapsanız, pekâlâ her hafta sonu buluşabilirsiniz."

Sonra bana ne iş yaptığımı sordular. Turizm ilgilerini çekti. Sordular da sordular, ben de dinleyen birilerini buldum ya, ballandıra ballandıra anlattım.

"Ne yapsak arkadaşlar," dedi Simge, "Serra biraz daha anlatırsa, ben iş değiştirmeyi düşünebilirim."

Öyle neşeli, öyle keyifli bir muhabbet vardı ki, kimse kalkmak istemiyordu; öte yandan okkalı bir pazartesi bekliyordu hepimizi. Böylece hesap istendi.

Tam kalkmak üzereyken Burhan, "Serra," dedi, "biz gelecek hafta sonu şu gördüğün grup şeklinde Polonezköy'e gideceğiz. Sen de bize katılmak ister inisin?"

Dönüp Özgür'e baktım.

"Bizim bu delilere katlanabilirsen, güzel bir hafta sonu olur." At bu tutukluğu üzerinden diyerek kendimi dürtükledim ve, "İsterim," dedim.

"Aslanım," diye Burhan güm güm sırtıma vurdu. "Oldu bu iş."

"Haydi iyi geceler Serra, haftaya görüşürüz," sesleri arasında vedalaştık.

Arabada, Özgür sordu, "Sıkılmadın, değil mi?"

"Onlarla sıkılmak mümkün mü?.. Çok tatlı arkadaşların var."

"Öyledirler... Onlar benim en yakın dostlarım."

"Düğünleri de ne hoştu."

Güldü Özgür, "Her şeyi biz yapmıştık. Müzik, dekor..." Sonra bana döndü, "Hafta sonu bizimle gelecek olmana gerçekten sevindim, Serra."

Bugünkü birliktelik, Özgür'ün arkadaşları hakkındaki ilk izlenimlerimi pekiştirdi.

Düğünde, ne eğlenceli ve rahat insanlar, diye düşünmüştüm yıllar önce. Şu anda da aynı fikirdeyim.

Özgür arkadaşlarını iyi seçmiş, sevgili defter.

22 Mayıs, Pazar

Süper bir hafta sonuydu! Tadı damağımda kaldı! Ama...

İlk anda yaşadığım şoku herhalde hayat boyu unutmayacağım.

Özgür, ben gelir seni alırım, demişti ya, ben de iki dirhem bir çekirdek giyinmiş, onu bekliyordum ki gök gürültüsüne benzer seslerle irkildim.

Pencereye koşmamla, olduğum yerde, ağzım açık kalakalmam bir oldu.

Kapımızın önünde tam dört adet dev motosiklet duruyordu. Üstünde de kasklı adamlar, arkalarında kasklı kadınlar...

Yüzleri görünmediği için uzaydan gelme yaratıkları hatırlatıyorlardı insana...

Hepsi de dönmüş, bizim pencereye bakıyordu.

Sonunda bir tanesi kaskı başından çıkardı ve bana el salladı.

Bu, Özgür'dü!

Aman Tanrım, Özgür o motosikletlilerden biri miydi? Hayretlerim şaştı!

İyi ama bana bundan hiç söz etmemişti ki... Hem ben Polonezköy'e kibar kibar arabamızla gideceğimizi sanıyordum.

İşte pencerenin önünde öylece dikilmiş, ağzım açık, bunları düşünürken kapı çalındı. Zilin sesiyle kendime geldim, karnıma düşmüş çenemi toparlayıp kapıya koştum.

Özgür duruyordu karşımda...

Siyahlar içinde...

Siyah çizmeler, deri ceket...

Elinde de kaskı...

"Şaşırmış bir halin var," dedi, ağzı kulaklarında.

"Bunu bana söylememiştin ama..."

"Neyi?" Gülmemek için kendini zor tutar gibi bir hali vardı.

"Bütün bunları," dedim elimle üstünü başını ve aşağıdaki motosikletleri kapsayan geniş bir daire çizerek.

İşte o zaman gülmeye başladı. "Sırası gelmedi de ondan... Haydi, geçir şunları üstüne de yola çıkalım. Çocuklar bekliyor..."

Bana bir montla, o insanı koca kafalı bir uzaylı görünümüne sokan kaskı uzattı.

İyi ki annem evde yoktu, iyi ki...

Kadıncağız ya dizlerime kapanır, "Yapma yavrum, gitme bu uzaylılarla... Yoksa analık hakkımı sana helal etmem," derdi. Ya da küt diye düşer bayılırdı! Ama elim mahkûm!

Montu da giydim, kaskı da başıma geçirdim.

Ve Özgür'ün peşinden motorun başına gittim.

"Merhaba!" diye bağrıştı öteki uzaylılar.

Cılız bir el sallamasıyla onları cevapladım.

Kimseyle laflayacak halim yoktu, kolay mı, can pazarı...

"Nasıl bineceğim ben buna?"

"Bak, korkmana hiç gerek yok."

"Demesi kolay..." diye söylendim.

Gülmeye başladı Özgür.

Eminim, ben de başkası olsam halime gülmekten ölürdüm. İncecik mokasenler, kot pantolon, çiçekli bir bluz ve bütün bunların üstünde ko-ca-man bir kara kask! Üstelik duruşum da ayrı felaket...

O koca kafanın altında iki yana sarkmış çöp kollar... Korkudan büzülmüş bir "duruş"...

Hani şimdi şu 'duruş' lafı da pek bir moda ya, benim duruş tam bir rezalet...

Nereden mi biliyorum?

Özgür'ün ayna gibi kaskında aksimi görüyorum da ondan...

"Hadi, hadi," dedi gülmesini sürdürerek, Özgür. "Korkacak bir şey yok. Yavaş yavaş gideceğim. Sen şuraya oturacak ve sıkı sıkı belime sarılacaksın."

Oh, maşallah!

Dedem bizi bir görsün de, bak sen o zaman, ne senaryolar yazılıyor.

Ama –ne diyebilirdim ki?..

Dediği gibi oturdum, Özgür de yerine geçip motor hareket edince can havliyle beline öyle bir yapıştım ki... Bu arada gözlerimi de sımsıkı yummuştum. Ne olacaksak olalım, görmek istemiyordum. Derken... derken... alışmaya başladım.

Önce gözlerimi açtım, vaziyet hiç fena değildi. Giderek rahatlayınca, kollarımı gevşettim ve Özgür'ün beline daha kabul edilebilir bir biçimde sarıldım. Ondan sonrası, zaten trafikten çıkmış, yeşili bol yollardan geçtiğimizden bayağı keyifliydi.

Polonezköy'e girdik ve Polka Oteli'nin önünde durduk. Her yer yemyeşildi. Kırlarda rengârenk kır çiçekleri, papatyalar, evlerin bahçelerindeyse güller, laleler görülmeye değerdi. Kalacağımız yer pek şirin; eskiden bir çiftlik eviymiş, restore edip otele dönüştürmüşler. Herkes önce bir odasına gitti, bana da en küçük oda ayrılmış...

Elimizi yüzümüzü yıkayıp lobide buluştuk.

"Ee, Serra," dedi Burhan, "Motor gezisi nasıldı?"

"Bugün Serra için bir ilkti," dedi Özgür. "İlk kez bindi motora."

"Deme yahu... Nasıl buldun peki?"

"Önce çok korktum ama giderek alıştım."

"Aslansın sen," diye yine güm güm sırtıma vurdu Burhan.

"Şöyle bir yürümeye ne dersiniz?" dedi Burçin. "Fotoğraf çekmek istiyorum da..."

Böylece hep birlikte bir tur attık, Burçin bol bol fotoğraf çekti, sonra da otele dönüp geç bir öğlen yemeği yedik.

Her şey iyi hoştu da açık hava beni yormuştu.

Alışık değilim bu kadarına, zorla değil ya...

Nasıl bir uyku bastırdı.

Özgür bana doğru eğildi ve kulağıma, "İstersen odana çık, biraz dinlen. Burada bizimle oturmak zorunda değilsin," diye fısıldadı.

"Sağ ol," dedim. "İyi olur, yoksa yine senin omzuna yaslanıp uyuyabilirim."

"Memnuniyetle..." dedi gülerek.

Onlar hararetli hararetli bir konuyu tartışırlarken, ben yavaşça odama süzüldüm, kendimi yatağa attım.

Ohh, dünya varmış, dedim ve dalış o dalış...

Kapının tıklatılmasıyla uyandım.

"Serra, Serra," diye sesleniyordu Özgür. "İyi misin?"

"Özür dilerim, Özgür. Nasıl da dalmışım... Saat kaç?"

"Hiç önemli değil! Sadece merak ettim, iyi misin diye bakmaya geldim."

"Hemen geliyorum," dedim ve Özgür gider gitmez, kendime çekidüzen verdim, saçımı başımı topladım.

Lobiye indiğimde, "Ooo, günaydınlar," sesleri yükseldi.

"Sataşmayın kıza," diye beni savundu Semra. "Açık hava, alışık olmayanı çarpar. Bu yetmezmiş gibi, ilk kez motora binen kızı alıp Polonezköy yollarına vurdunuz. Ne bekliyordunuz, değil mi ama Serracığım?"

Akşam yemeğinde yine bol çene... bol şamata...

Daha sonra, başka bir otelin önündeki açık alanda ateşler yakılıyor, gitarlar çalınıyor, şarkılar söyleniyormuş... haydi oraya gittik. Elimizde el fenerleri...

Gerçekten de, alanın orta yerinde kocaman bir ateş yakılmıştı; birileri odunları attıkça sağa sola kıvılcımlar sıçrıyor, sonra da gürül gürül yanıyordu.

Epeyce kalabalıktı, biz de kendimize bir yer bulduk.

"Gel, Serra," diyerek Özgür yanına oturttu beni. İki kişi gitar çalıyordu, geriye kalanlar da şarkı söyleyerek katılıyorlardı.

"Ah," dedi Adnan, "bizim gitarlar yanımızda olacaktı ki, müzik nasıl yapılır gösterelim millete..."

Biraz sonra gitar çalan o iki kişi mola verdiler. Adnan yerinden fırlayıp yanlarına gitti ve onlara bir şeyler söyledi. Sonra, "Fikret," diye seslendi. "Abi gel, arkadaşlar gitarlarını veriyorlar. Biraz müzik yapalım."

Fikret anında Adnan'ın yanındaydı.

Bu ikisi bir çalmaya başladılar ama ne çalma... O iki gitar karşılıklı konuşuyordu adeta. Her parça sonunda öyle bir alkış alıyorlardı ki, bir şarkıdan diğerine geçerek neredeyse bir saate yakın çaldılar.

Yanımıza geldiklerinde biz hâlâ alkışlıyorduk onları.

"Keşke davul olsaydı," dedi Adnan, Özgür'e. "Türkiye'nin en başarılı davulcularından birini dinleyemediler."

Sonra tekrar ötekiler başladı, onlar daha çok romantik parçalar çalıyorlardı. Güzel şarkılardı bunlar da...

"Sırtın ağrıdıysa, dayan bana," dedi Özgür.

Ben de ona yaslandım ve oturduğumuz yerde hafif hafif sallanarak müzik dinlemeyi sürdürdük.

Ertesi gün yine yürüyüş yaptık, başka bir oteldeki brunch'a katıldık, sonra da motorlara atlayıp şehre döndük.

Özgür beni eve bıraktı. "Haydi, bu gece bir iyi dinlen, küçük kız," dedi ve her zamanki gibi yanağımdan öpüp motoruna atladığı gibi yok oldu.

Ama –bu kez sanki dudakları yanağımda daha bir uzun kaldı gibi...

Belki de bana öyle geldi.

24 Mayıs, Salı

Eve gelince baktım, telesekreterde Esin'den mesaj var. Hemen aradım tabii. "Nasılsın, nasıl gidiyor?"

"Evde değişen bir şey yok! Hâlâ konuşmuyoruz."

"Yaa... Üzüldüm."

"Serra, ben seni şunun için aradım."

"Evet?"

"Nikâh tarihimizi kararlaştırdık!"

"Hayırlı olsun, bütün mutluluklar sizin olsun, Esinciğim."

"Teşekkür ederim, Serra. Bu haberi arkadaşlara bildirebilir misin?"

"Memnuniyetle..."

"Sağ ol, senin söylemeni yeğlerim de..."

"Peki, ne zaman, nerede?"

"Bir değişiklik olursa bildiririm ama Haziranın 15'inde, Selçuk'un evinde nikâh kıyılacak, sonra sitenin deniz kenarında bir restoranı var, orada bir kokteyl olacak, saat yedi sularında."

"Çok güzel! Sen hiç merak etme, ben bizim grubu toparlarım."

"Çok çok teşekkürler, Serra. Bu iyiliğini unutmayacağım."

"İlahi Esin, ne var bunda," dedim demesine ama Esin'in neden böyle yapmak istediğini çok da iyi anlamıştım. Her aradığı, ahiret soruları soracaktı; o da her birine uzun uzun durumu açıklamak zorunda kalacaktı.

Zaman alacak bir iş olduğundan, önce bir duş yaptım, bir şeyler atıştırdım, sonra da kendime yeşil çay yapıp kupamı kaptığım gibi telefonun başına geçtim. En kolay telefon Dilek olduğu için önce onu aradım ve zamanı, yeri, saati bildirdim, bitti.

Sonra Sıla'yı aradım. "Sıla Hanım, nedir bu Mersin'lere gitmeler?"

Güldü Sıla. "Serra, kim derdi ki, Serhat'la ben bir gün sevgili olacağız."

"Valla, kimin ne dediği umrumda değil. Bu denli sevindiğim olay azdır."

"Sağ ol canım," dedi benim kıymetli arkadaşım. Doğal olarak, Sıla'ya Esin'in durumunu ayrıntılı olarak anlatmam gerekti.

"Bak," dedim, "yok nöbetim vardı, yok çalışmam lazım lafları istemiyorum. Bu kız evleniyor ve büyük olasılıkla ailesi orada olmayacak; onun için hepimizin Esin'in yanında olmamız şart. Tamam mı?"

"Tamam, Serra. Hiç merak etme, orada olacağım."

"Sıla, Serhat Ankara'da iş buldu mu?"

"Henüz bulamadı."

"Hiç moralinizi bozmayın, bak Dilek aylardır iş bakıyordu, sonunda tam da istediği gibisini buldu."

"Umarım."

"Serhat'a da sen söylersin artık, lütfen gelmeye çalışsın."

"Sen hiç merak etme."

Sonra Toprak...

O tarihlerde Güneydoğu'da olacakmış!

"Bana bak, oradaki kadınları kurtarmaya biraz ara ver de, bir parça da burada bizimle ilgilen. Arkadaşımız evleniyor, ayrıca bize ihtiyacı var."

"Elimden geleni yapacağım Serra, söz."

Sonra Burak'ı aradım. Yurtdışındaymış, ben de durumu anlatan uzun bir mesaj bıraktım telesekreterine.

Suphi, aslanım benim, ne onu sordu, ne bunu, sadece zamanı ve yeri öğrenmek istedi.

"Tamamdır," dedi, "gelirim."

"Suphi," dedim. "Burak'ı takip eder misin? Ben mesaj bıraktım ama yine de belli olmaz."

"Takma kafana..."

Ve Melis'i aradım. Geçen seferki tartışmamızdan sonra kibar kibar dinledi. Saati ve yeri not etti. Ne gelirim dedi, ne gelmem.

Ben de üstelemedim.

Sadece, en yakın arkadaşının böyle bir gününe gelmezsen, yazıklar olsun sana, dedim içimden.

Ama sanmam, Melis böyle bir şey yapmaz.

Az önce annem geldi.

"Hayırdır, nedir bu peş peşe telefonlar?"

"Esin'in 15 Haziran'da nikâhı var, arkadaşlara onu haber veriyordum."

"Allah mesut etsin."

Ayrıntılara girmedim.

Evet, sevgili kiraz ağacı, böylece görevimi yerine getirmiş olmanın huzuru içinde şimdi gazetelere gömülebilirim.

5 Haziran, Pazar

Bil bakalım bu cumartesi pazar ne yaptım, sevgili defter.

Özgür'le birlikte iki gün dedemin arkadaşlarını dolaştık!

Dedem için bir şeyler yapmayı aklıma koymuştum ya... Bir tanesi, arkadaşlarını bulup onları bir araya getirmekti. Bunu gerçekleştirebilmek için anneannemden dedemin telefon defterini aldım ve telefonun başına geçip o isimleri teker teker aradım. Bazıları, ne yazık ki vefat etmişti; bazı telefonlar cevap vermedi, herhalde numaraları değişmişti.

Ama, bir haftalık uğraş sonucunda altı arkadaşıyla bağlantı kurabildim ve onlardan cumartesi pazar günleri için randevu aldım. Anneannem bu kişileri bulabilmeme, hem de tam altı kişiyi bulabildin ha, diye pek şaştı.

Büyük başarı anlayacağın.

Sonra Özgür'ü arayıp bu başarımı paylaşmak istedim. Onun tepkisi ise, "Eğer bir sakıncası yoksa ben de seninle gelmek isterim," oldu.

Cennet canıma minnet!

Cumartesi gününe üç randevu koymuştum, önce Anadolu yakasındakilere gidilecekti.

Böylece cumartesi sabahı Özgür'le yollara düştük.

Yolda giderken sordu Özgür, "Bu harika bir fikir, Serra. Böyle bir şey yapmak nereden aklına geldi?"

"Dedem, gezmeyi, eğlenmeyi çok sever. Nitekim hastalanana dek çok gezen bir adamdı, hiçbir şey olmasa, bizleri arabaya doldurur, oraya buraya götürürdü. Oysa şimdi, hali olmadığı için evden çıkmaz oldu.

"Bana gelince, dedemin hastalığını ve en çok iki üç yıllık ömrü kaldığını öğrendiğimde, kuru kuru üzülmek yerine, bu sürede onu mutlu edecek bir şeyler yapmalıyım, diye düşünmüştüm. Böylece uzun yıllardır görüşmediği arkadaşlarını bulup onları bir araya getirirsem, bu hoş bir şey olabilir, diye düşündüm. Hele bir de bu buluşmalar âdetleşir, belli aralarla bir araya gelirlerse, bu hem dedemin, hem de arkadaşlarının hayatına renk katar. Arkadaşlarla bir arada olmak her zaman, herkese iyi gelir."

Başını salladı Özgür. "Ne güzel düşünmüşsün."

İlk gittiğimiz evde bizi çok iyi karşıladılar.

"Vaktinizi almak istemiyorum," diyerek hemen konuya girdim. Sonra düşüncelerimi anlatıp böyle bir buluşmaya katılır mısınız, sorusunu sordum.

"Memnuniyetle evladım," dedi Hulusi Bey. "Ayrıca seni tebrik ederim. Bir torunun dedesi için böyle bir şey düşünmesi çok güzel."

"Sağ olun efendim! O zaman tarihi saptayınca ben sizi yine arayacağım. Yalnız, özellikle bu ilk toplantının dedem için sürpriz olmasını istiyorum."

"Hiç merak etme," dedi Hulusi Bey, sonra, "Hanım nerede kaldı bizim çaylar," diye içeri seslendi. Tam biz kalkarken eşi elinde bir tepsi, içeri girdi.

"Vallahi olmaz, bir çay içmeden bırakmam."

Sonuçta, on dakikalık ziyaret, oldu bir saat on dakika...

Ondan sonra evine gittiğimiz Mücap Bey, ne yazık ki yalnız yaşıyordu. Eşi öleli çok olmuş. Ona da aynı şeyleri anlattım. O, Hulusi Bey kadar heyecanlanmadı ama yine de, "Gelirim," dedi.

"O zaman sizi yine arayacağım," dedim ve kalktık.

Bir şey demeden bizi yolcu etti.

Üçüncü randevuya kadar vaktimiz vardı. Fenerbahçe'de deniz kenarındaki o çay bahçelerinden birine girip oturduk. Tostlarımızı yerken, nereden laf açıldıysa, Özgür'e Esin'in durumunu anlatmaya başladım. Konuşurken, konuşurken birden jeton düştü. Bizim takım Esin'in nikâhında bulunacaktı, hem de tam kadro...

Özgür beni arkadaşlarıyla tanıştırmıştı; sadece tanıştırmakla kalmamıştı, artık onlarla buluşup gezer olmuştuk. Beni gruplarının içine almışlardı sanki. O zaman ben de Özgür'ü kendi arkadaşlarımla tanıştırmalıydım.

"Özgür," dedim, "Esin'in sorunlu nikâhına benimle gelir misin? Böylece sen de benim arkadaşlarımı tanımış olursun."

"Böyle güzel bir hanıma eşlik etmek, benim için bir onurdur," dedi büyük bir ciddiyetle.

"Hadi ordan..."

Sonuncu randevumuza gitmek üzere, kalktık. Akif Bey de yalnız bir beydi. Meğer o hiç evlenmemiş ama keyfi yerinde, sohbeti hoş bir beyefendiydi.

"Elbette gelirim," dedi ve yanaklarımızdan öperek bizi yolcu etti. Arkamızdan da, "Birbirinize çok yakışıyorsunuz," diye seslendi.

"Akif Bey zamanında çok canlar yakmış olmalı," dedi Özgür. Arabaya binince, "Özgür," dedim, "üçte üçü garantiledik."

"Çak bir tane..."

Köprüye doğru, trafik nedeniyle ağır ağır ilerlemeye başladık.

"Serra," dedi, Özgür.

"Efendim?"

"Yol üstünde bir başka yaşlı çifti daha ziyaret etmek ister misin?"

"Kim onlar? Tanıyor muyum?"

"Annemle babam..."

"Aşkolsun, yaşlı çift deyince ben de kim acaba diye düşünüyordum."

"Ne dersin?"

Doğrusunu söylemek gerekirse, şaşırmıştım. Ama bozuntuya vermedim. "Memnuniyetle derim."

Böylece Avrupa yakasına geçince Özgür arabayı Nişantaşı yönüne çevirdi.

"Sizin Cihangir'de oturduğunuzu sanıyordum," dedim.

"Cihangir'de ben oturuyorum, bir gün gelip evimi görmeni isterim. Manzarası bayağı güzeldir. Annemle babam ise, kendimi bildim bileli Nişantaşı'nda yaşarlar."

"Böyle eli boş mu gideceğiz onlara?"

"Geçerken bir uğrayacağız, hepsi bu."

"Pekâlâ."

Sakin görünmeye çalışıyordum ama midemde kelebekler uçuşmaya başlamıştı bile.

Sonra, ne heyecanlanıyorsun kızım, o senin arkadaşın... mı acaba?

Yani, giderek bu arkadaşlığı ben de anlayamamaya başlıyorum. Hani, nerede bu Özgür'ün sevgilisi? Baksana, bu hafta sonu da beraberiz...

Belki de biri vardı da bitti.

Sırma'nın dediği gibi...

Olamaz mı...

Ama ya varsa...

Üff, ne bileyim!

O benim arkadaşım, nokta!

Kapıyı annesi açtı. Topluca, güler yüzlü bir hanım. Babası da arkasında belirdi.

"Bu ne güzel bir sürpriz böyle Özgürcüğüm," dedi annesi. Ve tabii Özgür bizi tanıştırdı.

"Demek Özgür'ün bunca sözünü ettiği Serra'yı sonunda tanıyabildik," dedi annesi.

Babası da elimi sıktı. "Hoş geldin, kızım," diyerek.

Oturur oturmaz Özgür'ün annesi, babaannemi sordu. Ardından da annemi ve teyzemi...

"Kayınvalidemin en sevdiği arkadaşıdır Kadriye Hanım, onun için sizin aileyi iyi tanırız," dedikten sonra bir kahkaha atarak, "ikinizi tanıştırmak için nasıl da uğraşmışlardı, değil mi?" diye sözlerini tamamladı.

Öyle neşeli bir hanımdı, bu konuyu ele alış biçimi öyle eğlenceliydi ki, kısa bir süre sonra hep birlikte Özgür'le benim babaannelerimiz tarafından birbirimize 'yapılma' hikâyesini konuşuyor, gülmekten kırılıyorduk

Ben, babaannemin yaptığı konuşmaları, onlar da Safiye Teyzenin ince planlarını anlattılar, kahkahalar arasında. Böylece, acaba nasıl geçecek diye kuşkuyla baktığım ziyaret, neşeli bir sohbete dönüşmüştü.

Yolda Özgür'e, "Annenle baban ne tatlı insanlar," dedim. "Seni sevdiler de ondan. Sen onları bir de sevmedikleri biriyle gör."

"Ben de onları sevdim. O kadar ki, Nişantaşı'nda gelip geçerken çat kapı uğrayabilirim."

"Bunu yaparsan çok sevinirler."

Özetle sevgili defterim, cumartesi günü her açıdan verimli ve başarılı bir gündü.

Pazar gününe gelince, ilk gittiğimiz ev bir hasta eviydi, ne yazık ki... Meğer dedemin arkadaşlarından Necmi Bey felçliymiş. O kadar mahcup oldum ki...

İster istemez, projemi eşine anlatmak zorunda kaldım.

"Çok üzgünüm," dedim. "Bilseydim sizi hiç rahatsız etmezdim."

"Nereden bileceksin yavrum ama çok güzel bir şey düşünmüşsün, seni kutlarım."

Böylece Özgür'le birlikte oradan kös kös çıktık.

Bir sonraki kişi Apdi Beydi. O da Akif Bey gibi şakacı, neşeli bir beydi. Bu fikri pek beğendi ve davete katılacağını söyledi. Altın dişlerini göstere göstere bol bol güldü, konuşmamız boyunca.

Son durak Niyazi Beyin eviydi. Orada tam bir curcunanın içine düştük. Çocukları ve torunları ziyarete gelmişlerdi. Ona derdimi, "Dede şuna bir şey söyle, dede, hani benimle de oynayacaktın," gibi bağrışlar ve tepinmeler arasında zar zor anlatabildim. Eşi bize ille de pasta ve çay ikram etmek istedi ama biz kesin bir dille gitmemiz gerektiğini söyleyerek o tantanadan dışarı attık kendimizi.

"Aman Allah'ım, o ne gürültüydü öyle."

"Sessiz ve kimsenin bulunmadığı bir eve bin kez yeğlerim, Serra."

"Haklısın, aslında ben de öyle..."

"Çocuk sever misin, Serra?"

"Nasıl yani?"

"Çocukların olsun ister misin, demek istedim."

"Evlendiğimde elbette çocuğum olsun isterim, ne garip bir soru bu."

"Bazıları çocuk sevmez ve istemez de onun için sordum. Bu konuda ne düşündüğünü merak ettim."

"Özgürcüğüm, önce bir koca bulmam gerek," dedim gülerek.

Arabayı kullandığı için önüne bakıyordu.

"Seninle evlenecek kişi çok şanslı," dedi kendi kendine konuşur gibi...

"Sağ ol arkadaşım. Sen de olmasan..."

"Şaka yapmıyorum, Serra. Bu benim samimi fikrim."

"Anlaşmamızı unutma," dedim. "Kimseyi bulamazsak beni alacaksın."

Eskiden olduğu gibi şamata yapmadı, hafifçe gülümsemekle yetindi.

Tam sırasıdır dedim içimden. "Özgür, sana bir şey sormak istiyorum."

"Sor."

"Ama istemezsen cevap vermek zorunda değilsin."

"Tamam."

"Senin şu kız arkadaşın, daha doğrusu sevgilinle beraberliğiniz devam ediyor mu? Eğer ediyorsa, hani beni onunla tanıştıracaktın?"

"Bunu niye soruyorsun, Serra?"

Dönüp bana baktı bu soruyu sorarken; sanki gözlerimin içinde bir şeyler arar gibiydi.

"Ne bileyim! Son zamanlarda sık sık buluşuyoruz seninle. Bak, yanlış anlama, benim hiç şikâyetim yok, tam tersine seninle birlikte olmak bana büyük zevk veriyor.

"Ama sen... sevgilinle..."

Hay Allah, bir batağa girmiştim ki, bu kadar olur.

Nasıl çıkacaktım işin içinden...

Ne diyeyim ben sana Serra... Sana ne âlemin aşk hayatından... Meraklı taze, n'olucak...

Öte yandan lafa girmiştim bir kere. Bir biçimde bitirmekten başka çarem yoktu.

"Evet..." dedi Özgür yine dönüp bana bakarak. Bu kez hafif bir gülümseme vardı dudaklarının kenarında. "Ne olmuş sevgilime?"

Nedense bu 'sevgilime' sözcüğü küçücük bir iğne gibi battı yüreğime...

"Tabii üstüme vazife değil... ama..." Aman be! Ne olacaksa olsun...

"Siz ne zaman buluşuyorsunuz? Yani, mesela, al bu hafta sonunu... Hep seninle birlikteydik. Peki, bu kız bir şey demiyor mu buna?"

"O bana çok güvenir ve arkadaşlarımla olmama bir şey demez."

"İyi ama o seninle olmak istemez mi?"

"Tabii ister de, işi gereği sık sık seyahat ediyor. Hem sen üzme canını, burada olduğunda buluşuyoruz onunla."

"İyi, o zaman," dedim ama içimden de garip, çok garip diye geçirmeden edemedim.

Ve, bir tuhaf ayrıntı daha...

Ayrılırken omuzlarımdan tuttu ve bir an için gözlerimin içine bakmak değil, gözlerimin derinliklerine daldı sanki. Öylesine içime işleyen bir bakıştı bu.

Bu kez yanağımdan öpmedi, "Haydi iyi geceler Serra," dedi ve arabasına atladığı gibi gitti.

Şimdi sevgili kiraz ağacı, sence bütün bunlar ne anlama geliyor?

Sence ben kafayı mı üşütüyorum? Hayaller mi görüyorum? Yoksa, bana mı öyle geliyor?

Bana mı öyle geliyor, derken, bana 'ne' öyle geliyor? Ne?

İşte, bunun yanıtını da bulamıyorum. Aslında dedemle Sırma'nın kabahati... Kafamı karıştırdılar. Ama...

Mesele sadece onların lafları değil.

Sadece onların sözleri olsa, her zamanki gibi güler geçerim.

Öyleyse şimdi değişen ne?

Elle tutulur hiçbir şey!

Ama... yine de...

Sanki havada bir şeyler var.

Bir özel elektrik mi desem...

Üff, kendine gel Serra!

Adamın sevgilisi var.

İşte bu elle tutulur bir gerçek

Aslolan budur.

Gerisi laf-ı güzaftır.

Yani, yurdum insanının diliyle,

Gerisi boş laftır!

Haydi kiraz ağacı, iyi geceler...

Esin'in nikâhında gerçek anlamda bir şok yaşadık! Hem de he-pi-miz!

Biliyorsun, bugün Esin'in nikâh günüydü, sevgili kiraz ağacı.

Çok nazik bir beyefendi olduğundan, Özgür gelip beni aldı ve birlikte Profesörler Sitesi'ne gittik.

Dilek, Özgür'ü görünce bir çığlık attı. Koştu, sarıldı. Eh, ne de olsa Ankara günlerinden bir dostlukları var. Bundan sonrası Özgür'ü bizim arkadaşlarla tanıştırmakla geçti. Toprak'la, Suphi ve Burak'la, Ulaş'la...

Ama Melis yoktu ortalarda...

"Birazdan gelir herhalde," dedi Dilek.

"Umarım! Zaten Esin'in annesiyle babası gelmeyecek, bir de en yakın arkadaşı gelmezse, düşün sen kızın psikolojisini..."

Derken Esin'le Selçuk göründüler. Esin, uçuk pembe bir tayyör giymişti.

Sapsade! Başında da aynı renk küçük bir şapka vardı. Allah'ı var, yakıştırmıştı.

Bizim Yasemin'in şapkaları gibi değildi, anlayacağın. Sade bir şıklıktı Esin'inki...

Nikâh bahçede kıyılacakmış.

"Hava sıcak olduğu için, insanları eve kapatmamanın daha doğru olacağını düşündük," diyerek bu yeni durumun açıklamasını yaptı Esin.

Bizlerle öpüşürken gözleri etrafı tarıyordu, en yakınlarını ararcasına...

Melis ise hâlâ görünürlerde yoktu.

Derken, koşar adım Sıla'yla Serhat içeri girdiler ve doğru Esin'in yanına gittiler.

Başka başka kentlerden gelmişlerdi! Aslanlarım benim!

Hemen Özgür'e, Sıla'yla Serhat'ın öyküsünü özetleyiverdim, sonra da kuşkularımı dile getirmekten kendimi alamadım.

"Ah, Özgür, bak ne annesi, ne babası, ne de en yakın arkadaşı burada..."

"Nikâha daha on beş dakika var, bence her an gelebilirler."

"Keşke, keşke..." Tam o sırada...

Kapıda -tek başına- Kaan göründü!

"Olamaz," diye inildedim. "Bak, bu Kaan, Melis'in kocası. Demek Melis gelmiyor. Aşkolsun Melis, bunu yapmayacaktın Esin'e..."

O kadar üzgündüm ki...

Böyle hüzünlü evlilik töreni mi olur...

Gelin üzgün, damat üzgün...

Davetliler üzgün.

Nikâh memuru gelmişti. Esin'le Selçuk masaya geçip oturdular. Şahitler de yerlerini aldılar. Ve –tam o sırada...

Kapıda...

Önde Melis, hemen arkasında Esin'in annesiyle babası göründü.

Çığlık atmamak için kendimi zor tuttum ve çılgın gibi el sallayarak Esin'in dikkatini çekmeyi başardım. Bana baktığı an, annesiyle babasını işaret ettim.

Ah, o sırada Esin'in yüzünü görmeliydin, sevgili defter.

Aydınlandı! Resmen aydınlandı!

Işıklar saçtı!

Ve inan, aynı anda hepimizin üstüne çökmüş olan o ağır, o kasvetli hava buhar olup uçtu.

"Geldiler, geldiler!" diye durduğum yerde tepiniyormuşum. Ben hiç farkında değilim, sonradan Özgür bana söyledi.

Neyse, Esin'in annesiyle babası nikâh masasının yanına geldiler ve tören başladı.

Nikâh memuru soruları sordu, cevaplar verildi. İmzalar atıldı, nikâh memuru onları kutladı. Alkışlar ve bu iş bitti.

Esin'le Selçuk masadan kalkar kalkmaz, Esin'in annesiyle babasının yanına gittiler. Esin annesinin boynuna sarıldı, gözyaşları içinde öpüştüler. Sonra da babasına sarıldı. Onların Selçuk'un da elini sıkıp konuştuklarını gördüm.

Ohh! Dünyalar varmış!

Melis yavaşça yanımıza sokuldu. "Ne çektim onları ikna edene kadar," dedi, gözleri Esin'de.

"İnanılmazsın Melis! Nasıl becerdin?"

"Kalkıp evlerine gittim ve tam bir duygu sömürüsü uyguladım. Bakın, ben de karşıyım ama madem evleniyor, onu orada yalnız bırakamayız. Bu onun ruhunda sonsuza dek onarılamayacak yaralar açar, dedim."

"Melis, sen bir tanesin!"

"Böylece onları önüme kattım ve getirdim. Düşün ki annesi kuaföre bile gitmemişti, öylesine niyeti yoktu gelmeye. Hatta bana saçım başım berbat deyince, Esin sizin saçınıza mı bakacak, haydi geçirin üstünüze bir şeyler de gidelim, dedim."

"Harikasın!"

Heyecanımız azıcık yatışınca, etrafa bakınmaya başladık.

"Hep yaşını başını almış insanlar var," dedi Melis.

"Ama kültürlü ve esaslı kişilere benziyorlar," dedi Kaan. "Ne de olsa üniversite ortamı başka oluyor."

"Peki Selçuk'un ailesi yok mu? Annesi, babası..."

"Onlar sanırım bir araba kazasında ölmüşler. Burada kesin akrabaları vardır ama onları da biz bilemeyiz," dedim ve birden uyandım. "Çocuklar, size Özgür'ü tanıştırmadım."

Melis, "Ben de ne zaman tanıştıracaksın diye bekliyordum," dedi ve gülerek ekledi, "bu Esin hiçbirimizde akıl bırakmadı ki..."

Böylece Özgür onlarla da tanışmış oldu. Doğal olarak, anında Melis'in gözlerinde sorular peş peşe sıralandı.

Bu da kim?

Hiç de fena değil.

Neler oluyor, kızım?

Bir süre sonra gidip Esin'le Selçuk'u tebrik ettik. Esin, Melis'e, "Çok teşekkür ederim," derken nasıl da sevgiyle bakıyordu.

Davetliler içkilerini almış, sohbete dalmışlardı. Bizler ise bir çember oluşturmuştuk.

Birden Sıla, "Çocuklar, Serhat'la benim size söylemek istediğimiz önemli bir haberimiz var," dedi.

Burak, "Bayat haber."

Dilek, "Aynı kanıdayım."

Bunun üzerine Sıla, "Peki, neymiş haberimiz?" diye sordu onlara.

"Nişanlandınız."

"Bilemediniz, Dilek Hanım."

"Hangi tarihte evleneceğinize karar verdiniz."

"Bilemedin, Suphicik."

Neydi peki bu önemli haber? Sıla hepimize şöyle bir baktı ve... "Biz evlendik!" demez mi... Ve asrın tepkisi... Melis'ten...

"Bunu bana nasıl yaparsınız!!!" Öldük gülmekten...

Melis'in bu sözlerine gülmekten, arkadaşlarımızı doğru dürüst tebrik bile edemedik.

İşte Esin'in nikâhında yaşadığımız şok olay buydu!

Şaşkınlık ise doruktaydı.

"Ne dedin? Ne dedin?"

"Yani şimdi siz gerçekten evlendiniz mi?"

Bu arada Melis hâlâ, "Bana haber vermeden nasıl gider kendi başınıza evlenirsiniz?" diyordu.

Fikir onundu ya... Bu işin tekeli ona aitti. Nasıl ona sormadan evlenebilirlerdi...

"Susun arkadaşlar susun," dedim ve Sıla'yla Serhat'ı öperek tebrik ettim, benden sonra da diğer arkadaşlar...

"Tebrikleşme bittiğine göre, şu işi bir anlat yoksa Melis kardeşimiz kalp krizi geçirecek," dedi Dilek.

Sıla'yla Serhat birbirlerine baktılar, kim anlatsın, dercesine. Ve Sıla başladı konuşmaya... "Melis annemizin iteklemesiyle başlayan arkadaşlığımız öyle bir noktaya geldi ki, her an bir arada olmak istediğimizi fark ettik. Ve –Serhat bana evlenme teklif etti."

Anında alkışlar yükseldi. Kokteylin diğer konukları dönüp ne oluyor diye baktılar.

"Ben de kabul ettim."

Yine alkışlar...

"Sonra?"

"Sonra bir gün oturmuş konuşurken dedik ki, ne bekliyoruz biz, gidip evlenelim. Ailelere haber versek, her kafadan bir ses çıkacak, sorunlar oluşacak, ne gerek var... Bu fikri o kadar sevdik ki, Serhat hemen gerekli işlemleri yaptı ve biz el ele verip soluğu nikâh dairesinde aldık."

"Şahitler?"

"Oradaki iki kişiden rica ettik."

"İnanılmazsınız siz..."

"Ben," dedi Serhat, "şimdilik hafta sonları Mersin'den gelip Ankara'da kalıyorum. Bir iş bulunca tabii ki Ankara'ya taşınacağım."

Hâlâ şaşkındık!

Diğer konuklar ise ne olduğunu merak etmişler. Selçuk durumu anlatınca, bir alkış da onlardan koptu, Sıla ve Serhat için...

Burak, "Arkadaşlar, farkında mısınız, şu anda iki evliliği birden kutluyoruz," dedi.

Gerçekten de öyleydi.

"Öyleyse ne bekliyoruz, dağıtalım burayı."

"Haklısın birader, tam üç adet arkadaşımız evlenmiş," diyerek Burak'ı destekledi Suphi.

"Şöyle iyice bir eğlenmeden gitmek var mı..."

O hüzünlü hava dağılmış, davetliler giderek neşelenmeye başlamışlardı.

"Haydi millet," dedi Burak.

"Herkes dansa..."

Biz grup halinde dans etmeye başlayınca, başkaları da birer ikişer bize katıldılar. Böylece, sonunda kutlamaya benzer bir hava oluştu.

Kokteylden sonra evlere dağılmayıp bir yere gitme kararı alındı. Toprak, sırf nikâh için geldiğini söyleyerek ayrıldı. Batman'a gitmek üzere yola çıkacakmış.

Helal olsun Toprak'a...

Böylece Esin'le Selçuk'a veda edip Ortaköy'e gittik. Deniz kenarında bir çay bahçesinde oturduk.

Bir ara Melis, kulağıma, "Duyduğuma göre Oktay işi bırakmış," diye fısıldadı.

"Ne diyorsun?"

"Evet! Erzincan'a gitmiş."

"Erzincan'da ne yapacakmış ki?"

"Değişik spor dallarıyla ilgili etkinlikler düzenleyen bir şirkette çalışacakmış. Yamaç paraşütü gibi, rafting gibi..."

"Desene, sıkılmayacağı bir iş buldu kendine... Son zamanlarda, artık işim bana zevk vermiyor, deyip duruyordu."

"Ne diyeyim, Allah akıl fikir versin. Burada kaymak gibi güzel bir iş dururken, sen kalk git, böylesi bir serüvene atıl."

"Eğer onu bu tür bir yaşam mutlu ediyorsa, neden olmasın Melis."

"Haklısın," dedi, sonra gözleriyle Özgür'ü işaret ederek, "nerden buldun bunu? Pek hoş bir şey..." diye sordu, gözler fıldır fıldır.

"Sandığın gibi değil," dedim. "O, benim arkadaşım."

"Öyleyse ablanı dinle ve önce onu arkadaşlıktan azlet, sonra da sevgililiğe terfi ettir."

Gülüştük ve hemen konuyu değiştirdim. Zavallı Özgür, arkasından ne dolaplar döndüğünü bir bilse...

"Kaan nasıl?"

"Tahtaya vur, iyi gidiyor."

"Çok sevindim, Melis," dedim ve ekledim. "Sıla ile Serhat ne iyi yapmışlar, değil mi?"

"Hem de nasıl... Gerçi benim elim böğrümde kaldı ama ikisinin de ailesini göz önüne alacak olursak, böyle bir evlenme biçimi çok yerinde. Serhat'ın ailesini biliyorsun, çocuğu okutmadılar bile. Onlar ancak kendi seçtikleri bir kızı kabullenirlerdi. Öte yandan, Sıla'nın babası da tam pürüz. Eminim, o da bir araba laf ederdi sırf karşı çıkmış olmak için."

"Tamamen sana katılıyorum."

"Sıla ne yapmış biliyor musun?"

"Onunla doğru dürüst konuşma fırsatım olmadı ki..."

"Ankara'da Bahçelievler'de oturduğu daire vardı ya..."

"Evet."

"İşte onu satın almış."

"Çok iyi..."

"Efendim, Serhat'la evlenmeye karar verince, annesinden miras kalan parayla bu evi almış. Böylece, en azından kira derdimiz olmaz, çünkü ben çalışmaya başlayıncaya kadar, Serhat'ın maaşıyla idare etmek zorundayız, dedi. Ne akıllı kız, değil mi?"

"Sıla adımlarını düşünerek, bilerek atan bir kızdı, oldum olası..."

"Bu Burak da adam olmaz, o cici kızı kaçırmış elinden..."

"Ne o," dedim, "bakıyorum Sıla'yla Serhat'ı evlendirdin diye, yeni projeler peşindesin."

"Burak zor bir proje," dedi Melis gülerek. "Ama ben umudumu yitirmiş değilim."

"Ah, Melis, ah! Peki, Toprak'ı proje olarak nasıl değerlendiriyorsun?"

"Ooo," dedi gülerek. "Toprak beni aşar! O kendi yolunu çizmiş bile. Kendini adadığı bir davası var, haklı bir dava... Toprak'ın bir avukat olarak topluma yararlı ve çok başarılı olacağına da bütün kalbimle inanıyorum. Özel yaşamına gelince... Örneğin Tankut gibi, sakallı bıyıklı tipler söz konusu olduğunda... Çok teşekkürler, ben almayayım..."

Eh, bu da onun fikriydi.

"Yeter ama," dedi Sıla, "ne fısıldaşıyorsunuz geldiğimizden beri."

"Ooo, dedikodu kazanı kaynatıyorum Sılacığım, dedikodu..."

Bir süre sonra Kaan, Melis'e dönerek, "Arkadaşlarla sohbet çok güzel ama bizim bir bebeğimiz var," demez mi?..

İşte gecenin ikinci şokunu, şahsen ben, o anda yaşadım.

Ve ardından Melis, "Gece nöbeti Kaan'ın da, onun için acele ediyor," demez mi?..

Hey, güzel Allahım!

Bugünleri de görecektik demek...

Onlar kalkınca hepimiz ayaklandık.

Sıla'yla Serhat'a mutluluklar dileyerek vedalaştık.

Özgür, "Serra, biraz yürüyelim mi?" dedi. Böylece bir süre gittikten sonra arabayı park edip deniz kenarında yürümeye başladık.

Hafif hafif esen rüzgâr iyi gelmişti, onca heyecandan sonra.

Bebek'e vardığımızda, "Gel sana bir dondurma alayım," dedi Özgür.

Dondurmalarımız elimizde, bir süre daha yürüdük. "İyi ki biz vardık," dedim. "Yoksa çok neşesiz bir davet olacaktı."

"Sen nasıl bir düğün istersin, Serra?"

"Hoppala!"

"Ne var bunda... Basit bir soru. Sen evleniyor olsaydın, nasıl bir düğün isterdin?"

Dondurmamı yalaya yalaya düşündüm.

"Ben her şeyden önce neşeli bir düğün olsun isterdim. Herkes bol bol dans etsin, bol bol gülsün. Hatta süslü giysiler giymiş küçük çocuklar olsun. Tabii terbiyeli olmak koşuluyla..."

Sonra ona döndüm. "Peki, ya sen? Sen nasıl bir düğün isterdin?"

"Ben, sevdiğim kız nasıl dilerse, öyle olsun, isterdim."

"Şanslı kız!"

İşte böyle sevgili kiraz ağacı. Bugün çok önemli bir gündü. Esin'le Selçuk evlendi.

Şükürler olsun, annesiyle babası nikâh törenine geldiler. Veee –ayrıca Melis'le de arası düzeldi. Sılacığımla Serhat'ımız evlenmiş meğer. Birbirlerine öyle denkler ki...

Onların mutlu olacağına herkes kesin gözüyle bakıyor. Esin'in durumundaysa... Bekleyip göreceğiz.

26 Haziran, Pazar

Oldu bu iş!

Kendimle gurur duyuyorum, arkadaşlar... Dedemle dostlarını bir araya getirdim! Ve –hepsi de çoook mutluydular.

Planladığımız gibi, onlar Bebek'teki restorana saat on ikide gelmişlerdi.

Biz de, "Haydi gidip bir balık yiyelim," diye dedemi evden çıkardık ve yarımda oradaydık.

"Şu ilerideki masayı ayırtmıştım," dedi annem. "Deniz kenarındaki..."

"Ama anne, o masada birileri oturuyor."

"Olur mu canım," dedi annem müthiş bir oyun gücü sergileyerek. "Nasıl bizim masamıza otururlar!"

Dedem, "Canım uzatmayın, şefe söyleyin, o halletsin," dedi ama bu arada biz, dedemi de beraberimizde sürükleyerek, masaya ilerlemeyi sürdürüyoruz.

Annem, "Yanlış masada oturuyorsunuz efendim," deyince, Abdi Bey bu sözleri, "Biz, arkadaşımız Cevat'a ayrılmış masada oturuyor ve onu bekliyoruz, hanımefendi," diyerek cevapladı.

Önce bir sessizlik...

Hepimiz dedeme bakıyorduk.

Onun yüzündeyse, neler oluyor burada, ifadesi vardı.

Sonra bana döndü, "Ne dedi? Cevat'a ayrılmış masa mı dedi?"

Canım dedeciğim, giderek ağır işittiğinden ve gözünde gözlük olmadığı zaman zorlandığından, onları ne tam olarak duyabiliyor, ne de görebiliyordu.

Abdi Bey ayağa kalktı ve, "Cevat yahu, benim ben, Abdi," dedi.

"Ne?" Dedemin yüzündeki şaşkınlığı görebilmeni çok isterdim, kiraz ağacı.

"Ben de Akif."

"Yahu, neler oluyor burada?" Dedem, bir telaş, cebinden gözlüğünü çıkarıp taktı.

Masadaki gruba doğru dürüst bakınca, bir kahkaha attı ki bu kadar olur. O sırada, hepsi ayağa kalkmışlardı, dedem teker teker sarıldı arkadaşlarına...

"Yahu, nerden çıktı bu? Daha doğrusu sizler nereden çıktınız?"

Akif Bey, beni işaret ederek, "Senin torun Serra, bu vesileyle hepimizi bir araya getirdi. Sen gelmeden burada oturmuş, en son ne zaman görüşmüştük diye, onun muhasebesini yapıyorduk."

Dedem bana döndü, parmağını sallayarak, "Seni, seni..." dedi.

Annem, "Haydi babacığım, oturun artık," dedi.

"Ama bu masa altı kişilik," dedi dedem.

"Siz beyler burada rahat rahat sohbet edesiniz diye Serra'yla ben annemi alıp az ileride yemeğimizi yiyeceğiz."

Dedem başını iki yana sallayıp duruyordu, "Bak sen şu işe..." diyerek.

Hâlâ şaşkındı!

Böylece onlar orada, biz ilerideki başka bir masada, muhteşem bir pazar yemeği yedik. Onların masasından kahkahalar yükseldikçe, biz de birimize bakıp gülümsüyorduk.

Anneannem, "Serra, dedene öyle bir armağan verdin ki..." dedi.

"Evet," diyerek anneanneme katıldı annem.

"Ona arkadaşlarını ve eski günleri hediye ettin. Umarım bunu devam ettirirler."

"Bence devam edecekler, anne. Çünkü hepsi kabuğuna çekilmiş gibiydi ama birisinin onları yönlendirmesini beklercesine bu daveti hemen kabul ettiler. Oysa ben zorlanacağımı sanıyordum."

Dedem arkadaşlarını yolcu edip yanımıza geldiğinde saat üç buçuk olmuştu.

"Daha oturabilirdiniz, dedeciğim."

"Kız, biz sizin yaşınızda mıyız? Bu kadar saat oturabilmek bile ne devlet..."

Yol boyu yemekte neler konuştuklarını büyük bir keyifle anlattı. "Ve," dedi bana dönerek, "bundan böyle on beş günde bir toplanma kararı aldık."

"Yaşşa dedeciğim."

"Anadolu yakasında oturanlar olmasa, haftada bir de buluşabilirdik ama oradan buraya, buradan oraya gidip gelmek bizlere zor geliyor, ne de olsa..."

"Çok sevindim."

"Kız," dedi omzumu okşayarak, "bu senin marifetin... Neler de düşünürsün..."

Akşam Özgür aradı. "Davet nasıl gitti?"

"Büyük başarı! Bir araya geldikleri için çok mutluydular. Ben sadece dedemi düşünerek yola çıkmıştım, meğer onlar da uzun zamandır görüşmüyorlarmış. Ve –on beş günde bir toplanma kararı alarak ayrılmışlar."

"Gerçekten büyük başarı, Serra."

"Unuttun mu, bu işi birlikte kotardık."

"Şoförlüğünü yaptım, o kadar," dedi ve ekledi. "Geçen cuma, ofisime bir davetiye geldi. Bir düğün davetiyesi..." Öylece dinliyordum onu.

Herhalde bir arkadaşı evleniyordu ve Özgür de beni o düğüne davet edecekti. Yoksa niye anlatsın ağır buğur... diye düşünüyordum.

"Düğün, İzmir, Çeşme'de..."

Kulaklarımı diktim!

"Ve Temmuz ayının dokuzunda..."

"İnanmıyorum," dedim. "Bizim Sırma'nın da Çeşme'de ayın dokuzunda düğün daveti var."

"İşte ben de oraya davetliyim zaten."

Haydaaa...

"Ama Özgür onlarla sen... nasıl söylesem... o kadar tanışmıyorsunuz ki... Bir kez karşılaştınız. Ayrıca bu tam da bir düğün değil, bir kutlama. Sadece çok yakın dostlarını çağıracaklarını söylemişlerdi."

"Bilmem artık! Bana davetiye geldi ama sen bunu sakıncalı görüyorsan gelmem."

"Hayır, hayır! Elbette gelmeni isterim!" diye bağırdım bir telaş. "Sadece onlar bu daveti çok yakın bir dost çevresi içinde tutmaya kararlıydılar da, ondan şaşırdım."

"Davetiye büyük yerden."

"Ne demek oluyor bu?"

"Davetiyenin içine deden kartını koymuş ve mutlaka bekliyorum, yazmış."

"Mesele şimdi anlaşıldı," dedim. "Bu, dedem seni gerçekten sevdi demektir. Peki Özgür, gelebilecek misin?"

"Eğer sen istersen gelirim."

"İstemez olur muyum?.."

"Doğru söyle..."

"Aşkolsun Özgür, seninle birlikte olmaktan ne büyük zevk aldığımı sen de pekâlâ biliyorsun. Hele bizim Sırma'nın davetinde birlikte olmak... Harika, tek kelimeyle harika..."

"Tamam o zaman, geliyorum."

"Çok güzel!"

İşte böyle kiraz ağacı.

Bu dedemin kafasında birtakım tilkiler dolaşıyor gibi geliyor bana.

Öte yandan belki de Özgür'e vefa borcunu ödüyordur. Vardır dedemin böyle ince düşünceleri, zarif davranışları...

Evet, bugün dedem için güzel bir şey yaptım! Ve bu, onunla ilgili acımın içinde, kendimi iyi hissetmemi sağladı.

Acının ilacı, uzanıp birileri için iyi bir şeyler yapmak...

Bu, o acıyı dindirmiyor elbette ama alev alev yanan ıstarabı serinletiyor en azından.

Dedemin şu son aylarını güzel geçirmesi için elimden geleni yapmaya devam edeceğim.

Bugün arkadaşlarıyla buluştu.

On beş gün sonra Sırma'yı gelinlikle görecek.

İşte bunlar gerçek anlamda 'yaşanmış' günler...

Ben de, sevgili defter, elimden geldiğince bu 'yaşanmış günleri' çoğaltmaya çalışacağım.

9 Temmuz, Cumartesi

Şükürler olsun!

Sonunda Sırma hayallerinin gecesini yaşadı!

İncilerle, minik fiyonklarla bezeli muhteşem bir gelinlik giydi!

Ve muhteşem bir düğün daveti yapıldı.

Murat Enişte öyle bir özenmiş ki, yok yoktu.

Daha doğrusu bir tek nikâh memuru ve nikâh masası yoktu. Onun nedenini de, esprili bir dille, eline mikrofonu alıp kendisi anlattı. Sonra da, yükselen kahkahalar ve alkışlar arasında gidip Sırma'yı dansa kaldırdı.

Sırma'yla eniştemi seyrediyordum ki biri koluma dokundu. Dönüp baktım ki, ne göreyim...

Bizim Zeynep...

Birbirimize sarıldık, onu ne kadar da özlemişim.

"Ben de harıl harıl seni arıyordum," dedi sonra, "bak sana nişanlımı tanıştırayım. Ahmet, bu Serra."

Karşılıklı, memnun oldum'laştık. Upuzundu Ahmet.

Zeynep hemen gerekli açıklamayı yaptı. "Kendisi sutopu takımının kaptanıdır."

"Harika," dedim. "Sen yüzmeye devam ediyor musun?"

"Evet," dedi gülerek. Sonra da kocaman kara gözlerini Özgür'e dikti, kim bu, dercesine.

"Arkadaşım Özgür," dedim ve Özgür'e döndüm, "Zeynep'le uzun yıllar önce Çeşme'de tanışmıştık. O gün bugün arkadaşlığımız sürüyor."

"Çocukluk arkadaşısınız desene..."

"Evet," dedik ikimiz de aynı anda. Sonra Zeynep, "Dur, Tümay'la Cüneyt'i bulayım, onlar da seni görmek isterler," dedi.

"Buradalar mı?" diye anlamsız bir soru sordum. Sırma'nın böyle bir daveti olacak ve en aziz Çeşme arkadaşları olmayacak...

Tam giderken Zeynep birden dönüp, "Bilmem duydun mu, Tümay'la Cüneyt evlendiler," dedi.

"Öyle mi, hiç haberim olmadı."

"Yedi-sekiz ay oldu."

"Peki, Bora'yla Serpil'den ne haber? Ben en son duyduğumda onlar nişanlanmışlardı."

"Ohoo! Köprülerin altından çok sular aktı. Nişanlılıklarını bir küs bir barışık sürdürdüler, sonra da ayrıldılar."

"Tamamen mi? Malum, onların işine akıl sır ermez."

"Tamamen! Ayrıca çok oldu ayrılalı."

"Peki, Bora ne yapıyor şimdi?"

"Artık Çeşme'ye eskisi gibi gelmiyor, İstanbul'da babası ona bir iş kurmuş. Şehrin altını üstüne getiriyormuş."

"Tam playboy desene..."

"Aynen..."

"Ya Serpil?"

"O hâlâ İzmir'de..."

Zeynep, Ahmet'le birlikte kalabalığın içinde kayboldu.

"Eski Çeşme dedikodularıyla seni sıkmadık umarım, hadi gel dans edelim," diyerek Özgür'ün koluna girdim.

"Sevgili kuzinim, beni dedemin kahramanı Özgür'le tanıştırmayacak mısın," diyen Sırma'nın sesiyle, dansı kestik.

Sırma pek güzeldi.

"Tebrik ederim," diyen Özgür'e elini uzatırken tıpkı çocukluğumuzun prensesi gibiydi.

"Gelebildiğinize çok sevindim. Gerçekten..." Sonra Deniz'e döndü. "Özgür, dedemi hastaneye yetiştiren, Serra'nın çok özel bir arkadaşı..."

Bak, bak, bak!

Öyle de bir tonlamayla konuşuyor ki... Bu arada da çaktırmadan Özgür'ü inceliyor.

"Sizi tutmayalım, sonra yine görüşürüz," dedi ve bana sarıldı.

Sarılırken de kulağıma, "Bu hoş mahlûku kaçırırsan, sana kocaman bir aptallık madalyasını ellerimle takacağımı bildiririm canım," diye fısıldamayı ihmal etmedi.

"Kuzininle çok yakınsınız galiba," dedi Özgür.

"İkimiz de tek çocuk olduğumuzdan, ayrıca çok da iyi anlaştığımızdan kuzinden çok kardeş gibiyiz. Sırma, çok değerlidir benim için."

"Onun da seni çok sevdiği hemen belli oluyor."

"Haydi büfeden bir şeyler alalım," diyerek oraya yönelmişken, yine Zeynep'in sesini duydum. "Serra! Serra!"

Tümay ve Cüneyt'le birlikte bize doğru, davetlileri yararak ilerliyorlardı.

Karşı karşıya geldiğimiz o ilk an, hepimiz biraz tutuktuk. "Kutlarım," dedim, "evlenmişsiniz."

"Evet," dedi Tümay azıcık rahatsız. İlahi Tümay, dedim içimden. O günler bana o kadar uzak geliyor ki... Sanki o yılların Serra'sı başka biriydi, ben başka biriyim... Neler neler yaşanmıştı o zamanla bugün arasında. Uzanıp onu öptüm. "Çok sevindim Tümaycığım," dedim, sonra Cüneyt'e sarıldım. "Tebrikler..."

Ve Özgür'ü tanıştırdım. Ama bu kez öyle sıkı sıkı arkadaşım markadaşım demedim. Bıraktım, ne düşünürlerse düşünsünler...

Karizmayı çizdirmeme meselesi, sevgili defter.

Baksana, Zeynep'in nişanlısı var, Tümay evlenmiş, Sırma evlenmiş. Orada bir bekâr bu kulunuz bulunuyordu. Bari, hmmmm, çıktığı biri var, desinler.

Onlar uzaklaşırken, "Havada gerginlik var gibiydi, yanılıyor muyum?" diye sordu Özgür.

"Cüneyt benim çocukluk aşkımdı."

"Hani, bir sözünü etmiştin. O mu?"

"Evet, ta kendisi. Sen de söylenen hiçbir şeyi unutmuyorsun."

"Ben senin söylediğin hiçbir şeyi unutmam," dedi, senin sözcüğünü vurgulayarak.

Nihayet büfeden tabaklarımıza bir şeyler alıp oturmuştuk ki, Murat Enişte geldi yanımıza.

"Nasıl?" dedi gözleri pırıl pırıl. "Keyifler yerinde mi?"

"Evet, eniştecığim."

"Gelebildiğine çok sevindim Özgür," dedi, sonra ekledi, "Serra, ona iyi bak."

Sonra geldiği gibi, öbür masalara doğru hızla gitti.

Bu kez Defne Teyzem uğradı masamıza. "Serra, bak annemler bu hafta burada kalıyorlar, sen de işini ayarlayıp kalamaz mısın? Ne güzel, hep birlikte bir hafta geçirirdik."

"İstemem mi, teyze... Ama Bayan Bella tutmuş, Roma turunu bana vermiş, yazın turlar sıkışınca böyle durumlar ortaya çıkabiliyor. O nedenle, İstanbul'da olmam gerek."

"Aman sen de..." dedi teyzem canı sıkılmışçasına ve o da kalabalığın içinde eriyip gitti.

"Roma'ya mı gidiyorsun?"

"Evet. Ama çok kısa bir tur, bir tür promosyon turu..."

"Kaç gün sürecek?"

"Üç gün. Sadece Roma ve civarı..."

Sırma kelebekler gibi dans edip duruyordu. Dedeme baktım, o da büyük bir mutlulukla Sırma'yı seyrediyordu. Ne iyi, diye içimi çektim, memnun. "Hayırdır?"

"Dedem bugünü gördü ya, artık gam yemem."

"Ama o seni de böyle gelinlikle görmek ister."

"Valla arkadaşlarıyla buluşturabilirim, elbirliğiyle Sırma'nın gelinlik giymesini de sağlayabiliriz ama bu senin dediğin konuda pek bir şey yapabileceğimi sanmıyorum."

"Haydi dans edelim," dedi Özgür.

Tam da Tümay'la Cüneyt, Zeynep'le Ahmet bizim bulunduğumuz yerde dans ederlerken...

Pistte kendimize bir yer bulduğumuzda Özgür, "Bak onlar beni senin sevgilin zannediyorlar," dedi. "En azından bu gecelik bu izlenimi sürdürelim diyorum. Onları bir daha kim bilir ne zaman göreceksin."

Ne hınzır şey şu Özgür!

Zannederim karizmayı çizdirmeme çabamı anladı. Beni kendisine doğru çekti, sıkıca belimden kavradı ve yanak yanağa dans etmeye başladık. Gerçek sevgililer gibi... Nefesini saçlarımın arasında hissediyordum. Elini belimde hissetmek, itiraf etmeliyim ki, hoşuma gidiyordu. Her şey o kadar güzeldi ki... Düğün atmosferi... Müzik... Gecenin kokusu... Ve Özgür...

Hoş bir akıntıya kapılmış gibiydim.

Bir süre sonra o hoş akıntıya, kendimi bıraktım. Bu güzel gecede sanki bir Özgür vardı, bir de ben.

Dans sona erdiğinde, keşke hiç bitmeseydi diye geçirdim içimden.

Konuklar yavaş yavaş gitmeye başlamışlardı. Teyzemle eniştem onlarla ilgileniyordu; annem ise dedemle anneannemi çoktan eve götürmüştü.

"Ne zaman istersen seni eve bırakabilirim," dedi Özgür. O, davetin yapıldığı otelde kalıyordu.

"Hava öyle güzel ki... Ayrıca hiç uykum yok, Özgür."

"İstersen, yürüyelim biraz."

Dalgaların sesi, yaprakların hışırtılarına karışıyordu.

Uzaklardan bir yerden bir saksofon sesi ulaştı bulunduğumuz yere.

Caz müziği...

Geceye bunca yakışan bir başka müzik türü olabilir mi... Yol kenarındaki tahta kanepeye oturduk. "Saksofonu duyuyor musun Özgür?"

"Evet, ben de onu dinliyordum."

Bir süre konuşmadık, bıraktık, müzik bizi alıp götürsün.

"Bak bu Büyük Ayı," dedim. "Çocukluğumuzda Sırma'yla hep kavga ederdik, Büyük Ayı benim, diye..."

"Bak, bu da Kutup Yıldızı olmalı," dedi Özgür.

"Hangisi? Şuradaki mi..." diyerek yüzümü aniden ondan yana çevirince neredeyse yüz yüze çarpışacaktık.

Geri çekilmek için davranırken beni omuzlarımdan tuttu ve kendine çekti.

Ondan sonra...

Öpüşüyorduk, hem de yıllardır birbirimize hasret kalmışçasına öpüşüyorduk.

Elleri saçlarımın arasındaydı.

"Serra," diye fısıldadı kulağıma. "Seni öyle seviyorum ki..." Tutulmuş gibiydim. Ben ben değildim sanki... Yine öpüşüyorduk. Sonra sessizlik...

"Bir şey söylemeyecek misin Serra?" Sesim çıkmıyordu ki...

"Özür dilerim," dedi Özgür bunun üzerine. "Özür dilerim."

"Hayır," dedim. "Özür dileme... Yalnız şu anda kafam çok karıştı... Konuşamıyorum bile."

"Benim kafam karışık değil. Ben ne yaptığımı biliyorum."

"İyi ama," dedim, "biz arkadaşız."

Benim sözlerime karşı suskun kaldı. Bense devam ettim.

"Sonra, biz birbirimize âşık değiliz ki..."

"Ankara'da asık suratla bana kapıyı açtığın anda, yani seni ilk gördüğüm anda âşık oldum sana ben. İşte bu, benim yıllardır beklediğim kız, diye düşündüm."

“İyi ama Oktay için bana o kadar yardım ettin, siz birbirinizi seviyorsunuz, dedin.

“Anlamıyorum, hiçbir şey anlamıyorum.”

“Ben sadece sevdiğim insana yardım ediyordum, Serra. Birini çok sevince, onun mutluluğu öncelik kazanıyor.

“Mezuniyet balosunda, Oktay’ın varlığını öğrendiğimde yaşadığım acıyı sana anlatamam. Bir an her şeyi bırakıp orayı terk etmek gelmişti içimden... Ama... sen öylesine üzgün, öylesine yaralıydın ki, seni bırakmaya kıyamadım. Ve madem başkasıyla mutlu olacak, ona yardım etmeliyim, diye düşündüm. Sırf sana olan aşkımdan...

“Sen anlattın, ben dinledim. Oktay’la ilgili her sözün bana nasıl acı veriyordu, bilemezsin. Ama sen önemliydin, sevdiğim insan önemliydi. Sana yardımcı olmaya çalıştım, balonun ardından da hemen Ankara’dan ayrıldım. Hatta sen çok şaşırmış, bu hafta sonu kalırsın sanıyordum, demiştin.

“Oysa ben artık senden olabildiğince uzaklaşmak istiyordum.

“Derken bir telefon... Bana nişanlanacağını haber veriyor, nişan törenine davet ediyordun. Yurt dışında olacağım için gelemeyeceğimi söyledim sana.

“Bu doğru değildi.

“Ama nişanlandığını görmeye katlanamazdım, sana mutluluklar diledim ve o anda sanki aramızda garip bir rüzgâr esti. Sen bana, benim gönlümde senin hep ayrı bir yerin olacak, dedin yumuşak bir sesle.

“Uzun bir süre bu duyarlı ses ve bu cümle bana destek oldu.

“Sonra, babaannemden senin Oktay’dan ayrıldığını öğrendim. Aradan iki yıl geçmişti, eski bir dost kimliğimle seni aradım. Ama... daha o ilk buluşmamızda, seni hâlâ sevdiğimi anladım."

Aman Tanrım! Neler söylüyordu Özgür.

Öyle şaşkındım ki...

O şaşkınlıkla saçmaladım ve "Ama senin bir sevgilin var," deyiverdim.

"Sevgilim yok, Serra."

"İyi ama babaannem sarışın, hoş bir kızdan söz etti."

"Sanırım Sevda'dan söz ediyordu, sarışın ve hoş dediğine göre. O, benim fakülteden arkadaşım. Ankaralıdır ve babaannemi çok sever. Onun için ben Ankara'ya gittiğimde ve Sevda'yla buluştuğumuzda, hadi Safiye Teyzeye uğrayalım, der. Herhalde böyle bir karşılaşmadan söz etti babaannen."

"Peki, ben sana onu sordukça neden sevgilin varmış izlenimini veren cevaplarla beni oyalıyordun?"

Uzanıp yanağımı okşadı.

"Sen rahat olasın, diye! Bir sevgilim olduğuna inanırsan, ben seni aradıkça neden beni arıyor diye düşünmez, bu arada da bana alışırsın umudu içindeydim."

Ne diyeceğimi bilemiyordum!

Öyle hazırlıksız yakalanmıştım ki...

"Serra," dedi fısıldarcasına, "belki farkında değilsin ama sen de beni seviyorsun. Bunu bakışlarında, dokunuşlarında, tutumunda görebiliyorum."

"Sen benim arkadaşımsın," dedim, tahtaya kalkıp ezber okuyan öğrenci gibi...

Yüzü yüzüme ne kadar da yakındı.

Daha sonra...

Dudakları saçlarımda, yanaklarımda, dudaklarımda dolaşıyordu.

Ve ben onu itmiyordum.

Bırakıyordum beni öpsün.

Ne garip duygulardı bunlar.

Sonunda, "Özgür, biz arkadaşız," dedim yine.

"Arkadaş kalmamızı istersen, buna saygı duyarım," dedi Özgür. "Ama lütfen düşün, iyi düşün! Çünkü, az önce dediğim gibi, ben seni yıllardır seviyorum ama sen de beni seviyorsun, Serra. Ancak bunun henüz farkında değilsin. Lütfen iyi düşün!"

"Haydi artık dönelim," diyerek ayağa kalktım ve yol boyu tek kelime etmeden eve geldik.

"İyi geceler Serra," dedi Özgür.

"Sana da..."

İşte böyle sevgili defterim. Kafam o kadar karışık ki...

10 Temmuz, Pazar

Sabah uyandığımda, içimde bir sıkıntı... Benim bir derdim vardı; neydi, neydi... derken dün gece aklıma geldi!

Ve gözlerimi tavana diktim, öylece kaldım. Aşağıda teyzemin sesi, "Serra, haydi ama saat kaç oldu. Haydi kahvaltıya..."

Sabahlığımı üzerime geçirdiğim gibi aşağı indim. Bizim aile tam takım masaya oturmuştu bile. Tabii Sırma'yla Deniz dışında... Onlar, Deniz'in anne babasıyla birlikte otelde kalıyorlar. Eh, bizler evi öylesine doldurduk ki, kimseye zaten yer kalmamıştı.

Dedem, "Yahu, ara şu Özgür'ü... Eğer kahvaltı yapmadıysa gelsin, burada bizimle beraber bir şeyler atıştırsın," dedi.

"Dede, belki de uyuyordur, rahatsız etmeyelim, şimdi."

"Yok, yok! O öyle bu saatlere kadar uyuyacak çocuk değil. Haydi ara," diye ısrar etti.

Sesini duyacağım ve onu göreceğim diye gizli bir heyecan içindeydim. Öte yandan onunla yüz yüze gelmekten çekiniyordum.

Oteli arayıp Özgür'ün adını verdim.

"Kim arıyor?" dediler.

Adımı verince, "Özgür Bey sizin için bir mesaj bıraktı, Serra Hanım. Kendisi bu sabah otelimizden ayrıldı. Size ve ailenize konukseverliğiniz için çok teşekkür ettiğini bildirmemizi istedi."

Öyle kötü oldum ki...

Dedem soruyordu, "Yahu, ne konuşuyorsun, bu kadar?"

"Özgür otelden ayrılmış."

"Hoppala! Size ben demedim mi o bu saate kadar yatacak biri değil, diye... Ama sabahın köründe yollara düşeceği de doğrusu hiç aklıma gelmemişti."

"Konukseverliğimiz için bizlere teşekkür ettiğini bildiren bir mesaj bırakmış."

"İlahi çocuk!" dedi dedem başını iki yana sallayarak. "Ne vardı ardından atlı kovalıyor gibi gidecek."

"Canım, çocuğun işi var gücü var," dedi anneannem. Az sonra Sırma'yla Deniz geldiler.

"Kız," dedi dedem. "Şükürler olsun, bir torunumu telli duvaklı gördüm."

Sırma, "Sıra öbür torunda," dedi.

"Onun için dedemin beklemesi gerekecek Sırmacığım."

"İnsanlar önlerine çıkan fırsatları değerlendirirlerse, hiç de fazla beklemeleri gerekmez."

"Kız senin dilinin altında bir şeyler var."

Sırma'ya öyle bir bakış attım ki, "Yok dedeciğim, genel olarak konuşuyorum," diyerek lafı uzatmadı.

Pazar günü tam bir aile saadeti yaşadık.

Dedemler, Sırma ve Deniz Çeşme'de bir hafta kalacaklar.

Annemle ben ise, bu akşam İstanbul'a dönüyoruz. Bu satırları havaalanında uçağımızın kalkmasını beklerken yazıyorum.

Çok güzel bir davetti.

Sırma'nın büyük hayali sonunda gerçekleşti.

Ailem mutluydu.

Daha ne olsun...

Bana gelince...

Düşünmem gerek.

Hem de çok iyi düşünmem gerek.

Çünkü burada mutluluğumun söz konusu olduğu duygusundayım.

Yani, aman bu da neymiş, diye omuz silkemeyeceğim bir durum bu.

Sonradan pişman olabileceğimi duyumsuyorum, yanlış bir adım atarsam...

Duygularımla yüzleşmeliyim artık.

Ama şu anda bunu yapacak durumda değilim.

Hem de hiç değilim.

Gücüm yok!

Ve...

Kafam karmakarışık.

Evet, bizim uçağın yolcularını çağırıyorlar.

11 Temmuz, Pazartesi

Özgür bütün gün aramadı! Ama...

Bugün pazartesi, işler yoğun... Belki de onun için aramadı.

Başka zaman olsa aldırmazdım; ama şu son olanlardan sonra...

12 Temmuz, Salı

Özgür'den bugün de ses yok!

Bu akşam telefonun başına gittim geldim.

Gittim geldim.

Ama...

Arayamadım!

13 Temmuz, Çarşamba

Ofiste o denli dalgınmışım ki, Bayan Bella'nın bile dikkatini çekmiş.

"Neyin var?" dedi.

"Sanırım biyoritmim düşük bugün," diye geçiştirdim işi şakaya vurarak.

Ve –şu anda gecenin on biri... Özgür aramıyor!

14 Temmuz, Perşembe

Yarın Roma'ya gidiyorum.

Onun için bugün yüzümü kızartıp onu ofisinden aradım. Çünkü cebi kapalıydı!!!

Öte yandan, toplantılarda cep telefonunu kapattığını biliyorum.

Sekreteri çıktı telefona ve kimin aradığını sordu. Adımı verince, bir dakika diyerek beni beklemeye aldı. Bir süre sonra, "Özür dilerim Serra Hanım, Özgür Bey şu anda ofis dışında..." dedi.

"Teşekkür ederim, aradığımı söyler misiniz, lütfen," dedim ve telefonu kapattım.

Acaba...

Bu yanıt gerçeği yansıtıyor mu? Yoksa...

Özgür bana o kadar kırıldı ki, artık konuşmak bile istemiyor, şeklinde mi almalıyım bu 'ofis dışında' mazeretini?

15 Temmuz, Cuma

Bu sabah erkenden Roma'ya uçtuk. Grubumuz yirmi beş kişilikti; uyumlu, efendi insanlar...

Roma'ya varınca doğru otele gittik, valizler bırakıldı ve iki saatlik şehir turuna çıkıldı.

Öğleden sonra ise kent dışına düzenlediğimiz bir tur vardı. Tivoli, Roma İmparatoru Hadrian'ın Villası ve içinde her biri ayrı güzellikte beş yüz kadar havuz ve fıskiyenin bulunduğu Villa D'Este'yi gezdik.

Akşam onları sempatik bir İtalyan lokantasına götürdüm. Kırmızı beyaz kareli örtüleri, ilginç şarap şişeleri ve neşeli servis elemanlarıyla, gelenlere, iyi ki buraya gelmişim, dedirten bir restoran.

Herkes gülüp eğleniyordu, oysa ben keyifsizdim, üzgündüm. Aklım İstanbul'da, daha doğrusu Özgür'deydi.

Çeşme'de olanlar...

Onu izleyen sessizlik...

Ve ilginçtir, onu kaybetme korkusu...

16 Temmuz, Cumartesi

Hayatımın en önemli günü!

Olanlara inanmayacaksın sevgili defter, inanamayacaksın. Şu anlatacaklarımı duyduğunda ağzın açık kalacak. Ama...

Sabırlı olman gerek.

Hayatımın en mutlu gününü hiçbir ayrıntıyı unutmadan, atlamadan, teker teker yazmak istiyorum. Sırayla...

Bu sabah Vatikan turu vardı programda. Öğleden sonra isteyene müze turu, isteyene serbest saatler... Çünkü bazı gezginler, benim gibi, gittiği kentin sokaklarını kendi başına dolaşmak, kenti keşfetmek istiyorlar. Yarın sabah alışveriş yapmak isteyenler için ayrıldı. Öğleden sonra da uçağımıza binip, İstanbul'a dönüş...

Program böyle...

Bugünü de başarıyla bitirip grubumla otele döndüm. Onlar odalarına çıkarken, akşam gidilecek restoranı arayıp rezervasyonları kontrol ettim. Sonra yıldırım gibi odama çıkıp duşumu aldım. Akşam yemeği için giyinip yine bir koşu lobiye indim. Gruptakiler henüz ortada yoktu. Ben de şuradaki koltuklardan birine oturup onları bekleyeyim bari, diye pencere kenarına doğru yöneldim ki...

Ne göreyim...

Özgür!

Hayır! Hayal görmüyordum! Özgür'dü karşımda duran. İçimden bir mutluluğun yükseldiğini ve tüm benliğimi sardığını hissettim.

Ve bir sevinç çığlığı... "Özgür! Buradasın!"

Meğer bir haftalık yokluğu, bir haftalık sessizliği beni ne kadar etkilemiş.

Meğer onu özlemişim! Hem de çok özlemişim.

Sonra, sesime bir normallik vermeye çalışarak, "Burada ne yapıyorsun? İş gezisi filan mı?" dedim, sırf bir şeyler söylemiş olmak, sessizliği doldurmak için...

Özgür ise bu söylediklerimi duymamış gibi konuştu.

"Ben buraya senin için geldim, Serra! Biliyorum, çılgınca ama ertesi gün onunla birlikte dönecek olsam bile, gidip onu Roma'da bulmalıyım, dedim."

Bakar mısınız, duygularını nasıl da dümdüz, nasıl da olduğu gibi koyuyordu ortaya.

Acaba öyle mi, acaba böyle mi... kalmamıştı artık.

Aslını istersen, ben de kendi duygularımı tarttığımda aynı şeyleri görmüyor muydum?

Aramadı diye üzülmem...

Onu özlemiş olmam... Onu görünce çılgınca sevinmem... Sanki bir yanım bu duyguları hep biliyordu da, öbür yanım bilmiyordu.

Ya da bilmek istemiyordu.

O benim arkadaşım, kandırmacasının arkasına sığınıyordu. Derken, benim grup gürültülü bir biçimde sökün etti. "Serra Hanım, bekletmedik ya..." sesleri Özgür'e meraklı bakışlara karıştı.

"Serra Hanım, yoksa bey nişanlınız mı?" sorusu kahkahalara neden oldu.

"Arkadaşım Özgür," dedim yine.

Başka ne diyebilirdim ki?..

Akşam yemeğinde bu kez ben de keyifliydim.

Şu işe bak sevgili defter, daha dün gece Özgür'ü düşünüp üzülürken, bu akşam o yanımdaydı. Yemekten sonra herkes bir yere dağıldı. Kimi biraz daha restoranın terasında oturmak, kimi dolaşmak istiyordu.

Böylece, biz de Özgür'le dışarı çıktık.

Güzel, sıcak bir yaz akşamıydı.

El ele yürüyorduk.

Caddeler cıvıl cıvıldı; merdivenlerde oturanlar, gülüp konuşanlar, sevgililer...

Bir yerden dondurma aldı Özgür. Dondurmalarımızı yiyerek yürümeye devam ettik. Okuldan kaçmış öğrenciler gibi...

Ne kadar yürüdük bilemeyeceğim ama artık yorulmaya başladığımı hissettim.

Ve birden karşımıza Trevi Çeşmesi çıktı. Ünlü aşk çeşmesi...

"Burada biraz oturalım mı?" dedim ve ekledim. "Şu güzelliğe bak, Özgür."

Işıklandırılmış heykeller, fıskiyelerden yükselen sularla ıslanıyor ve bu ıslaklık taşa ayrı bir parlaklık katıyordu. Suyun sesiyse ayrı bir müzikti. Tenha bir köşeye çekilip oturduk, çeşmeye karşı... Bir süre heykelleri, fıskiyeleri izledik. Özgür birden suskunlaştı. Bir şeyler düşünür gibiydi. "Ne o?" dedim, "Daldın gittin."

O sırada havuza bakıyordu. Bu sözlerim üzerine dönüp bana baktı... baktı.... baktı.

Sonra, "Serra," dedi. "Benimle evlenir misin?" Doğru mu duyuyordum?

Evet, aramızda bir şeyler olduğunu artık ben de kabullenmiştim. Ama...

Evlenme teklifi...

"Seni seviyorum," diye sürdürdü sözlerini. "Hem de çok seviyorum! Bunların alelacele söylenmiş sözler ya da alınmış kararlar olmadığını bilmeni isterim.

"Ayrıca ben hayattan ne beklediğimi de gayet iyi biliyorum.

"Ben seninle bir hayat istiyorum, seninle yaşlanmak istiyorum. Çocuklarımız olsun istiyorum ve seninle mutlu olacağımıza bütün kalbimle inanıyorum.

"Ve –kendine henüz itiraf edemesen de, sen de beni seviyorsun, Serra.

"Eğer evlenirsek, beni her geçen gün daha çok seveceğine inanıyorum.

"Neden mi? Çünkü aramızda güçlü bir elektrik var. Bunun -yine kendine itiraf edemesen bile- sen de farkındasın. Birbirimizden etkileniyoruz, birlikte olmaktan hoşlanıyoruz, birbirimizi beğeniyoruz ve birbirimizi seviyoruz.

"Bütün bunlar var. Ama bunun ötesinde bir de güzel arkadaşlığımız var. Kafa dengiyiz; birlikte gülüyor, güzel vakit geçiriyoruz. Birbirimize destek olabiliyoruz, iyi günde, kötü günde...

"Bir düşün bak... Bana hak vereceksin.

"Zaten şu son hafta seni aramamamın nedeni, yokluğumun seni nasıl etkileyeceğini görmen içindi. Belki de, oh rahatladım, diyecektin.

"Olabilir!

"Ama sen beni özledin!

"Serra, itiraf etmesen de, beni özledin!

"Belki bu evlilik teklifi seni şaşırttı ama ben artık oyun oynamak istemiyorum.

"Seni seviyorum ve senin de beni sevdiğini düşünüyorum. Karar verebilecek kadar da birbirimizi tanıyoruz.

"O zaman niye değerli günleri harcayalım; hayat bir yerde çok kısa...

"İşte benim düşüncelerim...

"Bunları açık açık senin önüne seriyorum ve sana soruyorum.

"Benimle evlenir misin?"

Konuşamıyordum.

Sözcükler çıkmıyordu ki, ağzımdan.

O ise bana bakıyor, cevap bekliyordu.

Sanki çok uzaklardan kendimi izliyordum.

Hâlâ konuşamıyor, sadece yüzüne bakıyordum.

Sonra...

Ona doğru uzandım. Kollarımı boynuna doladım.

Ve onu öptüm, işte cevabım dercesine...

Sevgili defterim, şu anda odamdayım.

Heyecandan uyuyamıyorum.

Yerimde duramıyorum.

Şaşkınım! Mutluyum!

Dans etmek, şarkı söylemek istiyorum.

Gecenin yarısı herkesi arayıp mutluluğumu paylaşmak istiyorum.

İçimde sevinç var!

Dahası...

Aşk var!

17 Temmuz, Pazar

Her şey yıldırım hızıyla gerçekleşiyor! Bünyem bu hızı kaldıracak mı bilemiyorum. Sabah, Özgür'le kahvaltıda buluştuğumuzda, "Hâlâ benimle evlenmek istiyor musun?" diye sordu.

"Çok şekersin! Ne biçim soru o öyle?"

"Ne bileyim, annemle babamı arayıp bu güzel haberi vereceğim de, önce bir emin olayım, dedim. Olur a, gece oturup düşünüp vazgeçmiş olabilirsin. Ne de olsa sabıkan var senin..."

"Bak şuna," dedim ve hemen ekledim. "Hayır efendim, vazgeçmedim ve hâlâ seninle evlenmek istiyorum."

"Harika! O zaman hemen bizimkilere haber vereyim," dedi ama sonra vazgeçti. "Yüz yüze söylemek daha keyifli olacak. Bak, ne yaparız biliyor musun Serra, seninle havaalanından doğru dedenlere gideriz, anneni de oraya çağırırsın, böylece sizinkilere birlikte söyleriz. Sonra ben gider, annemlere müjdeyi veririm."

"Dur bakalım! Niye müjde diyorsun?"

"Sen farkında değilsin ama seninle tanıştıktan sonra beni sıkıştırıp duruyorlardı, ne zaman bu iş hayırlı biçimde bağlanacak, diye..."

"Öyle mi?"

"Öyle tabii."

"Bak, sevindim buna."

"Sadece onlar mı, benim arkadaş grubu da öyle. Hepsine çok sıkı tembih ettiğim için, senin yanında dikkatliydiler. Yoksa onlar da hadi artık deyip duruyorlardı."

Ohoo, şu hale bakar mısınız?

Benden başka herkes her şeyi biliyormuş.

Özgür de az değilmiş meğer.

Bizim bu hararetli konuşmamız, grubumuzun dikkatini çekmişti.

"Serra Hanım, önemli bir konu var galiba."

"Evet," dedi Özgür hemen. "Serra Hanıma dün gece evlenme teklif ettim, o da kabul etti."

Tebrikler..."

"Ben size demiştim... Anlamıştım aralarında bir şeyler olduğunu..."

"Allah mesut etsin."

Özgür devam etti. "Onun için bundan böyle onun arkadaşı değil, nişanlısıyım."

Sonra eğilip kulağıma, "Beni arkadaşım diye tanıtmandan nefret ediyordum. Çok şükür bu değişti artık," diye fısıldadı.

"Ve ilk düzeltmeyi de az önce yaptın."

"Aynen..."

Havaalanına inince annemi aradım, doğru dedemlere gideceğimi söyleyip sen de gelsen iyi olur, dedim. Böylece dedemlere vardığımızda, ailem tam takım bizi bekliyordu.

"Hoş geldin, kız," dedi dedem beni görünce. Özgür'e de, "Yahu, ne kaçtın gittin öyle geçen hafta..." diye takıldı.

"İşlerim vardı, gitmek zorundaydım."

"Aman sizlerin işi de hiç bitmez," diye söylendi dedem. "Serra'da da aynı laf. İşler yoğun... İşler yoğun..."

"Gezi nasıl gitti?" diye sordu annem.

"İyiydi." dedim. "Özgür gelince daha da iyi oldu." Üçü de şaşırmıştı.

"Özgür Roma'da mıydı?"

"Evet."

Bunun üzerine Özgür, "Size söylemek istediğimiz önemli bir şey var," dedi.

Gözümün ucuyla annemin, dizleri tutmuyormuşçasına, oradaki iskemleye iliştiğini gördüm. Anneannemle dedem ise dikkatle bize bakıyorlardı.

"Dün gece Roma'da, Serra'ya evlenme teklif ettim, o da bu teklifimi kabul etti."

Müthiş bir şaşkınlık! Öylece yüzümüze bakıyorlardı!

İlk tepki dedemden geldi.

"İşte bunu beğendim!"

Annemle anneannemin gözlerinde yaşlar vardı. Yerimden fırlayıp ikisiyle öpüştüm. Hâlâ şaşkındılar. Sonra da dedemle öpüştük.

"Gel, seni de bir öpeyim, Özgür," dedi dedem.

Bu habere sevindikleri ve onayladıkları çok açıktı.

Annem, "Ne zaman anlaştınız; ne zaman oldu bitti bütün bunlar?" diye sordu.

"O kadar ani oldu ki... Ama Özgür bu teklifi yapınca, sanki yıllardır bekliyormuşum gibi, kabul ediverdim. İçimden öyle geldi."

"Böylesi en sağlıklısı..." dedi dedem. "İçine sinmiş ki hemen evet diyebilmişsin."

Özgür, dedeme, "Elbette annemle babam gelip sizi ziyaret edecekler ama ben burada bir konuda izninizi istiyorum," dedi.

"Söyle, çocuğum."

"Madem Serra teklifimi kabul etti, o zaman en kısa sürede evlenelim, diyorum. Yani, şimdi temmuz, en geç ağustos sonunda düğünümüzü yapalım.

"Yaz ayları düğün zamanı...

"Şimdi düğün zamanı...

"Ne dersiniz?"

"Çoook iyi olur, derim," dedi dedem, gözlerini kocaman açarak. Ve ekledi, "Özgür, biz seninle iyi anlaşacağa benzeriz."

"Ama..." diyecek oldu anneannem.

"Bunun aması maması yok, hanım. Ne o aylarca, yıllarca işleri süründürmek... Kararlı adam böyle olur işte... Düğün ağustos sonu olacak. İşte o kadar!"

Annem, anneannem ve ben boşu boşuna, "Bu, bir buçuk ay demek, bu kadarcık bir sürede hiçbir şey yetişmez," diye koro halinde yakındık. Ama dedemle Özgür, düğünün ağustosta olmasına karar vermişlerdi bir kere.

Özgür, "Şimdi düğün zamanı," diyordu da başka bir şey demiyordu.

Annem, "Dayanamayacağım, Defne'yi aramam gerek," deyince, Özgür kalktı.

"Benim de gidip bu müjdeli haberi annemle babama bildirmem gerek."

Özgür'ü yolcu ettikten sonra evde çılgın bir telefon trafiği başladı. Annem, teyzemle çığlıklar ve kahkahalarla karışık bir konuşma yaptı. Ardından babamı aradım; peş peşe sorular sordu, Yasemin ise benim hesabıma gerçekten mutlu oldu.

Ve –sıkı dur, sevgili defter, babaannemi aradım!

I-nı-nı-nıııın!

Öyle ya, bu haberi bir an evvel ona bildirmeyen taş olur, taş...

Özellikle de projenin mimarının o olduğu göz önüne alınınca...

Ve babaannemin ilk tepkisi...

"Durdun durdun ama turnayı gözünden vurdun."

Nasıl bir babaanne klasiği ama...

Durdun, durdun –bölümüyle ne kadar da umutsuz olduğunu açık ediyordu.

Bilmem söylememe gerek var mı, çok sevindi ama düğünün kısa sürede yapılacağına daha çok sevindi gibi geldi bana.

Malum, onun görüşüne göre ölüler ve gelinler bekletilmez!!! Sonra Sırma'yı aradım! Bir sevindi, bir sevindi.

Özellikle de düğünün bu yaz sonunda yapılması fikrine bayıldı. "Düşün Serra, peş peşe gelinlik giymiş olacağız." Onun da takıntısı gelinlik...

Bu telefonlar arasında Özgür'ün annesi aradı; bu güzel haberin onları ne kadar mutlu ettiğini söyleyip, haftaya çarşamba gecesinin uygun olup olmadığını sordu. Annem de uygun olduğunu ve yemeğe beklediğimizi belirtti. Böylece ailelerin tanışacağı gün de kararlaştırılmış oldu.

Diyorum ya, işler öyle hızlı ilerliyor ki, bilmem nasıl uyum sağlayacağım.

Sonra yine telefonun başına geçip bu kez can dostlarımı arayarak, haberi verdim.

Dilek elbette benim için sevindi ama Melis, "Aferin sana," dedi. "Melis ablanı dinleyip o yakışıklıyı, arkadaşlıktan azledip eşliğe terfi ettirdiğin için..."

Sıla ve Esin de sevindiler, mutluluklar dilediler.

Sıla, "Biliyor musun Serra," dedi, "bir şey olacaksa çabucak oluyor. Olmayacaksa da yıllarca birlikte oluyorsun ama gerçekleşmiyor.

"İşte sen ve Oktay ve Özgür... İşte ben ve Ferit ve Serhat... İkimizin kaderi bir yerde ne kadar da benziyor."

Evet, sevdiğimiz herkese haberi ulaştırmıştık.

Ama telefonda konuşmaktan da bitap düşmüştük.

Dedem, "Derya kızım, bize şöyle içecek bir şeyler getir, dilim damağıma yapıştı. Sonra da Serra şu işi başından başlayıp bize doğru dürüst anlatsın," dedi.

Sözlerimi bitirdiğimde, dedem fırsatı kaçırır mı...

"Nasıl bilirim ama," dedi. "Hastanede sevgililer gibiydiniz, dediğimde kızmıştın. Oysa bu gözler neler gördü neler..."

İşte böyle...

Annemle evimize geldik; ikimizin de duygusal yorgunluk nedeniyle hışırı çıkmış vaziyette. Doğru odalarımıza... Hemen yatıp uyuyacağım. Uyku tutturabilirsem tabii... Çok garip...Hem yorgunum, hem de uyuyamıyorum. Ama...Çok, çok mutluyum!

1 Eylül, Perşembe

Yarın ev-le-ni-yo-rum!

Sevgili kiraz ağacım, bir buçuk aydır öyle koşturdum ki, şurada oturup defterime iki satır yazamadım.

Sadece ben mi... Özgür bir plan yaptı ve hem onun ailesi hem bizimkiler ne biçim çalıştılar. Herkes, sağ olsun, görevini yerine getirdi ve işte bir buçuk ay sonra...

Yani yarın...

Ev-le-ni-yo-ruz!

Önce Özgür'ün annesiyle babası bize geldiler ve beni ağır buğur istediler sonra da pek neşeli bir yemek yedik, dedemlerde... Böylece işin formalite bölümü gerçekleşmiş oldu. Sonra –Özgür beni evine götürdü!

Cihangir'de, muhteşem manzarası olan, iki oda bir salon, derli toplu bir ev.

"Hiç de bekâr evine benzemiyor," dedim.

"Aslında ben bu daireyi evlenince de kullanmak amacıyla almıştım. Eğer beğenirsen bir süre burada yaşarız, daha sonra küçük gelirse başka bir yere taşınırız. Ama beğenmezsen hemen başka bir ev bakalım."

Bense, evin terasına ve Boğaz manzarasına vurulmuştum. İki oda, salon pekâlâ yeterdi bize. Zaten ben hiçbir zaman öyle yayla gibi evim olsun, şöyle lüks olsun, şu olsun bu olsun peşinde olmadım ki...

Ama yaşayacağımız yerin önce gönlümüzü okşayacak bir özelliği olmalı. Bizim kiraz ağacı gibi, Özgür'ün manzaralı terası gibi, Dilek'in erguvanları gibi... Sonra da uygun bir yaşam alanı olsun yeter... Evin dekorasyonunu da tamamen bana bıraktı Özgür. İçine girdikten sonra dilediğim değişiklikleri yapıp evi istediğim gibi döşeyeceğim.

Bu da böyle mi?

Böyle!

Tabii, bir yandan da muameleler yürüyordu. O da iyi!

Ammaaa... Bir noktaya gelip tıkandık! Düğünümüzü yapacak yer bulamıyorduk. İstediğimiz her yer, aylar öncesinden ayırtılmıştı. Malum mevsim yaz... Yani, düğün zamanı...

Ne yapsak ne etsek diye düşünürken anneannemin arkadaşı Handan Hanım imdadımıza yetişti.

Onun Bebek'te çok güzel bir evi ve o evin muhteşem bir bahçesi var.

Bu ev, eski İstanbul evlerinden...

Restore edilmiş, biblo gibi bir köşk...

Bahçesi üç katlı teras halinde düzenlenmiş...

Handan Hanım bahçeye meraklı olduğu için her köşesi ağaçlarla, çiçeklerle bezeli... Bahçenin bakımıyla bizzat kendisi ilgileniyor.

Anneannemin en yakın dostlarından olduğu için bizim durumu öğrenince, "Madem böyle bir sorun var, neden düğünü bizim bahçede yapmıyoruz?" diyor.

Anneannem, onun güzel bahçesini düşünerek, karşı çıkınca, "Sen yine de Serra'ya bir sor," diye ısrarcı oluyor.

Anneannem, "Bahçen mahvolur," deyince, "Aşkolsun, Bebekliler Derneği'nin yemeğini bizim bahçede yapmıyor muyuz? Ne bahçe harap oluyor, ne bir şey. Gelenler koca koca insanlar, çoluk çocuk değil ki..." diye ısrarını sürdürüyor.

Bunun üzerine anneannem konuyu Özgür'le bana açtı.

"Ne dersiniz çocuklar?"

Özgür, "Serra karar versin," deyince, "Handan Teyzenin bahçesini biliyorum," dedim. "Orası muhteşem bir yer. Eğer karar benimse, bir dakika bile durmam, orada yapalım, derim."

Bu arada, tabii ki Özgür'ün annesiyle babasına da danışıldı, onlar da kararı bize bıraktılar.

Böylece...

Tam da gönlüme göre bir mekân seçilmiş oldu, sevgili kiraz ağacı.

Hani bazı filmlerde görürüz ya, evin güzel bir bahçesi vardır ve o bahçe süslenip püslenir, evin kızı da kendi evinin bahçesinde evlenir. Belki saçma ama oldum olası ben bu tür bir düğüne imrenmişimdir. Ve, şu işe bak ki, yer bulamamamız nedeniyle, benim asıl istediğim biçimde olacak düğünüm.

Her işte bir hayır var, derler ya...

Aynen öyle...

Bu noktadan sonra Özgür'ün arkadaşları girdi devreye ve bahçeyi süslemenin yanı sıra bizim düğün armağanımız müzik, diyerek bütün gece çalacaklarını söylediler.

Ne hoş, değil mi!

Yemek ve düğün pastasını Özgür'ün annesi, bir otelle anlaşarak halletti.

Nazarım değmesin, sevgili defter, her şey öyle yolunda gidiyor ki...

Önümüzdeki engeller, iyilik perisinin sihirli değneğini dokundurmasıyla teker teker yok oluyor sanki. Ha, unutmadan... Gelinliğimi Vakko'dan aldım. Hazır!

Tüm modelleri giydim çıkardım, giydim çıkardım. Ve –sonunda...

Rüyalarımın gelinliğini buldum!

Çok az zamanım olduğunu söyleyince, ufak tefek ayarlamalar için gerekli provaları peş peşe yaptılar ve şu anda gelinliğim dolapta hazır, beni bekliyor.

Şimdi, sana gelinliğimi anlatacağım, sevgili defter. Sıkılmak yok...

Bir kere askılı...

Beden sımsıkı oturuyor ve aşağılara doğru hafifçe genişleyerek iniyor, arkasından uzun, romantik bir kuyruğa dönüşüyor eteği... Üzerindeki serpme minik taşlar her hareket edişinde ışığı yakalayıp yıldızlar gibi yanıp sönüyor. Narin pırıltılar bunlar...

Gelinliğin kuyruk bölümüne bol bol beyaz tüyler serpilmiş, tavuskuşu gibi...

Şimdiiii, bu gelinliğin bir de duvağı var. Aslında duvak istemiyordum ama sevgili kiraz ağacı, bu duvağı görünce, ne yalan söyleyeyim, feleğimi şaşırdım. Şaşırdım, çünkü o duvağı başıma koyunca, tıpkı senin bahar aylarında çiçek açmış haline benzettim kendimi...

İncecik bir tül düşün yerlere kadar inen... Ve üzerinde seyrekçe serpiştirilmiş küçük beyaz tüylerden fiyonklar... İşte böyle bir şey... Çok seviyorum gelinliğimi, çok... Lay-lay-lom!

Sırma'yla Deniz Dubai'den, Sıla'yla Serhat Ankara'dan ve tabii ki babaannemle Safiye Teyze, başkonuklar olarak yine Ankara'dan geliyorlar. Babaannemi göreceğim için ayrıca seviniyorum. Tabii benim ve Özgür'ün arkadaşları tam takım bulunacaklar düğünümüzde.

Bir tek babamla Yasemin gelmiyorlar; anladığım kadarıyla beni zor durumda bırakmamak için yapıyorlar bunu.

Aslında bayağı ısrar ettim ama Yasemin, "Serracığım, siz balayından döndükten sonra sırf seni ve Özgür'ü kutlamak için geleceğiz, o zaman bol bol görüşürüz," dedi.

Hakkını teslim etmek gerek, Yasemin'in çok duyarlı davranışları var.

Gelelim balayımıza...

Bil bakalım, nereye gidiyoruz, sevgili defter? Roma'ya... Elbette Roma'ya...

Ve bu kez Trevi Çeşmesi'ne, yüzüklerimizi takmış olarak gideceğiz. Şu işe bak!

Orada oturup Aşk Çeşmesi'nin heykellerini, fıskiyelerini seyredeceğiz.

Sonra dondurma yiye yiye sokaklarda dolaşacağız el ele... Bu balayı gezisi bize anneannemle dedemin düğün armağanı... Ne hoş bir düşünce, değil mi?

İşte son haftaların özeti... Yarın büyük gün. Umarım her şey yolunda gider. İçim kıpır, kıpır...

2 Eylül, Cuma

Odamdayım!

Genç kızlığımın odasında son kez oturmuş, defterime yazıyorum.

Bu evden, annemle yaşadığımız bu evden gidiyorum artık. Onca mutluluk içinde, bir ince hüzün...

Bir yanım Özgür'le gitmek istiyor uçarcasına, öbür yanım arkamda bıraktığım annemi düşünüyor. Odama bakıyorum...

Kitaplarıma, süslü yastıklarıma, duvardaki posterlere...

Nelere tanık oldu onlar.

Bu odada ne sevinçler, ne üzüntüler yaşadım.

Her bir eşyayı okşamak geliyor içimden.

Benim dünyamdı bu oda...

Özgür az önce evine gitti, üzerini değişip gelecek ve birlikte havaalanına gideceğiz.

Ben de gelinliğimi dolabıma astım, yolculuk için rahat bir şeyler giydim. Hemen defterimi alıp odamda yatağımın üstüne bağdaş kurup düğünümü sana anlatayım, dedim, sevgili defter.

Evet, hüzünleri bir kenara itip mutluluğumu yaşamak istiyorum şu anda.

Ve de, hâlâ heyecanlı olduğum için, aklıma geldiği gibi yazacağım, sevgili defter.

Umarım kusuruma bakmazsın.

Bir kere bu kadar çabuk evleneceğim aklımın ucundan bile geçmezdi.

Aslında bu dedem için müthiş bir şey oldu!

Düşün, aynı yaz içinde iki torununu birden, telli duvaklı, görebildi.

İşte bu, hepimiz için büyük sevinç kaynağı...

Artık anneannemle dedem evlerine, Sırma'nın ve benim gelinlikli fotoğraflarımızı, diğer fotoğrafların yanına koyacaklar ve gelip geçerken bakıp mutlu olacaklar.

Ya, babaannemle Safiye Teyzeye ne demeli?

İki adet ana kraliçe gibiydiler, baş köşede, gene ne varsa bizde var, dercesine...

Özgür'ün arkadaşları, umduğumun çok üstünde bir başarıyla, şiirsel bir hava yaratmışlardı, o güzel bahçede. Çimenlerin üstüne beyaz yastıklar, çiçek tarhlarının arasına iri beyaz mumlar yerleştirilmişti. Dallara asılmış beyaz tüller rüzgârda dalgalanıyor, yüzen mumlar havuzda nazlı nazlı salınıyordu.

Gelinliğimi giydirmek için Vakko'dan çok tatlı bir hanım geldi.

Biraz onun yardımı, biraz kuaförün saçlarımı son kez taraması derken –hazırdım!

Bir süre sonra Özgür'le bana, haydi artık gelebilirsiniz, diye haber ulaştı. Ve Özgür'ün arkadaşlarının çaldığı müzik eşliğinde nikâh masasına doğru yürüdük, alkışlar arasında...

Duvağım rüzgârda öyle güzel uçuşuyordu ki, sevgili defter.

Sıla, Dilek, Melis, Esin ve Toprak arkamızdan uğur paralarını serperek nikâh masasına kadar izlediler bizi. Benim nikâh şahidim Murat Enişteydi, pek de heyecanlıydı. Özgür'ünki ise sevgili arkadaşı Burhan. Onun da heyecandan yanakları al aldı. Ya, biz ne yapalım...

Nikâhımızı bir bayan görevli kıydı.

Adınız-soyadınız-anne adı-baba adı...

İnsan bu sorulara bile cevap verirken heyecanlanıyor. Yanlış bir şey söyleyecekmiş, gibi geliyor.

Ardından o önemli, çok önemli soru...

Ve cevap...

"Evet!"

Alkışlar, alkışlar... Derken Özgür'ün yanıtı...

"Evet!"

Alkışlar, alkışlar...

Hayal meyal ayağa kalktığımızı, evlilik cüzdanını alışımı anımsıyorum. Sonra Özgür, duvağımı, o incecik tülü özenle kaldırıyor ve eğilip beni dudaklarımdan öpüyor.

Yine alkışlar...

Derken tebrikler...

Herkes birbirine sarılıyor, herkes birbirini kutluyor. Ve –ilk dansımız...

Nat King Cole'un "Love" isimli parçası dalga dalga yükseliyor.

Arkadaşlarımız en sevdiğimiz parçaları çalıyorlardı.

Dibine kadar mutlu olabilmek ne güzel şey...

İçinde en ufak bir şüphe kırıntısı olmadan kendi düğününde dans edip eğlenebilmek ne güzel şey...

Bir süre sonra konuklarımıza hoş geldiniz demek için dolaşmaya başladık.

Babaannemle Safiye Teyzenin ellerini öptüğümde nasıl mutluydular anlatamam. Bu düğünü kendi eserleri olarak görüyorlardı, haklı olarak.

Derken ne göreyim?.. Dedemin arkadaşları tam kadro orada oturuyorlar. Özgür'le birlikte yanlarına gittik. Bizi kutladılar.

Ayrılırken, "Lütfen buluşmaya devam edin, dedemi yalnız bırakmayın," dedim.

"Sen merak etme," diye seslendiler arkamızdan.

Bizim kızlara gelince, öyle bir eğleniyorlar, öyle bir dans ediyorlardı ki... Tüm konukları dolaştıktan sonra dayanamayıp biz de onlara katıldık.

Vee –düğün pastası...

Yılların geleneğine uyarak pastamızı birlikte kestik, birbirimize birer lokma yedirdik, sonra da şampanya kadehlerimizi kaldırarak konuklarımızı selamladık.

Ve sana bir şey söyleyeyim mi, sevgili defter, bütün düğün boyu Özgür'ün de benim de yediğimiz işte bu bıı parça pastadan ibaretti. O heyecan ve her yere yetişme kaygısı içinde yemek aklımıza bile gelmedi.

Bir ara gözüm dans edenlere kaydı. Melis, Kaan'la, Esin, Selçuk'la, Sıla, Serhat'la, Dilekçiğim Ulaş'ıyla dans ediyor, grubumuzun bekârları Toprak, Burak ve Suphi'yse bir üçlü oluşturmuş, coşuyorlardı.

İnanılır gibi değil!

Bizler, dünkü çocuklar, dünün genç kızları hayatımızın yeni bir dönemecindeydik.

Evli kadınlardık artık.

Bir zamanlar en büyük soru, "Acaba kiminle evleneceğim?" idi. Bunun yanıtı, kahve fallarında, astroglarda, su fallarında aranır dururdu.

Ama işte –o gün gelmişti!

Bir zamanlar derslerimizi, ödevlerimizi konuşurduk.

Daha sonra saatlerce aşklarımızı konuşur olduk.

Üniversiteye giriş sınavları, üniversite yılları ve derken iş hayatına giriş...

Ve sözlenmeler, nişanlılıklar, evlilikler...

Kimi başarılı oldu, kimi başarısız...

Kimi doğru karardı, kimi yanlış...

Ama tüm bunlar yaşanırken bir ortak payda vardı.

Bu ortak payda, sağlam arkadaşlık bağlarımızdı.

Her şeyi paylaşarak yaşadık biz.

Bugünlere birlikte geldik.

Arkadaşlarım benim için o kadar değerli ki...

"Ne o? Dalıp gitmişsin bakıyorum," diyen Özgür'ün sesiyle kendime geldim. "Pişmanlıklar mı başladı yoksa?"

"Sana bir şey söyleyeyim mi Özgür?"

"Söyle canım."

"Hayatımda yaptığım en güzel şey, seninle evlenmek oldu." Bu sözlerim onu duygulandırmıştı; hiçbir şey söylemeden bana sarılıp yavaşça saçlarımı öptü. Gerçekten...

Kendimle gurur duyuyorum. Yaptığım kolay bir şey değildi. Kararlaştırılmış bir evlilikten geri dönebilmek... Yıllardır sevgilim olan Oktay'dan ayrılma kararı alabilmek... Onca yılın alışkanlığını kırabilmek... Hiç de kolay olmadı. Çok acı çektim.

Hem de uzun, çok uzun bir süre...

Ama ya yanlış yöne adım atarak hem kendimi, hem sevdiklerimi mutsuz edecektim; ya da güçlü olup, doğru kararı vererek son dakikada da olsa, yanlış karardan geri dönecektim.

İşte ben bunu başardım!

Ve çok çok şanslıyım ki, karşıma Özgür çıktı. Özgür'ün hayatıma girmesi ise umutsuz anlarda insanları teselli etmek için söylenen bazı sözleri doğruluyordu.

Hani, özellikle de büyükler, gençlere derler ya... "Daha çok gençsin kızım, üzülme. Kim bilir hayat sana ne güzel sürprizler hazırlıyor. Yarının ne getireceğini kim bilebilir..."

İşte bu sözcüklerin doğruluğunu yaşıyorum ben şu anda.

Oysa o karanlık, o umutsuz anlarda insan, hayatının artık hiç düze çıkamayacağı duygusuna kapılıyor.

Dünyanın sonu gelmişçesine...

Ben de bunu yaşadım.

Ama şimdi...

İçim dışım ışık...

Çünkü içime sinmiş bir evliliğe doğru adımlar atıyorum. Özgür'le ilişkimiz daha değişik...

Değişik derken, Cüneyt için, Oktay için hissettiklerimden çok daha değişik...

Bugünlerden dönüp geriye baktığımda, Cüneyt'le deniz kenarında yürüyüşümüzü, Oktay'la kar altında dans edişimizi, genç kızlığımın en güzel anıları olarak saklayacağım.

Ama hayat yolunda el ele yürümek istediğim insan Özgür!

Çünkü o, hem gönlümün, hem kafamın yeğlediği kişi.

Onu seviyorum!

Derinden seviyorum!

Ona saygı duyuyorum!

Onun yanında kendimi güvende hissediyorum.

Onunla birlikle güzel bir aile kuracağımıza inanıyorum. Ve –onunla yaşlanmak istiyorum!

Evet, sevgili defterim, aşağıdan beni çağırıyorlar, Özgür gelmiş. Artık gitmem gerek. Allahaısmarladık, biricik kiraz ağacım. Allahaısmarladık sadık dostum, sevgili defterim. Allahaısmarladık!